U0139848

本书为国家哲学社会科学基金项目（16BSS045）结题成果；承蒙浙江大学双一流专项经费以及浙江大学董氏文史哲研究奖励基金资助出版。书中使用的图像主要来源于法国国家图书馆（BNF）在线资源：www.gallica.fr，在此一并致谢。

LA RÉVOLUTION ET LES IMAGES

Les illustrations dans la culture politique de
la France révolutionnaire

革命与图像

法国大革命时代的图像与政治文化

汤晓燕　著

人民出版社

目　　录

第一编　图像中的事件

导论：法国大革命图像史研究的兴起、趋势及存在的问题[*]

近年来，国内史学界出现了逐渐扩大历史材料范畴的新动向，越来越多的历史学家将图像等原先不被视为严格史料的视觉资料作为历史分析的切入点，希望能从这些文字以外的资料中探寻过去某个特定时代人们的观念、心态、信仰及想象。广义上的西方图像史研究，即收集、整理、分析图像的工作，从文艺复兴时期就已经开始。[①] 以图像为主要证据的史学研究，即真正意义上的图像研究（iconographic analysis），按彼得·伯克（Peter Burke）的观点，或许最早可以追溯到 18 世纪初对"贝叶挂毯"的考察。他认为，图像史是真正把图像作为基础史料，以图像为研究切入点，由此提出新的观点，而非用图像来佐证作者通过其他材料得出的结论。[②] 从其对图像史的界定可知，伯克认为图像史的核心在于从图像出发提出新观点，图像史必须要对图像做深入研究。笔者认同伯克的界定，但应当看到，图像的收集整理本身是图像研究必不可少的基础工作，而且不同的出版物往往带有很强的倾向性，这种倾向性在某种程度上也是图像史研究的范畴。更重要的是，不少以画册等图像整理形式出版的学术作品中包含非常重要的研究分析成果，换言之，在某些研究者那里，图像的收集整理与图像的分析之间并不存在泾渭分明的界限。[③] 所以，

---

[*] 导论部分以《法国大革命图像史研究的兴起、趋势及存在的问题》为题发表于 2020 年第 4 期《史学理论研究》。

① Cesare Ripa, *Iconologia*, Rome, 1593. 此书整理分析了约 600 个西方图像中常见的象征形象，在 17—18 世纪的欧洲被译为多国文字，多次再版。本书关于平等图像一章还会对此书有所涉及。

② [英] 彼得·伯克：《图像证史》，杨豫译，北京大学出版社 2008 年版，第 4—5 页。

③ 例如，法国服饰博物馆研究员尼古拉·佩尔格兰（Nicole Pellegrin）出版于 1989 年的《自由之服饰》（*Les vêtements de la liberté: Abécédaire des pratiques vestimentaires françaises de 1780 à 1800*, Aix-en-Provence: Alinea），收集了大量大革命期间的服饰图像，以此分析政治事件或民众心态与服饰现象之间的关联。

本部分内容在关注图像研究的同时，也考察了图像的收集与整理工作，将其作为图像史诞生的前奏。

图像史的兴盛为史学的发展提供了新的增长点。不过，在大量运用图像证据之前，我们首先需要回答下述问题：图像资料究竟能为历史研究提供哪些"更深层次的经验"？如何才能准确解读图像以把握这些信息？这些信息是否足以提出新的问题，或者对已有问题给出不一样的解释？跨学科研究路径能为图像史提供哪些帮助？为了解答这些问题，本书将聚焦法国大革命时期的图像史发展历程。近年来，法国大革命时期的图像研究作为政治文化史的重要组成部分，成为众多革命史学家关注的议题。导言将从图像资料的基本状况、法国大革命图像史的兴起和趋势以及图像研究存在的问题等几个方面进行概述，从而整体把握大革命图像史的现状以及今后的发展趋势。

法国大革命图像资料馆藏分布与编撰出版

据法国革命史学家克洛德·马佐利克（Claude Mazauric）估算，目前留存的大革命时期的各类图像资料数量大致有 120000 种，从未有哪个历史事件像大革命一样促生了如此海量的图像，其中包括版画、水粉画、水彩画、油画以及各种器物上的图像。

据另一位法国史学家米歇尔·伏维尔（Michel Vovelle，1933—2008）初步统计，55%的大革命图像资料收藏在法国国家图书馆图像部（Cabinet des estampes de la Bibliothèque），其中最著名的便是德万科收藏品（collection de vinck）、埃南收藏品（collection Hennin）以及以 QB1 为序列号的馆藏。巴黎卡尔纳瓦莱博物馆所收藏品大约占法国大革命图像资料总数的 20%，其中有相当规模的大革命时期的器物，如人物胸像、瓷器、徽章、钟表、首饰盒以及各类武器等。[1] 此外，卢浮宫、凡尔赛等国家博物馆中也藏有大约 10%的图像资料，如大革命时期著名的官方画家大卫（Jacques-Louis David，1748—1825）的许多作品便由卢浮宫收藏。另有一些特殊机构的相关藏品约占 10%。例如巴黎著名的咖啡馆普罗可布（Le Procope）

---

① Michel Vovelle, *Images et récits de la Révolution française*, Tome I, Paris: Messidor, 1984-1989, p.14.

也收藏了不少大革命时期的版画和餐盘，作为装饰品展出的数量就有近百件之多。最后，外省博物馆大概收藏有 5% 的图像资料，其中又以坐落于维兹（Vizille）的法国大革命博物馆的藏品最为丰富。概言之，图像资料主要保存在巴黎，外省藏品相对而言数量少很多，其中部分藏品源头事实上也来自巴黎。在外省藏品中，真正值得注意的是一些特殊的物品，如内韦尔博物馆所藏的大革命时期的瓷器。[①] 由于原来的顾客群体主要为贵族或者上层资产阶级，所以大革命时期法国的瓷器行业遭遇巨大危机，许多瓷器产地一蹶不振，而内韦尔地区的瓷器工厂因面向低收入人群生产了大量价格低廉的绘有爱国主义图像的瓷器而得以幸存。所以这些留存至今的瓷器上的图像成为非常宝贵的研究材料。不过林·亨特（Lynn Hunt）指出，伏维尔的数量统计只是针对法国的藏品，而且这些藏品之中有不少是复制品，而且或许更重要的是，图像种类繁多，除了最常见的版画、大型油画、肖像画、瓷器图案等之外，还有扑克牌等游戏用具、日历、地图、各类服装、钟表、鼻烟壶、信纸上的图像，等等，所以关于大革命时期图像的确切数量，可以说是无人知晓。[②]

不过，虽然图像的总数不可知，但对它们的收集整理工作早在 19 世纪大革命结束之后不久便已经开展。其中，最著名的当数曾担任比利时驻巴黎外交官的德万科男爵（Eugène de Vinck，1823—1888），他收集的图像资料种类繁多，既有大量讽刺版画，亦有人物肖像与风俗场景。收集这些图像资料的初衷是因为"不仅是在历史学家带有倾向性的叙述中，而是在当时的版画中，非常适宜去寻找人物和时间确切的特征，从而初步获得历史的真正哲学"[③]。正是因为重视这类反映时代特征的版画所蕴含的丰富意义，德万科全身心地投入到图像收集研究工作中，他最关注的便是他认为在法国历史上决定了现代社会演变的时代：大革命时代。德万科之子卡尔·德万科（Carl de Vinck de Deux Orp，1859—1931），于 1906 年把他父亲与他耗费自己毕生心血从欧洲各地所收集的与法国历史相关的 28000 种图像藏品，共 248

---

① Michel Vovelle, *Images et récits de la Révolution française*, Tome I, Paris: Messidor, 1984-1989, pp.14–15.

② Jack Censer and Lynn Hunt, "Imaging the French Revolution: Depictions of the French Revolutionary Crowd", *The American Historical Review*, Vol. 110, No. 1（February 2005），pp.38–45.

③ Carl de Vinck de Deux Orp, *Collection De Vinck: inventaire analytique. Tome Ier, Ancien Régime*, [rédigé] par François-Louis Bruel, préface du baron Carl de Vinck de Deux Orp, Paris: Bibliothèque nationale （France）. Département des estampes et de la photographie, 1909, Préface.

卷捐献给了法国国家图书馆，藏品时间跨度从路易十六统治时期直至巴黎公社，其中法国大革命时期的有 9000 种，不少图像极有可能已经是孤品。正因为德万科父子多年的收集与整理，这些极其珍贵的图像资料才得以流传至今，否则恐怕它们中的大多数都会消失在历史的尘埃之中，而今天的研究者则将完全无从得知其存在或者即便知道当时有大量的图像作品生产与流传，亦无从寻觅。

另有米歇尔·埃南（Michel Hennin，1777—1863），其父为伏尔泰（Voltaire，1694—1778）的好友。埃南收集的法国历史图像资料有 169 卷之多，内容从克洛维到第二帝国，总数达到 14807 种，他于 1863 年把相关藏品捐赠给法国国家图书馆，馆藏资料编号为 Qb201—Qb369。[1] 其中关于大革命时期图像的收藏数量亦达到了 4000 种。与德万科一样，埃南因其外交官职业的便利，收集了相当数量的欧洲其他国家关于法国的版画，成为研究历史上他国如何看待法国的不可多得的图像资料。目前，这两个最重要的大革命图像资料库均属于法国国家图书馆版画部所有，在法国国家图书馆在线系统 Gallica 上都可以检索到这两个庞大图像资料数据库的每一幅图的电子版以及图像实际尺寸、创作年代等相关信息。

另外，值得一提的是，基于这些宝贵图像资料，法国国家图书馆版画部编撰过多部清单。埃南藏品有一套 5 卷本的清单。[2] 而德万科男爵自己也整理过一份两卷本的目录清单，其手稿现存于版画部。在 1909—1955 年间，版画部又出版了 9 卷附有详细说明的清单（原计划要出 10 卷，未完成），[3] 清单内容按藏品编号依次进行说明，包括版画的尺寸、作者、作者师承关系、涉及的历史事件、历史人物、所依据的原图像信息、作者、收藏所在以及相应编号，甚至具体到图像中人物所穿服装是不是创作者的想象等非常具体的信息。这些详细信息对于深入研究德万科藏品中的图像资料具有无可比拟的重要作用。

---

① Carl de Vinck de Deux Orp, *Collection De Vinck: inventaire analytique. Tome Ier, Ancien Régime*, rédigé par François-Louis Bruel, préface du baron Carl de Vinck de Deux Orp, Paris: Bibliothèque nationale （France）. Département des estampes et de la photographie, 1909, Introduction, p.xxvi.

② Georges Duplessis, *Inventaire de la collection d'estampes relatives à l'histoire de France léguée en 1863 à la Bibliothèque nationale par M. Michel Hennin*, 5 tomes, Paris: H. Menu, 1877-1884.

③ 关于德万科藏品清单的出版卷数法国国家图书馆网站上提供的信息略有矛盾，Gallica 网站上能找到第 7 卷的电子版，但是在版画部的网站介绍中又提到总共出了 6 卷，而国家图书馆的博客上又介绍此清单出版了 9 卷，最后一卷尚未出版，见 http://blog.bnf.fr/lecteurs/index.php/2010/05/collections-hennin-et-de-vinck-des-sources-iconographiques-pour-lhistoire-de-france/。

在图像引起大革命史研究者注意之前，大量的图像资料都只作为插图形式出现在史学著作中。早在 19 世纪上半叶，梯也尔（Louis Adolphe Thiers，1797—1877）再版多次的《法国大革命史》中已经出现大量插图。20 世纪 80 年代末，时逢大革命 200 周年纪念，一批插图版的大革命史著作在当时出版。例如，由理查·科布（Richard Cobb，1917—1996）与科林·琼斯（Colin Jones）编撰，出版于 1988 年的《法国大革命的声音》，全书以时间为线索分为六章，每章安排该时间段的重要历史事件与人物，总共 256 页的篇幅收录了 171 幅图像。让·蒂拉尔（Jean Tulard）主编出版于 1989 年的《新巴黎史：大革命卷》亦是以编年体的方式集中讲述 1789—1799 年的巴黎史，其中收录了 218 张插图。美国编年史出版社于 1988 年出版的《法国大革命编年史》别出心裁以报刊集的排版方式介绍法国大革命，其中收录了约 1700 张插图，与前两部著作插图的不同之处在于，此书所选图像的范围不局限于政治事件与政治人物，而是尝试全面地展现当时社会整体风貌，从巴黎到外省，从重大政治事件到期刊上的逸闻琐事，从各个角度呈现普通人在历史特殊时期的日常生活场景以及当时非政治领域的大小事件与相关人物。

总体而言，这些带有插图的出版物绝大多数都是面向普通读者而非学者群体的通俗作品，因而插图的存在是为了给文字叙述提供形象生动的场景与直观的画面，对于每幅插图本身一般只有寥寥数语的简单介绍。图像材料在这类历史书籍中，仅仅是作为文字的佐证，既非重要的史料，更谈不上研究对象，所以这类作品并不能归于图像研究的范畴。不过，从另一个角度来看，不论是《法国大革命编年史》还是蒂拉尔的《新巴黎史：大革命卷》，所收图像的质量都非常高，其中后者由法国国家图书馆版画部工作人员选取的图像都注明了出处，不失为后续研究者可以参考借鉴的重要二手资料。而且，作为通俗读物的插图，不同时代不同作者所选取图像的不同倾向也可以作为图像研究的一个角度，法国学者马莱（Rémi Mallet）便以此为切入点对 19 世纪上半叶多部有关大革命的史学著作做了较为详尽的比较研究。[1]

在大革命图像研究领域，有数部重要的图像集具有不可忽视的作用，它们分别是阿尔芒·达约（Armand Dayot，1851—1934）出版于 1889 年的《法国大革命》、

---

[1] Rémi Mallet, "L'iconographie de la Révolution Française dans les livres d'histoire du XIXe siècle", *Les Images de la Révolution française*, actes du colloque des 25-26-27 oct. 1985 tenu en Sorbonne, présenté par Michel Vovelle, Paris: Publications de la Sorbonne, 1988, pp.339–362.

菲利普·萨尼亚克 [①] 和让·罗比凯 [②] 出版于 1939 年的《1789 年的革命》以及伏维尔出版于 1989 年的《图像与叙述》。

达约的《法国大革命》画册是在纪念大革命 100 周年之际出版的，全集收录了 2000 张左右的图像，以时间为轴，从路易十六的统治讲述至"雾月政变"。达约在"前言"中写道，出版该图像集的意图在于向读者介绍用各类图像记录下来的大革命历史，这是不同于文字材料的另一种宝贵材料，就像一个"法国大革命的博物馆"一样；另一方面，这些图像也能告诉读者即便在大革命那样动荡的年代，画家、雕塑家、版画家以及手工艺人依然用他们的才华真实地记录、描绘着在他们身边发生的事件。换言之，这一画册的问世带有双重意图：既有历史资料的整理，也有从艺术史角度的考虑。从图像的选取来看颇能体现出这一点。虽然主编强调选取的标准绝非单纯的审美，但是入选的图像中绝大多数出自当时有名有姓的艺术家之手，即便是较为大众化的版画，也多为有署名的版画家。因此，造成的结果便是，这一画册中的图像多数较为精致美观。但事实上，大革命时代存在着大量面向文化水平与收入水平都较低阶层的廉价图像作品。这类图像作品从来源来看，或是某位匿名作者自己的原创，亦有可能是不入流的版画从业者模仿著名版画师制造出来的拙劣的仿制品；从内容与表现形式上看，它们往往用一种简单直观甚至非常粗鄙的方式来表达对某一政治人物或政治事件的态度，主流艺术作品中的寓意象征等手法完全无迹可寻。所以，从艺术史或者纯粹审美角度来看，这些作品当然无法与入选的图像相提并论，但问题在于，如果是作为文字之外的记载与表现大革命整体面貌的史料来看，这些质量低下的作品恰恰是普通民众发出他们的声音、表达他们的愿望与情感的重要途径，在属于他们的文字材料非常稀少的情况下，这些粗制滥造的街头图像作品具有不可替代的研究价值。因此，单从选择图像的标准而言，达约的作品并不能很好地实现他自己提出的完整呈现大革命真实面貌的意图。

除了上述缺陷以外，达约的画册还存在着对图像评述过少的问题，也就是说，

---

① 菲利普·萨尼亚克（Philippe Sagnac，1868—1954），法国历史学家及作家，曾任巴黎大学文学系法国大革命史讲席教授，1932 年创立巴黎大学法国大革命研究中心。
② 让·罗比凯（Jean Robiquet，1874—1960），法国艺术史家和博物馆管理员，1919—1934 年任卡尔纳瓦莱博物馆首席管理员（conservateur en chef）。

这部作品更像一部用图像连接起来的日记，图像确实很丰富，但是针对图像的评述大多数情况下只是满足于讲述图像内容以及介绍相关历史事实。当然，毕生致力于研究 18 世纪艺术家的达约作为一名艺术评论家与艺术史家，更多地从艺术史的旨趣出发也无可厚非。

纯粹从史学角度而言，达约的这部画册还是具有非常可观的史料价值的。首先，其图像来源除了法国国家图书馆版画部、卡尔纳瓦莱博物馆以及卢浮宫等常规收藏之外，许多图像还来自当时的众多私人收藏品，如革命者马拉（Jean-Paul Marat，1743—1793）一座胸像来自乔治·凯恩（Geoges Cain，1856—1919）的收藏，马拉穿过的背心来自另一位私人收藏者，这些资料的收集整理对于后世研究者来说十分宝贵。其次，达约有意识地把表现同一主题的不同图像放置在一起，以此尽可能让读者从当时人的多个角度去看待当时的事件与人物，这一点虽然因前文所说的选图标准而受到局限，但是翻阅画册，依然能看到作者在这个方向上所作的努力。

1934 年，临近大革命 150 周年纪念之际，巴黎大学法国大革命研究中心主任萨尼亚克与时任卡尔纳瓦莱博物馆首席管理员罗比凯共同出版了《1789 年的革命》这部两卷本的图像集。萨尼亚克说，关于法国大革命的研究迄今已有 150 多年历史，在历代研究过程中，每一次重要的推进都离不开新史料的发现与运用，而至今尚有许多隐藏的资料等着人们去发掘研究，[①] 其中相当重要的便是大革命时期的图像资料。罗比凯同样指出，虽然大革命的研究已经开展得如此深远，但是那个时代海量的版画、肖像、漫画等为我们展现宏大场景的图像资料仍未被公众所知。

萨尼亚克看到，从米什莱（Jules Michelet，1798—1874）到奥拉尔（Alphonse Aulard，1849—1928），有关法国大革命的研究领域主要都是围绕着政治进行。在当时，大革命的政治史（奥拉尔）、军事史（许凯，Arther Chuquet，1853—1925）、宗教史（马迪厄，Albert Mathiez，1874—1932）等领域都有了重大进展，但是其他许多领域仍然是一片空白，比如经济、文化与道德。简言之，大革命时期的法国社会画面依然是模糊不清的。他举例说，虽然此前已有对大革命时期金融史的探索，但是对于该时期社会经济本身的了解，却乏善可陈。泰纳（Hippolyte Taine，1828—1893）和龚古尔（Goncourt）等人的作品也只不过涉及了上流社会的一小部

---

① Philippe Sagnac et Jean Robiquet, *La Révolution de 1789, Des origines au 30 septembre 1791*, Paris: Les Éditions Nationales, 1934, 2 Tomes, Préface.

分，导致人们对当时的下层民众、底层士兵的境况一无所知。① 对社会史、经济史的忽视情况一直要到饶勒斯（Jean Jaurès，1859—1914）以及勒费弗尔（Georges Lefebvre，1874—1959）才有所改善。而对文化与道德领域的研究直至他那个时代依旧没有太大起色。这位富有远见卓识的历史学家还指出，大革命对世界的影响需要得到足够的重视，人们只看到法国境内的大革命，视野没有超越国界。②

大革命 200 周年之际，全世界出版了大量纪念文集与画册，正如波克金（Jeremy D. Popkin）所言，"历史学家和艺术学者越来越意识到，视觉形象对于我们身处世界的重要性，他们发现革命图像是研究那个时代世界观的丰富新资源。目前对革命图形艺术的学术热情是最近出现的现象"③。其中最重要的四部为伏维尔（Michel Vovelle）的《图像与叙述》、菲利普·博尔德（Philippe Bordes）等人主编的《1789—1799，法国大革命的艺术》④、安托瓦·德巴克（Antoine de Baecque）的《革命漫画》⑤ 和克洛德·朗格卢瓦（Claude Langlois）的《反革命漫画》⑥。

身为 20 世纪 80 年代以来法国大革命史领域中极重要的代表人物，⑦ 伏维尔对于革命图像资料相当重视，他不仅为《法国大革命的图像》⑧ 这部收录了近 40 篇有关大革命图像研究的论文集作序，还主编了 5 卷本的《图像与叙述》。这部著作可谓大革命画册的集大成者，全册共 1780 页，以时间为轴，从 1787 年的"显贵会议"开始到 1799 年拿破仑发动"雾月政变"为止，在每个时间段内又以不同主题或者事件来划分章节，如"1789 年 7 月 14 日：攻占巴士底狱""特权的废除，从 1789年 8 月 4 日到 10 月 5 日""被质疑的等级社会""督政府社会的新贵"等。这样的

① Philippe Sagnac et Jean Robiquet, *La Révolution de 1789, Des origines au 30 septembre 1791*, préface, p.viii.

② Philippe Sagnac et Jean Robiquet, *La Révolution de 1789, Des origines au 30 septembre 1791*, préface, p.xi.

③ Jeremy D. Popkin, "Pictures in a Revolution: Recent Publications on Graphic Art in France, 1789–1799", *Eighteenth-Century Studies*, Vol. 24, No. 2, Special Issue: *Northrop Frye and Eighteenth-Century Studies*（Winter, 1990–1991），pp.251–259.

④ Philippe Bordes et Régis Michel（éd.），*Aux armes et aux arts! Les arts de la Révolution Française*, Paris, Éditions Adam Biro, 1988.

⑤ Antoine de Baecque, *La Caricature révolutionnaire*, Paris: CNRS, 1988.

⑥ Claude Langlois, *La Caricature contre-révolutionnaire*, Paris: CNRS, 1988.

⑦ 伏维尔从 1982 年开始接替索布尔成为索邦大学法国大革命研究中心主任。

⑧ Michel Vovelle, *Les Images de la Révolution française*, actes du colloque des 25-26-27 oct. 1985 tenu en Sorbonne, présenté par Michel Vovelle, Paris: Publications de la Sorbonne, 1988.

编排方式既有清晰的时间线，又把重要的事件节点以及相关的社会群体活动有机结合在一起。此书共收录 120 名作者约 3000 幅图像资料，居现有大革命画册数量之冠。在第 5 卷末尾，还附有 120 名作者中较重要人物的生平简介，这对于研究大革命时期的图像而言是不可多得的宝贵资料。

除了传统的图像以外，编者把 1790—1793 年大量出现的漫画也收入其中，这些讽刺漫画与同时代的英国漫画迥然不同，是反圣像的拉伯雷式的粗俗表达。图像的种类繁多，不仅有版画，还有大型油画、肖像画、水粉画、各种徽章、首饰、瓷器、扇面等，甚至还有单列章节涉及"革命陶瓷的黄金年代"。因为编者希望"让图像自己说话"，所以有别于以往那种插图式历史（histoires illustrées），即图像只是历史叙述的注释与说明，在此书中，不仅重要的图像都附有详细的背景介绍，而且对重要的历史事件或者历史人物，作者都以不同的图像加以展示，让读者能够体会到当时人的不同视角。例如表现联盟节的图像，并不从审美的角度或者典型性的出发点来加以选择，而是试图展现交叉视角的总体（un ensemble de regards croisés），尽可能重建贴近时人的视线。伏维尔说，此套丛书是希望展现大革命时期的图像研究，已从寻找勘察行进到了展示的阶段，是正在进行中的图像研究工作的阶段性总结。①

安托万·德巴克（Antoine de Baecque）的《革命漫画》和克洛德·朗格卢瓦的《反革命漫画》是作为一套书的两册发行的。两位作者有别于此前的画册编撰者仅将注意力放在编排与介绍图像之上，他们使读者了解大革命年代讽刺漫画的惯用手法和意义，同时还涉及旧制度时期的"蓝色丛书"（La Bibliothèque bleue）以及地下文学。在此基础上，他们更加注重分析图像讽刺漫画这一极具时代特点的文化产物与民众心态之间的复杂关联。德巴克和朗格卢瓦都注意到漫画这样的图像资料并不是观念的简单投射或者民众态度的体现，而是时代政治想象的表达，是经过精心编码与充分制作的表达，简言之，作为史料本身，图像需要经过甄别考察，它与民众心态、情感以及舆论的关系，不是简单的一一对应关系。② 朗格卢瓦主编的

---

① Michel Vovelle, *Images et récits de la Révolution française*, Tome I, Paris: Messidor, 1984–1989, pp.16–17.

② Neil McWilliam, "Reviewed Work（s）: La Caricature révolutionnaire by Antoine de Baecque; La Caricature contre-révolutionnaire by Claude Langlois", *The Burlington Magazine*, Vol. 132, No. 1049（Aug., 1990）, pp.581–582.

《反革命漫画》弥补了此前研究者多关注革命讽刺漫画而忽视了大革命时期同样存在着大量反革命图像的缺憾。在此书中，读者会看到保王派在图像上的宣传策略远远滞后于革命派，因为直到 1791 年 11 月，才有支持国王的图像出现。并且它们与革命讽刺漫画最大的不同主要体现在"反革命漫画集中攻击特定个人，密切关注国民公会的日常政治辩论，而革命漫画则关注社会群体以及用隐喻做宣传"。[1] 朗格卢瓦认为，以往革命时期的图像仅是作为事件、运动、人物的说明被提及，许多图像被错误理解、错误展现，甚至连年代都是错误的，这都是因为缺乏对图像深入细致且联系背景的研究。为了纠正类似的偏差，朗格卢瓦把图像与当时的期刊联系在一起作分析，了解当时首次使用这些图像的期刊对于真正了解某张具体图像的内涵显然意义重大，只有把图像放回到它所在的环境之中，才能理解它是如何表现或者歪曲呈现涉及的事件或人物，发布者的真实意图又是什么。[2] 美国知名的革命史学家谭旋（Timothy Tackett）评价朗格卢瓦的著作成功之处在于他解码了革命时代的视觉象征体系，这对当时人来说或许是明白易懂的，但是对于今天的读者来说，如果没有历史学家的工作，则完全无法知晓它们的含义。

　　由此可知，大革命 200 周年前后出版的图像集，虽然表面上看来依旧沿袭了100 年前达约的编排形式，但是在内容上，主编们已经不满足于仅收集整理这些图像并把它们按时间顺序排列，而且主编们的身份也发生了明显的变化——从艺术史家到革命史家。这样的变化意味着有关图像自身的研究已经拉开了帷幕。尚需补充的是，大革命 200 周年纪念时期出版的许多画册都是依托当时举办的各类展览。这类展览不仅在大革命的故乡——法国进行，也在拉芒什海峡的对岸举办。其中值得一提的是，大英博物馆于 1989 年举办的展览，后此展览又在法国维兹大革命博物馆举办了一次，据此展览出版的画册《法国大革命：英国视角》成为研究大革命时期其他国家如何用图像描述这一重大历史事件的重要参考资料。

---

① Neil McWilliam, "Reviewed Work（s）: La Caricature révolutionnaire by Antoine de Baecque; La Caricature contre-révolutionnaire by Claude Langlois", *The Burlington Magazine*, Vol. 132, No. 1049（Aug., 1990）, pp.581–582.

② Timothy Tackett, "The Work of Claude Langlois: An Overview", *Historical Reflections / Réflexions Historiques*, Vol. 39, No. 1, Special Issue: *Claude Langlois's Vision of France: Regional Identity, Royal Imaginary, and Holy Women*（Spring 2013）, pp.8–21.

大革命图像史研究的兴起

图像史是真正把图像作为基础史料，以图像为研究切入点，由此提出新的观点，而非附以图像用来佐证作者通过其他材料得出的结论。[1] 通过对图像的分析来研究大革命时期不同力量之间的对抗、不同群体之间的张力以及由此来探究当时各个阶层或群体的整体心态或者政治意图需要等到 20 世纪 80 年代文化史的兴起。

在此之前，有一段小小的前奏或许不应当被忽视。第一部研究大革命图像的著作也许可以追溯到 200 多年前，也就是正当革命进行中，当时有一位立场较为保守、名为布瓦耶·德尼姆（Boyer de Nîmes，1764—1794）的作者写了一部《法国反抗的讽刺画历史》。[2] 这部出版于 1792 年的著作分为上下两卷，第一卷分析支持反抗的讽刺画，第二卷则是分析反对反抗的讽刺画。书中不仅引用了当时流传在市面上的各类讽刺画，作者还对它们的具体内容与表现方式进行了非常详细的分析，对于后世研究者而言，此书既提供了珍贵的图像史料，更可以借此了解那些当时人熟知而后人可能已经比较陌生的讽刺画元素，是不可多得的一手材料。作者写在第二卷卷首的一句话，值得思考，他说："历史中应该去研究的，不是过去，也不是未来，而是现在。"

整个 19 世纪的大革命历史是属于梯也尔、基佐（François Pierre Guillaume Guizot）、米什莱等人的政治史，20 世纪社会史与经济史也随之兴起。但大革命图像史一直要到 20 世纪 80 年代才发轫。[3] 1979 年，法国历史学家阿居隆（Maurice Agulhon，1926—2014）发表了他一部重要著作——《战斗的玛利亚娜，1789—1880 年共和国的图像与象征》，虽然此书关注年代主要为 19 世纪，但第一章便是围绕着 1789—1880 年间的玛利亚娜，论证了革命者如何把符号和图片视为传播新政治价值观的重要手段，由此，法国大革命图像史正式登上了研究舞台。而更重要的是，在文化史研究尚未大范围兴起之际，阿居隆已为政治文化史开辟了一条独特

---

[1]　[英] 彼得·伯克:《图像证史》，杨豫译，北京大学出版社 2008 年版，第 4 页。

[2]　Boyer de Nîmes, *Histoire des caricatures de la révolte des Français*, 2 tomes, Paris: Imprimerie Journal du Peuple, 1792.

[3]　1912 年，亨德森（Ernest F. Henderson，1861—1928）出版了 *Symbol and Satire in the French Revolution*（New YorkState: G.P. Putnam's Sons, 1912）一书，但不太为人所知。

的路径，苏迪·哈扎里辛格（Sudhir Hazareesingh）把这一路径称为"政治符号体系的历史"（l'histoire de la symbolique politique），将其归为政治文化史中五大类之一。① 著名革命史学家阿兰·科班（Alain Corbin）这样评价阿居隆的研究，研究19世纪的历史学家越来越被行政、诉讼与司法等档案材料所囚禁，而阿居隆的研究开启了一个此前被忽视的领域。② 从"法国的共和象征为何是一个女性"这个看似简单却不易回答的问题入手，阿居隆在书中细致分析了作为共和国象征的玛利亚娜如何从最初的代表自由一步步脱胎而成为共和国的象征。作者从分析图像材料入手，结合大量文字史料，详细分析特定的系列女性形象如何与特定的系列抽象概念发生连接，③ 向读者展现出在社会政治力量与政治事件的形塑之下，某一特定形象承载的象征意义如何变化摇摆，不断被改变，直至变得清晰与固定。此书发表之后引起广泛关注，许多评论者与科班一样，认为阿居隆开启了一个全新的研究文化与政治关系的时代。随后的图像史研究便如同雨后春笋般，尤其是在大革命200周年纪念活动前后出现一大批相关著作或论文，并且在此后始终保持着持续的热度，兴盛不衰。例如，即便是阿居隆已发表长篇著作及数篇论文的"玛利亚娜"形象，至今仍有学者可从中找到新的研究议题，2012年，法国学者埃娃·巴洛（Eva Bellot）便著文对大革命时期的戏剧舞台上无名女英雄形象展开讨论，认为这些女英雄的形象是抽象的玛利亚娜在舞台上的具象呈现。④

　　大革命图像研究的另一位开拓者是美国著名的大革命专家林·亨特（Lynn Hunt），她在1982年发表了《赫拉克与法国大革命时期的激进图像》一文。如果说阿居隆研究的是大革命中最重要的女性形象——象征着共和的玛利亚娜，那么，相映成趣的是，林·亨特的文章中关注的是革命时期最重要的男性形象——象征着人民的赫拉克。作者在文中提出了一个非常重要的政治文化的观点，即：所有

① Sudhir Hazareesingh, "L'histoire politique face à l'histoire culturelle: état des lieux et perspectives", *Revue Historique*, T. 309, Fasc. 2（642）（Avril 2007），pp.355–368.

② Alain Corbin, "Reviewed Work（s）: *Marianne au combat. L'imagerie et la symbolique républicaines de 1789 à 1880* by Maurice Agulhon", *Annales. Histoire, Sciences Sociales*, 34e Année, No. 6（Nov.‑Dec., 1979），pp.1266–1268.

③ Maurice Agulhon, *Marianne au combat: l'imagerie et la symbolique républicaines de 1789 à 1880*, Paris: Flammarion, 1979.

④ Eva Bellot, "Marianne sur les planches: les héroïnes anonymes du théâtre de la Révolution française（1793–1798）", *Annales historiques de la Révolution française*, No. 367, *Théâtre et révolutions*（Janvier/Mars 2012），pp.69–92.

政治权威都需要一个"文化框架"（cultural frame），而所有文化框架都需要一个"神圣中心"（sacred centre）。

　　林·亨特说，旧制度下，国王是这一中心的体现。挑战了这一制度的革命者虽然在政治上义无反顾，但在"传统"的文化框架面前，却显得不那么确定。如果要彻底把与旧制度紧密联系的象征体系从民众的脑海中连根拔除，是否亟须建立起全新的文化体系？这个文化体系又应当是何种面貌？是否必须有人格化的雕像或图像来体现共和国的精神与美德？围绕着这些问题，革命代表们并不能达成一致。林·亨特敏锐地注意到了，在革命初期的理念中，有种观点认为以"理性与自然为基础的新政权并不需要用图像隐喻，清晰的文字阐述与公众讨论才是恰当的方式"。① 显然，由于君主制与天主教均拥有源远流长的图像体系来承载与传播相应的政治、宗教与等级观念，因而新制度并不愿意继承这套文化框架体系，而只是更新其中的内容，他们希望能够彻底打破运用图像隐喻来叙述政治权威的文化框架，构建起基于理性与自然的全新的政治权威逻辑，而新的政治权威逻辑依靠的是清晰明确的语言（文字与演说）而绝非意义模糊的图像。换言之，图像作为政治表达的文化框架模式，在大革命初期曾经一度遭遇到了危机。这也与启蒙思想以来的反宗教、反对偶像崇拜思想一脉相承，革命爆发之后便成为一种极端的反圣像思潮。② 这也直接导致了大革命时期无数教堂雕像被损毁、国王们的塑像被拆除。那为何我们又看到了许多的革命图像呢？那是因为持前一种极端观念的革命者毕竟属于少数派，大部分革命者意识到，无论是在辨识度、大众性和持久性等各个方面，用图像来传播革命理念远比文字快速有效得多。所以最后，原有的文化框架中的图像模式依旧是被革命者继承下来了。问题的核心便转为需要用一套什么样的隐喻体系来更新旧制度下的君主制叙事模式。革命者最终选择了古希腊神话中桀骜不驯的大力神赫拉克来代表人民的形象。孔武有力的赫拉克手持狼牙棒，脚踏铁链，象征着冲破旧制度枷锁的人民。

　　除了林·亨特以外，关注赫拉克形象的还有法国学者让·贝扎克（Jean Charles

---

① Lynn Hunt, "Hercules and the Radical Image in the French Revolution", *Representations*, No. 2（Spring 1983），pp.95–117.

② Stanley J. Idzerda, "Iconoclasm during the French Revolution", *The American Historical Review*, Vol.60, No. 1（Oct., 1954），pp.13–26.

Benzaken）。① 他通过收集分析大革命不同时期的赫拉克图像，发现这一形象在大革命初期、革命最激进的年代以及后革命时期其实有着细微的差别，而这些差别使得图像所要表达的寓意迥然不同。在大革命初期，图像上出现的赫拉克正在用力拆毁一捆束棒。束棒在法国大革命时期是经常出现的一个象征符号，借鉴自古罗马，意味着法律与秩序。那么，正在拆毁束棒的赫拉克显然就是法律与秩序的对立面，是一种具有破坏性的野蛮力量。到了大革命高潮时期，赫拉克的形象转变为头戴自由帽，脚踏着海怪，或者是手持狼牙棒，踩踏着铁链。此时的赫拉克是人民力量的象征，他以自由之名打破了旧制度的束缚，把邪恶的君主制（海怪）打翻在地。而且这个阶段是赫拉克图像流传最广泛、数量最大的时期。而到了督政府以及拿破仑统治时代，这一象征着底层民众力量或者人民形象的大力神逐渐就销声匿迹了，毫无疑问，恢复秩序的年代不再崇尚那种难以控制的脱缰野马般的民众力量。从图像出发，结合时间进程与政治事件的分析，作者看到同样的形象如何在不同政治需求之下演化出多种变体，添加或者删减某些象征元素的细节在于强调或者弱化某些理念，直至全然改变象征形象此前被赋予的寓意，在这背后的推动力则是革命时期图像的产生和传播与政治力量变化以及与相应所需政治宣传之间紧密的关联。

　　无论是阿居隆还是林·亨特，他们的研究都表明革命者对待图像的态度都是严肃的，联系当时普通民众的识字率以及法国文化传统中图像与象征体系的重要地位，革命者显然无法忽视图像相较于文字在塑造与传播新的价值理念过程中的优势。大革命图像研究的第一个阶段便展现了被以往研究忽视的图像在革命时期的重要作用，以及它们在不同阶段的变化都与革命进程的不同特点相关联，而且，这一阶段的研究已经清晰体现出图像研究须基于对 18 世纪法国不同社会群体的心态情感做相应的具体分析。不过，仔细观察就会发现，该阶段的研究较多关注精英阶层制造出来的图像，玛利亚娜和赫拉克都是抽象寓意的人格化、具象化，而当时存在的大量价格低廉的、在普通民众中流传的图像，尚未引起研究者的足够重视。这些趋势与不足都将在图像史后续的发展中得到加强或调整。

　　在 20 世纪 80 年代第一批图像史著作或文章发表之后，图像史成为大革命研究

---

① 　Jean Charles Benzaken, "Hercule dans la Révolution Française ou les «nouveaux travaux d'Hercule» 1789–99", *Les Images de la Révolution française*, actes du colloque des 25-26-27 Oct. 1985 tenu en Sorbonne, présenté par Michel Vovelle, Paris: Publications de la Sorbonne, 1988, pp.203–214.

领域中不可或缺的重要部分。经过各国学者 20 年的探索与耕耘，大革命图像史在 21 世纪初进入了第二个发展阶段，涌现出一批高质量的杰作。

美国学者琼·兰德斯（Joan B. Landes）在 2001 年发表了重要著作《国家的视觉化：18 世纪法国的性别、表象与大革命》。[①] 在此书中，兰德斯试图解决一个悖论，那就是尽管有把女性与自然和家庭联系的强大文化思潮，然而为何大革命时期女性形象在公共领域处处存在？为何是隐喻性的抽象人物的身体而非可辨认出的现实中存在的女性肖像，在属于最高公共生活形式的国家机构矗立？兰德斯使用的材料来源于大革命时期期刊上的近百张女性图像。当然，兰德斯关注的核心问题并不是革命时期所有女性图像，而是其中被用作塑造国家理念的那些材料。通过分析这批种类各异的女性图像，兰德斯寻找着大革命时期人们如何建立起一个抽象的国家概念，女性图像在其中如何承担着固化这一概念的作用。在方法论上，兰德斯大量借鉴了艺术史的理论，从图像的构图、内容到它们所出现的印刷物种类等多个层面进行细致分析。她致力于发掘视觉文化与政治之间的互动，论证了图像如同言辞，有自己的政治立场，并且有能力去说服人们。[②] 此外，她尤其强调在使用图像材料的时候，不把它们看成是观念的说明或者印刷材料的补充，而是有它们自成体系的逻辑、运作方式以及影响能力。兰德斯批评法国大革命史修正派过于强调文本与言辞的权威而忽视了图像及观看的影响与效果。[③]

需要指出的是，虽然兰德斯如此重视图像的作用，但她并不像此前的图像研究者那样仅仅把目光集中在图像内容分析之上，该书第一部分不仅涉及了大革命之前法国启蒙时代关于图像观念的讨论，也具体分析了该时期内图像产品的生产流通，这意味着图像史研究者已经开始有意识地把图像研究与思想史和社会经济史结合在一起。当然就此书主旨而言，即：关于革命时期图像究竟在多大程度上影响了革命群众的形成以及是否构成政治论战的核心，兰德斯的结论尚有进一步讨论的空间。

---

① Joan B. Landes, *Visualizing the Nation: Gender, Representation, and Revolution in Eighteenth-Century France*, Ithaca, N.Y.: Cornell University Press, 2004.

② Joan B. Landes, *Visualizing the Nation: Gender, Representation, and Revolution in Eighteenth-Century France*, p.169.

③ Jennifer M. Jones, "Reviewed Work（s）: *Visualizing the Nation: Gender, Representation, and Revolution in Eighteenth-Century France* by Joan B. Landes; Marianne in the Market: Envisioning Consumer Society in Fin-de-Siècle France by Lisa Tiersten", *Social History*, Vol. 27, No. 3（Oct., 2002），pp.371–373.

有评论者指出，兰德斯在分析图像的时候大量采用了文字材料予以佐证恰好说明对于前者的分析与阐释离不开后者的支撑。①

值得一提的是，女性史与图像史差不多同在 20 世纪 80 年代开始兴起。图像研究对于女性史具有特殊意义。众所周知，除了特别重要的政治女性，关于其他女性的直接材料往往很难在浩如烟海的史料中搜寻到，尤其是中下层女性。她们的工作、家庭、衣着打扮、喜怒哀乐，又或者在重大历史时期，普通女性民众的参与或抵制、诉求与行动，这些有关历史上另一半人口的过往，人们知之甚少。虽然近年来女性史学者在大量司法卷宗中寻找到不少珍贵的史料，但即便如此，依旧很难仅仅依靠文字材料把握各个阶层女性整体面貌。另一方面，从古典时期起，女性较之男性低下的地位是一个历史事实，但这一事实背后的性别观念究竟是如何形成与变化的，以及观念如何影响社会现实的，这些方面都还远未得出一致的结论。即便是历史上的重要女性，人们对于她们的公众形象的了解也只限于数量极少的官方材料，这些女性在当时社会是如何被人们看待，她们在普通民众心目中的形象究竟如何，研究者也很难找到丰富的材料去研究，而图像资料却为后世研究者打开了一扇通向时空隧道的门。

这一点在大革命女性史的研究中表现得十分明显。其中的代表作有林·亨特关于大革命时期路易十六的妻子玛丽·安托瓦内特（Marie-Antoinette，1755—1793）的图像阐释。林·亨特在她的《法国大革命时期的家庭罗曼史》中详细描绘了旧制度末年已经出现、革命时期达到高峰的有关损毁王后形象的各类民间图像。② 在这些图像中，王后被塑造成一个贪婪、荒淫、浮夸、奢靡的外国女性，她欺骗国王、把持朝政，甚至做了很多损害亲生儿子——王太子的行为。林·亨特的意图并不是去探究这些图像讲述或者描绘的事件及场景是否真实发生过，而是揭示这些明显被歪曲丑化的王后形象中传达出来的当时民众的心态：对王后的严重敌意以及对国王的轻视，进一步展现旧制度末年王权形象权威消失殆尽、民众反对王室的集体心

---

① Gary Kates, "Reviewed Work (s): *Visualizing the Nation: Gender, Representation, and Revolution in Eighteenth-Century France* by Joan B. Landes", *the American Historical Review*, Vol. 108, No. 1 (February 2003), pp.267–268.

② Lynn Hunt, *The Family Romance of the French Revolution*, Berkeley: University of California Press, 1992. 中译本参见 [美] 林·亨特：《法国大革命时期的家庭罗曼史》，郑明萱、陈瑛译，商务印书馆 2008 年版。

态，以及隐藏在法国民众心态深处的对于女性涉足公共领域的排斥及厌恶。因此，在林·亨特的研究中，图像不仅成为研究分析当时社会政治观念变化的途径，也成为解读 18 世纪下半叶法国民众关于性别秩序观念的钥匙，从一个全新的角度阐释着政治与性别的关系。

与此相近，美国学者伊丽莎白·R. 金德尔伯格（Elizabeth R. Kindleberger）也从图像与文本角度，分析刺杀马拉的凶手——夏洛特·珂黛（Charlotte Corday，1768—1793）的形象在大革命时期大范围流传，说明了以往认为女性完全被排斥在大革命的洪流之外的观念事实上或许需要重新审视。因为她发现，一直为底层民众发声的马拉被称为人民之友，官方为他举行了隆重的丧礼，然而不论是当时的媒体报道还是各种图像作品，刺杀了这样一位重要革命人物的凶手却没有被塑造成凶神恶煞或者非常丑陋的样子，呈现在大众面前的竟然是一个美貌坚毅的年轻女性形象。作者认为，这样的形象一方面说明当时民众对于革命的态度已经从最初的举国欢庆悄然转变为更错综复杂，另一方面也说明了女性虽然被排斥在实际的革命行动之外，但是在文化生产领域，女性的态度与情感并没有缺失，珂黛无疑是女性投身革命，从旁观者变为"参与者"或"行动者"的化身，是她们集体自我想象的投射。[1] 前文提及的兰德斯的第一部著作主要研究大革命时期的女性与公共领域的问题。[2] 大革命女性史研究者大量使用图像资料或者直接进行图像研究并非个人旨趣或者只是巧合，而是在大革命女性史研究中长期存在文字材料缺乏但图像资料又相对充裕的客观因素使然。有意思的是，兰德斯在她以图像为主要分析材料的第二部著作中，引入了许多女性批评理论用以解读其中隐含的寓意，无疑为图像研究带入更深厚的理论视野提供借鉴意义，两者相得益彰。

在女性史学者使用图像材料分析特定时代社会政治权力与性别之间的复杂关系之际，另一些研究者则继续前进在把图像与具体史实和事件相结合的道路上。其中的代表人物是美国学者理查德·瑞格利（Richard Wrigley）。他在出版于 2002 年的《外表的政治：革命法国的服装表象》中，通过详细的具体事件分析揭示出很多关

---

[1] Elizabeth R. Kindleberger, "Charlotte Corday in Text and Image: A Case Study in the French Revolution and Women's History", *French Historical Studies*, Vol. 18, No. 4（Autumn, 1994），pp.969–999.

[2] Joan Landes, *Women in the Public Sphere in the Age of the French Revolution*, Ithaca: Cornell University Press, 1988.

于大革命服饰的"套话性"误解，纠正了长期以来人们对大革命服饰的误解。[1]他说，大革命服饰的流传远没有通常假设的那样广泛。这些服饰严格地限制在某些特殊的场合，比如说像政治俱乐部的会议，在那里，通常也只是主席、秘书或者是从营团过来讲话的人才穿着；或是在节日或者庆祝仪式上，它们更像是仪式物品。瑞格利的研究建立在大量的图像、会议记录、回忆录及他人的研究成果之上，从个人与集体两个层面展开，详细探讨一种个人的服饰如何转变为一种大众的革命象征，同时涉及这种转变过程中的各个事件、各种讨论等相关环节，以求完整地阐释革命的政治文化如何通过修辞与合法化表现在日常经验之中。相较于此前相关成果，瑞格利的研究更为扎实、丰富，既弥补了此前服饰史学家偏重史实忽略文化分析的缺点，又弥补了林·亨特的解释所依靠的史料略显单薄的遗憾。[2]

不过事实上，林·亨特等第一代图像史学家随着研究的进展也开始关注涉及底层民众的图像资料，并把分析特定群体图像与具体的政治事件、政治力量变化紧密结合。林·亨特在2005年发表的文章便是从图像材料入手研究大革命时期人们看待民众的态度。[3]正如她指出的，专门研究大革命群众的英国史学家卢卡斯（Colin Lucas）从革命者的行动以及公开的发言去分析他们对于民众以及民众暴力的看法，但是卢卡斯自己也不得不承认，只有保守派们才会真实表达自己对民众的真实看法。为了解开政治言论的迷雾，林·亨特主导的研究团队通过细致分析42幅大革命时期描绘暴力与民众的图像去探寻从图像视角进行研究是否能有新的发现。团队中的艺术史家维维安·卡梅伦（Vivian Cameron）的研究成果非常具有代表性。她重点考察的是在这类图片中，图像作者呈现暴力的表现形式。她发现，在这些具体事件的图像建构中，描述暴力和人群的图像在人物、动作、场景、辅助细节等方面有很大的差异。图像中表现出来的暴力可以具体分为5种类型：象征性暴力、参与暴力、串通一气的暴力、先行暴力和仪式化的暴

[1] Richard Wrigley, *The Politics of Appearances: Representations of Dress in Revolutionary France*, Oxford and New York: Berg Publishers, 2002.
[2] 汤晓燕：《革命与霓裳：大革命时代法国女性服饰中的文化与政治》，浙江大学出版社2016年版，第9页。
[3] Jack Censer and Lynn Hunt, "Imaging the French Revolution: Depictions of the French Revolutionary Crowd", *The American Historical Review*, Vol. 110, No. 1 (February 2005), pp.38-45.

力。① 塞瑟（Jack Censer）和林·亨特的文章则指出，暴力通过各种视觉手段表现出来，因而图像如何刻画暴力的倾向性就变得很重要。例如，他们发现，巴士底狱陷落的版画很少直接地描绘暴力场面，各类版画的作者很少用血腥的场面来展现这一场景，说明创作者对暴力的态度非常克制与审慎。而当描绘民众暴力的场面无法避免时，譬如在富隆（Joseph Foullon，1715—1789）及其女婿德索维尼（Bertier de Sauvigny，1737—1789）被杀的图像中，就会强调民众暴力中"残忍"与"残暴"的一面。而且卡梅伦注意到，"从最初，图像中的群众就以某种方式代表革命事件，特别是因为'人民'或'国家'被假定为主权的源泉"。而法国的版画师并没有像英国同行那样表现底层民众行动的传统，在 18 世纪的法国版画中，民众往往只是以街头小贩的静止形象出现。因而在革命进程中当版画师们不得不去刻画民众和他们的行动的时候，后者的形象往往显得模糊且程式化。②这种对民众及其暴力行为在图像中的处理手段无一不在表明，在此阶段，版画的制作者们对于行动起来的民众群体的疏离与陌生感，对于革命暴力的戒心。关注"描述群体暴力的整体效果上的差异以及它们与相互竞争的政治立场之间的联系"，无疑为后来研究者更好地把握革命精英阶层看待民众暴力时所持有的那种摇摆且暧昧的态度提供了全新的途径。这类微妙的心态在传统文字材料中可能并没有见诸笔端，但在图像中却可一览无余。而把具体历史事件引入到图像分析之中，细致观察文字材料所叙述的事实如何呈现在视觉图像的场景描画之中，则使得图像作者的意图能够更清晰地展现出来，图像成为不同于文字材料的另一种态度表达。

大革命图像研究中，除了上述以图像资料作为分析手段或者切入视角的路径以外，还有一些学者致力于考察当时人如何看待图像这一特殊文化产品的地位与作用。因为只有准确把握特定时代特定社会中人们对于图像的基本态度，才能在此基础上讨论与分析该历史环境中产生的图像与社会政治以及民众心态之间的关联，而且某一时代的人看待图像作品本身的态度也可以鲜明地体现出时代思想的烙印。在

---

① Vivian P. Cameron, "Reflections on Violence and the Crowd in the Images of the French Revolution", http://chnm.gmu.edu/revolution/imaging/essays/cameron.pdf，查询日期 2019 年 6 月 26 日。

② Jack Censer and Lynn Hunt, "Picturing Violence: Limitations of the Medium and the Makers", http://chnm.gmu.edu/revolution/imaging/essays/censerhunt.pdf，查询日期 2019 年 6 月 26 日。

这个研究方向上，德巴克是其中的代表人物。他在发表于 2003 年的一次访谈中详细谈论了这一问题。[①] 德巴克认为，对于图像的关注与讨论是一个非常具有法国特性的历史现象。

因为法国人从近代早期就开始关注图像的社会政治以及宗教功能，宗教改革期间已经因圣像问题展开了激烈的论争，法国的精英无法就图像的空间、位置以及实践等一系列问题达成一致，这同时也是关于表象的论争。而这一论争实际上牵涉的问题是政治，例如法国君主制的象征问题，最后通过国王肖像画来整体呈现。这不仅是"神圣化"，即国王身体带有某种神性，而是关于君主权威的核心议题。针对大革命时期的图像，德巴克提出，大革命时期延续了法国文化中关于图像问题的争议，而且这一点在大革命爆发之前已有端倪。图像与君主制权威之间的紧密联系到了 18 世纪启蒙时代遭遇到了严重危机。卢浮宫沙龙画展的召开使得原来主要由君权掌控用以表现权力的图像的地位与作用发生了微妙的变化，数以千计的观众涌入展厅，他们成为图像艺术作品的评论者，于是公众舆论逐渐成为图像艺术不得不面对的评价体系，就像玛丽·安托瓦内特的肖像画展出时就被公众批评不符合王后仪表。关于大革命时期的图像，德巴克指出部分激进革命者认为应该销毁用以宣扬君主制思想的图像作品，这一立场不难理解，但更深层次的问题在于，在法国历史上，艺术图像长久以来用以宣传君主及宗教的神圣性，所以部分革命者对于图像本身的性质与功能持警惕甚至怀疑的心态，而且他们认为图像易激发普通民众，尤其是那些没有受过任何教育的非理性的群众（les âmes simples et populaires）的情感，而情绪的符号以及修辞与革命推崇的简单明了的纯净风格是相背离的。另一部分革命者，如大卫等人则坚信，革命最终还是要依靠在表象，也就是通过在意义（les sens）中真正自我确立而赢得胜利。此外还牵扯到一个无法避免的问题，即：革命本身也须使用图像这种通俗易懂且易传播流通的宣传手段来扩大革命理念的影响。因而，革命者"不仅仅是要使用图像，而是要规范、引导图像并再造它们使其更有效"。[②]

---

① Antoine de Baecque, Olivier Mongin and Alexandra Pizoird, "Ce qu' on fait dire aux images. L'historien, le cinéphile et les querelles du visuel", *Esprit*, No. 293（3/4）（Mars-avril 2003），pp.18–34.

② Antoine de Baecque, Olivier Mongin and Alexandra Pizoird, "Ce qu' on fait dire aux images. L'historien, le cinéphile et les querelles du visuel", *Esprit*, No. 293（3/4）（Mars-avril 2003），p.23.

从事大革命时期图像研究的学者大多同意革命时期的图像"从严格的审美标准而言"是显得相当薄弱的。[①] 美国学者斯坦利·伊德泽尔达（Stanley Idzerda）早在1954年已经撰文关注艺术品在大革命时期的命运，因为旧制度下，整个艺术界的生存都仰仗着单一的顾客群体——王室、大贵族以及教会，那么它们必然承载着宣传君主制或天主教思想的使命，与此同时，它们却又毫无疑问是法国乃至欧洲艺术文化的结晶与审美的典范，在此前提下，革命要如何对待这些旧世界的宣传品？[②] 法国学者爱德华·鲍米耶（Edouard Pommier）同样关注艺术与革命的关系，其《自由的艺术：法国大革命的教义与论争》一书由伽利玛在1991年出版。此书主要关注大革命时期的人如何看待与讨论艺术，尤其是绘画与雕塑。作者关注1790年开始的关于圣象破坏者以及爱国者的讨论，他发现这一讨论充满了矛盾与含糊——是否要保存过去的艺术作品？其合理性是什么？他还重点讲述了当时有几位力挽狂澜试图保护艺术作品的重要人物，如奎西（Quatremère de Quincy，1755—1849）等人。[③]

考察法国大革命这一特殊历史时期艺术家、艺术作品以及艺术文化的整体走向或许只是法国大革命图像史的一个分支，但这无疑也是文化史、政治史与艺术史之间进行交叉研究的必经之路，可以由此更准确地把握艺术发展的自身逻辑与历史背景之间的关联，并探求政治社会变迁是否会影响甚至改变艺术趋势这一关键问题。

从兴起至今，大革命图像史的发展已经走过了30多个年头，这一热潮至今有增无减。法国著名革命史家米歇尔·比亚尔（Michel Biard）新作：《幻想中的地狱与法国大革命》与《受难与荣耀：对殉难者的崇拜（从大革命到凡尔登）》。[④] 在这两本书中，比亚尔把大革命时期的图像研究推进到一个更纵深的层面。与此前的图像研究相比，比亚尔在详细分析图像本身蕴含的政治寓意并且紧密联系现实政治局

① Jeremy D. Popkin, "Pictures in a Revolution: Recent Publications on Graphic Art in France, 1789–1799", *Eighteenth-Century Studies*, Vol. 24, No. 2, Special Issue: *Northrop Frye and Eighteenth-Century Studies* （Winter, 1990–1991）, pp.251–259.
② Stanley J. Idzerda, "Iconoclasm during the French Revolution", *The American Historical Review*, Vol.60, No. 1（Oct., 1954）, pp.13–26.
③ Edouard Pommier, *L'art de la liberté. Doctrines et débats de la Révolution française*, Paris: Gallimard, 1991.
④ Michel Biard, *Enfers fantasmés et Révolution française*, Paris: Vendémiaire, 2017. Michel Biard, *La souffrance et la gloire : Le culte du martyre, de la Révolution à Verdun*, Paris: Vendémiaire, 2018.

势变动的同时，把大革命时期的图像放置到法国历史上相关图像的谱系之中去考察。换言之，比亚尔不再把大革命时期的图像视为特定时空中一系列孤立的视觉表象，而将它们看成是历史图像脉络中的一段。例如，当作者考察大革命时期的地狱与天堂场景时，回溯到启蒙时代乃至 17 世纪的图像艺术中类似场景的表现手法，将其与大革命时期的图像进行比较，使读者能够清晰看到同样的图像元素在大革命的语境之下究竟发生了什么样的变化。在比亚尔看来，只有细致入微地捕捉到这些图像符号所发生的具体变化，并且结合文本材料以及相关联的社会政治的史实，才有可能更精确地把握革命理念如何在图像中体现、人们如何通过图像来重组甚至更改传统意义符号、图像或者说艺术的使命在革命年代是如何被理解的等一系列复杂的问题。而更重要的是，比亚尔的研究还突出强调了一点，那就是大革命时期图像所形成的话语表达体系也与其他政治文化一样对后世影响深远。他在书中分析了大革命时期大量的受伤战士不顾及自身安危的图像，英勇的战士英雄形象一直持续到法国二战时期，成为法国现代政治文化中非常重要的组成部分。

大革命图像研究存在的问题及其前景

虽然国际学界的大革命图像研究至今持续进行了将近 40 年，研究成果颇丰，但在快速发展的过程中，大革命图像史自身带有的缺陷也明显显露出来。林·亨特在 2005 年的一篇文章中已经指出了大革命图像研究存在的几个关键问题并提出了相应的对策。在此，笔者将结合她这篇文章的主要观点来讨论一下这些问题。

首先，是关于样本量的问题。大革命时期的图像现存数量如此庞大，且分散在各个图书馆、博物馆、私人收藏之中，所以很难确切去全面整理与统计，这就导致了研究者选取某一类型或者主题的图像进行相关研究的时候，会被质疑样本量大小是否合适的问题。例如林·亨特等人进行的关于民众图像的研究，学者们从数千张图像中挑选了三四十张较为典型的图像资料加以细致分析，那么研究者如何能保证自己选取的图像具有典型性？是否可以代表那些没有被研究被关注到的图像？文章的作者也未能给出满意答复。

其次，关于图像的接受层面，也就是这些图像的受众情况，目前的研究者也是知之甚少。可以确定的是图像的目标消费群是复杂多样的，真正的艺术品自有它们的订购者；各类印刷精美的图像当然是面向收入较高阶层；最便宜的劣质印刷图要价只有 10 个苏，而面包的价格都需要 3 个苏一磅，与此同时，最底层的手艺人每天的收入是 20—50 苏，由此可见这类印刷品价格之低。[①] 但并不是说低价图像就是面向最底层民众，因为当时的报纸价格更低，每份只需要 2 苏。所以林·亨特等人认为，想要把某一类图像的受众与特定群体连接起来并不容易。而从图像生产制作层面来看，则同样存在严重的阻碍。现存的大量图像只有极少数是署上作者姓名的，或者属有具体日期或制作者，大多数是匿名的；而且，即便是这些标注了手艺人或印刷者姓名的案例，在当时动荡甚至紧张的政治局势下，也有不少是虚假信息。而且依据目前的研究进展，学者们关于普通廉价图像的一些基本问题尚未达成一致，例如一般版画的复制量是几百还是几千？它们的售价究竟是非常低廉的 3 苏还是更高？德国学者克鲁斯·海尔丁（Klaus Herding）和罗尔夫·理查德（Rolf Reichardt）与法国学者德巴克及朗格卢瓦之间就存在着较大分歧。[②] 这些问题仍需要进一步寻找挖掘可靠的史料来进行论证。

除此以外，针对大革命时期的图像，尚有一个时效性的细节问题。由于大革命时期的政治变迁与社会动荡往往发生在较短时间之内，而文化艺术作品的创作与制作时间对于政治事件而言有一定的滞后性，因此，在大革命时期，大型油画等传统艺术品数量较少，有相当数量的作品在其创作过程中已经变得不合时宜，因此不得不半途而废或者更改最初的创意设想；另一方面，即便是出售给较低阶层的图像产品，如家用陶瓷以及价格低廉的版画，它们从刻版、制作到销售依然需要不短的时间，不能像文字印刷品那样在事件发生之后的短短几天之内就见之于众。因此，倘若贸然从这些图像制品的标记年代出发对其加以研究分析，很有可能导致错误的结论。而这一点，目前看来尚无妥善解决措施。

最后，使用图像资料，除了体量庞大、资料分散、相关的作者与受众等重要信息缺失等问题之外，还对历史研究者提出了其他知识与技能的要求。林·亨特认为，阅读图像就像阅读文本一样需要技能，这一技能包括辨别出类型与技巧之间具

① Jack Censer and Lynn Hunt, "Imaging the French Revolution: Depictions of the French Revolutionary Crowd", *The American Historical Review*, Vol. 110, No. 1 (February 2005), pp.38–45.

② Jeremy D. Popkin, "Pictures in a Revolution: Recent Publications on Graphic Art in France, 1789–1799", *Eighteenth-Century Studies*, Vol. 24, No. 2, Special Issue: *Northrop Frye and Eighteenth-Century Studies* (Winter, 1990-1991), pp.251–259.

有意义的差异、熟知那个时代被广泛接受的象征意义、某个版画师或者画家特有的视觉表现修辞手法及其变化，而且与此同时，尤其要注意个人的政治倾向与整体的形势都会在图像生产过程中起作用。与文字材料相比，图像传递意义的不稳定与多重性更胜一筹。这一点在一篇关于大革命时期路易十六形象的博士学位论文中也曾提到。文章作者问道，如何能够领会当时人才能领会的漫画？20世纪末的人如何能够毫无歪曲地重构18世纪末巴黎人的想象？以及如何从一些时人心领神会的图像细节处理中准确地区分叙述性的图像和暗含贬义的图像之间的细微变化？他认为，图像资料中的许多问题并没有克服或者跨越，只是暂时绕过去了。①

　　针对这些问题，林·亨特提出了一些解决方案。她指出，在图像资料大规模电子化、在线化的今天，检索与挑选合适的研究图像依然需要大量的时间，尤其是需要对近似的图像进行比对与分析，这就需要研究者进行团队合作，仅靠个人一己之力很难完成这一海量工作。她主导的关于民众图像的研究便是团体合作的项目。其次，开放关于图像研究的讨论，让更多的人能够接触到这些图像以及相关的研究，使之超越历史学家或者艺术史学家独自工作的传统模式。图像研究的目的不仅是介绍与传播图像，更是通过对它们的分析研究提供一条通向大革命政治核心方向的路径，以及强调学术分析的多样性。谈及对图像的检索与对比，林·亨特认为，图像的电子化使得把处于不同时空的图像放在一起进行研究成为可能，而且由于网络的作用，更多的人可以参与讨论，甚至发现专业研究者忽视的问题或者线索。

　　但是，笔者认为，图像资料的互联网化虽然可以集思广益，给讨论带来更多空间与参与者，但是却不能弥补原始资料基本信息的缺乏。这是林·亨特也已经意识到的。而另一方面，对公众开放的讨论究竟在多大程度上能推进专业研究工作的进展，也是一个值得商榷的问题。毕竟，就像对于大革命图像的研究就需要从事者对大革命时期的历史事件、政治人物以及整个社会的整体状况以及当时图像中的各种象征形象具有相当程度的了解，这对专业学者来说都需要假以时日的研究。

　　除了上述四个图像史自身存在的问题之外，另有存在于图像史外部的重要的问题。首先是如何弥合与艺术史的鸿沟。艺术史家往往不认为大革命时期的印刷图像

---

① 　Serge Chassagne et Michel Melot, "Comte rendu de soutenance de thèse: Repique est Capet Louis XVI dans la caricature : Naissance d'un langage politique", *Annales historiques de la Révolution française*, No. 284（Avril-Juin 1991），pp.247–250.

或者讽刺漫画是艺术作品，更有不少艺术史家把大革命时期视为艺术史上因为政治动荡与内战而造成的断裂时期。这或许解释了如此体量的大革命时期图像在相当长的时间内没有进入研究范畴的缘由。与此同时，历史学家们则忙于专研各种文字材料，把图像作为主要的分析材料是最近几十年才开始兴起的一股潮流，即便已有不少值得关注的研究成果，但其进展与大革命研究的其他领域相比，显然拥有巨大的发展空间。林·亨特认为，针对这一问题的解决方案依然是合作研究。笔者认为，这种合作既可以是实践意义上的，即双方共同参与某一研究项目，合作撰写专著等，也可以是理论方法上的，即：历史学家从艺术史家那里借鉴某些艺术分析的手法，掌握特定时代人们常用的象征与模式化的表现方式，了解更多艺术发展自身的演变节奏，从而更深刻地理解文化产品与社会政治等因素之间的张力与互动，艺术史学家则可以像历史学家那样不仅仅分析艺术作品本身，而是更多地结合时代的思想脉络、具体的政治形势，把作品的生产与传播放置到更广阔的历史维度去考察。另外，图像史既要借鉴艺术史的视觉材料分析手法，又要引入传统文字档案作为相互印证的材料。正如安妮·杜普拉（Annie Duprat）在其博士学位论文中所言，大革命时期的图像就是政治言语，它既是宣传，也是武器。那么关于图像分析的具体步骤，她认为对于需要分析的每一幅图像应做到：描述、定位其中或新或旧的图像元素、图像的内部分析，同时联系当时的文字材料，从中寻找某一图像场景为何做此安排的可能原因以及那些图像元素的意义所指。比如在瓦伦事件之后，路易十六被描绘成酒鬼，有时长着陶盆脑袋甚至猪头，这都要与当时的时事以及民众的情绪相联系。此外，杜普拉认为图像上出现的文字也是解读的关键要素，同样一幅材料，题词的不同或许显示着完全不同的意图。[1] 也就是说，作为一种新的史料来源，研究者对于图像的解读不能局限在单一图像内部，需要像艺术史那样发现其内容与手法以及图像寓意元素中的传承与演变，另一方面，依然要重视文字材料的重要性，毕竟图像的意义传达有其自身的局限性，清晰理解图像的寓意、产生的背景以及它所带来的影响离不开文字材料，两类相关材料或互为印证或相互背离，无论哪种关联都是图像史研究的题中之义，也是理解当时文化与政治之间微妙关系的关键

---

① 相关内容，参见书评 Serge Chassagne et Michel Melot, "Comte rendu de soutenance de thèse: Repique est Capet Louis XVI dans la caricature : Naissance d'un langage politique", *Annales historiques de la Révolution française*, No. 284（Avril-Juin 1991），pp.247–250.

所在。伏维尔的大革命图像集取名为《图像与叙述》，想必也是出于相同考虑。

另一个则是如何把图像史与传统政治史、社会史、经济史相结合。批评者认为此前以图像入手研究大革命的政治文化遭人诟病之处就在于它局限于"图像到言辞"的闭环之中，它忽视了构建这套图像隐喻体系之外的实际行动世界，"把政治争斗从经济的、社会的变化中孤立出来，未能把大革命自身与革命前中间阶层已经遭遇到的公共身份的问题相联系"。[①]坦白说，这样的批评并非吹毛求疵，因为就林·亨特本人于1984年发表的研究革命时期服饰图像的《法国大革命中的政治、文化和阶级》一书而言，她使用的材料确实仅限于有关服饰图像本身的材料，如大卫等设计者对自己的设计理念的阐释以及官方相关公告。[②]当时的图像、服饰这些文化产品或许确实自有其产生与传播的途径及逻辑，但它们并非在一个与外部事态变化以及现实行动隔绝的环境之中诞生并运作，那么研究这些外部环境显然应当是题中之义。

当然，图像史并不是唯一遭到上述指责的，文化史自诞生之日起便背负着脱离社会现实的怀疑，文化史学家们虽然在自己的逻辑之内能够自圆其说，但他们的结论并不能让一部分注重传统史学的史学家心悦诚服。例如孚雷（François Furet，1927—1997）认为大革命实际上是对政治话语权的争夺，因而言辞的重要性在他的研究之中被提到一个前所未有的高度，但不论是孚雷还是他所借鉴福柯（Michel Foucault，1926—1984）的理论，都因为缺乏足够强有力的社会或经济层面的史料予以支撑而遭到质疑。因为公共领域政治语言的虚幻性与欺骗性已经是一个无须证明的事实，那么仅仅使用公开发表的言语作为研究出发点，而不考虑其诞生的背景，考察言说者的行为与话语之间的距离，以及追踪言语在现实层面造成的实际影响，并且把这些要素与更大背景之下的社会经济现实相联系，确实带有某种空中楼阁之感。

不过，这并不意味着包括图像史在内的文化史因此而带有了无法克服的缺陷。恰恰相反，这些问题的讨论和提出，为图像史日后在发挥自身特长的同时，弥补原

① Dorinda Outram, *The Body and the French Revolution: Sex, Class, and Political Culture*, New Haven: Yale University Press, p.33.
② Lynn Avery Hunt, *Politics, Culture, and Class in the French Revolution*, Berkeley and Los Angeles：University of California Press, 1984. 中译参见[美]林·亨特：《法国大革命中的政治、文化和阶级》，汪珍珠译，北京大学出版社2020年版。

有的不足提供了广阔的空间。事实上，林·亨特之后的文化史学者已经注意到了这一问题。上文提到的兰德斯、瑞格利等人的研究都已经在尝试更好地结合图像史与政治史、社会史为代表的实证史，而同时继续发挥图像史能够摆脱"实在—文化"这一单一映射模式的优势。图像史的路径通过分析群体活动中的图像与言语、表象与思想、象征与行动等一系列社会的、政治的以及文化的要素之间复杂的变化与动态关系，来探究并剖析这背后的动因以及运作机制。因其借用文学、哲学、人类学、心理学、艺术史等多门学科的研究方法与理论，从而建立起跨学科之间的交流与互动。大革命图像史的活跃与繁荣不仅拓展了革命史研究的范围，而且为该领域中传统的政治、社会课题带来全新诠释的可能性，能够加深甚至更新我们对于那个时代不同群体的心态与情感、诉求与向往的理解。

此外，与当时的期刊相比较，图像资料所涉及的内容具有高度的选择性，换言之，大革命期间发生了许许多多大小不一的政治事件，当时的报纸可能会对大多数事件逐一报道，但是目前留存下来的图像资料显示，图像制品只对一小部分事件做了集中描绘，例如，联盟节以及马拉遭刺杀等，会有大量不同的图像对此进行详细描绘；而与此同时，余下的其他事件几乎不在图像中出现，例如"大恐慌"。而且更重要的一点是，不少研究者发现，大革命时期描绘历史事件场景的图像很多时候并不忠实于事件，包括人物、场面、物件等等，版画作者有时会任意添加事实上根本不在场的人物，[①] 或者描绘现实中并没有发生的情形，卡梅伦同样指出："在1790年晚期，只有一小部分已知的革命图像描绘了真实的事件……图像更像回忆录，只传达一定的信息，而且大部分是不准确的。"[②] 所以如果把这样的图像看成是如实报道当时发生的历史事件的资料，显然会发生严重错误。研究大革命时期的图像，需要对大革命时期的事件、人物等具体细节有基本的知识，才能区分图像中虚虚实实的信息与要素，从而精确了解哪些是事实，哪些是画家的想象，了解处理虚实关系背后的动机才是真正解读图像的要诀。就像林·亨特在研究民众图像时指出的，虽然我们不知道图像的作者是谁，或者说即便知道他的姓名，但我们也很难知道他绘

---

① Jeremy D. Popkin, "Pictures in a Revolution: Recent Publications on Graphic Art in France, 1789–1799", *Eighteenth-Century Studies*, Vol. 24, No. 2, Special Issue: *Northrop Frye and Eighteenth-Century Studies* （Winter, 1990–1991）, pp.251–259.

② Vivian P. Cameron, "Reflections on Violence and the Crowd in the Images of the French Revolution", http://chnm.gmu.edu/revolution/imaging/essays/cameron.pdf，查询日期 2019 年 6 月 26 日。

制某幅作品的意图是什么，这意愿是否真正来自他本人。但是，以民众事件为主体的众多版画中，可以看到民众有时被描绘成野蛮残忍的，有时则被塑造为温和有序的，表现的手法有时是象征的，有时是讽刺的，有时则是现实主义的。因此，对于民众的描绘，在有意为之和无意之间的张力是非常重要的，因为这种再现正是长期以来在通俗图像中的"套话"。某种"套话"在政治景象已经改变得超出了以往所有的认知之际是否依然能够发生作用？

虽然存在着诸多问题，但是图像资料毫无疑问是不能被忽视的。因为在当时，与文字材料相比，它们是传播范围更广、涉及人数更多的宣传方式，它们还能传递时人的情感与情绪，为后世提供解读当时社会不同群体复杂心态与整体政治文化之间纠缠关系的一把关键钥匙。图像提供的套话成为解码的关键。或许"历史学家从未掌握足够的关于作者或者受众的信息，但他们可以了解形塑了艺术表现的集体准则"，并且"没有比图像能够提供的更好的通向意识状态的瞬间"[1]。布瓦耶·德尼姆早在200多年前就提出，漫画的历史就是舆论的历史。但是，如果认为图像内容或者其在视觉表现策略的某种倾向性确凿无疑地指向当时社会整体心态或者某种共识，那显然也是颇为危险的，因为不同群体的政治立场、情感态度决定了不同的图像宣传策略，图像生产与销售环节的复杂背景加上作者各不相同的创作手法与表现意图，这些因素无不加剧了视觉表征与其背后的动因之间关系的错综复杂程度。不过，图像史本身最引人入胜之处也恰好在于历史图像含义的不稳定、不清晰有时甚至是含混晦涩的。换言之，图像和寓意、象征之间时而牢固时而游离的状态用一种特殊的方式揭示出传统政治史、社会史无法探寻到的政治与文化及观念之间"剪不断、理还乱"的关系。或者说"图像的战斗构成了艺术史和观念史上戏剧性的篇章，这一过程又始终伴随着政治史、社会史与心态史，意味着某些态度和概念的胜利和另一些的失败，也意味着重要的改变与转化在发生"[2]。

---

[1] Jack Censer and Lynn Hunt, "Imaging the French Revolution: Depictions of the French Revolutionary Crowd", *The American Historical Review*, Vol. 110, No. 1 (February 2005), pp.38–45.

[2] Maria Janion, "Pourquoi la révolution est-elle une femme?", *Revue européenne des sciences sociales*, T. 27, No. 85, *Lumières, utopies, révolutions: Espérance de la Démocratie. À Bronislaw Baczko* (1989), pp.165–177.

第一编

图像中的事件

第一章　历史事件与图像呈现

在整个法国大革命的历程中，攻占巴士底狱事件的重要性早就不言而喻了。彼得·麦克菲（Peter McPhee）说："1789 年 7 月 14 日攻占巴士底狱是一场政治地震。它拯救了国民议会，让一次权力的突然变更有了合法性。"[1]巴黎民众用实际举动挽救了陷于困境的国民公会，推动了革命的进程。另一方面，在意识形态的象征层面，它不仅意味着旧制度的堡垒轰然倒塌，同时也昭示着民众作为革命的主体，第一次登上了历史舞台。正因为攻占巴士底狱这一事件蕴含着无比丰富的政治寓意，多年来它始终是法国大革命政治文化研究领域的重要议题，然而时至今日，尚未有研究者对于这一事件在当时图像中的具体呈现进行细致的爬梳与整理。

本章旨在透过图像的层层渲染，探究"沉默不语"的图像资料是如何去表达一个在当时以及此后都极具历史意义的政治事件。此外，更重要之处在于，众所周知，"事件"本身是历时性的，但是单幅的图像特有的表现方式往往是突出某一时间点的画面，如何用"瞬时性"的画面去处理历时性的事件，以及不同处理方式是如何体现出作者的态度与立场的，攻占巴士底狱这一著名历史事件为我们提供了非常好的解析案例。

以图像为载体的事件报道：正面描绘巴黎市民与
军队攻打城堡的场景

这一历史事件的经过并不复杂。从 1789 年 7 月开始，贵族将围攻巴黎的传言传得沸沸扬扬，路易十六对于改革措施的态度始终暧昧不清。巴黎城内许多店铺

---

[1]　［澳］彼得·麦克菲：《自由与毁灭：法国大革命（1789—1799）》，杨磊译，中信出版社 2019 年版，第 88 页。

关门，零星的炮声以及在市区出现的盗匪（brigand）更加剧了上述说法的真实性。由于被恐惧包围，来自社会各阶层各行业的巴黎市民（其中大多数是来自巴黎市郊圣安托瓦区的工匠与小商人）自发武装起来，四处搜寻武器。7月14日当天，他们先从荣军院（Hôtel des Invalides）获得了32000支抢，随后又赶赴巴士底狱，希望得到更多的军火，然而却遭到了城堡指挥官德洛内（Bemard de Launay，1740—1789）的拒绝。僵持到晚上，双方发生了交火，后在法兰西卫队与国民自卫军的大炮的威慑下，德洛内同意投降。不过，他依旧被视为背叛者而被愤怒的人们带到市政大厅前处死，一同被处死的还有巴黎市商会会长弗莱塞尔（Jacques de Flesselles，1730—1789）。人们用长矛挑起他们的首级，在巴黎城内游行，借此警告贵族。最后，巴黎驻军司令带领军队退出巴黎，人们选举了新的巴黎市长。

当然攻打巴士底狱也不是当天人们即兴选择的目标。这座始建于查理五世时期用以保护巴黎的堡垒兼军火库从15世纪（路易十一统治时期）开始慢慢变成了"国家监狱"（la prison d'état），用以关押重要的政治犯。尤其是在宗教战争与路易十四统治期间，有不少反对派被投入该监狱。此外更有流传甚广的铁面人传说。路易十四的财政总监富凯（Nicolas Fouquet，1615—1680）就曾被关押在巴士底狱，大名鼎鼎的伏尔泰（Voltaire）年轻时也因为写诗讽刺杜柏丽夫人（Madame du Barry，1743—1793）而被投入该监狱。当时有不少出版物竭力渲染这个国家监狱的严刑逼供与阴森恐怖。到了旧制度晚期，这里常被作为关押因国王"密札"（lettres de cachet）而未经审判的政治犯及部分因触犯新闻审查制度而被逮捕的出版商或作者的场所。因此在许多持反对立场的人眼中，巴士底狱就是专制与绝对主义的象征，是一个既让人仇恨又令人恐惧的场所。到了旧制度末期，由于密札制度已经于1785年被废除，因而这所国家监狱基本处于闲置状态。事实上攻进堡垒的人们到处搜遍，也只找到了七个在押犯（四个造假者、两个疯子和一个贵族）。然而，它作为国家监狱的"黑暗历史"依旧深深印刻在法国人的心目中，在1789年三级会议召开之前的许多陈情书中，人们就曾提出要摧毁这一专制主义的象征。

1789年的夏天，巴黎人相信巴士底狱城堡里藏有大量军火，而它的炮口正对着巴黎城，因此当巴黎将要被围攻的消息传来，人们自然就会想到要对这个军事堡垒采取措施。当巴黎市民用暴力占领了巴士底狱之后，原本停滞不前的革命形势发生了急剧变化，国王下令军队撤退；承认国民自卫军的成立并且来到巴黎市政厅接受了三色徽章。当时人们认为革命至此已经结束了，自由来临了。① 当然事实并非如此，在大革命历史上，攻占巴士底狱这一事件通常被视为真正引爆了法国大革命。

该事件对时人所造成的巨大震撼或许后世的人无法想象。即便在当时，身处巨大历史旋涡中的人们已经意识到了它的重大历史意义，时人已经预感到"这场非凡的革命似乎对后代来说几乎不可思议"②。当时约有 50 份报纸报道了此事。③ 两个月之内就有以此为题材的戏剧搬上了舞台。④ 正如勒费弗尔所说，"任何人事先都没有想到，攻打巴士底狱竟在冲突中起了关键的作用。任何人最初也没有想到，巴士底狱的陷落竟决定了冲突的结局。……17 日，国王来到巴黎接受三色徽章。……当攻下巴士底狱和国王亲临巴黎的消息传开时，外省居民纷纷热烈庆祝，从此变得大胆的资产阶级在各地接收了政权"。⑤ 农村地区也不断出现农民捣毁领主的鸽舍、鱼塘等象征着封建特权的场所，甚至出现了对领主的人身攻击。与此同时，有关攻占巴士底狱的图像亦如同雪片一般涌现，从不同的角度，以不同的形式来表现这一重大事件。从图像内容来看，可以分为下述三种类型：

1. 正面描绘巴黎市民与军队攻打城堡的场景；

2. 描绘进攻城堡过程中的细节以及处死德洛内等人；

3. 描绘拆毁巴士底狱的过程。

首先来看当时著名的版画师洛朗·居约（Laurent Guyot，1756—1808）制作的一系列关于攻占巴士底狱的版画。在他一幅题名为《对巴士底狱的第一次攻击，1789 年 7 月 14 日 3 点左右的猛攻》中，画面的右前方是一尊大炮正对着巴士底狱

---

① Jules Michelet, *Histoire de la Révolution, édition définitive*, Tome I, Paris: Flammarion, 1890, pp.237–238.

② Hans-Jürgen Lüscbrink, Rolf Rcichardt, *The Bastille: A History of a Symbol of Despotism and Freedom*, translated by Norbert Schurer, Durham and London: Duke Universitu Press, 1997, p.53.

③ Hans-Jürgen Lüsebrink, Rolf Reichardt, *The Bastille: A History of a Symbol of Despotism and Freedom*, translated by Norbert Schurer, p.47.

④ Paola Perazzolo, "La dramatisation de la prise de la bastille pendant la Révolution: Représentations et révisions", *Annales historiques de la Révolution française*, Janvier/Mars 2012, No. 367, Théâtre et Révolutions（Janvier/Mars 2012），pp.49–68.

⑤ [法] 乔治·勒费弗尔：《法国革命史》，顾良、孟湄、张慧君译，商务印书馆 2010 年版，第 130—131 页。

图 1

厚厚的城墙发射炮弹（图1）。① 人们高举着长矛与长枪涌向城堡的大门。大门上还有人正在奋力向上攀爬，试图翻过门墙。远处浓烟滚滚，火光冲天。隐约可以看到城堡的墙头有许多人影。而在画面近处的地面上，三三两两躺着受伤或者死去的进攻者。这幅版画的铭文这样写道："在查理五世统治时期，当时的巴黎市长奥布里奥为了抵御英国人建造了这个城堡。在贝里公爵的支持下，奥布里奥逮捕了数名桀骜不驯的学者，但后来他本人也被投入了巴士底狱。"铭文与图像的内容几乎毫不相干，为何会出现这种"图文不符"的情况？或许是因为作者认为画面内容本身已经一目了然，无须过多解释，而关于巴士底狱自身历史值得借此机会做一简单说

---

① Référence bibliographique: De Vinck 1555.（本书注释中凡有 Référence bibliographique 字样，均来源于 bnf，后同，不再一一注明。）

DE LAUNAY GOUVERNEUR DE LA BASTILLE

Pris et conduit à l'Hotel de Ville, le 14 Juillet 1789.

A 4 heures et demie, l'Officier Suisse écrit la Capitulation, qu'il fit passer sur une planche; conçue en ces termes, Nous avons vingt milliers de Poudre, nous ferons sauter tout le Quartier si vous ne l'acceptez. M.r Elie officier au Régiment de la Reine Infanterie, reçue la Capitulation et la porta à la pointe de son épée sortant de la Cour du Pont avec tout les braves Citoyens

A Paris chez Guyot Graveur et M.d d'Estampes Rue S. Jacques N.o 10. au Grand Gesner.

图 2

明。作者采取了用图像表现事件，同时用文字说明历史的方式，为攻占巴士底狱这一突发事件添加了历史纵深感。

在同一系列，另一幅题为《德洛内，巴士底狱的司令被抓住并被带到市政厅》的作品中，居约描绘了一大队人群挤挤挨挨走在巨大的城堡墙下，带头的几人手持长矛长枪扭送着两名身穿贵族服装的人，脚边是人们在救助伤员（图 2）。[1] 高耸的墙头依然人头攒动，半空中甚至还有正在坠落的人。不过，在这幅图像中，显然战斗已经结束了，虽然画面左边仍有火光与黑烟冒出，但是天空的颜色已经变成浅蓝色。图下的铭文这样写道："四点半，瑞士军官写了投降书，答应会让大家从木板

---

① Référence bibliographique: IFF18 GUYOT（Laurent），355.

上通过。除此以外，还写着，我们有大量的炸药，如果你们不接受这一点的话，我们会把这个街区都炸飞。埃里，（原）王后护卫步兵团的军官，接受了这一投降书，用自己的佩剑挑着它，和所有勇敢的公民一起走出了城堡的院子。"

　　除了描绘攻占巴士底狱的正面进攻以外，居约还有一幅作品表现了当时人们如何从侧面攻打城堡，题为《巴士底狱的第二个视角》，画面上是高高的围墙，围墙后面是巴士底狱，城堡上方冒出的浓烟表明那个方向正在进行战斗（图3）。[1] 围墙前方是许多拿着长矛的市民以及推着大炮的士兵，甚至在画面左边不显眼之处有三名中产阶层装束的女性正在围观。图中铭文告诉读者，这是在巴士底狱的后方，圣安东尼街区上，人们打算从这里组织一次进攻。

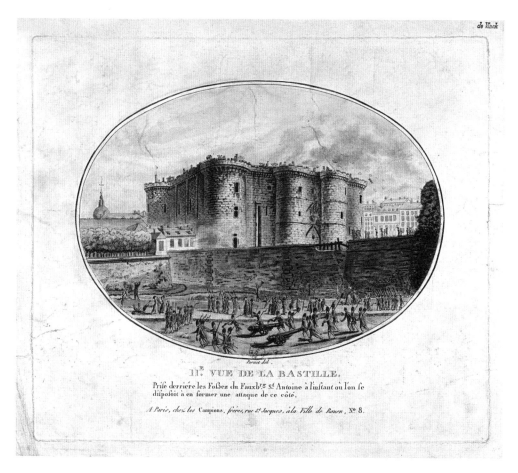

图 3

---

① 　Référence bibliographique: De Vinck 1556.

与居约一样，另一名版画师让·弗朗索瓦·冉尼内（Jean-François Janinet，1752—1814）也细致描绘了攻打巴士底狱的场面，他的作品题目名称已经如新闻稿一样把时间、事件与人物交代得清清楚楚：《巴士底狱被法兰西卫队和巴黎的中产阶级攻占，1789 年 7 月 14 日星期二》（图 4）。[1] 不过，与居约不同之处在于，在呈现战斗场面的同时，他还描绘了城堡司令德洛内被抓住的情形。在这幅图中，画面中央是巴士底狱院子里战斗的场景，士兵与巴黎市民对着巴士底狱高耸入云的围墙开火，墙头是回击的守卫者，地上躺着死伤者。画面近 1/2 的面积被厚重的城堡占据着，让人感受到它的高大与坚固，凸显出进攻之艰难。图中铭文写道："巴士底狱的司令，德洛内被抓后被拉到市政厅，他在那里被砍了头。他的头与心脏被当

图 4

---

①　Référence bibliographique: De Vinck 1590.

VUE DE LA CI-DEVANT BASTILLE.

图 5

成战利品，挑在矛尖，穿过整个城市。"这里出现了与居约作品一样的"图文不符"。画面是进攻巴士底狱，文字描写的则是德洛内的遭遇。或许是因为作者不太愿意去描绘极端血腥的暴力画面，所以将其用文字处理。而画面依旧是用正面的态度去表现攻占城堡的场景。除此以外，上面还有一小段文字简单讲述了巴士底狱的历史。所以在这幅图像中，作者不仅向人们展示了事件发生的情形，而且还交代了后续情节以及更久远的历史背景资料。

另外还有弗朗索瓦·丹尼斯（François Denis，1732—1817）的作品（图5）[1]，以及让-皮埃尔·胡埃尔（Jean-Pierre Houel，1735—1813）的水粉画（图6）。[2]他们的作品相似之处在于，把攻打巴士底狱最激烈的交火场面与抓住德洛内，并将其带出城堡，准备押赴市政广场的两个片断剪辑在同一个画面中来表现这一事件。仔细对比这两幅作品的构图非常相似。巴士底狱高大的塔楼与围墙占据了画面的整个左半部分。画面的前方以及右角部分则是进攻的人们，他们在火炮边上

---

[1]　Référence bibliographique: De Vinck 1588.
[2]　Référence bibliographique: Vidéodisque 1057–1060.

图 6

高举着武器。画面的背景则是火光以及被浓烟熏黑的天空。画面最前方的一小块空地上，会看到的几个人押着被抓起来的军官模样的人物形象，这就是德洛内。不同之处在于，丹尼斯的作品中，虽然交火还在继续，火炮依旧在发射，但是押解德洛内的人们排着整齐的队伍，前面居然还有两位鼓手在开道，画面的左下角人们在抬着伤员离开，右下角还有几位妇女在围观。而在胡埃尔的水粉画中，只有两人抓着德洛内，一人看起来穿着法兰西卫队的制服，另一人则是普通市民装束。除此以外，画面中的其余人物都还投入在激烈的战斗之中，城堡上方也依旧在向院子里开火。事实上，人们抓住德洛内的时候交火已经停止了，因为守卫方面已经放弃抵抗递交了投降书。但是不论是丹尼斯还是胡埃尔，他们似乎都选择忽视这一事实，在他们的画作中，把双方的激烈冲突一直延续到德洛内被带出城堡，并且依然没有停止。显然，这样的安排是为了强调战斗的艰苦以及背叛者的负隅顽抗，试图突出这一事件的崇高与重大。让-巴蒂斯特·拉勒芒（Jean-Baptiste Lallemand，1716—1803）题为《巴士底狱司令被逮捕》的画作也可归为这一类

图 7

（图 7）。① 细看会发现，他这一作品与丹尼斯的版画无论是从构图还是细节来看，几乎如出一辙，很有可能后者用以制版的原作就来源于此。

除了署名作品之外，还有不少匿名作品同样生动地刻画了攻占巴士底狱的场景。

在一幅大约完成于 1790 年的较为精致的匿名作品中，构图方式与丹尼斯、胡埃尔等人接近，但是制作者添加了更多的参战人员（图 8）。② 在画面的前方，攻打巴士底狱的人看起来有成百上千个，人们拿着武器，摩肩接踵地冲向城堡大门，还有人正试图从外围较低矮的房子窗户里翻进去。值得注意的是，虽然地面上有一名倒地的伤员，但是整个画面没有表现出任何交火或者暴力场景，而只是在强调围攻人群人数之多以及他们身份的多样性。另一幅画虽然题目是《难忘的 1789 年 7 月 14 日星期二》，但表现的重点则与之完全不同。画面场景发生在市政广场，在画面

① Département de l'Isère, Musée de la Révolution française, Numéro d'inventaire: 1985，445.
② Département de l'Isère, Musée de la Révolution française, Numéro d'inventaire: 2006，9.

图 8

后方是高高的市政大厅，而在画面前方，则是一大群衣着打扮不尽相同的人，有衣衫褴褛的，也有身着军官制服的，他们簇拥着两个手中高高举着长矛的人，矛尖挑着两颗人头，跟在后面的人们一脸喜悦兴奋（图9）。[1] 铭文这样写道："在下午4点，巴士底狱被攻占之后，所有的公民聚集在勇敢的投弹手以及法兰西卫队的士兵身边。这个可怕堡垒的司令德洛内以及巴黎商会会长弗莱塞尔被砍了头。从沙滩广场到罗亚尔宫，他们的首级被示众数日，然后被扔进了河里。"下方还补充道："神圣的正义迟早就会这样惩罚那些背叛者。"很明显，这幅图的作者不仅认同血腥暴力行为的正当性，而且通过渲染这种行为的恐怖性来达到警告站在革命对立面的潜在敌人。

　　另一幅匿名作品虽然也是描绘攻打城堡的具体过程，但是细看会发现绘图者有意表现的重点并不相同。这幅题名为《第一次进攻和攻占巴士底狱》的图像，虽然

---

① 　Référence bibliographique: Hennin 10363.

图 9

图 10

画面比较粗糙，但是它重点突出了在当天下午过来增援市民的军队的重要性（图10）。①
画面中央是两尊正对着大门猛烈开火的大炮，士兵们纷纷举着枪向城堡高处射击，
拿着长矛长刀的巴黎市民则在画面左角搬着梯子翻墙。该图的铭文讲述了围攻城堡
的市民相信了城堡司令的承诺进入城堡院子，但却遭到了袭击，于是闻讯而来的国
民自卫军立即架起火炮对准城堡的悬桥开火，最终迫使守军投降。图像本身连同铭
文，无不强调国民自卫军在攻占巴士底狱事件中起到了举足轻重的作用。

　　此外，还有一些报刊上的匿名插图类作品，它们同样赞美前来应援的军队，不
过构图与表达方式又呈现出另外一种面貌。以《值得纪念的围攻巴士底狱的叙述》
的文字报道所配的插图为例，可以看到，不论是构图画面缺乏透视还是人物造型的
粗糙，使得这类图像的绘画水平看起来都比较低下（图11）。②可见它们面向的受众
应当是收入水平不高的顾客。画面中央是一座城堡连同附带的院子，院墙里外都有

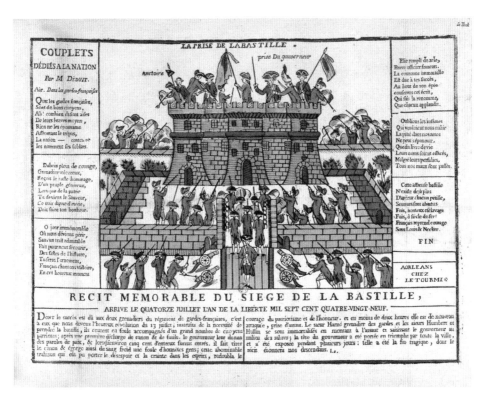

图 11

---

① Référence bibliographique: De Vinck 1554.
② Référence bibliographique: De Vinck 1559.

图 12

排列整齐的士兵在向空中射击，城堡顶端有人挥舞着旗帜，旁边写着"胜利"字样，另有一名士兵抓住一个军官模样的人，旁边写着"指挥官被抓"。相对应的报刊文章则充分表达了对此事件中的主要人物的大力赞扬，赞美他们的爱国精神与勇敢："面对死亡，国家把他们命名为她的士兵"，以及对守卫指挥官背信弃义的愤慨，认为后者的悲惨下场是罪有应得。同样类型的插图还有 1789 年某份报纸上的《资产阶级包围攻占巴士底狱，归功于我们美好的巴黎城的法兰西卫队的投弹手》（图 12）。①

图像的倾向性：攻占巴士底狱以及市政广场游行的细节

如果上述图像都是全面展现攻占巴士底狱的场景，那么另有许多图像则是截取这一轰动事件中的某个瞬间，用对细节的描绘来记录这一历史事件。例如，查理·特维南（Charles Thévenin，1764—1838）于 1790 年创作的版画《攻占巴士底

① Référence bibliographique: Hennin 10330.

图 1

狱》，事实上是以近景的方式描绘攻进城堡之后的战斗（图 1）。[1] 画中，城堡与房屋都后退成为模糊背景的一部分，画面中央是在遍布死伤人员的院子中，人们正进行殊死搏斗。最突出的是画面右边的国民自卫军士兵，他们有的在救助伤员，有的拿着旗帜正向画面中央的巴黎市民伸出手臂。顺着这位士兵手臂所指的方向，可以看到三四名平民装束的男子正在围攻一名守卫士兵。这幅图像描绘的场景应该也是援军到来之后，形势发生了扭转的场面，之前伤亡惨重的市民在军队的增援之下，愤怒地向守军发起反击。

前文提到过的版画师冉尼内也有一系列表现攻占巴士底狱过程中某些细节的作品。其中有一幅作品题目是《勇敢的马亚尔》（图 2）。[2] 在当时围攻城堡的过程中，有一名叫马亚尔的男子踩在人们手扶着的木板上，尝试去拿城堡里面的囚犯递出来的纸条。这幅版画就是通过这一小细节来表现人们的勇敢。此外，同一系列的作品中还有描绘人们进入城堡内部之后发生的冲突。事后曾有传言守军司令德洛内打算

---

① Référence bibliographique: De Vinck 1599.

② Référence bibliographique: De Vinck 1548.

图 2

图 3

图 4

图 5

点燃城堡内的大量炸药以炸毁整个街区，结果当然是被及时制止了。冉尼内就这一传言也创作了一幅作品（图3）。[1] 另有两幅同类型作品描绘了《贝尔蓬侯爵之死》（图4）[2] 与《商会会长弗莱塞尔之死》（图5）[3]，不过绘画者对于处理这两桩死亡事件，显得非常克制，完全没有去渲染血腥与暴力场面。

事实上，在"攻占巴士底狱"这一大主题之下，描绘德洛内被抓这一细节的图像不在少数。因为这一场景实际上可以被视为该事件的结局：抓获守军的司令，人民取得了战斗的胜利。例如，这幅取名为《攻占巴士底狱及德洛内被擒获》的图像中，占据了画面主要位置的便是一群人包围着神色慌张的德洛内（图6）。[4] 拉扯着他的不仅有士兵、平民装束的男子，还有一个妇女和一个孩子。而在他们身后，是拿着武器的乌泱泱的人群。虽然远处城堡围墙上依然还有人在开枪，但显然整体局面已经完全被革命者一方所掌控。在不同的绘画者处理的同一题材中，德洛内则只是被士兵与平民男子抓住，远处稀疏的人群远远地围观着（图7）。[5] 像署名马提亚尔·丹尼

图6

图7

---

[1] Référence bibliographique: De Vinck 1549.

[2] Référence bibliographique: De Vinck 1574.

[3] Référence bibliographique: Hennin 10365.

[4] Référence bibliographique: De Vinck 1578.

[5] Référence bibliographique: De Vinck 1585.

（Martial Deny，1745—?）的这幅图像中，显然冲突已经完全结束了，虽然屋子里还有一些火苗蹿出，地上躺着一个断了胳膊的人，但是整个画面上不过十来个人物，除了抓住德洛内及其下属的几名法兰西卫队士兵以外，另外有三三两两几个人物扛着武器，完全不是战斗的状态（图8）。[①]该图铭文写道：下午4点左右，这个曾经抵抗住了大孔代亲王进攻的坚固城堡终于被攻下，成功属于与法兰西卫队团结在一起的勇敢公民。除此以外，铭文还提到巴士底狱的建造历史，谈到它存在了520年，真正要把它全部拆毁至少需要6个月时间。作者选择抓住德洛内这一细节来代表整个事件，并没有像别的作者那样去竭力描绘攻打城堡的艰难过程。不仅在事件刚刚发生的1789年有许多图像展现城堡司令被抓的场景，在此事件之后的数年内，依然有类似的版画作品出现。例如克里斯多夫·盖朗（Christophe Guérin，1758—1831）制作于1792年之后的《攻占巴士底狱》（图9）[②]，与之前的作品并无太大差异。

图8

图9

---

① Référence bibliographique: Hennin 10333.
② Référence bibliographique: De Vinck 1597.

　　还有一些图像则描绘了德洛内被处死之后人们在巴黎城内游行的情景以及巴士底狱被攻占之后一周左右在巴黎街头再次爆发的流血事件，例如一幅发表在报刊《巴黎诸革命》上的匿名作品表现了攻占巴士底狱之后，人们高举着砍下的头颅在沙滩广场游行的情景（图 10）。[1] 不过，这幅版画由于采取了远景的呈现方式，所以虽然举着头颅的几个人处于画面中央，但是作者并没有近距离去刻画恐怖的场面，占据画面主体的是市政大厅前沙滩广场上拥挤的人群。与此不同的是一幅题名为《富隆遭受的酷刑》的图像（图 11）。[2] 富隆在内克（Jacques Necker，1732—1804）离职之后担任财政总监，据说他曾经说过让穷人去吃稻草的话。因此，当人们打死他并砍下他的头颅之后，还往他嘴里塞了稻草。他的女婿也一同被处死。两人的头颅都被挑在矛尖，传遍巴黎。在这幅版画的画面中央，有一位男子高举着挑着头颅的长矛，人们兴高采烈地围着他。在他身边，还有人搬着石块砸向死者泄愤。另有两名戴着三色徽章的男子用锁链拖曳着尸

图 10

①　Référence bibliographique: Hennin 10362.
②　Référence bibliographique: De Vinck 2876.

图 11

体。人群背后是更多乌泱泱的人影与长矛，还有街边窗口也挤满了看热闹的人们。虽然大革命时期发生了多起流血事件，但是像这幅版画这样用现实主义手法直接正面去细致描绘恐怖的杀人场景的图像并不多见。因为大多数版画师的政治立场是温和改良派，他们反对特权、反对专制主义，但是对于底层民众自发而起的街头暴力革命却心存疑虑与警戒，所以不太会对类似的恐怖场景做正面表现。但是从这张版画的制作水平来看，它应该不是那种特别劣质廉价的商品，可惜目前尚无法知晓其作者是谁。据统计，早期报道该事件的 52 份报刊中，涉及抓捕以及处死德洛内这一内容的有 36 份之多，并且还有许多媒体（40 份）在报道时提到了"人民正义"（popular justice），[1] 由此可见在时人观点看来，人们已经意识到对德洛内的处置并不是民众的一时激愤，而是对"背叛者"的审判与处刑。

除了德洛内被逮捕以及愤怒的人群将他杀死是图像作者们常用的选题之外，另有一些主题也出现在与攻占巴士底狱相关的图像中。例如有一部分资料侧重于刻画人们进入城堡内部之后，解救在押犯人的情形。例如某幅匿名作品《解救德洛奇伯爵先生》，画面左方是举着火把打开牢门进入牢房的国民自卫军士兵，右边是一位坐在简陋家具前的老者，胡子很长，他惊讶地看着闯入者，背后是铁窗（图 12）。[2] 士兵手中的火把带来的光线把整个画面分为两个部分：一站一坐、一动一静、一明

---

① Hans-Jürgen Lüsebrink, Rolf Reichardt, *The Bastille: A History of a Symbol of Despotism and Freedom*, translated by Norbert Schurer, Durham and London: Duke University Press, 1997, p.51.

② Référence bibliographique: Hennin 10351.

Délivrance de M. le Comte de Lorges, prisonnier à la Bastille depuis 32 ans.

图 12

一暗，其中寓意不言而明。而在被分割成两个截然不同"世界"的画面中间的地板上，是一段打碎的铁链。另一幅同样匿名的题为《自由万岁》的作品中虽然并没有出现解救者，但是用 个双于双脚与脖子都被铁链锁在石墙上的囚犯的殷切目光表现了相同的主题（图 13）。[1]

与巴士底狱关押犯人相关的作品还有画家与版画师安托瓦内·维斯缇（Antoine Vestier，1740—1824）创作的关于德拉都德（de Latude，1725—1805）的作品（图 14）。[2] 亨利·马塞尔·德拉都德曾谎称要向蓬巴杜夫人（Madame de Pompadour，1721—1764）报告一个谋害她的阴谋来获得奖赏，但由于诡计被识破而被投入了巴士底狱。关押期间，他撰写了一部充满夸张与不实的回忆录，把自己打造成深受蓬巴杜夫人迫害的受害者形象，获得了巨大关注。此后他多次越狱成功又被反复逮捕

---

① Référence bibliographique: De Vinck 1637.

② Référence bibliographique: Hennin 10352.

图 13

关进巴士底狱。攻占巴士底狱事件爆发之后，德拉都德被塑造成一个在专制主义下不屈服的抗争人物。在维斯缇的作品中，德拉都德站在中央，占据了整个画面的绝大部分。他背后的远景是巴士底狱城堡的一部分，画面中看不到攻打城堡的场景，只有城堡塔楼墙头有一些模糊的人影。主人公背对着巴士底狱，他的右手遥遥指着它，左手则按在一部折叠起来的绳梯之上，这是他多次用来从巴士底狱出逃的工具（目前仍在巴黎卡尔瓦纳博物馆展出）。图像的文字部分这样写道："亨利·马塞尔·德拉都德，在不同的监狱被监禁了 35 年。通过他的监禁与不幸，他教给法国人如何用真正的勇气打败暴君们，用力量与激情可以获得自由。"很显然，在旧制

图 14

度末期已经被视为反对专制斗士的德拉都德因为巴士底狱事件再次获得了更高的荣誉光环，成为以勇敢争取到自由的楷模，而这一精神正是绘画者希望通过作品传播给民众的观点。

被文字忽视的场景：拆毁巴士底狱的过程

另一个与巴士底狱相关的图像主题便是对这个城堡的拆毁过程。有意思的是，关于对巴士底狱的后续拆毁经过的叙述在文字资料中留存较少，然而却有大量的图像资料表现这一主题。事实上，从它被攻占的第二天，也就是 1789 年 7 月 15 日开始，拆除工作就由一位私人建筑承包商帕罗瓦（Pierre-François Palloy，1755—1835）开始着手进行，这位颇有生意头脑的商人不仅把城堡的石块制成微型巴士底狱（Miniature de la Bastille sculptée）作为纪念品向公众出售，还把这些纪念品作为礼物送给外省革命政府。拆除工作到当年年底基本完工（但后续一直延续到 1806 年）。1790 年 7 月 14 日，巴士底狱的遗址成为举行联盟节的场地。其间，拆除现

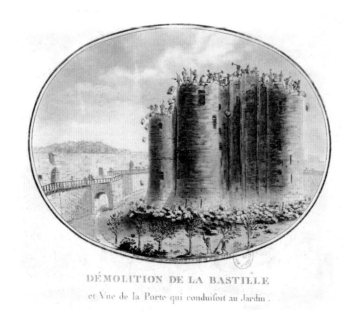

DÉMOLITION DE LA BASTILLE
et Vue de la Porte qui conduisoit au Jardin.

图 1

场成为巴黎市民热衷围观的地方，工地的场景也多次被艺术家以各种形式入画。显然，把一座几百年来在人们心目中象征着专制与压制、权力与禁锢的封建堡垒拆除，甚至夷为平地的举动以及现场带来的震撼对时人来说显然已经超越了现实意义。

例如前文提及的居约就有两幅作品与此相关。一幅题为《拆毁巴士底狱：从通向花园的大门望去，画于1789年7月26日》（图1）。① 另一幅题为《拆毁巴士底狱，画于1789年8月12日》（图2）。② 可见作者从不同的时间从不同的角度记录下了拆毁城堡的过程。马提亚尔·丹尼（Martia Deny，1745—?）也有一幅拆毁巴士底狱的作品，图中表明此画记录的时间是1789年7月17日，这一天路易十六来到巴黎市政大厅，接受了三色徽章，所以附有这样一段文字："这是值得永远纪念的日子，因为路易十六给予他的好城市巴黎以神圣的信任（图3）"。③ 画中占据重要位置的是一些衣着华丽的人，从男性穿着套裤，女性戴着羽毛装饰的帽子可以看出作者刻画的主要人物形象并非来自社会下层。随着画中人物的目光

---

① Référence bibliographique: Hennin 10403.
② Référence bibliographique: De Vinck 1670.
③ Référence bibliographique: Hennin 10404.

DEMOLITION DE LA BASTILLE.

Dessinee le 12 Aoust 1789.

图 2

往远处看去，是正在被拆除的巴士底狱，许多人站在塔楼顶部，大块的石砖正从上面被抛下来。铭文写道："代表中有一些贵族来到拆除巴士底狱的现场，这些高贵的公民自己动手抬起石块，在工人的帮助下把它们扔到瓦砾堆里，以此号召法国人民来继续拆毁这座始建于1369年，完工于1383年，于1789年7月14日被攻占，随之被推翻的可怕监狱。"与此作品构图非常接近的另一幅署名为雅克·谢罗（J. Chercaux）的彩色版画，仿佛是把前一幅画的观察视角进一步扩大（图4）。[1] 它的文字说明部分只是调整了语句的先后顺序，内容基本与马提

DEMOLITION DE LA BASTILLE

le Vendredi 17 Juillet 1789, pour a jamais mémorable par L'Auguste confiance de Louis XVI envers sa bonne Ville de Paris; M.M. les Deputés de la Noblesse du nombre desquelles étoit M. le M.*** Lusignan se transporterent sur les plattes formes de la Bastille dont on avoit demoli les Creneaux des Tours; mais que les petites Cabaliste, ces généreux Citoyens souleverent aux mêmes plusieurs pierres et secondez par les ouvriers de les jetterent dans les Decombres, en excitant le peuple Francais a continuer la Demolition de cette horrible prison, qui fut commencée sous Charles V en 1369, achevée en 1383, prise le 14 Juillet 1789, et Demoli aussitôt après sa prise.

A Paris chez Basset Graveur rue des Mapre près celle S.t Jacques N.° 54.

图 3

—————————

[1] Référence bibliographique: De Vinck 1666.

DÉMOLITION DU CHÂTEAU DE LA BASTILLE.

Le Vendredy, 17 Juillet 1789, jour a jamais memorable, par l'auguste confiance de LOUIS XVI, envers sa bonne Ville de Paris; M^{rs} les Députés de la Noblesse du nombre des quels étoit M^r le Marquis de Lusignan, se transporterent sur les Platte-formes de la Bastille dont on avoit déja démoli les Créneaux des Tours, ainsi que les petites cahutes qui donnoient sur les terrasses. Ces genéreux Citoiens souleverent eux mêmes plusieurs pierres et secondés par les Ouvriers, ils les jetterent dans les décombres en invitant le Peuple Francais a continuer la démolition de cette horrible prison. A Paris chez J. Chereau Rue St Jacques aux 2 Colonnes N° 257

图 4

亚尔的完全一致。在图像中，则是把围观人群的范围进一步扩大，加入了更多不同身份等级的人物形象，例如背着货箱、赶着骡子的流动小贩，劳动阶层打扮的街头女性，也有贵族模样的人，后者兴致勃勃地拿着望远镜观看远处的拆除工程。与此相似的是约瑟夫-亚历山大·勒康皮翁（Joseph-Alexandre Le Campion，生卒年不详）的作品，画作题目与文字部分几乎也与马提亚尔的如出一辙，亦只是略微调换一下顺序（图5）。[1] 不过在构图方面，作者把巴士底狱部分扩大到几乎占据整个画面，以至于墙头工人们挥舞工具奋力砸石块的动作都被描绘得细致入微。与此同时，城堡脚下围观的人群形象明显缩小许多，不过由于此画比较精细，所以依旧可以看出作者安排的人物形象大多数都是贵族。还有不少匿名作品表现了同样的场景与围观人群的身份（图6）。[2]

---

[1] Référence bibliographique: Hennin 10406.

[2] Référence bibliographique: Hennin 10407.

DEMOLITION DE LA BASTILLE

图 5

所有这些作品的存在向后世揭示出大革命的复杂性。众所周知，攻占巴士底狱的是巴黎街头的普通人，他们把巴士底狱视为专制与特权的象征，所以对此充满了仇恨。而他们攻占巴士底狱很重要的一个客观原因在于要找武器自卫，因为当时盛传贵族正在酝酿动用武力来镇压革命的流言。守卫司令德洛内被杀死的缘由也在于人们觉得要严厉惩罚并以此警告那些背叛革命的敌人。该事件的直接后果之一就是在巴士底狱被攻占的第

图 6

二天，以安图瓦伯爵（Comte d'Artois，1757—1836，路易十六的弟弟）和波利尼亚公爵夫人（Duchess de Polignac，1749—1793，王后最要好的朋友）为首的大贵族立即出逃。但是，现在，展现在读者面前的是贵族代表来到拆除现场，帮助搬运石头，并且以此号召法国人要继续"推翻可怕的监狱"。由此可见，虽然在革命初期，民众用血与头颅来展示革命的决心与激情，但当时不少贵族完全没有预见到此后革命的走向，至少在1789年7月中旬，他们对于自己是这场革命的领导者、能够掌控革命的走势充满了信心。

另有一幅署名来自"巴黎革命办公室"的版画选取了不太一样的角度，之前的作品大多数从外部远观巴士底狱被拆毁的工地（图7）。[①] 在这幅作品中，作者选取的是从院子内部的视角，因为在场的人物身份也发生了变化。按铭文的说明，这些正在工地现场的人是巴黎市的代表以及建筑承包商，"一份法令授权建筑商雇用数千名工人毁掉这个骇人听闻的纪念物"。

在这些水平参差不齐的图像中，目前收藏在卡

图 7

① Référence bibliographique: Hennin 10408.

纳瓦尔博物馆的两幅作品水准较高，其中一幅是胡埃尔（Houël）的《拆毁巴士底狱的风景》(*Vue de la démolition de la Bastille*)（图8）[1]，以及于贝尔·罗伯尔（Hubert Robert，1733—1808）的《巴士底狱在其被拆除的最初日子》（图9）。[2] 胡埃尔的作品用大面积的浅蓝色与白色（城堡主题、天空、人物服装）搭配，同时画面上方近 1/3 的部分留给蓝天白云，整体营造出一种令人心旷神怡的气氛。画家同时把巴士底狱附近的其他建筑物也加入到画面当中，虽然巴士底狱依旧占据中央位置，但是这样处理之后它那高大的城堡围墙不再给人造成强烈的压迫感。在这幅水粉画中，画家放了五六十个在一旁观看的人物，同样也是通过不同的装束体现出他们不同的身份阶层，其中有许多衣着华贵的男女。罗伯尔的作品呈现的面貌与此截然不同，深褐色的主色调带有某种前浪漫主义风格。不论是体量巨大的城堡还是其背

图 8

①　https://www.parismuseescollections.paris.fr/fr/musee-carnavalet/oeuvres/vue-de-la-demolition-de-la-bastille#infos-principales.
②　https://www.carnavalet.paris.fr/fr/collections/la-bastille-dans-les-premiers-jours-de-sa-demolition.

图 9

后浓重的乌云以及画面前方暗褐色的工地现场，都让观看者有种压抑的感觉。但是画家同时又把乌云中穿透下来的光线打在塔楼群的一个侧面，与墙角以及隐在阴影处的工人们形成鲜明的对比。不难看出，在这幅作品中，无论是高耸入云的城堡还是明暗光线的对比，都被画家赋予了富有政治含义的象征意义。

　　最后补充一点，在涉及拆毁巴士底狱主题的图像资料中，既有上述艺术水平高超的精美作品，也有制作十分粗糙的家用器皿，其中尤以瓷盘居多（图10）。[①] 在这些制作工艺与绘画手法极其简陋的图像中，往往会有这样几个要素：城堡、城堡墙头的瑞士军旗（表示守军）以及对着城堡的大炮。由于工艺受限，这些图像中不太会出现具体的人物形象，仅仅以上述带有符号意味的图形来表现这一事件。有时，画面中还会有标语出现，如"不自由，毋宁死"（vive libre ou mourir）。这些同样在传播攻占巴士底狱这一事件的家用器皿的出现可以确定地告诉我们，该事件以及它所蕴含的革命意味在当时法国社会各个阶层的传播范围之广。

---

① 拍摄于法国维兹大革命博物馆陈列品。Département de l'Isère, Musée de la Révolution française, Numéro d'inventaire : 2002.5.4.

图 10

小　结

如前所述，攻占巴士底狱事件造成了众多政治后果，例如巩固了国民议会并让民兵组织——国民自卫军获得了合法性；内克被召回。然而更重要的是，人民的力量第一次以不可忽视的能量展现在其他政治势力面前。事实上，当攻占巴士底狱的消息传到凡尔赛的国民议会时，会议现场出现了长时间的静默，"人们陷入了因这混乱带来的巨大悲伤之中"，以至于到了 1789 年 7 月 15 日的上午，"沉默还是笼罩着议事大厅"。[1] 正如塔默（Hans-Ulrich Thamer）所说：

> 城市市民的团体行动使得公民政治革命陷入两难境地。资产阶级革命者自认为是启蒙运动的追随者，他们是否应当同意野蛮的暴力是未启蒙阶层的合理报复行为，是对专制统治的残酷惩罚程式？还是要因为过度冲动和野蛮而疏远他们，或是尽管厌恶他们，却依然替他们辩解？无论如何，暴力问题从那时起便是政治议程的内容。[2]

但当时部分代表立即意识到可以借助这股力量来胁迫国王做出让步，以达到自己的政治目的。例如，1789 年 7 月 15 日，西耶里侯爵（le marquis de Sillery，1737—1793）就在议会发言时这样说道："国王您一定已经听说巴黎已经准备好了起义。法国人民热爱他们的国王，但是他们从未想过害怕国王……昨天发生的屠杀，巴士底狱被围攻被占领，随后发生的血腥处刑，这些都使民众处于狂暴的边缘，很难使其停止。"而另一些代表的态度则相反，如巴纳夫（Antoine Barnave，

---

[1]　*Réimpression de l'ancien Moniteur*, Tome 1, Paris: Henri Plon, 1861, pp.159–160.

[2]　[德]汉斯-乌尔里希·塔默：《法国大革命》，经轶、吕馥含译，上海三联书店 2019 年版，第 33 页。

1761—1793）提出，"国民议会是神圣的，不能表现出任由民众影响摆布"，拉法耶特侯爵（Marquis de La Fayette，1757—1834）也公开表示赞同。[①] 从某种程度上甚至可以说，法国大革命后续出现的派系差异与相互间的斗争便是在处理民众力量乃至街头暴力这一问题上不同态度的具体呈现。

但是有意思的是，从图像资料呈现的整体状况而言，留存于世的图像中，对于该事件中暴力场景的处理非常耐人寻味。制作精良的图像作品一般出自巴黎有名的版画师，这些生卒年俱可考的艺术家的政治立场往往是温和的立宪派，他们同情底层民众，所以在攻占巴士底狱事件中用肯定甚至赞美的态度去描绘民众攻陷城堡的各个细节。然而需要指出的是，与此同时，图像资料中的绝大多部分并没有直接去刻画事实上发生的暴力场面。它们有的采用远景的方式给予简略交代，有的甚至完全把这部分事实给忽略了。这说明，这些图像作品的制作者们内心深处对于民众暴力行为是抵触的。而在另一些制作粗糙的匿名图像作品中却能看到对血腥暴力场景的直观展示甚至重度渲染。换言之，越是粗糙的图像作品中越表现出明显的暴力倾向，肯定暴力行为的背后是最激进的街头立场。两相比较，不同的政治立场跃然纸上。这一点与戏剧处理民众暴力的方式有些微差别。在最初的戏剧中，民众暴力行为往往是被诬蔑（sitgqtisée）的，但是此后作为政治暴动以及新的政治力量诞生不可避免的衍生物被合法化了。[②] 但是在大部分图像资料中，至少在有署名的版画作品中，暴力始终没有被正面表现，这正与版画师们的温和立宪政治倾向相吻合。

此外，在有关表现攻占巴士底狱的图像中，还有一个值得注意的现象，那就是很少有作品会真正细致地刻画攻占巴士底狱的普通人的形象，虽然前文提及有些作品强调了法兰西卫队在其间所起的作用，但是不管是军队士兵还是巴黎市民，他们都是以群体的形象出现的。人们常说，攻占巴士底狱是民众第一次走到了政治舞台的中央，成为历史的主角；第一次不是因为饥饿而拿起武器走上街头。攻占巴士底狱并不是一个有预谋有策划的事件，就像米什莱所说：

> 攻打巴士底狱，完全是没有理性的，这是一个有关信仰的举动。没有谁建

[①] *Réimpression de l'ancien Moniteur*, Tome 1, Paris: Henri Plon, 1861, p.160.

[②] Paola Perazzolo, "La dramatisation de la prise de la bastille pendant la Révolution: Représentations et révisions", *Annales historiques de la Révolution française*, No. 367, Théâtre et Révolutions（Janvier/Mars 2012），pp.49–68.

议这么做，但所有人都觉得这是应当的而且都行动了。没有谁在推动它，罗亚尔宫并不是它的起点。谁拥有这种信仰，与此同时还有献身精神与力量来完成这一信仰？谁？人民，所有人。①

当然，米什莱的观点带着某种浪漫主义史学的模糊性，比如他并没有清晰地去界定攻占巴士底狱的"人民"究竟是哪些人，来自哪里。从图像资料来看，也确实如此。所有的图像从不同的角度去描绘这一历史事件以及其中的主人公——民众，他们成为画面的主要人物。从未有任何人在这些图像中像历史上的大人物一样被细致刻画。在大多数作品中，他们往往成群出现，面目模糊。不过无论如何，图像中第一次出现了他们的群像。不论绘画者的意图是肯定还是拒斥，第一次去描绘了他们作为主角的"在场"。这一现象昭示着一股无法被忽视的新的政治力量诞生了，不仅是在现实中让人瞩目，在图像世界中也开始成为一种从今往后都会反复出现的形象。民众强大力量的第一次大规模集中爆发就是攻占巴士底狱，当国民议会从最初的震惊状态中清醒过来之后，立即就关于事件的定性达成了一致。他们与市民和国民自卫军一起走上巴黎街头。国民议会的记录这样写道："我们走在巨大的人潮中，目之所及都是朋友与兄弟……公民们互相祝贺，相互拥抱，每个人眼含泪水……历史从未见过这样的自由画面"。②攻占巴士底狱三天之后，路易十六在市政大厅前，在众多国民议会代表的见证下接受新任巴黎市长巴依授予的三色徽章。这一举动在事实上赋予了攻占巴士底狱事件的合法性，"7月17日的仪式，正式承认街头人民的力量是重建失去的自由的一种手段。在接下来的几个月和几年里，这一发展的重要性变得清晰起来……攻占巴士底狱被正式认定为一种从专制统治中解放出来，人民作为新政治秩序的基础的主权原则被认可。"③

概言之，虽然部分图像资料中表现出对于民众以及相伴随的街头暴力行为的抵触与抗拒，但是不能否认，关于攻占巴士底狱的图像资料整体呈现出来的态度与立场是尽可能地赋予这一事件积极正面的价值。即"通往巴士底狱的游行最终被

①　Jules Michelet, *Histoire de la Révolution,* édition définitive, Tome I, Paris: Flammarion, 1890, pp.237–238.

②　*Réimpression de l'ancien Moniteur*, Tome 1, Paris: Henri Plon, 1861, p.163.

③　Hans-Jürgen Lüsebrink, Rolf Reichardt, *The Bastille: A History of a Symbol of Despotism and Freedom*, translated by Norbert Schurer, Durham and London: Duke University Press, 1997, p.47.

完全描绘成一场革命人民对专制主义堡垒的自觉反抗"①。而这种"赋予价值"的政治文化行为在此后乃至多年以后的历史图像与历史叙述中将不断地重现。"攻占巴士底狱"这一事件之所以成为法国近代史的开端，成为时至今日依旧被反复回溯的历史节点，正是从最初的"被赋予价值"开始的。法国大革命史学家米歇尔·比亚尔（Michel Biard）在谈及有关巴士底狱的回忆录时曾说过，"通过这些回忆录，我们能够理解为何 1789 年 7 月 14 日的事件如何通过它在 1789 年夏天所引起的一系列后果而成为德国历史学家吕瑟布林克（Hans-Jürgen Lüsebrink）和赖夏德（Rolf Reichardt）定义为"全面事件"（événement total）的过程。1789 年夏天，这是一次象征性事件，通过两个世纪以来它在法国人的集体想象中所占据的位置以及大革命言说她自身的机会。② 这些判断，不仅仅可以使用于文字材料的回忆录，也可以运用到由图像资料构成的象征符号世界之中。

---

① Hans-Jürgen Lüsebrink, Rolf Reichardt, *The Bastille: A History of a Symbol of Despotism and Freedom*, translated by Norbert Schurer, Durham and London: Duke University Press, 1997, p.59.

② Michel Biard, "Mémoires sur la Bastille", *Annales historiques de la Révolution française* [En ligne]，347 | janvier-mars 2007, mis en ligne le 21 juillet 2008. UR : http://journals.openedition.org/ahrf/8803; DOI : https://doi.org/10.4000/ahrf.8803, 查询日期 2021 年 5 月 21 日。

第二章　事件的真实与虚构

在前面的叙述中，我们多少已经涉及一个有关图像资料的基本问题，那就是图像所呈现的画面是作者个人出于不同的目的而精心选择素材并以不同的手法来表现。有的作者强调攻打巴士底狱过程中军队的重要性，有的则强调民众的力量，一些作者对血腥场面津津乐道，另一些则完全回避这类令人不适的画面。对于素材的主观选择并加以不同的处理方式，这一问题在所有类型的历史材料中都会有各自具体的表现形式。作为一种艺术创作，即便是带有纪实报道性质的图像依然比文字材料更少受到真实性的限制。这当然是后世人们在使用图像资料过程中始终要警惕的一点，但与此同时，在真实与虚构的边界游移的图像在某种程度上又可以借用这一点更好地反映出作画者的主观意图。换言之，如果说报道事件本身的图像已经通过着重表现某些场景而简略处理甚至回避另一些场景的方式体现出作画者的态度立场，那么在图像中添加虚构元素或者把真实要素加以改造的处理方式，无疑能更鲜明地体现出作画者通过某些特殊处理方式从而希望达到的传播目的。另一方面，"攻占巴士底狱"这一事件本身之所以构成了一个"社会历史的重大事件"（great event sociohistorically），很大程度上要归结于当时"媒体对此的反复和着重报道"，而且其中必然夹杂着某种意味上的"夸张"或者"演绎"①。换言之，所有图像事实上都是在以自己的方式参与了对于这一重大事件的叙述，它们选取的"叙述"方式与角度自然是观看者了解制作者想要表达观点的重要途径。

---

①　Hans-Jürgen Lüsebrink, Rolf Reichardt, *The Bastille: A History of a Symbol of Despotism and Freedom*, translated by Norbert Schurer, Durham and London: Duke University Press, 1997, pp.47–48.

扭曲的"真实"

在表现攻占巴士底狱事件的图像中，我们会看到不少真实性存疑的场景出现。例如，民众进入城堡院子之后，为何守军司令会下令开枪这一悬案至今未解，有的史学家认为是德洛内紧张过度。但是时人多倾向于认为德洛内提出让民众进入院子进行谈判本身便是一个阴谋，就是一个幌子，其目的是为了让民众进去之后开枪射杀。这也是为何当守军投降之后，愤怒的巴黎市民依旧处死了德洛内，因为他们认为他就是一个擅长阴谋的贵族，是彻底背叛革命的敌人。当时的一幅图像就把这一猜测当成一个事实来表现（图1）。[①] 画面中，德洛内站在一排瑞士士兵侧前方，指挥他们举枪向近在咫尺、手无寸铁的民众射击，进入内院的巴黎市民毫无防备，转身仓皇逃跑，但许多人已经被射杀在地上。另一幅题名为《路灯的视角：7月14日攻占巴士底狱的日子》的匿名作品则把人们砍下德洛内与弗莱塞尔头颅之后在巴黎街头游行的场面做了夸张处理（图2）。[②] 在画面中，巴黎市政大厅前虽然是人山人海，但是显得井井有条。里圈是拿着长矛的士兵，市民们围了几十层，最外围是骑兵与一些车辆。中间空出了两块空地，其中一块空地上是两个举着长矛刺着头颅的人，而另一块空地上则有两架豪华马车。这幅图像不仅把市政广场的空间做了夸张的扩大，也把围观的人群数量增加了许多，更重要的是，作者把事实上夹杂着惊恐与混乱的7月14日的街头暴力行为处理得如同由巴

图 1

① Michel Vovelle, *Images et récits de la Révolution française*, Tome 1, Paris: Messidor, 1984–1989, p.155.
② Référence bibliographique: De Vinck 1604.

图 2

黎人民组织的一场井然有序的大规模公开处刑。

　　需要指出的是，前一幅图像强调巴士底狱司令的"背叛"行为，不仅是为了给民众随之而来的激进举动一个充分合理的基础，更重要的是，这样的"背叛"在某种意义上与长期以来巴士底狱在民众观念中所代表的暴政与不正义达成了逻辑上的一致性。这种处理造成了民众目的从最初搜索武器到惩处叛国行为的转变，对整个"攻占巴士底狱"事件的叙事结构起到了根本性的价值塑造的作用。换言之，在这一事件的后续叙述或者图像的呈现中，作为"征服者"的人民需要一个对立面，一个与人民的光明磊落和正义凛然对立的阴险狡诈的敌人，那么有关德洛内欺骗民众进入城堡并下令开枪的传言使其恰如其分地充当了这一角色，成为仇恨与恐惧宣泄的出口。而在后一幅图像中传递出这样一个信息，那就是对于德洛内与弗莱塞尔的处刑并不只是针对这两个"叛徒"的罪，而是一场公开的惩戒，用来给那些试图用阴谋来包围巴黎、颠覆革命的反革命分子巨大的警示与威慑。因此，虽然作者采取远景的处理方式，避免直接表现血淋淋的场景，但却把场面扩大到夸张的地步，把现场围观的人的数量描绘得异乎寻常的多，以强调民众力量的势不可挡。与此同时，作者又以画面上的井然有序来替代事实上的混乱与血腥，以强调这种力量的有序与合法，这是"人民的正义"。

不过，需要补充的是，这种对于事实真相的"变形"处理，有时并不一定出于绘画者的主观意图，因为毫无疑问这些绘画师或版画师几乎都没有亲临现场，他们有关这一事件的信息也都是来源于道听途说或者新闻报道，并非掌握了全部真实信息，再从中摘取一部分加以创作，所以并不能断然判定他们是有意为之。就像当时的一位观察者在 1791 年时谈到的，"（关于 7 月 14 日）的细节有太多版本，公众直到现在才对真相略知一二"①。但是在当时，赞美这一事件几乎成为主流，裹挟了其他所有的声音，也由此奠定了此后关于这一事件进入集体意识与集体想象的基调。鉴于有关制作者的资料严重匮乏，所以我们目前只能笼统地认为他们至少是认可或者是赞同图像中经由细节和场景的安排以及各类元素的处理所体现出来的政治立场。

如果说，在事实基础上加以想象与夸张的虚构场景构成了得以清晰表达绘图者有关 7 月 14 日事件的主要观点，那么另一些几乎是脱离现实纯粹想象的图像则是观点输出更强有力的工具。例如由路易-马让·博奈（Louis-Marin Bonnet，1743—1793）完成的这幅《被摧毁的巴士底狱和小小胜利女神》（*La Bastille détruite ou la Petite Victoire*）版画，几乎就全部是想象的场景（图 3）。② 画面中是两个儿童模样的人物，其中女孩身穿条纹裙③，左手挥舞着一面旗帜，右手高举着象征胜利的月桂花环。在她前面站着一个身穿法兰西卫队服饰的男孩，背着一面鼓，手持鼓槌。虽然这幅作品题目中有"巴士底狱"字样，但是如果不仔细寻找，很难发现"巴士底狱"在哪里。作者在画面的右下方画了两条正在嬉戏玩耍的狗，它们身后是一张倾覆的桌子，而它们正在撕咬的是一个纸制的巴士底狱的模型，已经被咬得四分五裂。作者用想象的儿童玩乐的场景，表达了民众对于胜利的喜悦并且用一种非常巧妙的方式暗示了象征着专制的巴士底狱的不堪一击。

① Hans-Jürgen Lüsebrink, Rolf Reichardt, *The Bastille: A History of a Symbol of Despotism and Freedom*, translated by Norbert Schurer, Durham and London: Duke University Press, 1997, p.52.

② Référence bibliographique: Hennin 10603.

③ 因条纹裙是从英国传入，其简洁式样与法国宫廷奢华繁复截然不同，故在大革命初年尝试君主立宪制时期被视为支持革命理念的服饰。

图 3

　　另一幅 1790 年的匿名版画中，同样出现了胜利女神的形象（图 4）。[①] 这位从天而降的胜利女神左手拿着长矛，上面顶着一顶象征自由的小红帽，右手拿着月桂花环。她的下方是一棵高大的树，树下摆放着石棺，石棺上堆叠着逝者，女神正要把花环放置在这些人身上。在石棺的前方，是头戴王冠身穿百合花纹饰的法国女神，通常拿在她手中象征着王国统治权的地球仪已经滚落在脚边，她的双手似乎还各拿着一小段被打断的铁链。虽然在 1789—1790 年期间，在大多数图像中的法国女神的形象都是正面的，但从这幅画面来看，尤其是她身上众多的君主制象征物，以及她那张皇失措的姿态与打断的铁链，或许可以推测这位法国女神更多代表着已经被民众抛弃的君主制，而不是"法国"自身。在画面后方，是巴士底狱高大

<hr />

① 　Référence bibliographique: Hennin 10358.

SARCOPHAGE.

图 4

厚实的围墙，围墙前是影影绰绰的士兵与市民的身影，他们高举着胜利的旗帜相互拥抱。铭文这样写道："他们为了法国的自由而死"。

还有一幅匿名的《新巴士底狱广场》也是这类想象作品的代表（图 5）。[1] 虽然名为巴士底狱广场，但在画面上并没有出现巴士底狱标志性的塔楼或城墙，而是矗立着一尊路易十六的雕像，脚踩象征着邪恶大臣的九头蛇怪。当 1789 年 7 月 17 日路易十六来到市政广场前任命拉法耶特领导国民自卫军并接受三色徽时，克雷芒-托内尔伯爵建议在摧毁巴士底狱之后要在它的废墟之上竖立一座国王的塑像，赞美这位"自由与法国幸福的恢复者"。[2] 而在上述这幅虚构的图像中，国王雕像的基座上正刻着"法兰西自由的恢复者"。雕像两边是教士与贵族，分别拿着取消封建特权和教会特权的文书。在画面前方是在哺育第三等级模样孩子的一位女神。这幅图像除了题目以外，还有一个小细节与巴士底狱相关，那就是在女神坐着的地上，散放着两幅版画，其中一幅可辨认出一辆马车，文字依稀写着"国王的到来"，另一幅则是攻占巴士底狱的场景，画面上有大

① Référence bibliographique: De Vinck 1711.

② *Réimpression de l'ancien Moniteur*, Tome 1, Paris: Henri Plon, 1861, p.164.

图 5

炮，也有向着塔楼射击的人物，以潦草的文字写着"1789 年 7 月 14 日攻占巴士底狱"。在这幅图像中，作者以想象的虚构场景完成整个画面的构成，把真实发生的事实缩减到不起眼的画中画，表达的无疑是作者对于革命的愿景。

关于巴士底狱内部的想象场景则是虚构图像中很常见的内容。虽然事实上人们只在巴士底狱的塔楼里找到七个因犯，且这些人全都没有被关在臭名昭著的地牢中。但这并不妨碍版画师们创作大量有关地牢的虚构图像。例如胡埃尔署名的作品《当这个

图 6

恐怖监狱被攻占的时候，现场黑牢中的一间》（图 6）。① 画面是从内部视角看到的地牢景象：围攻巴士底狱的人打开地牢的门正在往里走，走在最前面的那个人高举着火把，手持军刀，后面还跟着他的同伴。地牢里有三名囚犯，其中两人被铁链锁在墙壁上，另外一人则被锁在一个可怕的刑具上，他们都向进来的解救者伸出手去。牢房中间还有一个地洞，有一部梯子通向下面一层。牢房里的老鼠被突然而至的火把和人群惊吓得四处逃窜。胡埃尔的这幅作品流传甚广，可以看到与其非常接近的匿名作品，其整体构图与画面布局甚至人物安排都几乎完全一样，但是某些细节部分存在着差异（图 7）。② 比如，在地牢阴影处多了两个跪在地上囚犯，在满屋乱窜的老鼠中间居然还蹲着几只蛤蟆，甚至还有两条蛇，增添了令人不适的阴森恐怖的气氛。

---

① https://www.parismuseescollections.paris.fr/fr/musee-carnavalet/oeuvres/delivrance-de-prisonniers-de-la-bastille#infos-principales.

② Référence bibliographique: Hennin 10349.

图 7

　　署名为阿尔德耐（Hardener，生卒年不详）的一幅题为《1789 年 7 月 14 日当天巴士底狱的内部场景》的版画则是集中于囚犯被进入监狱的围攻者们解救出来的画面（图 8）。[①] 在昏暗的地牢中，光线照在正在台阶上往上走的三个人物身上，领头的是拿着枪的军官模样的人，他和另一名男子搀扶着一位白发苍苍、手上和脚上还戴着镣铐的老人。长久以来，就有传言认为许多囚犯被长年累月地关押在巴士底狱暗无天日的地牢中，描绘这样一位虚弱且长着长胡子的老人形象无疑就是为了回应人们对于这个可怕监狱的固有印象。画面中其他人物则都隐在阴影之中。在这三个人物的身后，有几名士兵正把一个光着身体的囚犯从折磨犯人的刑具上解救下来。巨大而尖锐的齿轮闪着冰冷的寒光，囚犯被吊在头顶的双手、瘦骨嶙峋的身形，无一不显示着监狱中非人的生活。在画面的前方，也就是台阶之下，另有两名

---

① 　Référence bibliographique: De Vinck 1630.

SCENE DANS L'INTERIEUR DE LA BASTILLE
Pendant la Journée du 14 Juillet 1789

图 8

被粗壮的铁链锁着的囚犯，在他们身后的一个铁笼子里，赫然是一具坐着的骷髅。在台阶的上方，通向地牢出口的地方，则站着一大群士兵与市民，他们手持军刀与斧子等武器，压着一个垂头丧气戴着假发套的贵族模样的人，在他们的身后，有人举着一面旗帜，上面写着"自由"。另有一幅收藏于卡尔纳瓦博物馆由亨利·雅南（H. Jannin，生卒年不详）创作的彩色版画《攻占巴士底狱》采取了类似的作图视角（图 9）。① 盘旋而上的台阶上，人们搀扶着、抬着、抱着数名囚犯，而搀扶着老年囚犯的士兵与市民位于画面中心，这位老者不仅须发皆白、衣衫褴褛，手脚上也都戴着镣铐。台阶下方，也有躺着的犯人以及已然化成白骨的囚徒。画面右边是一个通向另一个囚室的门洞，隔着攒动的人头与火把，各种可怕的刑具依稀可辨。

---

① Département de l'Isère, Musée de la Révolution française, Numéro d'inventaire: 1984.31.

图 9

　　事实上，前文已经提及当天搜到的在押囚犯不过区区 7 人，且都关在普通单间
牢房中，根本就不存在什么酷刑折磨、白骨累累的场景。在当天以及此后的议会档
案中，也从未有代表发言提及这些囚犯，可见他们的真实身份与处境都不足以为
"攻占巴士底狱"这一"伟大事件"增添光荣乃至激动人心的意识形态上的意义。
但是这些制作精良的版画，却竭尽所能去回应之前在回忆录或者匿名小册子中体现
出来的巴士底狱的地牢是黑暗残暴统治的象征这一流传甚广的观念。不论是蛇鼠一
窝的场面，还是饱受折磨，甚至变成白骨的囚犯形象，这些虚构的元素无不强调巴
士底狱是囚禁自由的黑暗牢笼，体现出专制主义对人民的深重压迫。

　　如果攻占巴士底狱为了搜寻武器进行自卫的最初目的在事件的发展中已经被淡
化或者说"遗忘"，那么在各种宣传媒介把攻占这一事件推上"为打碎专制主义最
坚固堡垒让法国人民重获自由"的神坛的过程中，实际发生的"解救行动"无疑对

强化攻占巴士底狱的重要价值起到关键的作用。人们不仅在事后宣传的过程中意识到了这一点，即便在当时，参与围攻城堡的士兵与民众本身对此也有非常清晰的认识。据见证者回忆，攻下城堡之后，人们都迫不及待地去寻找可能关押在监狱里的囚犯。须知，解救囚犯并不是攻打巴士底狱原初的意图，但是在与守卫一方的冲突不断升级的进程中，人们开始把攻打巴士底狱视作为了自由而战。于是"把专制统治的悲惨受害者从被活埋的坟墓里救出来，并迎接日光的到来"成为这一事实上只是即兴行为的行动最为正当的理由，正如当时匿名小册子上所宣称的"法国近卫军冲破了暴政的枷锁，为我们树立了一个勇敢的榜样，告诉我们如何夺取那个恶魔般的地牢，在那里，暴政的不幸受害者们已经被折磨了好几个世纪"。① 虽然当时也曾有人试图消除这一"解救神话"，指出所有关于囚犯备受折磨以及出现骷髅的传言并不属实，然而这样的"祛魅"话语在欢腾地庆祝光明与自由到来的氛围之下，几乎没有激起任何回响。在此逻辑之下，便可充分理解图像中出现的所有强化巴士底狱这个"黑牢"固有印象的虚幻场景都为何如此罔顾事实。

此外，值得注意的是，从这些图像制作精良的水准可以看出，这样的强化意图并非来自底层民众。因为我们已经接触到那些真正可谓粗制滥造的"民间图像资料"，不知名的小作坊不可能生产出有着如此强烈学院派风格的构图以及绘画技巧的图像制品。而前面提及的这些图像都出自当时巴黎有名有姓的绘画师或者版画师。并且，从精美程度来看，它们所面向的顾客群体也不是底层民众而是收入较高的阶层。从这些角度而言，不难推导出一个结论，那就是在大革命初年，对于专制的敌视和对于自由的追求是法国不同阶层不同群体共有的心态。

想象的盛筵

伴随着革命的进程，关于巴士底狱的图像生产并没有停止，反而随着时间的流逝，人们在图像中添加了越来越多的虚构元素与场景。例如在 1791 年由热尔曼（P. F. Germain，生卒年不详）制作的《1789 年 7 月 14 日，围攻巴士底狱》（图 1）② 和

---

① Hans-Jürgen Lüsebrink, Rolf Reichardt, *The Bastille: A History of a Symbol of Despotism and Freedom*, translated by Norbert Schurer, Durham and London: Duke University Press, 1997, pp.57, 66.

② Référence bibliographique: De Vinck 1561.

图 1

图 2

PRISE DE LA BASTILLE,
le 14 Juillet 1789.

图 3

伊西多拉-斯坦尼斯拉斯·埃尔曼（Isidore-Stanislas Helman，1743—1806？）使用莫内（C. Monnet，生卒年不详）的绘画完成于 1795—1796 年间的铜版画《1789 年 7 月 14 日，攻占巴士底狱》(图 2)①，以及版画师皮埃尔-加布莱尔·贝尔托（Pierre-Gabriel Berthault，1737—1831）制作于 1802 年的同名铜版画（图 3）。② 在这些作品中，给人最大的感受便是进攻巴士底狱的人群不再像 1789 年的图像呈现的那样混杂着民众与士兵，甚至还有妇女儿童，而变成了几乎清一色的军人，他们排着整齐的队形，穿着一模一样的制服，连举枪的方向与高度都整齐划一，甚至连地面上堆放的弹药都码放得井井有条。之前画面中那些衣着凌乱，拿着各种武器甚至干草权的民众在进攻巴士底狱的主要场面中几乎消失不见了，他们仅有的身影要不就是出现在火炮旁边帮忙装弹药，要不就趴在与大部队正面进攻毫不相关的临街的房子屋顶上。

---

① Référence bibliographique: Hennin 10326.
② Référence bibliographique: De Vinck 1560.

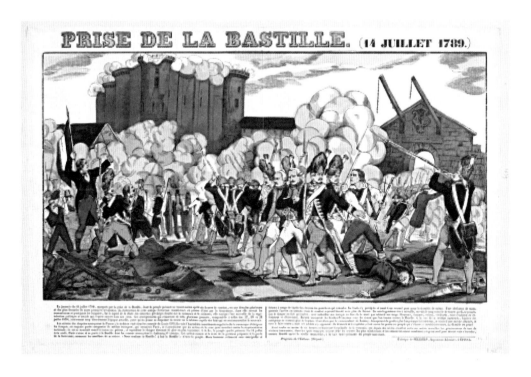

图 4

然而，有意思的是，消失的民众在 1839 年与 1889 年表现攻占巴士底狱的图像中又重新出现了。在 1839 年出版的《攻占巴士底狱》中，巴黎市民不仅出现在画面显眼处，而且他们与军队里的士兵并肩而战（图 4）。[1] 这一变化更明显地体现在 1889 年一个画有攻占巴士底狱场景的盘子上（图 5）。[2] 在这个装饰性的盘子上，身穿法兰西卫队制服的士兵唯一的作用就是站在涌向巴士底狱吊桥大门的人群之中，挥

图 5

---

[1] Bibliothèque nationale de France, département Estampes et photographie, FOL-LI-59（2）.

[2] Référence bibliographique: De Vinck 1983.

舞着旗帜。而人群中不仅有戴着自由帽的无套裤汉，更有好几名市场妇女装束的女子手持武器和人们一起冲进城堡，甚至还有一名光着脚的孩子拿着一把长刀追随人群而来。前面那三幅图像把攻占巴士底狱描绘得仿佛一场正规军队的攻城战争，明明是民众最先发起进攻，但是他们在现场的痕迹几乎被完全抹除。而与此截然相反的是，1889 年这幅图像则完全是把这一攻占事件处理成为一场民众的战争，军队的参与被弱化到最低限度。

从上述图像资料可以看到，就与事实相符这一角度而言，许多图像作者都采取了虚实相结合的方式，或注重强调某一细节，或夸张某一传言，甚至有不少作者直接使用想象的方式来表现这一事件。那么为何要把虚构的元素添加到真实之中？由于目前关于这些版画图像的作者的创作意图没有任何文字材料留世，我们无法像了解那些举世闻名的大画家那样通过阅读和分析他们的通信、笔记以及创作底稿等材料来理解他们真正的目的，所以只能从已完成的作品中加以推测。学者佩拉佐拉（Paola Perazzolo）在探讨有关巴士底狱事件的戏剧时指出，当时的剧作家们大多会在剧本的前言等篇章里毫不讳言地强调这种真实与虚构的结合。借助大卫的话来说，他们希望把法国人完成的光辉业绩如同一幅油画，或者像一面镜子一样一次次展示给他们自己看。有些剧作家甚至从一开始就"改编"攻占巴士底狱的事实，以至于观众觉得自己在看一部莎士比亚的戏剧。[1] 但是图像作者的逻辑似乎并没有如此复杂，他们往往直截了当把希望呈现的场景清晰地摆在观看者面前，把或真或假的传言甚至虚构的元素用确凿的笔触固定在图像之中，借此来传播他们自己认可的行动意图及其背后的政治立场。例如，把德洛内画成下令向民众开枪的叛徒，以及把进入城堡之后的解救行动描绘得更理想化，这都使进攻场景中出现的民众形象摆脱了以往街头激进暴动的传统形象，转而成为带来自由的英雄，成为"巴士底狱的征服者"（les vainqueurs de la Bastille）。而另一个需要留意的方面则与这类图像面向的受众相关。一方面，图像产品多少背负着宣传的意图，站在革命一边的版画师希望通过这些图像的流传来宣传革命理念。另一方面，它们同时也是消费品，有自己的目标客户群体。这些群体的政治倾向与喜好也是图像生产者不得不纳入考量范围的要素。

---

[1]　Paola Perazzolo, "La dramatisation de la prise de la bastille pendant la Révolution: Représentations et révisions", *Annales historiques de la Révolution française*, Janvier/Mars 2012, No. 367, Théâtre et Révolutions（Janvier/Mars 2012），pp.49–68.

作为象征物的巴士底狱

佩拉佐拉在谈及攻占巴士底狱事件的戏剧时曾谈到，在舞台上，为了赋予一种特殊的真实效果，真实性的诉求往往从事件突出的"物化"效果（un effort remarquable de réification de l'événement）中体现出来。[①] 笔者并不完全同意佩拉佐拉提出的真实性与"物化"之间的关联，因为这个哲学词汇指的是把抽象的概念用具体的事物表现出来，即赋予抽象概念以具象载体。当事件本身被浓缩到一个具体的"物件"或者"场景模型"的时候，实际上这已经是一种艺术的创造，更多表现出作者借此传达的象征意义，而非真实性。但是此处这一"物化"的提法很值得借鉴。尤其是在法国大革命时期的图像中，会看到有许多图像资料的内容已经与攻占巴士底狱无关，但是巴士底狱却作为一处背景出现在画面中。在这些图像中，作为背景出现的巴士底狱图像往往成为某种抽象概念的具体呈现。前文我们已经详细谈及当时用作新闻报道的图像如何从整体与细节各个方面来呈现这一事件，虽然这类图像有时难以避免或多或少加入一些虚构的元素，但它们整体而言是偏向具体现实维度的。下面要分析的涉及巴士底狱的图像则更偏向于抽象层面。当巴士底狱这个形象在那些并不是以该事件为主体内容的图像中出现的时候，它实际上被浓缩成为了一个象征物。

需要特别强调的是，在不同时期不同作者笔下的图像资料中，巴士底狱的象征含义并非固定而是游移的，就像贡布里希（E. H. Gombrich，1909—2001）谈象征与意义的可能性时所说，"这里的事件得到了图解，事件中的事物回应并扩展了该事件的意义。但是，这种象征体系的作用只能是支撑我建议称为支配性意义（the dominant meaning），即该画的意图意义或主要目的……它只有在特定的上下文中才有特定的意义"[②]。这一点我们在以巴士底狱为背景的图像资料中可以清晰看到，作为象征物的巴士底狱，在不同的图像中显现出不同的寓意。

法国人西蒙·林盖（Simon-Nicolas-Henri Linguet，1736—1794）曾于1780—

---

① Paola Perazzolo, "La dramatisation de la prise de la bastille pendant la Révolution: Représentations et révisions", *Annales historiques de la Révolution française*, Janvier/Mars 2012, No. 367, Théâtre et Révolutions（Janvier/Mars 2012），p.55.

② [英] 贡布里希：《象征的图像——贡布里希文集》，杨思梁、范景中译，广西美术出版社2015年版，第44页。

1782 年被关在巴士底狱。出狱后，他来到伦敦，并于 1783 年出版《巴士底狱回忆录》（*Mémoires sur la Bastille*）。有一家报刊出版了林盖回忆录的摘录，并建议释放关押在巴士底狱的所有犯人，并把他们的案子移交正规法庭审理，而且要把巴士底狱的墙夷为平地，在原来的旧址上竖立起一座刻有碑文的路易十六的雕像。后来在巴士底狱被攻占之后，也有议会代表提出同样的建议。下图就是当时使用的设计稿（图 1）。[①] 画面中，路易十六高高站在基座之上，他的雕像向着面前匍匐在地面上的人们张开双臂。这些人正是被释放的因犯。广场不远处是巴士底狱的城墙与铁窗。墙上刻着一段从 1780 年 8 月 30 日法令中摘录出来的句子："这些不可思议的折磨，这些秘密的痛苦，如果它们的公开和它们令人生畏的例子并未有助于维持秩序，那么它们对我们的正义是毫无用处的。"天空中乌云密布，闪电正好打在城堡墙头的一个巨大的钟上面。钟的刻度表两边画着一对裸体的男女，他们的手脚被粗壮的铁链锁住。这幅图像非常吻合时人心目中，巴士底狱体现的国家权力可以不经由法庭正式审判而把个人投入深不可测的黑暗地牢的现实以及加诸之上的想象。由此也可见，代表着国家权力与专制主义的巴士底狱早在旧制度晚期

图 1

---

① Référence bibliographique: De Vinck 1709.

已经以一个具体象征物的形象存在于图像系统中，在这幅图像中，无论是墙上的文字，还是空中的闪电，抑或残垣断壁的废墟场景，仿佛都在暗示这一存在的不合理，预言着它的末日。此外，目前可看到该插图留存在世不止一个版本，有的版本上路易十六戴着王冠，有的则没有。这说明当时这幅版画在市面上流传较为广泛。

当然，以巴士底狱作为背景的图像大量涌现是在 1789 年 7 月 14 日事件之后。例如 1789 年的一张以自由女神为主要人物，以巴士底狱为背景的匿名版画（图2）。[1] 画面中，高大的女神顶天立地，几乎占据了整个空间，她左手拿着一把利剑，右手拿着穿插着自由帽的长矛，眼神坚毅地看向剑指的方向。在她脚下，踩着一个男子，地上跌落着王冠（?）。[2] 自由女神的身后右方是巴士底狱的城墙，左边则是一大群模糊的人影，人们高举着长矛与刺刀，上面插着三颗人头。有些图像采用拆除巴士底狱的场景作为其他主要内容的背景。例如，在当时许多描绘革命早年乐观心态的图像中，会有人们手拉手跳舞的场景。在这幅匿名的版画中，就可以看到身穿国民自卫军服装的士兵以及戴着小红帽的无套裤汉，还有市场妇女以及头戴漂亮帽子的贵族女性围在一起跳舞，边上是一位教士模样的人物在为他们拉着手风琴伴奏

图 2

---

[1] Référence bibliographique: Hennin 10356.
[2] 因画面比较模糊，此处无法断定此物就是王冠。1789 年尚未出现公开反对君主制与路易十六的舆论，所以存疑，尚待进一步考证。

图 3

（图3）。[1] 圈子中央插着一杆长矛，长矛上不仅顶着小红帽，还飘扬着一个旗帜，上面写着"自由万岁"。远处可以看到巴士底狱的图像，城堡顶端有人挥舞着工具正在进行拆除工作。但是，令人费解的是，这些跳舞的人物手腕上都用一节铁链锁在一起，而他们的脚上，也都戴着拖着铁球的锁链，似乎在暗示虽然人们拆毁了象征着专制与压迫的巴士底狱，以为获得了自由，但身上真正的枷锁并没有去除。还有一些图像则是在提到这一事件的相关人物或者后续之时，以巴士底狱的形象，将其作为背景。例如，前文已提及，当时有报刊报道了国民议会授予最早冲进城堡的以阿尔内（Harné，生卒年不详）为首的几位勇士以"巴士底狱征服者"的称号（图4）。[2] 在相关报道中，除了赞歌以外，一大半版面是图像，其中不仅加入了英雄人物的画像，还在这两位气宇轩昂的英雄脚下添加了一幅正在拆除巴士底狱与垂死的九头怪的版画。这幅版画其实是从别的版画直接复刻过来的（在本书讨论三个等级的图像时曾经提到过）。但是运用在歌颂"巴士底狱征服者"的报道中，被简化的巴士底狱与九头怪共同构成了英雄的对立面，也就是被英雄战胜的敌人——阴险狡诈的大

———————————
①　Référence bibliographique: De Vinck 1676.
②　Référence bibliographique: De Vinck 1647.

臣与压制民众的专制主义。

随着革命局势日趋紧张，当出逃的贵族人数越来越多，坊间出现了许多反对贵族的图像。在这些图像中巴士底狱也经常以背景的形式出现。例如在这幅把贵族画成一只可怕怪兽的匿名图像中，图中文字这样写道："这个怪物以一个狂怒的形象出现，它长着蛇发，戴着一个有尖刺的冠冕。它手持匕首准备攻击那些反对它的暴政的人，它穿着护胸臂铠和铁制的护腿，他的脚和手都用虎爪武装。"（图5）①这只巨大怪兽的腰间缠着一条毒蛇，与此同时还挂着一把佩剑，以此来暗示它的真实身份是贵族。在画面远处，是巴士底狱这座城堡，虽然从比例来看，比怪兽小许多，但是它那阴沉的

图 4

围墙与紧闭的大门为画面增添了可怕的气氛。在 1789—1790 年间，版画师米克斯萨尔（Jean Marie Mixelle，1758？—1839）制作了《被消灭的贵族》（图6）。② 图中有一尊路易十六的石刻胸像，一个长着翅膀的小天使正为雕像围上金色的编织绶带。法国女神倚靠在雕像基座前方有着波旁家族族徽的盾牌上，拿着石雕凿与她身后的拿着石雕锤的时间大神一起在基座上刻了如下文字："黄金时代的希望，献给路易十六——法国人的父亲，一个自由民族的国王。"画面远方矗立着巴士底狱。在图像的下方，写着一首诗歌：

> 巴士底狱，黑夜在那里享受暴君的快乐，
>
> 巴士底狱，仇恨在那里是诸神的欢愉，
>
> 巴士底狱，在那里暴力锁住了才华，

---

① Référence bibliographique: De Vinck 3659.

② Référence bibliographique: De Vinck 1687.

图 5

图 6

巴士底狱，人们在那里死亡但没有离开这世界。

所有公民，一起密谋，

冲破它那些用铁链加固的牢笼。

为了撼动这石头垒成的巨兽，如果巴黎还不够的话，整个法国将随之而来，

为了摧毁它，上百个不同的民族将翻山越岭。

……

我将看见闪电落下，

看见它的大炮化为灰烬，它的士兵变成齑粉，

它的最后一任司令咽下最后一口气。

有意思的地方在于，虽然题目是"被消灭的贵族"，但是整个画面中并没有出现任何贵族等级的标志性代表物件，文字中也没有出现直接反对贵族、指控贵族的语句，而是把矛头指向了巴士底狱。联系前一幅图像中出现的怪兽形象的贵族，也有巴士底狱作为背景出现，与这幅图像一样。那么，是否可以推测，在1789—

图 7

1790 年期间，当贵族成为人们愤恨的目标之际，巴士底狱在某种程度上，变为与贵族等级相联系的象征物。

　　1789 年革命并不只是要废除旧制度，它更希望建立一个"新世界"，这也是为何它拆除了那么多的旧雕像，更改了那么多旧的广场与街道的名字。人们渴望在旧世界的废墟上创建一个全新的世界，抹去旧的意识形态象征体系，以一个充满了自由平等与博爱的新的象征体系取而代之。因为巴士底狱代表着旧制度中国家权力最不正义的部分——专制，就像农村地区的农民会去捣毁领主的鸽舍和鱼塘（代表了封建权力），所以当拆除巴士底狱场景在不同的图像中以各种形态反复出现的时候，实际上是人们在意识形态的象征世界里把专制主义一次次地摧毁。与此同时，巴士底狱形象开始慢慢发生变化，从专制的废墟里开始生长出象征着自由与胜利的新巴士底狱形象。其中，在 1791—1792 年间，由莫瓦特（Jean Guillaume Moitte，1746—1810）创作绘制并由让-巴蒂斯特·吕西安（Jean-Baptiste Lucien，1748？—1806）制版的一幅作品非常鲜明地把巴士底狱形象进行转化并赋予画面感。在这幅图像中，从废墟中站立起来的是长着翅膀的自由女神，她右手拿着利剑，左手则是顶着小红帽的长矛（图 7）。[1] 在她面前，是几个戴着镣铐的囚犯，他

———————
[1]　Référence bibliographique: Hennin 11094.

们有的匍匐在地上，有的半跪着，有的则被冲进监狱的解救者搀扶着，正向门外走。在这幅加入许多虚构元素，充满了新古典主义的图像中，解救者们都显得非常高大，而且他们中的许多人都戴着小红帽，手持长矛，有的还拿着古代战争才使用的盾牌。自由女神的脚下则踩踏着一头巨大的长着多个脑袋的海怪。一名男子正拿着匕首与其中一个头搏斗。在女神身后，是另一位身份不明的女子，从她高大的身形与古希腊装束可以推测这也是位女神，只是无法确定她的身份。她也拿着匕首，正要去解救被毒蛇围攻的几名男子。在整个斗争与解救场景的背后，是巴士底狱厚厚的城墙与安装着尖刺的铁门，墙上的石块已经开始崩塌，铁门表明这是一座可怕的监狱。图像上方的文字写道："贵族们和他们的代理人被埋葬在巴士底狱的地牢之中。"画面中并没有出现贵族的典型形象（假发套、佩剑、套裤等），九头海怪在这里就代表着贵族。图像下面则有如下几行字："我们不再畏惧你们，这些低级的暴君，你们曾以上百种不同的名义压迫我们。几个世纪以来被忽视的人的权利，它们已经为了全人类被重建。"以想象巴士底狱崩塌以及杀死九头海怪为主题的版画还有1789—1790年的一幅，只不过其中的主人公由自由女神与围攻巴士底狱的人民变换成了巴黎新市长巴依（Jean Sylvain Bailly，1736—1793）和拉法耶特。在这幅图像中，穿着国民自卫军军官服装的拉法耶特（国民自卫军被国王承认之后，拉法耶特被任命为总司令）右手持剑，左手扶着法国女神，女神身披华丽长袍，头戴百合花王冠，手拿权杖，在她的左侧是巴依。女神走出来的身后是倒塌的围墙，她的脚下还踩着一个塔楼。拉法耶特的脚底是一只已经被砍去所有脑袋的海怪，在画面的远处，作为背景的是正在被拆毁的巴士底狱。图像下方的铭文这样写道："法国女神被巴依先生和拉法耶特扶着，庄严地从那个被部长们的专制统治挖空的坟墓中走出来。"（图8）① 这幅图像传达出多层含义。首先，在大革命时期的图像资料中，九头海怪有时代表贵族，有时代表宫廷里掌权的大臣（即部长们），具体到这幅图像，结合文字可知海怪代表了部长们，是他们把法国掏空，并把法国囚禁在监狱之中；其次，以拉法耶特为首的国民自卫军与以巴依带领的巴黎市民拯救了法国；最后，部长们的最大罪证就是用巴士底狱这个国家监狱来镇压人民，把反对者不经审判就投入黑牢。因而，在画面的远方，巴

---

① Référence bibliographique: Hennin 10554.

La France *Soutenue par Mrs Bailly et De la Fayette sort glorieuse du Tombeau creusé par le Despotisme Ministeriel*

图 8

士底狱正在被拆毁，这一场景与法国女神被解救出来遥相呼应，巴士底狱联系着过往与今日，它既是过去黑暗统治的象征，也意味着法国得到拯救，将要获得重生。同样的寓意还出现在 1789 年的另一幅匿名版画中，这幅版画题名为《法国的宪法》，奥尔良公爵（Duc d'Orléans，1747—1793）和拉法耶特以及另一些民众（其中还有一位普通民众妇女）一起抬着一把椅子，椅子上坐着内克，内克因竭力主张改革故在当时深受民众爱戴。画面上，内克脚踏着一截锁链，右手托举着一顶象征着君主制的王冠，左手举着象征着自由的小红帽（图 9）。[1] 在他们的身后远处是巴士底狱高耸的塔楼。在 1789 年，还有绘画师让-路易·拉诺维耶（Jean Louis Laneuville，1756—1826）完成的一幅关于新的军旗的设计图中也出现了巴士底狱的背景（图 10）。[2] 画面中央是拉法耶特，他高举着一个模仿古罗马时期的军旗。

---

① Référence bibliographique: Hennin 10545.

② Référence bibliographique: De Vinck 1675.

图 9   图 10

旗杆顶端是自由帽，紧接着是象征着法国的雄鸡，鸡身上还戴着一个月桂花环。在下方，是路易十六的头像，头像下面是一块铭牌，刻着"国家与国王"。拉法耶特身后不远处是一队国民自卫军，在画面更远的右后方，则是正在被拆除的巴士底狱，人们站在墙头工作，墙脚下是抬着石块的工人。绘画师让-亨利-亚历山大·贝尔南（Jean Henri Alexandre Pernet，生卒年不详）于 1790 年创作版画庆祝当年联盟运动以及 7 月 14 日这个纪念日（图 11）。① 这是一个想象的场景：在画面中央是一个方尖碑，它所在的位置正是巴士底狱的废墟，方尖碑的顶端是路易十六的立像。画家在文字说明中将其称为"法国人的第一位国王、自由民族之父"，在雕像的脚下，是跪拜的人群以及打碎的铁链。在雕像身后，是巴士底狱模糊的身影。画面正前方是骑在马上的拉法耶特，声望女神拿着一个月桂花环正要给他戴上以奖励他"用谨慎与力量打败了贵族"。高头大马的前蹄正踩在地上一名手握两条蛇的男子头上，显然这一人物便是贵族的化身。另有一位女神密涅瓦（法国的守护神），手拿一面镜子照着地上的男子，另一只手拿着写有"人权与宪法"字样的盾牌。而在整

---

① Référence bibliographique: Hennin 10779.

图 11

个画面的最远处，是模糊不清的巴士底狱城墙。

　　事实上，革命政府特意安排在巴士底狱的废墟上举行 1790 年的联盟节，也是出于同样的考虑，希望把这个根深蒂固的旧制度的象征物转换成具有全新含义的政治文化符号。首先，第一类图像展现了在巴士底狱废墟上举办的联盟节。联盟节于 1790 年 7 月 14 日在巴黎首次举行，如果一年前攻占巴士底狱的行动被认为是革命的象征性开始，那么以周年纪念方式举行的联盟节则可被认为是巩固革命的节日。[1] 因而这也是一个庆祝胜利成果的节日。很多表现 1790 年联盟节的图像都展示了这一点。例如在第 54 期《巴黎诸革命》第 67 页上有一幅插画，描绘了 1790 年 7 月 18—20 日在巴黎举办的夜间灯光舞会。画面上是临时搭建出来的大型舞会场地，张灯结彩，人们欢快地起舞，三三两两散步。文字这样描述道："这场别致壮观的景象给所有人带来最纯粹的欢乐。"（图 12）[2] 这样大型的庆祝活动就是在巴

---

[1]　Allison Goudie, "Art and Politics in the French Revolution, Reviewed Work（s）: Portraiture and Politics in Revolutionary France by Amy Freund; The Politics of the Provisional: Art and Ephemera in Revolutionary France by Richard Taws", *Oxford Art Journal*, Vol. 38, No. 2（2015），pp.288–292.

[2]　Référence bibliographique: Hennin 10782.

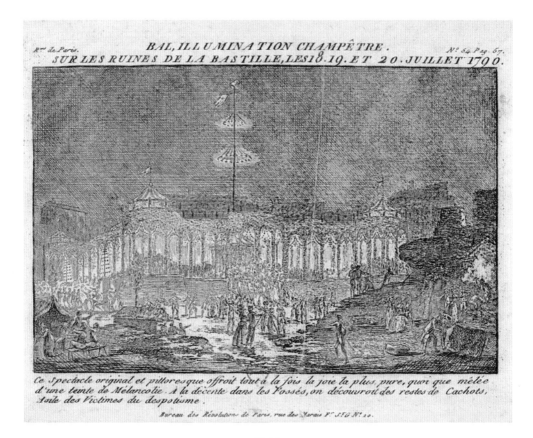

图 12

士底狱的废墟上举办的，人们在专制的废墟上庆祝自由的胜利，用亮如白昼的灯光取代昔日此处的阴暗。然而有意思的是，画面右下方阴暗处，就在灯火辉煌的跳舞的人群不远处，还有两个人在试图打开一个方形的笼子，让人不禁有点奇怪。文字写道："虽然这场欢乐混合着一点忧伤，因为人们发现一些牢笼的遗迹，那是专制主义受害者的坟墓。"黑暗与光明、过去与现在、痛苦与欢乐、专制与自由，就这样在这个庆祝的画面上奇妙地结合在一起。

此外，在不少官方文件中使用巴士底狱的小图像。例如，在 1790 年 6 月 19 日国民公会颁布的表彰"巴士底狱征服者"的法令中，就可以看到文件下方是版画师德莱特（Delettre，生卒年不详）制作的巴士底狱的版画。这个昔日曾为旧制度国家权力的象征，如今成为彰显着自由与胜利的城堡（图 13）。① 画面中是此

① Référence bibliographique: De Vinck 1643.

图 13

前大量出现的攻占正面攻占巴士底狱的场景，人们聚集在城堡门口，用大炮与火枪向城堡里的守卫开火。虽然由于整个图像都被安放在一个用植物枝叶装饰起来的小面积虚拟画框中，人物形象大多迷糊不清，但是巴士底狱那厚重的高大城墙还是一目了然。在画框的外面，则是两尊对称的大炮，地面上是战鼓与大量的弹药。在画框的下方，写着："1789 年 7 月 14 日获得的自由"。这幅图像昭示着，在 1790 年的象征体系中，巴士底狱已经从旧制度的黑暗监狱转变为法国自由的起点。

还有一类以巴士底狱作为背景的图像可以归为"消失的巴士底狱"，这类图像在画面上已经看不到巴士底狱典型的围墙，它不再以实体的形象出现在图像之中。但是图像制作者往往以标题或者文字说明告诉观看者，此处曾经是巴士底狱，用一种联想的方式把巴士底狱的象征意义填充到当下的画面中。让-路易·普里厄（Jean-Louis Prieur，1759—1795）在 1791 年前后曾制作了一幅版画，建议把巴士底

图 14

狱的废墟改建为自由神庙（图 14）。① 在版画师的设想中，保留巴士底狱那几个巨大塔楼底部基座的残垣以及吊桥，作为神庙的一部分，甚至保留了它那令人心生恐惧的铁门，在某个基座之上建造一座仿造古罗马样式的神庙，庙宇顶端是方尖碑及自由女神，以此重建来纪念英勇的法国人民战胜了专制主义。在 1792 年之后的图像中，这种转变完成得愈加明显。1792 年，皮埃尔-加布莱尔·贝尔托为当年举办的攻占巴士底狱纪念仪式制作了版画（图 15）。② 画面中已经看不到巴士底狱的任何遗迹，人们在一片空地上堆起巨大的火堆，焚烧象征着旧制度特权的盾牌、座椅等物件，火光冲天。男子们在搬运着木材添加燃料，女人们挥着手在欢呼，孩子们在奔跑玩闹。画面最左边角上，可以看到几个士兵模样的人悠闲地斜躺在草地上，他们的战鼓放在身边，一派欢乐祥和的场景。画家试图通过这样一个画面告诉观看者，巴士底狱已经消失，这个旧的专制与黑暗的象征，连同所有其他的标志着君主制与特权等级的象征体系已经不复存在。现在，人们以在其原址举行嘉年华的方式

① Référence bibliographique: Hennin 11381.

② Référence bibliographique: De Vinck 1717.

COMMÉMORATION DE LA PRISE DE LA BASTILLE.
le 14 Juillet 1792

图 15

图 16

来庆祝取得的胜利。同样，在伊西多拉-斯坦尼斯拉斯·埃尔曼（Isidore-Stanislas Helman，1743—1809）于1796年制作的、由莫内创作的"在巴士底狱废墟上的重生喷泉"的版画中，绘画师想象了1793年8月10日的场景（图16）。[①]虽然1793年巴黎确实举行了盛大的革命庆典来纪念推翻君主制一周年建立起共和国，但是图像中的场景依然是绘图者想象的画面。画面中央，是一尊巨大的石制雕像。神像戴着古埃及法老的王冠，她的胸前是两股喷泉，人们拿着酒杯去接泉水，队伍蜿蜒几百米，似乎看不到队尾在何处。旁边还有无数围观的人群：年轻女子结伴而来，怀抱幼儿的母亲正在哺乳，父亲领着孩子一起鼓掌，每个人都兴高采烈。许多人坐在巨大的石块上观看着。而就在画面左下角非常不起眼的地方，作者加入了一个小细节：就在人们坐着的那些大石块的最下面，有一个拱门的顶部露出来了，门上的铁栅栏暗示着这就是曾经的巴士底狱。如果不留意，完全不会注意到这个小细节，而作者将其隐藏在这里是要告诉人们，昔日的"国家监狱"如今已经成为法国人民庆祝"重生"的最佳场地。不论是在想象中还是现实中，许多重要的革命节日在巴士底狱的旧址举行。这是向公众宣告，至此，巴士底狱不再是专制与任性的国家权力的象征，也不再与贵族或者是深受民众厌弃的大臣们相联系，它已经完全成为过去的历史，它原有的象征意义已经被清除，新的象征意义已然取代了旧有的，如今它体现了胜利与新生。

小　结

虽然由于图像资料出版的具体时间（一般只有年份）往往不可考证，因而研究者很难把图像资料如同文字资料那样按先后顺序做具体的传播学上的分析。但是在巴士底狱被"物化"的过程中，我们依旧能看到实际上发生了一个明显的转折。在1789年，攻占事件爆发的当年，巴士底狱显然是被作为专制的象征，当时的舆论往往认为它是"专制、暴君、部长和统治者们野蛮贪婪的纪念碑……（不得不）因自由的兴起而被废除和毁灭"。[②]而从1790年联盟节开始，它逐渐成为"自由胜利"

---

① Référence bibliographique: De Vinck 1720.
② Hans-Jürgen Lüsebrink, Rolf Reichardt, *The Bastille: A History of a Symbol of Despotism and Freedom*, translated by Norbert Schurer, Durham and London: Duke Universitu Press, 1997, pp.53–54.

的象征。事实上，早在 1789 年的陈情书中，人们就曾经提出希望拆毁巴士底狱，并把它改建为一个纪念自由的场所。所以，巴士底狱这个军事堡垒从象征专制到象征自由的转化，早于它被攻占之前就已经孕育了。在图像资料中，更能清晰地看到这一演变的过程。而且值得注意的是，为何在 1789 年，它会成为专制的象征？一方面是因为在前文已经提及的，早在革命之前，从路易十四统治时期，甚至更早可追溯到宗教战争时期，巴士底狱已经成为王权与专制的象征，这一形象在整个 18 世纪并没有因为其监狱功能的弱化而减弱，相反因为某些因触犯出版审查制度而被捕的人不断渲染并强化这一点，使之更深入人心。另一方面，也是非常重要的缘由在于，革命初年，法国国王路易十六在大多数民众心目中依旧是"好父亲"的形象。君主制也并没有受到根本性的质疑。人们只是希望革除旧制度中的一些弊端，建立起更开明的君主制。巴士底狱这一中世纪就开始存在的堡垒成为旧制度中等级不平等、遭人嫉恨的封建特权以及司法不公正不透明等问题的集中象征。正如前文提到的发表在《巴黎诸革命》上的图像作品中描绘了人们举着砍下的头颅在沙滩广场游行。而边上的文字写道："路易十四的胸像见证了自由的胜利。"[1] 另一篇 1789 年的报刊文章中更是鲜明地表达了对于巴士底狱的憎恨与对路易十六的爱戴："这个可恶的巴士底狱，已经不再存在了。它的厚墙被推翻，逃窜吧，可耻的囚徒，逃窜吧，几个世纪以来的铁链。在路易和内克的带领下，法国人重拾勇气。"[2] 在这些话语中，可以清楚地看到，国王与巴士底狱是截然分开的，后者成为几个世纪以来法国民众遭受压迫的象征，是革命要推翻的目标。在革命初期大多数法国人的心态中，长久以来对于专制与特权制度的不满需要一个宣泄出口、一个具体的可供推翻与打倒的目标对象，最后这股情绪集中在了一座建筑物身上。与此同时，在当时的政治文化中，由于需要一位现成的象征意义上的政治领袖、一位能越过腐败的特权等级领导人民的"人民之父"，所以意味深长之处在于，路易十六，这位处于旧制度下君主制金字塔塔尖的国王，不无悖论地在公众心目中成为带领法国人完成这一追求自由的反抗运动的领导者。

换言之，在旧制度末年，民众心目中的国王依旧保有某种程度的神圣性与崇高性，所以他们对于专制制度的仇恨就会集中发泄在国王身边的人，例如当时许多人

---

[1]　Référence bibliographique: Hennin 10362.

[2]　Référence bibliographique: De Vinck 1559.

图 1

认为善良的国王是被他周围的阴谋团体所蒙蔽，而这一阴谋集团中，既有王后这样的国外势力，又有宫廷与大臣所组成的邪恶团体。当时一本小册子把这种"专制"描绘成一个由黎塞留（duc de Richelieu，1685—1642，黎塞留是路易十三时期的首相，法国绝对主义王权的奠基人物）这些首相或大臣组成的九头蛇，巴士底狱则充当着镇压工具，"如果没有 7 月 14 日的幸运起义，这些折磨人的人就会使专制永久化"①。所以我们可以看到，在不少想象的图像中，象征着人民的年轻男子脚踏多头海怪，正高举着刀砍下它的多个脑袋。而类似这样的图景远处，往往耸立着巴士底狱，它的城头是人们高举着胜利的旗帜与打断的铁链。

1792 年的一幅题名为《革命来到路易十六统治时期，1789 年 7 月 14 日与 1792 年 8 月 10 日，献给自由与平等之友》的图像中，描绘了革命时期的多个场景，

---

① Hans-Jürgen Lüsebrink, Rolf Reichardt, *The Bastille: A History of a Symbol of Despotism and Freedom*, translated by Norbert Schurer, Durham and London: Duke Universitu Press, 1997, p.54.

其背景最深处，就是巴士底狱熟悉的身影（图1）。[①] 但是与以往描绘攻占巴士底狱场面不同之处在于，在这个图像上，巴士底狱前面停着几辆马车，上面载满了欢快的人们，还有许多男女手拉手围着这些马车跳舞。巴士底狱战斗的场景已经被欢庆革命胜利的画面所代替。事实上，当胜利的旗帜飘扬在巴士底狱的城头时，它已经在象征体系中发生了根本性的转折，从专制的工具、黑暗的封建堡垒转化成为自由的胜利，成为人民以自由的名义战胜压迫枷锁的见证。巴士底狱承载的象征意义的转化在1789年时已经开始显露，最终在1790年的联盟节图像中得以完成，并且在以后的图像世界中一直延续同样的含义。

---

① 　Référence bibliographique: De Vinck 1702.

第二编

图像中的人物

第一章 路易十六之死与旧制度国王"政治之体"的消亡

　　法国大革命期间留存至今的大量图像之中有相当数量的资料描绘了处死法国国王路易十六的场景。这一事件在法国历史乃至世界历史的进程上所具有的重要性无须赘述。美国学者米歇尔·瓦尔泽（Michael Walser）说："国王的神权（Le droit divin du roi）在大革命广场上被处决了。公开的弑君是一种决然与旧制度的神话决裂的方式。"[1] 法国史家饶勒斯（Jean Jaurès）也认为处死国王"并不只是国王的脑袋落地了，从此以后法国就变成了弑君者，在旧的君主制权利和民众主权的新的权利之间的对立是不可逆转的了"[2]。表现这一事件的常常是这样一幅图像：路易十六的断首被刽子手拎在手里示众，拥挤的人群，一张张激动的面孔。

　　可是，如果我们把时间倒回到三年前，也就是 1789 年三级会议召开的那个夏天，就会发现，当时的法国国王路易十六依然是以一种光辉荣耀的形象出现在各类图像中，如同他的祖先太阳王路易十四一样。徽章或者版画上的路易十六微微有点发胖，但不失英俊，威严中带着慈祥，图像所伴随的铭文往往是"法国人的国王""人民的父亲"等诸如此类的文字。谁能预料，在三年后的 9 月，国王的形象会成为一具无头尸体，出现在描绘断头台血腥一幕之中？从政治图像中的路易十六之死的主题展开可以讨论诸多问题，本章将围绕路易十六的形象是如何转变的，以及这一转变与法国君主制神圣性的最终消亡之间存在着何种关联这一议题作一探讨，具体而言分为下述两部分。

　　首先，从政治史的角度来看，涉及路易十六被审判以及被处死的前后细节都已

---

① 转引自 Tadami Chizuka,"L'idée de deux corps du Roi dans le procès de Louis XVI", *Annales historiques de la Révolution française*, No. 310（Octobre-décembre 1997），pp.643–650。

② Tadami Chizuka, "L'idée de deux corps du Roi dans le procès de Louis XVI", *Annales historiques de la Révolution française*, No. 310（Octobre-décembre 1997），pp.643–650.

颇多研究，法国史学家奥拉尔（Alphonse Aulard）等学者都认为不论是革命者还是民众对国王态度的转变与 1791 年 6 月底瓦伦出逃事件密切相关。然而，近年来有研究者指出，当时某些发行量巨大的民众期刊，如《老科隆比耶街上的杜歇老爹》（*Le Père Duchêne de la rue du Vieux-Colombier*）在瓦伦事件之前的六个月已经对国王颇有贬斥之词，视其为革命和底层民众的敌人。[1] 笔者从图像资料中也发现，路易十六正面形象的消失并不是一个突然的转折，早在瓦伦事件之前，相关图像中把国王表现为支持革命的英明国君或仁爱慈父的形象已经逐渐变少，取而代之的是贪吃或者盲目的国王。因此有必要进一步从路易十六形象在政治图像中的变化仔细考察民众态度的转变究竟是在革命的哪个阶段发生的，又是如何演变的。

其次，无论从何种层面上分析，路易十六被处死都意味着法国旧制度的覆灭，那么他作为国王形象的崩塌过程是不是也恰如其分地体现着延续了几个世纪的国王神圣性的最终消亡的过程？考察大革命时期路易十六形象的转变或许能解开这些谜题。恩内斯特·康托洛维茨（Ernst Hartwig Kantorowicz，1895—1963）所作的关于国王的"两个身体"的研究揭示了国王个人与君主制之间的紧密结合，即国王的"政治身体"（永生的、神性的）居住在国王的"自然之体"（脆弱的、会死亡的）之中，但为何英国人可以宣称他们处死了查理一世的自然之体但却没有损害国王的政治之体，[2] 而 1793 年路易十六之死（自然躯体的死亡）却会导致政治躯体的消亡，以至于饶勒斯认为此后回来的法国国王不过只是一些幽灵，再无寄生之所呢？日本学者遟塚忠躬（Tadmi Chizuka）认为，这与法国大革命独特的性质有关，它是一场真正意义上的社会革命，是一场颠覆政治制度的巨大变化。但是他的研究仅仅是从革命者的言辞中分析出相关结论，依然没有关注在君主制之下生活了世世代代的普通法国人的心态在这一剧烈转变中究竟发生了什么样深刻的变化，以至于君主制再也无法真正在这片土地上重新长期建立。本章将从图像资料入手，分析国王形象在 1789—1793 年间的变化，从中探究图像以其独特语言传达出来的当时法国民众对待国王乃至君主制的神圣性的态度及其转变历程。

---

[1] Ouzi Elyada, "La représentation populaire de l'image royale avant Varennes", *Annales historiques de la Révolution française*, No. 297（Juillet-Septembre 1994），pp.527–546.

[2] ［德］恩内斯特·康托洛维茨：《国王的两个身体》，徐震宇译，华东师范大学出版社 2018 年版，第 95 页。

大革命之前神圣高贵的国王形象

如果君主制的理论核心是国王及其代表的王权，那么在图像资料中，围绕着国王形象的君主制的寓言世界深深地植根于旧制度文化之中。因此，研究路易十六这位大革命时期法国国王形象的演变无疑对于理解当时的政治文化具有重要的意义。

旧制度拥有一整套宣传君主荣耀故事的象征性图像系统。从圣路易印刻于徽章上的头像，到路易十四的个人巨幅肖像画，伴随着权杖、百合花、地球仪等系列象征物，国王们以无比威严的形象出现在世人面前，时时刻刻提醒着他本人及其代表的制度的神圣性与合法性，牢牢掌控着视觉文化体系中的核心话语权。依据现有资料可以看到，这套图像/权力系统直至大革命爆发前甚至到革命初年依然保持着良好的运作。法国史学家德巴克（Antoine de Baecque）对此进行了细致研究，他谈到 1783 年著名的画家弗朗索瓦·纪尧姆·梅纳戈特（Francois Guillaume Menageot，1774—1816）完成了一幅巨作，描绘路易十六的太子的诞生。画中，法国女神怀抱着王太子；智慧、健康、正义、和平和丰饶等诸位女神围绕着国王夫妇；巴黎人民迎接太子并感谢上帝送给法国的礼物。远处的背景是矗立着不朽的金字塔，装饰着国王和王后的肖像。在纪念碑的顶部，刻有太子的出生日期（图 1）。[①] 类

图 1

---

① 表现王太子降生的版画还有 Référence bibliographique: De Vinck 741。

似的画作在法国绘画史上不胜枚举，13 世纪初纪念腓力二世的儿子诞生的《国王书》中也是把王子描绘为上帝的礼物，鲁本斯（Peter Paul Rubens，1577—1640）为美第奇的玛丽（Marie de Médicis，1575—1642）所作的系列画作中也有同样主题的内容。

当然不仅仅是王太子降生的主题，其他例如辉煌的战绩、盛大的王室婚礼、国王王后的入城仪式等，在法国君主制的图像谱系中，不论哪个朝代，哪一任国王，所有的图像叙事，只要有国王出现，都是以国王作为核心，不用说凡间人物了，甚至古典神话中的各种神祇或者寓言人物都是围绕着他。正如德巴克所言，"君主的标志是一张面孔，一张无处不在的肖像，象征着一个国家和一个原则——传统价值观的法国"[1]。

所有的国王形象都是居于中心地位，而且都是如此完美，这在很大程度上并非出于国王本人的虚荣心，而是君主制展现其神秘性和神圣性的必要策略。依据中世纪以来关于国王的"两个身体"的理论，国王的身体与凡人不同，在他的躯体里面住着更高贵的有着神性的"奥秘之体"，因此国王的肖像不仅是他自身身体在视觉系统中的呈现，也是"国王"这一名号所承载的神性的完美体现。正如 17 世纪中叶的御用画家费利比恩（André Félibien，1619—1695）所说：

> 画家如何构建陛下肖像？画家要表现一位真正的国王，一位上帝慷慨地倾注了他非凡的天赋和才能的国王，他必须找到一种方式，不仅要模仿我们在你的威严的人身上看到的所有完美和成就，还要塑造表达你灵魂中伟大和美丽的特征。[2]

费利比恩的这段表述非常契合国王的"两个身体"的理论，即国王自身拥有"威严、完美以及成就"，而更重要的是他"灵魂中伟大和美丽的特征"，因为这是神"倾注"的"天赋和才能"。换言之，旧制度下，图像中完美的国王形象并不是对现实中国王的样貌或品性加以美化，而是凸显国王身上因为上帝恩典而具有的神性的一

① Antoine De Baecque, "The Allegorical Image of France, 1750–1800: A Political Crisis of Representation", *Representations*, No. 47, Special Issue: *National Cultures before Nationalism*（Summer, 1994），pp.111–143.

② 转引自 Antoine De Baecque, "The Allegorical Image of France, 1750–1800: A Political Crisis of Representation", *Representations*, No. 47, Special Issue: *National Cultures before Nationalism*（Summer, 1994），p.128。

面，突出强调其"政治之体"，因为在"两个身体"理论中，"政治之体"所具有的神性本身就超越于"自然之体"的人性，"国王就是法律与正义的人格代表"[1]。

御用版画师莫瓦托（Pierre-Étienne Moitte，1722—1780）在 18 世纪 70 年代创作的一幅蚀刻版画是传统且具有典型意义的寓意画，用一系列象征符号或者神话人物的方式直接展现路易十六作为国王的"政治之体"所拥有的神圣性，非常完美地表现了路易十六身上的神圣品格全都是来自神的恩宠（图 2）。[2] 画中路易十六以其头像的形式出现，肖像的左上方有着一个巨大的散发着耀眼光芒的太阳，象征着他拥有太阳般的神圣力量，太阳光芒本身也带有宗教意味。坐在一边的智慧女神把他的肖像放置在神坛上，女神的脚底踩着云彩，云的下方则是被降伏的怪兽。女神的背后盘踞着一头巨鹰，鹰既是基督的象征，也是君主的象征。在路易十六头像的正上方，有一顶象征着神的智慧（sapience divine）的头盔悬浮在空中，头盔的旁边则是一架天平与权杖，代表着神的正义和权威。所有这些象征元素无不寓意着路易十六作为国王的权威来自上帝的赐予，或者说，神的正义与智慧经由路易十六带到人世间。另一位著名的版画师内奥（François Denis Née，1732—1817）在这个阶段也制作了不少运用寓意手法的类似版画，例如有一幅作品是表现路易十六宣誓

图 2

---

① ［德］恩内斯特·康托洛维茨：《国王的两个身体》，徐震宇译，华东师范大学出版社 2018 年版，第 547 页。

② Référence bibliographique: De Vinck 576.

要使法国人民幸福。① 年轻的国王身披隆重的王家礼服，头戴王冠，手持权杖，他把掌心按在一本由法国女神与宗教女神捧着的书上，正在宣誓，象征着宗教的女神怀抱巨大的十字架，云层深处投射下来的万丈光芒笼罩在国王身上。这样的画面场景清晰地表明了国王的职责所具有的神圣性。1781 年由科肖（Charles-Nicolas Cochin，1715—1790）设计的版画中，路易十六站在画面中央，两边分别是正义女神和密涅瓦，正义女神的脚底踩着一个拿下面具的蛇发男妖。路易十六的脚下是怀抱婴儿王太子的法国女神，巴黎市民簇拥着法国女神和王太子。配文这样写道："人民，从你的幸福中可以看到珍贵的承诺，密涅瓦向他保证光辉灿烂的前途。法国女神通过王太子的降生以及国王路易向你展示安稳岁月。"②

值得一提的是，从目前已有的图像资料中，我们能找到为数众多的颂扬路易十六的寓意版画，它们往往制作精美，能清楚地找到设计者和制作者的相关信息，以及出售商铺名称及地址等重要参考信息。这些艺术家中有一部分人的头衔便是"国王的画家""国王的版画师"，因此，可以推测这些作品带有明显的官方宣传的意味，是官方对于路易十六国王形象的塑造与维系的一个重要渠道。当然除了象征手法以外，画家们也用写实的方式来颂扬路易十六的治国才能。③

如果说莫瓦托的作品是用直观的方式来体现路易十六身上"政治之体"的来源是神，强调他的神圣性是上天赋予的，那么在路易十六登基初年，由画家迪普莱西（Joseph-Siffred Duplessis，1725—1802）创作完成的《身着加冕服的路易十六》与《路易十六》的两幅官方肖像画便很好地说明了国王的形象是超越其本人而被赋予更多内在含义的，通过把路易十六个人形象理想化甚至完美化来突出他作为国王的至善至美。前者描绘国王身穿庄严的礼服，气宇轩昂地手握权杖，身披满是金色王室徽章刺绣的白色貂皮加冕服。后者是一幅半身像，国王佩戴着"圣灵骑士勋章"与绶带，年轻而英俊的面庞平易近人。这两幅画中的国王都是年轻和朝气蓬勃的，尤其是画家显然刻意强调了路易充满了希望的眼神与微微上扬的嘴角，似乎让人看到法国的新国王所带来的希望。

事实上在路易十六登基初年，法国人确实对这位年轻的国王充满了期待，他

---

① Référence bibliographique: Hennin 9534.
② Référence bibliographique: De Vinck 741.
③ Référence bibliographique: Hennin 9591.

们"把希望寄托在年轻的国王身上，盛赞他的诚恳、履行责任时的努力、对妻子的忠实以及对宗教的虔诚。他的温和、谦逊、远离宫廷，以及对外表的漫不经心——都使得民众对他更加喜爱"[1]。正如日后成为革命立法委员的莫雷尔神父（Abbé Morellet，1727—1819）在其回忆录中所说："路易十六统治的最初几年，对于国家而言，甚至超越路易十五统治的巅峰时期。新国王的治理温和且英明，科学艺术以及社会关系取得巨大进步，一切都趋向于改善。"[2] 法国人把他视为新的亨利四世，当时的官方宣传方面也着重强化这一点。例如，在一幅作者同为科肖的版画中，年轻英俊的路易十六站在岩石上，战争与智慧女神密涅瓦正在向他展示亨利四世的肖像画（图3）。[3] 法国女神则托举着画像，百合花在她胸前熠熠生辉。在路易的脚下，是虔诚而渴望地向他举着双手的民众，丰饶女神伏在路易的脚边安抚着人群。从画家的生卒年以及画中路易的年龄体型来看，可以推测这是一幅在大革命之前面世的作品。此画的寓意非常明显，那就是路易在密涅瓦的教导下，继承了法国历史上被视为明

图 3

---

① ［美］谭旋：《路易十六出逃记》，赵雯婧译，北京师范大学出版社 2019 年版，第 35 页。

② E. L. Higgins, *The French Revolution as told by Contemporaries*, New York: Cooper Square Publishers, 1975, p.45.

③ Référence bibliographique: De Vinck 458.

君的亨利四世的统治。亨利四世是波旁家族的第一位国王，在法国历史上，被视为一位伟大英明的君主。这也是当时民众对他们年轻国王的期许。1776 年，版画家马萨（Louise Massard，生卒年不详）制作了以卢瓦维耶（Loinville，生卒年不详）的画作为模板的版画，刻画了亨利四世来到路易十六的面前教导他（图4）。[1] 尼奥（François Denis Née，1732—1817）等人制作的版画表现同样的主题，采用把路易十六与亨利四世的头像并列等布局安排，暗示路易十六也将是一位把法国带出

图4

困境的好国王。[2] 其实在路易十六统治期间，一直流传着一个小小的数字游戏，那就是"亨利四世 + 路易十二 = 路易十六"，这种说法不仅在路易十六登基之时广为流传，革命初年整个法国为改革的热情所鼓舞的时候更是再度兴起。路易十二与亨利四世一样，都是法国历史上深得民心的国王。1789 年时便有版画描绘由百合花枝缠绕的路易十六与亨利四世和路易十二的画像，略显冗长的题目这样写道：《十六等于十二加四，加法证明，人民之友，子民之父，路易十六及亨利四世

① Référence bibliographique: De Vinck 122，Référence bibliographique: De Vinck 123 和 Référence bibliographique: De Vinck 127，Référence bibliographique: De Vinck 129 都是同一系列。
② Référence bibliographique: De Vinck 126 以及 Référence bibliographique: Hennin 9540。

和路易十二》。① 甚至到了1791年，还能看到以索瓦杰（Piat Joseph Sauvage，1744—1818）的作品为模板的把路易十六与亨利四世以及路易十二并列的精美版画，它的题目是"人民之友：路易十六、亨利四世、路易十二"。② 除了版画以外，当时还有许多纪念章亦以此为内容。③

除了官方有大量的宣传图像，用以强化路易十六及其所代表的君主制的神圣性，不少制作粗糙的版画制品说明这类作品在底层民众中也拥有一定的受众。例如有一幅表现1775年路易十六加冕典礼的版画就属于这一类。④ 这幅无名氏制作的版画画面与人物都非常简陋，虽说是彩色图像，实际上只有红色、蓝色与黄色涂抹在室内建筑与人物身上以表示当时的场面非常华丽。版画下方配有长篇文字详细说明加冕典礼的过程以及出席的王公贵族。在画中，路易十六被安排在图像的最中间，跪在软垫上，双手合十，正等着兰斯大教堂的主教为他戴上王冠。虽然画作很粗糙，但是作者运用众多人物的烘托与描绘教堂内部的场景努力表现出典礼现场的宏大与庄严。同样表现路易加冕仪式的廉价版画还能找到很多，不同的绘画风格与画面场景说明当时较低收入人群对这一主题的图像产品的需求量并不小。⑤ 不仅是在巴黎地区，在外省也传播着表现路易十六英明统治的图像作品，例如在里昂发行的一幅版画中路易高大英俊，他正把手套与外套递给旁边一位仆人，在他周围安置着地球仪、城市地图，远景是巍峨的宫殿以及花园雕像，看似日常的画面内容，作者精心选取的画面内容是想要表现作为一位国王，路易十六井然有序地掌控着从宫廷到外省的整个法国（图5）。⑥

另有一幅由德雷（Claude-Louis Desrais，1746—1816）创作，丹尼（Martial Deny，1745—?）制版的版画大概也是在同一时期传播。画中的路易非常年轻，穿着紫色的天鹅绒王家礼服，绣满了百合花纹饰，佩戴着挂有"圣灵骑士"勋章的项链。值得注意的是路易的姿态，他两腿分立，左手叉腰，右手高举权杖，王冠放在一边，整个人充满了自信与权威，结合版画的题目《路易十六，公正仁慈的君主》，

---

① Référence bibliographique: De Vinck 462.
② Référence bibliographique: De Vinck 465.
③ Référence bibliographique: De Vinck 466.
④ Référence bibliographique: De Vinck 186.
⑤ Référence bibliographique: Hennin 9524.
⑥ Référence bibliographique: De Vinck 679.

图 5   图 6

可以看出，画家意在强调路易作为君主的强大与卓越的品格，至于路易本人是否真的具有这样的品格，则不是画家的考虑范围（图 6）。① 由无名氏创作于 1786 年的国王画像依然延续了此前迪普莱西的思路，虽然身着红色丝绒礼服，佩戴着"圣灵骑士"徽章的画中主人公略微发胖，但是华贵的服饰、眼睛的神采与微笑的嘴角仍旧在强调国王的风采。1789 年初路易十六的画像中仍有"上帝之手"元素出现，便是在昭示国王蒙受着神的特殊恩典。甚至在 1789 年发生了国王一家被从凡尔赛押回巴黎的"十月事件"之后，依然有官方纪念币把这一事件描绘为法国女神引导国王返回巴黎。

直至 1790 年，王室御用画家卡莱（Antoine François Callet，1741—1823）描绘路易十六御临国民公会的场景，此画题名为《路易十六，法国人的国王，自由的恢复者》②。画家笔下的路易仍旧和 1777 年迪普莱西画中的形象如出一辙，华盖之下，

---

① Référence bibliographique: De Vinck 350.
② Référence bibliographique: Dugnat et Sanchez, BERVIC ou BERWICK, 434.

王座之侧，路易傲然挺立，侧放在一边的王冠与他身披的加冕礼服无声地昭示着国王的威严与强大。然而，事实上，现实中此时国王自身的能力与其威严早已饱受质疑，王室成员与大贵族深受各种流言蜚语和街头小报的非议。如果说这些官方图像都延续了旧制度下塑造理想化神圣化国王形象的谱系，民间流传的"好国王"形象也是比较单一且脸谱化，那么，在大革命爆发初年，那些非经官方制作的图像中的路易十六的形象或许更能体现出法国人在 1789—1790 年间对他们的国王所持有的复杂态度。

1789—1792 年：从"开明君主"到"平民化"的路易

法国大革命爆发了，旧制度政权危如累卵，王权对于视觉文化体系的掌控显然也开始失效了，虽然还有相当一部分的保王立场的宣传图像，但是国王和他身处的周围的旧隐喻逐渐被破坏，这一时期见证了权力寓言化模式的转变。① 不过，需要指出的是，路易十六形象的转变并非在一夜之间完成，变化也不只是单一趋势，传统形象在某种程度上依然被部分地保留了下来，而新的形象，如平民化、愚蠢贪吃甚至化身为国家和人民敌人的路易形象也纷纷登场，这是一个多种国王形象交织甚至是互相作战的阶段。在这部分的第一阶段，路易十六的形象首先完成了从开明君主到平民化这样一个去神圣化的过程。

自 1789—1790 年的革命初年，法国人对于革命抱有相当乐观的判断。社会各个阶层的人为即将到来的改革欢欣鼓舞，这是被称为"希望之年"的日子。在这样乐观积极的氛围之下，一部分法国人把路易十六视为领导法国进行开明君主制改革的主要推动者，因此，路易十六的传统好国王形象尚未完全被抹杀。

这一点在普通民众尤其是广大农民身上表现得尤为明显。法国史学家勒费弗尔在其《1789 年大恐慌》中这样描绘法国各地在 1789 年 7 月前后起来反对封建制度的农民："他们认为，这样做就是响应国王和国民议会的号召，国王希望改善他们的处境，并且已经批准了他们的请求。……国王甚至已经颁布诏令，为自己的子

---

① Antoine De Baecque, "The Allegorical Image of France, 1750–1800: A Political Crisis of Representation", *Representations*, No. 47, Special Issue: National Cultures before Nationalism (Summer, 1994), pp.111–143.

民伸张正义。"[1] 可见,底层民众对于路易十六依然抱有传统的热爱,他们相信国王是"好"的。因此也不难理解,在革命初年,路易十六在民众心目中的形象依旧延续着国王身上的神圣性。不仅仅是农民,像巴黎这样的大城市里的居民也同样信任他们的国王。这种信任甚至延续到 1790 年。当时,巴黎圣让克医院街区(district de S. Jacques l'Hopital)的公民就联名向国民公会建议要为路易十六修一座纪念碑,他们甚至提交了详细的图纸计划。[2] 图纸显示,在一座高大的方尖碑形的上方雕刻着路易十六的头像,头像下方刻着铭文:"人民为第一位国王公民而立的纪念碑"。铭文的下方是历史女神克里奥正在书写历史。我们看到,在这份图纸上的路易十六图像保留了大革命之前国王所具备的理想化特征,威严英俊、气宇轩昂,这说明在 1790 年,至少在相当一部分普通法国人心目中,国王的形象依然是高贵神圣的。

不过值得注意的是,就像人们提交的修建纪念碑中的铭文所提示的,此时,路易十六的称谓已经发生了微妙的变化,他被称为"国王公民"。事实上,在大革命之前,路易十六的称号是"蒙上帝恩典的法国和纳瓦拉国王路易",但从 1789 年10 月 10 日之后,国民议会把他称为"蒙上帝和国家宪法恩典的法国和纳瓦拉国王路易",这实际上意味着宪法高于国王,法国不再是国王的所有物。[3]

除此以外,把路易十六作为"法国自由的恢复者"来描绘的图像也曾在1789—1790 年间广泛传播。由王家工作坊的格德弗瓦(François Godefroy,1743—1819)设计的版画便是其中的代表作。画中路易十六虽然已不那么年轻,但是画家把他描绘得兼有父亲般的威严与慈祥,在他佩有圣灵勋章的头像下方,是金光闪闪的王冠与刻有百合花纹样的金球,在王冠的上方则写着:"路易十六,法国自由的恢复者,1789。"[4] 当时著名的版画师安托瓦·塞尔让(Antoine Louis François Sergent,1751—1847)也在 1789—1790 年间制作过一幅路易十六的肖像版画,画中的路易依旧佩戴圣灵勋章。虽然画作写着题献给法国人民和国民公会,但是在路易十六头像的下方还是以往传统寓意画中的场景,代表着力量、历史和法国的三位

① [法]乔治·勒费弗尔:《1789 年大恐慌:法国大革命前夜的谣言、恐慌和反叛》,周思成译,山西人民出版社 2019 年版,第 105 页。

② Référence bibliographique: De Vinck 4263.

③ [德]汉斯-乌尔里希·塔默:《法国大革命》,经轶、吕馥含译,上海三联书店 2019 年版,第 42 页。

④ Référence bibliographique: Hennin 11474.

小天使在亨利四世、路易十二和路易十六的浮雕前打倒邪恶、记录历史以及献上王冠，画面一角还有一段打碎的链条，很有可能是象征着国王使人民获得了自由（图1）。[1]1791年还有表现路易十六的忠诚与国民公会的为民谋福利的版画。[2]由冉尼内（Jean-François Janinet，1752—1814）制作的版画，描绘路易十六在三个等级代表的簇拥下走出国民公会，画面中央的路易十六穿着蓝色服装，佩戴着勋章，热情的人群包围着他们，远景街道与楼房的窗边都是人影攒动（图2）。[3]

图1

图2

可见在革命初年，纵然革命的局势已经超出国王及其大臣能够掌控的范围，但是官方依旧竭力塑造路易十六在新的政治环境中的"政治之体"，赋予他新的称谓与头衔，这些称谓试图为路易十六找到新的政治位置。在1789—1791年间，忠于国王的心态确实也仍然扎根在许多法国人心中，谭旋提及路易十六出逃时曾说道，

---

[1] Référence bibliographique: De Vinck 431.

[2] Référence bibliographique: De Vinck 4290.

[3] Référence bibliographique: De Vinck 1731.

瓦伦当地的镇长最初由于"对君主制那虔诚的神秘感和王室家族在场的光环感到敬畏和震撼"而决定提供帮助。[①] 这也从侧面说明，几百年来，君主制竭力塑造的神圣高贵的国王形象在普通人心目中的影响并不能在短时间内被消除殆尽。然而，随着革命的进程，事态的发展，图像中国王形象的神圣光环逐渐如同日薄西山，一点点地黯淡下去了。

值得一提的是 1789 年与 1791 年的两幅版画，前者题为《新巴士地狱广场》（图 3）。[②] 在这幅画风粗糙简陋的版画中，路易十六虽然头戴王冠，身披礼袍，手持权杖，脚底还踩着象征邪恶的多头蛇怪，脚下的台基上写着"路易十六，法国自由的恢复者"，但是他的身形与画中其他人物相比，显得十分矮小，状如儿童。在其两边，分站着教士与贵族，他们都拿着写有终结他特权字样的文件。画面前方地面上坐着一位非常高大的女性形象，她的怀里和身边簇拥着穿着国民自卫军以及无套裤汉服饰的孩子，在她身边散落着描绘攻占巴士底狱场景的版画。画面上的女性可以推测是法国女神的形象，她哺育着第三等级，第三等级的人们像孩子一样爱戴着祖国母亲。通过前文图像分析可知，大革命之前君主制下的国王与臣民的关系都被描绘

图 3

---

① ［美］谭旋：《路易十六出逃记》，赵雯婧译，北京师范大学出版社 2019 年版，第 7 页。

② Référence bibliographique: De Vinck 1712.

为国王是高高在上的施予者形象，簇拥在他脚下的子民只能仰视着神圣的国王。但是在这幅版画中，虽然国王依旧站立在高台上，依然被赋予自由恢复者的称号，但是他变得非常弱小，脚下也再无仰视的人群，法国人民围绕着他们的祖国母亲。此图的说明文字非常具有代表性——"恺撒的归凯撒的时代已经过去，要把国家的归于国家"。此画的寓意再明显不过，国王已经失去了人民的爱戴，他已经失去了统治的合法性，"政治之体"如今归为国家。事实上，从 1789 年 6 月 17 日，国民公会在成立之际便已宣称自己代表了"全国至少 96% 的人"，因此也代表"国家的集体意志"。数百年来，唯有法国国王才有权利宣称代表王国，至此，虽然路易十六仍拥有国王的头衔，但他对国家主权的独占性，已经面临极大挑战。①

1791 年有一幅版画题目是《国家为路易十六加冕》，配文写着："他或许失去了一顶王冠，但是却被赋予了自由"（图 4）。② 图中的路易十六以头像的形式出现，数名国民自卫军装束的士兵正把桂冠放置在头像之上。头像的上方是自由帽以及飘扬着"自由"字样的旗帜，头像下方则是一把束棍和一个罗马共和国样式的祭台，在支撑头像的石基

图 4

---

① ［德］汉斯-乌尔里希·塔默：《法国大革命》，经轶、吕馥含译，上海三联书店 2019 年版，第 28—29 页。

② Référence bibliographique: De Vinck 4273.

上，用加粗的字体写着：我们发誓竭尽所能维护法国宪法。这幅版画的制作还算精致，其立场应该是拥护君主立宪制，但是与当时路易十六的形象更多被称为"自由的恢复者"相比较而言，这幅作品显然更为激进，国王从自由的恢复者到被赋予自由，两者之间关于谁才是政治的主权者显然有着巨大的差异。因为所谓的"政治之体"恰是所有政治行为的主宰和最终裁决者，即政治权威的来源。换言之，如果路易十六是自由的恢复者，那么这就意味着虽然头衔有变化，但"政治之体"依然保留在国王的"自然之体"之中。然而，如果路易十六的自由是被国家赋予的，那么国家才成为政治的主权者，成为"政治之体"的承载者，而国王则在此过程中完成了去神圣化，成为只拥有其自身身体的普通人。

图 5

于是，以往国王形象周围的神圣性元素逐渐消失，越来越多出现的是日益平民化的路易十六形象。首先，来看一下由巴黎版画发行商韦里泰（Jean-Baptiste Vérité，1756—1837）出版于 1789 年的题为《路易十六，法国人的国王》的版画（图 5）。[1] 画中的路易非常肥胖，虽然衣饰考究，但服装的颜色由鲜艳的红色改为暗赭色，除了依旧佩戴勋章以外，服装上并没有其他像百合纹章那样的王室象征物，而且他的双眼完全没有此前王室画家笔下的那种生动、威严与神采飞扬，但总体而言倒也不失平和与亲近之感。头像下方的文字这样写道："他打败了可怕的专制帝国，他使法国获得了自由，人民得到了喘息；好父亲，好丈夫，值得法律对他的支持；第一公民

---

① Référence bibliographique: De Vinck 435.

和最好的国王。"同年的一幅比较简单的版画中，路易十六穿着国民自卫军的服装，没有任何表明国王身份的装饰物，帽檐上佩戴着三色徽章，整个版画的色彩也是红蓝白三色。版画的题目与描绘他现身国民公会的官方版画如出一辙，均为《路易十六，法国人的国王，自由的恢复者》。① 但是同样的题目之下，国王的形象显然有天壤之别。卡莱的画作中路易延续了以往国王的传统形象：威严、荣耀与尊贵。但在民间传播的图像中，路易却是以一名极其普通的国民自卫军的形象出现，所有象征王家威严与国王神圣性的附属品全都消失殆尽，虽然版画的题目明确他是法国人的国王，但是在政治文化的视觉体系中他已经变成了一个普通人。在此阶段，类似的图像并不罕见，如一幅匿名作者的版画描绘了骑在马上的国王，标题就是《路易十六，自由人民的国王》②，该作品不论是色彩还是构图，都显得十分粗糙，应该不属于官方宣传品，而是版画商人自行生产的面向底层民众的价格低廉的产品。画中人物的上衣被涂成国民自卫军的蓝色，裤子与马鞍一起被简单涂上了红色，该画像与路易十六本人毫无相似之处，也没有任何表示他身份的装饰物，倘若不是标题写着"路易十六"字样，完全可以把画中人看成是任何一个普通的国民自卫军士兵。同样的标题出现在 1792 年的一幅版画上，画中是路易十六的半身像，他衣着简朴，也是全无任何王家标志物。在 1792 年的一幅版画中，路易十六戴着一顶小

图 6

---

① Référence bibliographique: De Vinck 478.

② Référence bibliographique: De Vinck 330.

红帽（图6）。[①] 标题写道："路易十六，法国人的国王戴着国家在 1792 年 6 月 20 日授予他的自由帽。"同年有大量类似版画，有的题目为"路易十六，自由人民的父亲"。[②] 从这些出售给社会低收入人群的粗制版画可以看出，路易十六在依旧拥有普通民众支持的同时，他身上的神圣性光辉已经在不知不觉中悄然失去了。

1791—1792 年：从愚蠢的国王到革命的敌人

必须指出的是，路易十六形象变化绝非随着革命进程清晰地从一种形象转变为另一种，事实远比简单的线性发展复杂得多。往往是在同一个时间段内，存在大量截然不同的路易十六的图像，它们显然是不同政治力量之间激烈"暗战"的非语言表达。如果说在 1791 年还能看到大量较为正面的路易十六形象，那么也正是从 1791 年开始，许多图像中国王的形象不仅变为普通人，甚至变得越来越负面，直至最终完全失去其神圣性与合法性，并且走向了革命法国的对立面，成为它的敌人。

在这一阶段早期常见的表现路易十六的图像往往把他描绘为一位被蒙蔽的君主。在一幅制作考究但未署名的蚀刻版画中，路易十六坐在一个搭建在平台上的宝座之上，被虚拟的寓言人物所环绕（图1）。[③] 他的身边是象征着温柔、善意、正义和仁慈的几位神祇。但是在图像左上方，则是一群恶魔般的人物，他们分别是疯狂、不和谐、凶猛、复仇和死亡，以及拿着权杖的空想（Chimère）。而需要注意的是，在这些恶魔之中，一个象征着哲学狂想主义的人物举着两本书，书脊上分别写着"伏尔泰"和"卢梭"的字样。群魔的背后是被地狱里的迷雾包围的王室宫殿。路易十六因为被那些美好的人物所环绕，所以没有发现这些恶魔，即使是象征着君主力量的狮子也在宝座后面昏睡。在路易十六的左侧是被和平小天使拥抱着的赫拉克勒斯。而在国王的脚下，覆盖着平台的帷幕之下就是戴着面具的"奸诈"。平台的正下方，还有"野心""不忠"和"贪婪"正用力锯着支撑平台的支柱。这幅作品配有非常详细的说明文字，清晰地指出画中每个人物所代表的寓意。从画中路易

---

① Référence bibliographique: Hennin 11183.
② Référence bibliographique: De Vinck 4872.
③ Référence bibliographique: De Vinck 470.

十六肥胖的形象可以推测，这应该是大革命初年的作品。因为在革命前，一般不会出现如此直截了当表现国王的肥胖的图像。表现国王的盲目或者强调他愚蠢地被身边的人玩弄于股掌之间的版画在 1791 年间出现得相当多。例如，在某幅匿名的版画中，戴着王冠的路易十六高高兴兴地坐在一头玩具麋鹿之上，敲打着一面鼓，而他面前是一座火山，在他身后推着他往前走的是他的王后安托瓦内特（图2）。[①] 在另一幅同年出现的匿名版画中，路易十六手拿风车玩具，站在当时给儿童学步用的小车里，王后在前面用一根拴着国王脖子的绳子拉着他往前走，后面则是一名士兵一边往后警惕地看着一边推着国王的小车前进，版画的题目是

图 1

《王室在散步或者逃往帝国》。[②] 在另一幅描绘王室家庭出逃事件的版画中，在作者特意渲染夸张的混乱场面中，乔装成厨师模样的国王臂弯里还抱着一头猪，王后则拉着国王往前走。[③]

不少革命史学家认为，在路易十六带着家人试图出逃的瓦伦事件（1791 年 7 月 21 日）之后，法国人对于国王的态度发生了转折性的变化。虽然，国王出逃一事在法国大革命的政治进程中是一个非常重要的转折点，国王不仅由此失去他在革

---

① 　Référence bibliographique: De Vinck 3930.

② 　Référence bibliographique: De Vinck 3984.

③ 　Référence bibliographique: Hennin 10988.

图 2

命早期所获得的声望与支持，而且国民公会不得不对国王做出"停职与监护"的命令。因为出逃这一举动无疑表明了国王此前所做的一切看似拥护革命的行为实际上都只是权宜之计，他并不愿意接受宪法。这就意味着依靠路易十六来实现君主立宪制这条道路已经行不通了，法国必须选择另一条道理。于是，激进派如罗伯斯庇尔（Maximilien François Marie I Sidore Robespierre，1758—1794）等人开始转向筹建共和国，而布里索（Jacques Pierre Brissot，1754—1793）与丹东（Georges-Jacques Danton，1759—1794）等人则开始鼓吹让奥尔良家族来继承王位。换言之，这一突发局势使得革命领导者之间出现了严重的分歧甚至对立。

然而有意思的是，这一惊心动魄的政治变局却并没有大范围见之于当时的图像。从目前所掌握的图像资料来看，不仅描绘这一事件的图像数量为数不多，而且从前文对图像的分析中可以看到路易十六的形象没有被严重丑化。背后的原因或许在于，当时的革命领导者对于究竟要以何种态度对待一个出逃的君主及其所代表的君主制并没有一个鲜明决然的态度。至于走向共和制，更不是当时绝大多数人的选项。正如三级会议的贵族代表费雷拉伯爵（comte de Ferrières，1762—1814）观察到的，"国民公会的大多数人既不想废黜国王，也不想建立共和国，雅各宾派和巴黎市民之间也存在着同样的分歧。对于布里索的建议，人们反应冷淡，民间流传的文学作品中，也没有看到产生广泛情感和迫切渴望的热情"。[1]

显然，这样的群体心态不仅体现在文学作品中，也反映在图像资料中。所以就不难理解，前文述及的多则图像资料，其讽刺含义更多地指责国王无知如儿童或者是愚蠢得像猪，深受王后的摆布而不自知，却并没有把"瓦伦事件"的主谋归罪于路易十六，而是把矛头指向了法国人一直不喜欢的"奥地利女人"——王后安托瓦内特。事实上，根据时人的记载，民众对于这一事件的反应很难具体描绘。当出逃的国王一家被国民自卫军带回巴黎的时候，当时的国民公会代表佩蒂翁（Jérôme Pétion de Villeneure，1756—1794）作了如下记录，他说："仿佛整个巴黎以及周边地区的人们都挤在了香榭丽舍大街，屋顶上都爬满了人，人群鸦雀无声，没有人脱帽，我没有听到有人出言辱骂国王，紧张而平静的气氛只是偶尔被'国家万岁'的喊声打断。"[2] 这一令人困惑的沉默场景或许更多地体现出民众对国王的失望，但并未达到将国王视为革命敌人的地步。所以，很难断定 1791 年 7 月份的这个时间节点构成了国王形象的重大转变。

另有法国学者杜普拉（Annie Duprat）认为国王的形象发生转变的关键发生在 1790 年春季到秋季这段时间。一方面，保王派在 1790—1792 年间已经把国王与王国相区分，但是他们依然不能在君主制原则之外找到主权，因为君主制原则依然体现在国王身上；另一方面，在 1790 年早期，温和派仍旧希望建立英国式的君主立宪制，面对日益激进的局势，他逐渐转变为反革命立场。此时他们开始借助爱国者的武器，也就是版画来表达他们的观点。[3] 国王的形象也就是在此时开始遭到贬损。但是，根据笔者考察图像的结果来看，也无法认同她的上述观点。因为事实上，图

---

[1]　E. L. Higgins, *The French Revolution as told by Contemporaries*, New York: Cooper Square Publishers, 1975, p.186.

[2]　E. L. Higgins, *The French Revolution as told by Contemporaries*, New York: Cooper Square Publishers, 1975, p.183.

[3]　Annie Duprat, "Crucifierunt eum inter duos latrones: Passion et mort de Louis XVI", *Historical Reflections / Réflexions Historiques*, Vol. 39, No. 1, Special Issue: *Claude Langlois's Vision of France: Regional Identity, Royal Imaginary, and Holy Women* (Spring 2013)，p.56.

像中出现负面的路易十六形象应该发生在更早的时期。

把路易十六讽刺为笨蛋的那幅著名的版画就是出现在1789年。在这幅由无名氏创作的题为《揭开的面具》①的彩色版画中，一个身披王家礼服，佩着剑，右手拿着权杖的人拿下了自己画着路易十六面孔的面具，面具后面赫然是一个陶罐，旁边配有文字："啊！陶罐！"法语中陶罐一词"cruchon"的另一个含义便是"笨蛋"，所以，此画的寓意再明显不过了，显然是在暗示路易十六只不过是一个披着国王服装的蠢货。而在1789年"十月事件"之后亦出现了不少丑化国王及王室家庭的版画。当时有一幅描绘国王一家被巴黎市场妇女带回巴黎的版画，图中的路易十六及其妻子以及其他家人都被画成了一群样貌丑陋的木桶状玩偶，被堆放在一辆马车上面，无奈地被人们拉回巴黎。这与那些官方出品的展示巴黎城幻化为女神模样引领国王回城的图像表现出截然不同的政治态度。②可是与此同时，底层民众表达对国王信任与爱戴的图像直到1792年也依然存在，虽然国王或许已以普通人形象出现，但是他依然被称为"自由的恢复者"。由此可见，两种不同的国王形象在很长一段时间里是同时存在的，图像资料非常形象地传达出民众心态的复杂性与多样性。

不过，随着1792年革命局势的进一步紧张，国外战争干涉的阴影愈发浓重，此前图像中只是对路易十六进行嘲讽的态度开始发生非常鲜明的变化，路易十六的人物形象在图像中日渐走向革命的对立面。许多图像直接攻击路易十六，认为他本身就是"革命的敌人"。

例如，在一幅1792年的版画中，肥胖的路易十六大腹便便，戴着小红帽和三色徽章，手里拿着酒瓶，嘴里在喊着"国家万岁"。但是配文这样写道："他喊过'国家万岁'，他为无套裤汉的健康干杯，然后就是这个路易十六，他等他的同胞回到家之后就要发动一场隐秘的战争实施复仇。"（图3）③另一幅出版时间在1791—1792年间的版画，直接用了《变色龙国王或者双面人》为题。画中路易十六脖子上长着两个脑袋，都戴着王冠，左边的脑袋对着一名国民公会的代表，把手放在写有"宪法"字样的文件之上说："我将支持宪法"，右边的脑袋则对着一名教士，左

① Michel Vovelle, *Images et récits de la Révolution française*, Tome I, Paris: Messidor, 1984–1989, p.86.
② Michel Vovelle, *Images et récits de la Révolution française*, Tome I, Paris: Messidor, 1984–1989, p.252.
③ Référence bibliographique: De Vinck 4878.

图 3　　　　　　　　　　　　　　　　　图 4

手拉着他说："我会破坏宪法。"（图 4）① 这两幅作品与前文提到的把路易十六看成
是一个被蒙蔽了双眼看不到事实的昏君不同，作者把路易十六刻画为一个阴险奸诈
的两面派，他自己就是阴谋策划者。到了这个阶段，路易十六的形象已经远离了十
多年前那个被描绘为因神的恩宠而获得神圣无比的"政治之体"的国王形象，彻
底变为一个不甘于失败的法国人民的敌人。在 1792 年的一幅版画中，直接把路易
十六命名为"否决先生"（Monsieur Veto），画面中央是一个长着魔鬼般爪子的巨人，
他挡在一个门洞前，回头对着后面攻击他的国民自卫军和无套裤汉喷出一串话语，
门洞里面则是穿着一身黑衣的路易十六和穿着红色制服的王家雇佣军。配文写道：
"这位拥有否决权的领主，像费加罗（莫里哀《费加罗》中的理发师）一样喋喋不休，
实际上他想让法国人民什么都做不了，赶快把他挂到灯柱上。"这幅版画不仅鲜明
反对国王拥有否决权，甚至直截了当地提出要把他处死的口号。②

　　反对国王、丑化国王形象的政治图像集中出现在 1792 年之后。当时除了抨击

① 　Référence bibliographique: De Vinck 4308.
② 　Référence bibliographique: Hennin 11193.

路易十六软弱易受蒙蔽的性格之外，另有讽刺版画突出强调路易十六爱喝酒的行为。在 1792 年的一幅版画中，肥胖的路易十六站在一堆酒瓶中间为自己倒满一杯酒，配文写道：贵族们，别担心路易十六的健康，他现在能喝得像一名圣殿骑士团的骑士。在这类图像中，路易完全失去了作为一个国王应有的高贵与显赫，衣着普通，看起来就像一个普通的酒鬼。[1] 在 1792 年的另一幅描绘国王一家在唐普勒堡中的晚餐情形的版画中，路易十六已经被称为"路易卡佩"。瓦伦出逃失败之后，国王、王后及他们的孩子就被囚禁在唐普勒堡中，被人严格监视。画中描绘的场景便是他们围坐在一起晚餐，边上则站着戴着自由帽的看守。画中的王室家庭成员衣着极其简陋，毫无装饰，如同普通中下阶层的巴黎市民。细心的观察者会发现，不仅在路易十六的面前有酒瓶和酒杯，在他脚下还堆放着许多酒瓶。画中的国王不仅已经完全变为普通人，而且还被刻画为有着酗酒的恶习（图 5）。[2] 同一年还有一幅版画题为《被推翻的偶像》，这幅匿名版画中央是挥舞着狼牙棒的法国女神，在她身边有六个国民自卫军和无套裤汉，他们一起举着长矛顶起一顶王冠，女神的脚底踩

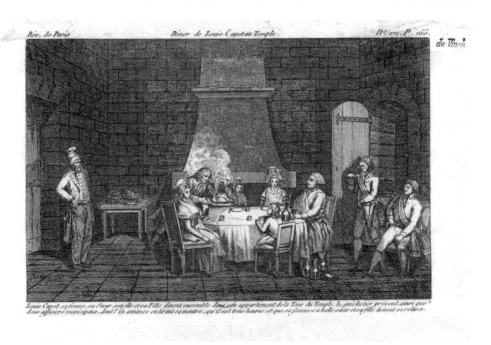

图 5

---

① Référence bibliographique: De Vinck 4876, Référence bibliographique: De Vinck 4877.

② Référence bibliographique: De Vinck 4954.

踏着路易十六的半身石像，在他们身后是光秃秃的祭台，显然，法国女神用狼牙棒把路易十六的石像打翻在地并且还要继续打碎它（图6）。[1]

　　最后一类图像把路易十六处理为画面的配角，他已经消失或者不再处于政治舞台的中心位置。例如，在1792年有一幅风俗版画很有意思，它描绘了散步的巴黎人在遥望关押着国王一家的唐普勒堡（图7）。[2] 版画的近景是散步人群的背影，他们有的戴着礼帽拿着手杖，显然属于中上阶层，有的则衣着简陋，只穿着短袄长裤，形似贩夫走卒，还有的是年轻的母亲带着孩子。所

图 6

有这些人的目光都看向唐普勒堡尖尖的塔楼，其中一人还远远指着塔楼，侧身与旁边的人说着什么。处于中景的厚重的外墙与塔楼占据了整个画面的一半面积，旁边则是破损的墙面，城墙顶端有影影绰绰的人影，或许是修葺的工人或者是守卫的士兵。这幅题为《路易十六在唐普勒堡》的版画并没有让已经成为阶下囚的国王露面，而是使用一种路人的视角去表现国王的处境：与外界隔绝、失去自由，成为普通人茶余饭后闲暇散步时候的谈资。还值得一提的是，大革命期间有不少政治人物成为了版画的主角，譬如米拉波（comte de Mirabeau，1749—1791）、拉法耶特、内克等人。在以这些人物为主题的政治图像中，即便是在王权尚未被倾覆的革命初年，路易十六也已明显地处于陪衬的地位，或是被动地接受他人的行为，或者只是作为听众。例如，在一幅描绘三个等级拉着国王的马车驶向极乐神庙的版画中，内克的

①　Référence bibliographique: De Vinck 4919.

②　Référence bibliographique: De Vinck 4938.

图 7

胸像被安排在大道一边，小天使在为内克的雕像围上桂树枝，艺术女神在把内克的名字刻在雕像的底座上。在此画中，国王虽然拿着权杖身披礼服，但是他什么都没有做，只是坐在车里被拉走，成为一个完完全全的被动者。在另一幅反对内克的版画中，内克站在一张铺着桌布的方桌前，面前放着三个倒立的杯子，他举起其中一个展示给坐在一边的椅子上的路易十六看。这幅版画名为《国王指责内克的江湖骗术》，[①] 但是仅从画面来看，路易的表情完全看不出任何"指责"的意味，倒像是正聚精会神地听内克讲述，在这一场景中，国王成为了一名听众。也就说，在这些版画中，国王不再是主角，沦为彻底的"他者"，完全失去了图像叙事的核心地位，这在以往有国王出现的图像资料中，是不可想象的场景。但是在大革命初年，类似的图像层出不穷，这无疑说明，在当时，王权已经逐渐失去了对图像视觉体系的掌控能力。这一情况在社会底层尤其严重。虽然根据已有的资料，很难追踪那些反对路易十六的图像究竟出自何人之手，它们往往都是匿名发行，但是从这些图像的绘

---

① Michel Vovelle, *Images et récits de la Révolution française*, Tome I, Paris: Messidor, 1984–1989, p.86.

画技巧、制版技术以及上色情况，都可以看得出其制作粗糙廉价，因而基本可以推测这些图像的发行与销售渠道都是面向底层民众。

倘若细细查看 1789 年以来的国王形象，就会发现，或许并不存在统一的"民众态度的转折"。因为一方面，在瓦伦事件之前，已经有大量贬损讽刺国王的图像出现。这说明对国王的不满情绪已经存在较长时间，并不是由瓦伦事件导致的。此次事件或许可以看成是从不满转化为更激烈的敌意的开端。而另一方面，即便是瓦伦事件以后，民间也依然不乏维护路易十六的图像出现，可见一次突发事件并不能在短时间内消除掉法国普通人几个世纪积累起来的对君主制及国王的情感。更贴近事实的表述或许是：1789 年以后，在关于国王形象的视觉领域，以往由官方掌控制作生产、传播宣传的局面被多种力量把控的分散渠道所取代，各方都可以自由表达其观点，由此出现了复杂多样的国王形象，不同的国王形象背后是对于路易十六的不同态度，有的或许是他的政敌，有的或许不认同他本人但是依然维护君主制。各种立场、态度与心态，投射在林林总总的不同的国王形象之中。但是，最值得关注的是，所有这些图像中，不论体现出来的对于路易十六本人是一种怎样的态度，敌视抑或同情，支持抑或反对，路易十六作为国王形象的神圣性日渐消失却是不容置疑的大趋势，而这一点，恰好是旧制度政权覆灭不可或缺的重要环节。

断头台上的国王与君主制国王"政治之体"的崩塌

据康托洛维茨的研究，自 16 世纪以来，法国就有"国王永远不死"（Le roi ne meurt jamais）的提法，而在更早期，则已经产生了将"国王死了"和"国王万岁"并提的口号，这都意味着在君主制的理论中，国王所代表的王权是永生的，并不会因为某一个国王个体的死亡而消亡。换言之，小写国王（king）的死亡并不影响大写国王（King）的存活。[①] 然而 1793—1799 年之间的一幅版画，把路易十六称为"法国和纳瓦尔的最后一位国王"，[②] 则无疑在宣告法国的君主制的政治之体随着路易十六的死亡也随即崩塌了。事实上亦是如此，因为即便后来出现了第一帝国，也

---

① ［德］恩内斯特·康托洛维茨：《国王的两个身体》，徐震宇译，华东师范大学出版社 2018 年版，第 542—543 页。

② Référence bibliographique: De Vinck 5200.

有复辟王朝的回归，但不论是拿破仑还是路易十八，他们都不再像旧制度时期的国王那样宣称自己是"君权神授"，君主制下的政治之体实际上在路易十六之后确实已经丧失了它的延续性。个中缘由从前文对图像资料的分析可知，君主制政治之体的崩塌并不是从路易十六上断头台开始的，这一过程实际上从革命爆发初年国王形象一点点地失去神圣性光环就已经开始了，路易十六身上神圣性的消失正是他所负载的政治之体日益失去生命力与影响力的最佳证据。最终，路易十六被处决，他肉身的死亡其实正是这一过程的最终结尾。这也是为何表现路易十六被处死的图像资料并没有想象中那么丰富多彩，甚至相对而言比较贫乏，因为故事的结局已经在前面四年的推进中完成了充分的铺垫。

有的版画以一种非常冷静客观的新闻报道的口吻来描述路易在断头台上的情形，配文这样写道："路易卡佩双手捆缚在背后被押上了断头台，他看了看周围的事物。神甫对他说，走吧，圣路易的长子，天堂在等您。处决在革命广场也就是原先的路易十五广场进行。"[1] 画面上除了断头台上的国王与两个穿着国民自卫军的士兵以外，只剩下围着断头台的排列得整整齐齐的士兵与骑兵，零星有几个市民装束的人物混杂其中。同一系列中的另一张版画则描绘了路易被砍头的场景，配文中说道，十点十分，路易的头与他的身体分离了，断首被展示给人群，此时，四面八方爆发出"共和国万岁"的呼喊声（图 1）。[2] 有意思的是，这幅作品与上幅作品的构图几乎如出一辙，依然是井然有序的士兵队列，并没有出现大批围观群众的画面，这一系列的版画就像简明扼要的会议记录一样，几乎没有传递事件与人物之外的任何信息，仿佛这是一件稀松平常的小事。更多的版画描绘的场景则增加了围观人群的数量，除了骑马执枪的士兵之外，有许多无套裤汉装束的人，他们高举着长矛，矛尖挥舞着自由帽，远远看去，处决路易十六的现场成为一片小红帽的海洋，在欢呼的人群中，甚至依稀还能辨认出几个同样挥舞着长矛的妇女的身影（图 2）。[3]

另有一类版画把路易十六以往的国王肖像画与他被处决的场景放置在一起，往往画面上半部分是路易十六作为国王的图像，与 1786 年那种正式的肖像画非常接近，国王还佩戴着圣灵勋章，但是在画的下半部分，却是路易遭到处决的惨烈场

---

[1]　Référence bibliographique: Hennin 11439.
[2]　Référence bibliographique: De Vinck 5178.
[3]　Référence bibliographique: Hennin 11445.

图 1

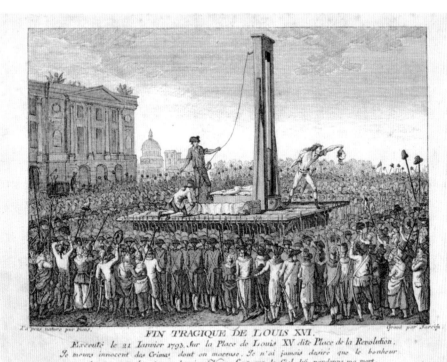

图 2

景，断首被拎在刽子手的手中，滴着鲜血。① 视觉上的对比会使观众在心理上产生强烈的冲击感。当时还大量传播着另一种直接以路易十六的断首为主题的版画，在这类版画中，一只强有力的手拎着路易十六的首级，鲜血还在往下滴。配文写道："给戴着王冠的耍手腕者的教训：肮脏的血充满了你的皱纹。1793 年 1 月 21 日，周五，上午十点十五分（原文时间如此标注），在以往被称为路易十五广场的革命广场上，路易这个暴君倒在了法律的利剑之下。"（图 3）②

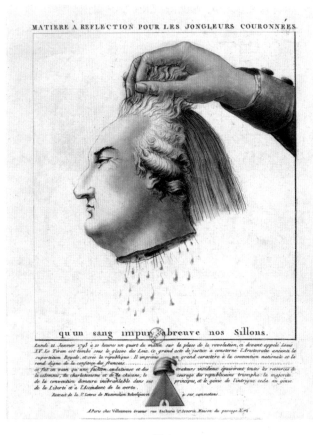

图 3

1793 年由革命时期著名的版画师维尔纳维（Villeneuve）创作的版画《叛徒路易，念你的判决吧》可被视为对路易十六在革命前一直被渲染和颂扬的神圣性的回应。在这幅象征意味非常浓厚的作品中，一只强壮的胳膊从石墙中破洞而出，手中握着羽毛笔，笔尖写下这样的字句："上帝评估了你的统治决定终结它，你被放置在天平上，你实在是太轻了。数百次有罪，数百次被原谅。最后的路易太辜负人民的善良与宽厚。"在作品的下方，矗立着一座高高的断头台（图 4）。③ 文字以神的口吻与路易十六直接对话。后者被看成是人民的敌人，在最后的审判中被上帝判定有罪，因此，路易十六的死刑便是神的旨意。

---

① Référence bibliographique: De Vinck 5202.
② Référence bibliographique: De Vinck 5206.
③ Référence bibliographique: De Vinck 5209.

令人琢磨不透的问题在于直接表现路易十六被执行死刑这一重大事件的政治图像数量并不多。对此的解释或许是，在时人心目中，断头台上的路易十六早已不是"国王路易"而只是"路易卡佩"。事实上，在路易十六被推上断头台之前，以往崇高的国王形象已经在数年的演变中逐渐消亡了。换言之，作为政治术语中的大写的"国王"已经在人们的心目中被逐渐抹杀了。

这一点可以从下述更极端更激进的图像中清晰体现。从革命初年到路易十六被处死这几年间，民间匿名的版画中出现了大量把国王形象非人格化的处理方式，也就是说，把路易十六画成一只动物。除了前文提及的"十月事件"之后出现的版画以外，另有

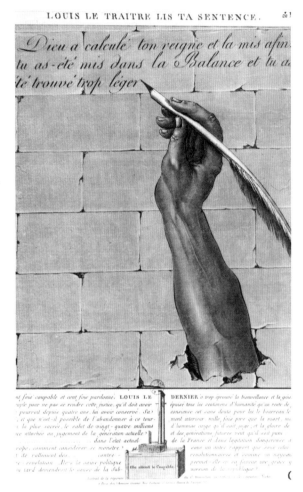

图 4

一幅1791年的匿名版画，题目是《一丘之貉》（*Les Deux ne font qu'un*），画中路易十六和王后成为两只合为一体的怪物，怪物有两个头，分别是国王和王后。高贵的国王与王后变成丑陋不堪的怪物，前者长着山羊角，后者则是满头蛇发（图5）。[1] 同年的另一幅版画中，亨利四世在寻找他的子孙，结果只发现了人头猪身的路易十六坐在酒桶里，边上堆满了空酒瓶，配文说道："什么？这是一头猪啊！对，就是他，他要在羞愧中溺死。"（图6）[2] 1792年的作品描绘当年8月20日把王室成员转移到唐普勒堡的情形。画面上一个扛着长矛，戴着自由帽的无套裤汉挥舞着手

---

① Référence bibliographique: De Vinck 3925.

② Référence bibliographique: De Vinck 4002.

图 5

图 6

中长长的鞭子，正在驱赶国王和他的家人，令人惊异的是，在这幅版画中，路易十六除了头颅以外，全身都变成了锦鸡，而他的家人都变成了人头羊身的怪物，其中王后安托瓦内特则更是变成了像美杜莎一样的蛇发女妖。版画的题目则是《罕见动物》（图7）。[1] 更有甚者，把路易十六描绘为一头野猪，在题为《你们认清我太晚了》[2] 以及《这节课可以奖励一块奶酪》中，路易十六都是以野猪形象出现，被一根绳子拴在座椅上贪婪地吃着东西，王冠跌落在一边（图8）。[3] 另一幅版画则略显含蓄一些，盛装的路易十六坐在一头母猪身上，题目是《这两个是一对》[4]，把国王比作一头猪的寓意也是显露无遗。另有1792年的一幅匿名版画虽然没有把路易十六描绘成人头兽身，但是也极富象征意味，作品描绘路易十六一家被转移到唐

图 7

①　Référence bibliographique: De Vinck 4930.
②　Référence bibliographique: De Vinck 3992.
③　Référence bibliographique: De Vinck 3991.
④　Référence bibliographique: De Vinck 3994.

图 8

普勒堡关押途中路易被无套裤汉们脱下外衣的场景，现有文字材料中并未见相关叙述，所以这其实是版画师自己的想象。画中的路易十六只穿着睡衣戴着睡帽，他的外套被数名无套裤汉脱下扔在地上，其中一名无套裤汉脚踩着这些衣物，另有两条狗在撕咬着。昔日无比尊贵与神圣的国王如今被当众除衣，这样的图像给予路易十六形象的羞辱并不比那些把他非人化的图像要少。而且从象征意义上来说，路易十六被除掉的并不仅仅是外套，而是作为国王的权威、尊严以及神圣性。①

　　从政治文化的角度来看，图像所呈现的视觉象征体系是旧制度下君主制整个权威系统及其政治理论与政治文化框架的最直观体现。而国王正处于这个文化阐释框架的中心位置，② 它的牢固、稳定与强大关系着王权乃至君主制的根基，因此不难

---

① Référence bibliographique: Smith-Lesouëf 2939.

② Lynn Hunt, "Hercules and the Radical Image in the French Revolution", *Representations*, No. 2（Spring 1983），pp.95–117.

理解为何长久以来法国如此强调对于国王形象神圣性的塑造与传播。1789 年以来，路易十六形象日渐走下神坛，他身边所有象征着崇高、美德、荣耀等美好含义的寓言人物消散，直至最后路易十六的形象不断地向非人格化演进。由此可见，在路易十六真正走上断头台之前，他作为国王的形象其实已经在图像中被彻底杀死了，他从国王变为第一公民，又变为阶下囚，最后甚至连人的形象都被剥夺了。这一过程实际上也正是法国旧制度在民众心目中逐渐破产的过程。法国学者布雷冈（Hélène Dupuy-Brègant）认为由于深刻的思想动荡，在大革命之前法国君主形象已经与变化的民众情感相背离。[①] 她的观点可以从路易十五统治晚期法国地下出版物中出现大量针对宫廷与贵族，甚至国王本人的讽刺揭露小说中得到印证。而另一方面，"公益"（le bien public）这个古老概念在 18 世纪经由卢梭（Jean-Jacques Rousseau，1712—1778）、马布里（Gabriel Bonnot de Mably，1709—1785）等启蒙思想家的宣扬传播，变得如此深入人心以至于奥尔良公爵等大贵族、高等法院穿袍贵族们都把它作为其自身政治行为合法性的来源。这无疑从根本上削弱了数百年来流传的王权统治的合法性来源于被上帝选中的具有独特神圣性的王室血统，以及君主本身便是"国家"或者"公益"化身这样的传统政治观念。此外，在革命时期的图像中我们可以看到"祖国"（patrie）这个词已经频繁出现了，在 18 世纪之前它只是单纯指某个人的出生地（pays de naïssance），并没有国族情感成分。[②] 但是到了 18 世纪中叶，人们越来越多地赋予"祖国"饱含感情色彩的表达，与此前比较中性的"国家"一词相区别，例如"法国是我们的祖国"（La France est notre Patrie）、"为了祖国的利益"（Pour le bien de sa patrie）、"为祖国服务"（Pour le service de sa patrie. Servir sa patrie）、"保卫祖国"（Défendre sa patrie）、"为祖国献身"（Mourir pour sa patrie）等等 [③]。布雷冈觉得，"祖国"一词越来越多地被赋予抽象的崇高概念，最终它所负载的合法性就超过了国王所具有的。[④] 那么，也就是说在此过程中，路易十六原先

---

① Hélène Dupuy-Brègant, "Le roi dans la patrie", *Annales historiques de la Révolution française*, No. 284（Avril-Juin 1991），pp.139–157.

② 参见在线词典：Jean Nicot: *Le Thresor de la langue francoyse*（1606）http://artflx.uchicago.edu/cgi-bin/dicos/pubdico1look.pl?strippedhw=patrie&headword=&docyear=ALL&dicoid=ALL。

③ 参见在线词典：Dictionnaire de l'Académie française, 4th Edition（1762）http://artflx.uchicago.edu/cgi-bin/dicos/pubdico1look.pl?strippedhw=patrie&headword=&docyear=ALL&dicoid=ALL。

④ Hélène Dupuy-Brègant, "Le roi dans la patrie", *Annales historiques de la Révolution française*, No. 284（Avril-Juin 1991），pp.139–157.

负载着的"政治之体",也就是君主制之下以王权形式存在的主权发生了转移,它转移到了新生的祖国身上。而在当时的共和派革命者看来,在这一转移的过程中,原先的国王载体——路易十六,必须被消灭,否则共和国就无法诞生。这也是为何在处死国王的现场,人们不断高喊着"共和国万岁"。正如罗伯斯庇尔在 1792 年12 月 3 日审判路易十六的大会上发言时所说:

> 要统一这个新生的共和国,需要采取什么行动呢?难道不是要把对王权的永恒蔑视铭刻在人们心中而让所有国王的支持者都哑口无言吗?路易无须被审判,他已经被定罪了,否则,共和国就是有罪的。如果路易被判无罪,那么革命在哪里呢?如果路易是无辜的,那么所有自由的捍卫者都是诽谤者。……路易必须死,因为这个国家必须生存(Louis doit mourir pour que la patrie vive)。①

在罗伯斯庇尔的发言中,他把路易十六放在国家的对立面。因为在革命者看来,君主制对于法国的 13 个世纪的统治,是用征服的手段与人民签订了"不公正的、可憎的契约",而这样的契约是无效的,革命者中被称为"人民之友"的马拉大声疾呼:"如果这个国家在长期的压迫下能够坚强地站起来,并保持它要求恢复其权利的宽宏大量的决心,那么专制制度就会被永远推翻。"② 他进一步指出:"只要这位前君主还能喘气,法国就没有自由,没有安全,没有和平与安宁,没有幸福,其他民族也没有打破枷锁的希望,除非我们把暴君的头砍掉。"③ 圣茹斯特(Louis Antoine Léon de Saint-Just,1767—1794)也说:"这一天将决定共和国的命运;如果暴君不受惩罚,那么共和国的厄运就已经注定了"。④ 从这些发言中不难看出,共和国的支持者坚信,消灭国王的肉身是保证共和国存活的前提,国王不仅不再是"政治之体"的化身,他转而成为最需要被消灭的敌人。

---

① Michael Walzer, *Regicide and Revolution, Speeches at the Trial of Louis XVI*, London, New York: Columbia University Press, 1993, pp.131,138.

② Michael Walzer, *Regicide and Revolution, Speeches at the Trial of Louis XVI*, London, New York: Columbia University Press, 1993, p.160.

③ Michael Walzer, *Regicide and Revolution, Speeches at the Trial of Louis XVI*, London, New York: Columbia University Press, 1993, p.165.

④ Michael Walzer, *Regicide and Revolution, Speeches at the Trial of Louis XVI*, London, New York: Columbia University Press, 1993, p.175.

小 结

综上所述，我们需要注意到的事实是，"国家"与国王及君主制的分离甚至对立并不是此时才出现的，早在1791年出现的描绘路易十六签署宪法的图像中，已经大量出现"国家、法律、国王"这样的字样。以往国王本身便是王国主权的象征，如今"国家"已从国王身上独立出来，而且还居于国王之上。[①] 由圣沃邦（Augustin de Saint-Aubin，1736—1807）制作的一幅精美的版画表现了类似的主题，用以纪念宪法的签署，题目是《荣誉归于制宪国民公会的恩德和路易十六的忠诚》，并且注明题献给"法国人——公共秩序与繁荣之友"。此前路易十六是被称为"仁慈恩德"的国王，如今这个词被移植到了国民公会身上，而题献（dédié）的对象以往都是文艺创作者的保护者，通常都是国王、王后或者是某个大贵族，现在法国人民成为了题献的对象。而更重要的是，在这幅作品中，碑文上这样写道："在法国，除了法律以外，没有最高权威。国王只能为了法律而统治，他只能以法律的名义要求服从。"[②] 在此作品中，国家的最高权威已经被转移到法律之中，国王已经失去了以往其个人作为法律与正义载体的权威性。当时还有一幅版画，画中法国女神已经不再穿着百合花长袍戴着王冠，而是高举着代表人民力量的狼牙棒一下子把路易十六纪念碑上的王冠打了下来。碑文上则写着"虚伪的卡佩长子路易

图 1

---

① Référence bibliographique: De Vinck 4269.

② Référence bibliographique: De Vinck 4290.

长眠于此"（图 1）。① 这幅作品发行于 1791 年，而当时路易十六尚未被审判。但是版画所表达的意图已经非常明确了，那就是人民一定要推翻王权，处死国王。这种激进的观点虽然在当时并不一定代表所有法国人的愿望，然而至少可以反映出在当时一部分人的观念中，路易十六已经不再具有代表国家的"政治之体"，完全不具备代表主权的资格。正因为此前已经有了如此漫长的铺垫，当 1792 年路易十六被审判之际，路易十六才有可能被彻底推翻，而他被处以死刑在某种意义上来说也只是这一过程的最终结果。

最后需要指出的是，国家的形象在革命之初并没有固定。大革命之前旧制度时期的法国形象是一位装饰着波旁家族百合花纹饰的女神，一直到革命初年，法国女

(1) LOUIS XVI. Signe la Constitution que (2) la France assise sur les Droits de l'Homme présente à sa Majesté a signée sur le Globe National. (3) Le Genie de la Patrie tient un Faisceau surmonté du Bonnet de la Liberté pose la Couronne Constitutionelle sur la tête du Roi (4) l'Oiseau simbolique de France chante à l'ombre des lauriers, (5) au prés du Roi la Corne d'abondance, un Faisceau, des Ballots, et une Ancre simbole de l'espérance du Commerce.

A Paris chez J. Chereau Rue St Jacques aux 2 Colonnes N.° 257.

图 2

---

① Référence bibliographique: De Vinck 4017.

神总是以陪伴的姿态出现在国王路易十六的身边。但是，法国女神的形象与国家女神的形象并不是同一个，这在 1791 年的一幅彩色版画中体现得非常清晰(图 2)。[1]
在此匿名作品中，路易十六正在签署放置在地球仪上的宪法，而坐在他对面，双手扶着文件的正是头戴王冠身穿百合花长袍的法国女神，她坐着的椅子靠背上写着全篇《人权宣言》。两人中间站着另一位女神，右手拿着束棍，上面顶着自由帽，左手拿着宪制王冠（la couronne constitutionnelle），正准备戴到路易十六的头上。这一位才是国家女神。随着革命局势的演进，法国女神的形象越来越少出现，这说明，与旧制度有着密切渊源的法国女神形象并不适合代表新制度下的国家。但是国家女神的形象也并没有进一步得到强化，更没有被固定下来，法国学者阿居隆关于共和国的象征形象玛利亚娜的探讨已经对此有了比较深入的研究，此处就不再予以重复。不过从革命时期的图像资料可以看到，国王身上的神圣性、权威性已经在消逝，但并没有马上诞生新的主权的象征。这实际上从某种程度上说明了刚刚推翻了旧制度的法国人对于如何创立一个全新的国家和全新的政治社会秩序其实并没有明确的蓝图，就像图像中体现出来的他们对于路易十六的复杂心态一样，保守与探索、矛盾与希望紧紧交织在一起。

---

[1] Référence bibliographique: De Vinck 4269.

第二章　刺杀马拉的凶手：夏洛特·珂黛的图像

　　法国大革命中的女性研究自 20 世纪 80 年代兴起至今，方兴未艾，围绕着该时期女性看待革命的态度、参与革命的情况、组建的俱乐部，她们发出的诉求以及面对的困境等诸多问题展开，研究者进行了大量研究，获得了丰硕成果。不过，这些研究大多从女性主角的视角出发，视女性为行动主体作为主要研究路径，当然在此过程中也会涉及当时人如何看待革命中的女性这一问题。但尚未出现以后一种视角为基本取向的研究。此外，已有研究中，除了林·亨特、尚塔尔·托马斯（Chantal Thomas）以及兰德斯（Joan B. Landes）的著作中部分使用了图像作为分析材料之外，尚无其他研究者对大量革命时期的女性图像作较为深入分析。而且即便是这几位学者所使用的材料，也具有特殊性，林·亨特和尚塔尔·托马斯分析的对象主要是革命时期针对王后玛丽·安托瓦内特被刻意丑化甚至抹黑的讽刺图像，兰德斯则关注大革命时期国家抽象概念如何在拟人化的女性图像中具体呈现。换言之，她们关注的图像或是出于政治目的完全脱离本人形象，甚至去人格化的，或是一系列与真实女性毫无任何关联的古典女神形象。鉴于这些图像都并非基于真实的女性形象，显然人们无法从中了解那些真正出现在大革命舞台上的女性，她们留下了什么样的图像；后人更无法得知，这些图像又是如何暗示着她们的同时代人对她们的政治行为的看法。确实，大革命时期与真实人物关联密切且没有被严重扭曲变形的女性图像数量并不多，不论是自由派罗兰夫人（Madame Roland，1754—1793）还是激进革命者梅里谷（Anne-Josèphe Théroigne de Méricourt，1762—1817）等人都均未留下大量图像文献。唯一例外的是 1793 年刺杀马拉的凶手——夏洛特·珂黛（Charlotte Corday，1768—1793），法国国家图书馆德万科图集与埃南图集中都有为数不少关于她的图像资料，总数超过 70 种。因此，本书尝试以革命时期有关夏洛特·珂黛的这部分图像为基本材料，从中分析图像中呈现出来的不同的政治群体对于珂黛本人态度的差异，并且在此基础上探究政治与性别之间的复杂关系。

不同的珂黛形象

1793 年 7 月 13 日，两天前从卡恩来到巴黎的夏洛特·珂黛已经打听清楚了马拉的住所。这个年轻的姑娘在卡恩那些被驱逐出巴黎的吉伦特派那里了解到关于巴黎著名的记者马拉和他的报纸《人民之友》。她相信，正是马拉这样的激进分子煽动了国家的分裂与人们的暴力流血冲突，如果想要阻止大革命的断头台继续吞噬无辜的人民，必须得除掉马拉。珂黛原本打算来到巴黎之后在战神广场这样的公开场合实行她的计划，以在革命庆祝节日上公开处刑的方式惩罚并警告分裂祖国的"恶人"。当她得知马拉那段时间由于身患皮肤病而不太出席公共活动的时候，很快就制订了新的周密计划。于是，就在 13 日晚间，白天已经两次被马拉门房及友人拒之门外的珂黛再次来到马拉住所，声称要向马拉告发一个吉伦特派策划的阴谋。当她进入马拉的房间之际，马拉正在浴缸中进行药浴。刺杀的细节并不清楚，总之，当马拉的叫声招来他的门房与其他人的时候，一切为时已晚，珂黛完美实施了她的计划。凶手并没有试图逃跑，她很快就被逮捕，经审判之后于 7 月 17 日被送上了断头台。

暗杀事件在当时造成了极大的轰动，被后世的史学家看作是引起大革命激进化的重要事件之一。[1] 雅各宾派坚称珂黛背后是吉伦特派的反革命阴谋，他们把马拉尊奉为法国捐躯的殉道者，并由大卫筹划设计了隆重的葬礼。巴黎民众在马拉的葬礼上用手帕沾染烈士的鲜血，以此来纪念他。大卫根据这一事件创作的《马拉之死》成为传世佳作，很多并不了解马拉遇刺事件甚至对法国大革命也知之甚少的人都知道这幅以浴缸中垂死的马拉为主角的作品。

但后世的观者并不知晓，这一事件的另一主角，也就是夏洛特·珂黛在此事件之后于法国民众之间掀起了怎样的热议与"舆论战"。凶手的年轻美貌，她在整个刺杀过程中及在法庭上表现出来的异乎寻常的镇定从容，以及流传出来的她写

---

① Guillaume Mazeau, "Charlotte Corday et l'attentat contre Marat: événements, individus et écriture de l'histoire（1793–2007）", *Annales historiques de la Révolution française*, Octobre/Décembre 2008, No.354（Octobre/Décembre 2008），pp.155–162.

给其父的绝笔信中对法国的热爱，在当时的报刊媒体与街头巷尾掀起了巨大的关注。甚至在刑场上，围观的民众都被她的温和坚定深深打动。革命阵营中的温和派与反革命的保王党人甚至把珂黛视为当代的尤迪与圣女贞德。伴随着舆论的风潮，当时即涌现出一大批以珂黛为主角的图像，"人们想知道这位不同寻常的女子的长相，版画师们争先恐后在纸上描绘珂黛的形象，售卖它们"①。这些资料有不少流传至今，据法国学者马佐研究，在有关珂黛的历史档案中最重要的是查尔斯·瓦特尔（Charles Vatel，1816—1885）的收藏品，收藏在凡尔赛市图书馆中，由40多个盒子组成。② 法国国家图书馆在线资料中有关大革命时期珂黛的图像数量超过70多种，据此可以推测当时市面上传播之广。

由于目前暂时无法接触到瓦特尔藏品，所以本章内容主要基于Gallica在线资料提供的图像资料进行分析。简单而言，与珂黛相关的图像大致可以分为两大类，一类是描绘珂黛刺杀马拉的场景，另一类则是珂黛的肖像画。两者在数量上几乎是平分秋色，此外还有少量表现珂黛在狱中写信以及她被处死的场景。虽然画家们大都尊重事实，但是在细节的处理上依然可以看到他们的不同之处，因而同一个场景呈现出完全不一样的观看效果。

例如，署名为郝盖（Hocquet，生卒年不详）的一幅版画作品《刺杀马拉》的倾向性就非常明显。画面中央是浴缸中的马拉，他的面孔向上半仰着，眼睛望向天空，表情略带着痛苦，左手无力地下垂，右手伸向前方，似乎在求救。凶手珂黛坐在浴缸边的椅子上，整个人略向前倾，左手正把一把匕首插入马拉的胸口，珂黛侧脸对着观众，人们能看到她凶狠的眼神牢牢盯着马拉。房间的门被打开了，正要冲进来的仆役扑向马拉，眼神中满是惊恐。这个画面抓住珂黛行凶的一刹那，而紧挨着浴缸放置的珂黛的座椅则表明马拉对此是多么没有防备，甚至让珂黛把椅子放这么近与她谈话。版画的下方这样写道："一把匕首把马拉送进了黑暗的坟墓，爱国者，哭泣吧，你们失去了领路人，公民爱国心失去了火把。"在这幅作品中，珂黛被表现为一个冷酷的凶手，她骗取马拉的信任，残忍地杀害了马拉这位"人民

① Nina Rattner Gelbart, "The Blonding of Charlotte Corday", *Eighteenth-Century Studies*, Fall, 2004, Vol.38, No. 1, *Hair* (Fall, 2004), pp.201–221.
② Guillaume Mazeau, "Charlotte Corday et l'attentat contre Marat: événements, individus et écriture de l'histoire (1793–2007)", *Annales historiques de la Révolution française*, No. 354 (Octobre/Décembre 2008), p.157.

图 1

之友"。(图 1) ①

　　而另一幅同样发表于 1793 年的匿名版画，进一步突出了凶杀现场的激烈气氛 (图 2)。② 画面上的人物依旧是马拉、珂黛与仆役，但珂黛不再是坐在椅子上而是站起来，左手按着马拉，右手把匕首刺进他的胸膛。版画师用两道竖起的眉毛和瞪着的眼睛强调珂黛的凶残。而且有一个细节需要指出，此作品中的马拉虽然也是坐在浴缸中，但并不像前一幅作品那样是赤裸着身体只裹着浴巾，他裹着头巾，整整齐齐地穿着衬衣马甲。更值得注意的是，在版画下方，作者用激昂的文字写道："人民，马拉死了！祖国的爱人死在了一帮恶棍的毒手之下。你的朋友，支持你的人，如此悲痛欲绝，哭泣吧，但是，记住，此仇必报。"而该作品的题目也更具有

――――――――――
① Référence bibliographique: Hennin 11527.
② Référence bibliographique: Hennin 11520.

图 2

政治立场——《国民公会代表爱国者马拉之死》。

当时流传甚广的革命报纸《巴黎诸革命》刊发的版画显然更像一则新闻报道的配图，画面上只有马拉与珂黛，穿着红色衣裙戴着白色帽子的珂黛右手持刀刺进马拉的胸口，身着衬衣的马拉右手拿着一页纸张，左手无力地想要推开珂黛。与其他版画把马拉遇刺的地点描绘成一个狭小的陋室不同，该版画作者把这一场景处理在一个非常豪华的室内，不论是家具还是墙壁装饰都显示出这是一个中产以上的居所。马拉浴缸后面摆放着大床，床上悬挂着厚厚的镶着金边的帷幕，地面也是漂亮的整块大理石，而且配图的文字这样写道："1793 年 7 月 13 日，周六，法国共和 2 年，国民公会代表马拉在沐浴的时候被谋杀。"没有提到"人民之友"，也没有提到复仇（图 3）。[1]

同年也是在巴黎出现的一幅匿名的同题版画也采取了类似的表现手法(图4)。[2]作者把珂黛手持匕首的头像放在画面的正上方。身穿条纹连衣裙，头戴缎带帽的

---

[1]　Référence bibliographique: De Vinck 5293.

[2]　Référence bibliographique: De Vinck 5308.

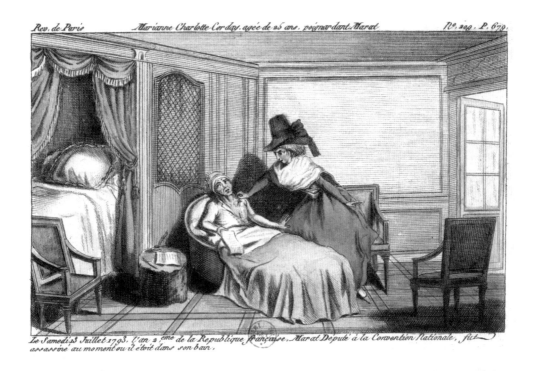

图 3

　　珂黛右手高高举起匕首，仿佛正要把它刺入马拉的胸膛。而画面的下方则是安静地躺在床上的马拉，双眼紧闭，胸口的伤口提醒着观众他已经死去。在两幅画面的中间，则写着一行字"25 岁，来自卡尔瓦多省的夏洛特·珂黛谋杀了巴黎国民公会代表马拉"。

　　而有意思的是，这幅匿名版画的下半部分即马拉死后的情形，又被作为一幅单独的作品在当时传播，并且加上了前面第二幅版画中出现的鼓动人们复仇的语句。[1] 巴黎的另一位版画师德拉杜尔（Louis Brion de La Tour, 1743—1803）的作品则采用了完全不同的场景来描绘马拉遇刺事件（图 5）。[2] 在名为《谋杀马拉》的版画中，作者选取了人们在现场逮捕珂黛的画面。虽然依据史实，当时珂黛杀死了马拉之后，她自己去了隔壁的房间等待被捕，但在这幅作品中，作者把逮捕珂黛的场景与人们把死去的马拉从他的浴缸中抬出来的行为安排在了同一个画面中，两位主人公分别占据了画面的左右两边。一身白裙的珂黛被人抓住了手腕，

---

①　Référence bibliographique: De Vinck 5309.

②　Référence bibliographique: De Vinck 5305.

图4

带血的匕首早就掉在地面，她的目光看向画面的右侧。顺着她的视线可以看到马拉被几个人七手八脚地抬着，垂下的左手表明他已经死去。除此以外，房间里还有十多个人物拿着长矛、弯刀等武器。从衣着来看，他们都是无套裤汉或者国民自卫军。而引人注目的是画面中央的几个女性，她们有的捂着胸口一脸惊慌失措，有的则一手捂着眼睛，一手伸向天空，悲痛呼号的姿态，还有几个女性站在门边，手指着凶手。在这群惊慌、悲痛和愤怒的人群中，珂黛显得异常冷静，她双手被人抓住，被人拦腰抱住，但是却毫不挣扎，平静的面孔上毫无表情，与整个房间里的混乱嘈杂形成了鲜明的对比。虽然从画面本身的处理或许看不出作者的立场，不过，这幅版画的副标题则非常明确地表明了作者的观点，副标题这样写道："因为没能腐蚀我，他们谋杀了我。"与此相对应的另一幅版画则是以第三人称的口吻讲述意思相同的一句话，即："他们不能腐蚀他，于是他们谋杀了他。"在此版画中，画面仿佛正好是前一幅的续集，珂黛已经被手持武器的无套裤汉拉到了门口，不过她依旧朝着屋内看去。画面中央是赤裸的马拉躺在床上，伤口依然在流血，一位女子正为他盖上床单，画面右前方是数位全副武装的无套裤汉，他们中领头的那位拿着剑指向珂黛，正与旁边的人说着什么，围在他身边的人神情严肃紧张（图6）。①

____

① Référence bibliographique: De Vinck 5302.

图 5

　　这幅版画的主角显然不是珂黛，因为珂黛已经快要被推出画面，图像的主角是马拉，而画面中马拉紧闭双眼死去的样子和流血的伤口，以及旁边凝视着他的女子，这些细节无不让人想起受难的耶稣，而在此后山岳派为马拉所举办的极富象征意味的葬礼也正是把他塑造成为国捐躯的"圣人"。然而，更值得注意的是，在这些版画的配文中，并不把攻击的矛头直接指向珂黛，甚至对她绝口不提，而是用复数的"他们"来指称杀害马拉的背后指使者。换言之，版画的制作者想让人们相信，珂黛只是一个工具，她背后隐藏着更大的阴谋集团。由此可知，如果说 1793 年的某些版画作品就像新闻报道一样在客观陈述事实，那么当时也流传着大量立场更为鲜明的图像作品。这些作品的作者显然希望告诉人们马拉的血是为了祖国而流，马拉是被反对祖国的阴谋分子所杀，背后那些阴谋分子才是潜在的最大威胁。而且，值得注意的是，在这些作品中，有些并没有把珂黛作为主要描绘的对象，甚至有的时候珂黛根本就没有出现，她被排除在整个画面之外，或者是把原本属于她的个人行为塑造成一股敌对势力，因而我们可以清晰地看到，这

149

图 6

些版画舆论导向的意图十分明确，那就是要把马拉遇刺的事件引向更大范围的政治斗争。

　　例如，同年另一幅表现刺杀现场的版画也体现出同样的意图（图 7）。[1] 画面中只有珂黛与马拉两人，珂黛左手抓着马拉，右手正在拿匕首行凶，马拉则毫无招架之力。该图的画面与人物都略显粗糙，但它题目及配文很具有代表性。题目是《爱国者马拉之死：宪法最坚定的柱石之一在 1793 年 7 月 13 日被一个女人谋杀了》。题献为：致勇敢的无套裤汉们，自由坚定不移的支持者。下文则是以《费加罗》为曲所填的一首歌词：

---

[1]　Référence bibliographique: De Vinck 5289.

所有悲歌都无法表达我们失去马拉的悲痛。当看到这场卑鄙阴谋造成的恶果，我们每一个人被恐惧牢牢抓住。刀刺穿了我们的灵魂，从未有过如此深切的遗憾。借用一个女人之手，撒旦制造了这一罪行。在每个细节都能看到魔鬼的形象。用一种虚假的温柔，她展示着迷人的魅力，伪装着她黑暗的心灵。这个盛怒的怪物，导致了无穷无尽的泪水。真正的人民之友，你的死亡让人如此痛苦，让我们陷入不幸之中。我们应当祈求上天一起来反对那些野心家们！

图 7

还有一些作品表现这一事件的方式则有点出人意料，如巴黎版画师弗朗索瓦·博纳维耶（François Bonneville, 1755—1844）于1793年创作的《珂黛与马拉》(图8)。[1] 在这幅版画中，只有珂黛与马拉两位主角的头像，在他们各自肖像的下方写着名字。作者完全没有提到刺杀事件，也没有表达任何倾向与观点，仿佛只是客观地把两位涉事人的相貌描绘给读者。有意思的是，在这幅"双人肖像画"中，两位主人公都表情温和，珂黛侧头注视着画外，而马拉的目光则是落在珂黛的脸上。

如果说描绘刺杀事件场景的图像不可避免地表现出珂黛作为凶手的形象，那么另一类主要以珂黛个人为主的图像资料则呈现出另一个截然不同的女性形象。同样是出现在事件发生的当年，1793年，当时就涌现出许多着力强调珂黛的勇敢与美丽的图像。

---

[1]　Référence bibliographique: De Vinck 5359.

图 8

例如，一幅出现在 1793 年的匿名彩色版画，就把珂黛描绘得像一个无辜的小女孩，画面上没有任何其他事物，黑灰色的背景下，是一个非常年轻的穿着红色衣裙，戴着白色帽子与白色纱巾的女孩，大大的眼睛仿佛在无声地述说着什么。画面下方简简单单地写着"夏洛特·珂黛"，更小的字体写道"依据真人所作"（déssinée d'après nature）。（图 9）[1] 同样表现手法的另一幅版画中，珂黛也是以非常年轻的样貌出现，朴素的白色头巾取代了帽子，更显出她的谦逊温和（图 10）。[2] 许多同年出版的作品中，虽然珂黛的着装、姿态、样貌都有不小的差异，但是作者都没有去表现此前我们提到的那些描绘刺杀场景的珂黛所呈现的冷酷与异乎寻常的镇定，而是描绘出一个优雅美丽的女性（图 11、图 12）。[3] 从大量的版画中，看不到马拉被刺杀这一事件本身的血腥与恐怖，制作者们只是像描绘一名普通的美丽女子那样去刻画珂黛的形象，突出她的美丽与年轻，并且进一步渲染在她身上体现出来的优雅、温柔甚至某种天真无邪的无辜感。有一幅描绘珂黛临刑前的肖像画中，珂黛穿着红色的死囚衬衣，长发已被剪短，但是在画中人物美丽的脸庞上看不到一丝一毫的慌张、害怕或者悲伤，她安静地注视着画外，嘴角略微上弯，纯白的头巾与披肩

---

① Référence bibliographique: De Vinck 5364.

② Référence bibliographique: De Vinck 5370.

③ Référence bibliographique: Vinck 5393; Hennin 11567.

图 9

图 10

图 11

图 12

映衬着暗色的背景，甚至营造出一种圣洁的光芒（图13）。①面对这样的图像，即便红色衬衣和短发提醒着观看者珂黛的命运，但人们依旧无法将其与一名凶手、一场凶杀案联系起来。

尤其是在热月政变之后，革命最激进的时期已经过去，此时赞美珂黛的版画更胜从前，许多版画已经不再描绘珂黛被剪掉长发穿上死囚服的样子，而是给她穿上普通的服装，有的作品甚至更改了珂黛的年龄。如出版于1795年之后的这幅作品，画中的珂黛戴着贵族女性那种华丽的缎带帽，配文写道："夏洛特·珂黛，出生于卡波多省，1793年在巴黎被处死，时年18岁。"（图14）②

刺杀马拉的珂黛此时成为人们公开颂扬的英雄，由查理·勒瓦歇（Charles Le Vachez，生卒年不详）制作的版画中，占据主要位置的便是珂黛的大幅肖像画，画中戴着帽子的女子年轻貌美，如云卷发披在肩头，若不是肖像画下方小幅的刺杀马

图13　　　　　　　　　　　　图14

①　Référence bibliographique: De Vinck 5362.
②　Référence bibliographique: De Vinck 5391.

拉被捕的场景图，这张图像与当时普通的年轻女子肖像画并无二致。位于下方的小图描绘的是当一大群人冲进房间抓捕珂黛的时候，她依旧镇定自若地坐在椅子上的情形。而该版画的配文，全文都在颂扬珂黛的崇高品质，非常清晰地体现出版画师的政治立场（图15）。[1] 另一幅出现于1795年的匿名版画中，珂黛的正面头像戴着缎带帽，围着白色的披肩，有着一双大眼睛和坚挺的鼻子，画像本身并无太多特别之处，但它的配文值得一提，配文这样写道："当马拉在散发他狂犬病的毒液，你们除了懦弱地颤抖却不去惩罚他。我刺杀了他，为你们所蒙受的羞辱复仇。通过我这个榜样，你们要学会如何去死。"这些严厉的文字并不是珂黛所留，而是不知名的版画作者所配，表现出当时不少人由珂黛事件开始反思一个由革命中的暴力行为所带来的拷问内心的问题，如果面对不赞同的激进行为究竟应当如何应对的问题。在这样的反思中，珂黛被塑造成为反衬出懦弱行径的勇敢英雄形象（图16）。[2]

图 15

图 16

---

① Référence bibliographique: De Vinck 5375.

② Référence bibliographique: De Vinck 5380.

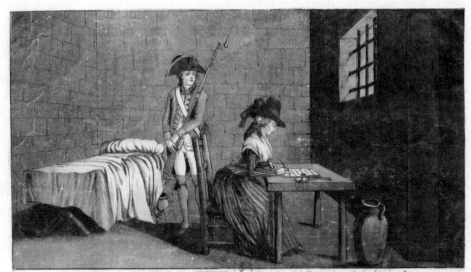

图 17

此外，另有几幅表现珂黛在狱中给亲友写绝笔信的情形也非常值得关注，例如发表于 1793 年的匿名版画《夏洛特·珂黛》（图 17）。[①] 画面呈现的景象是一间昏暗的牢房，光线从厚厚的砖墙上的窗户透进来。窗下摆放着一张书桌，穿戴整齐还戴着帽子的珂黛坐在书桌旁，她的面前铺着信纸，放着墨水瓶，她正在奋笔疾书。她的背后是一张小床，边上站着一名看守正在看着她写信。在版画的下方，则是珂黛写给她父亲的信件的全文：

请原谅我，亲爱的爸爸，在没有您许可的情况下，自己做了这样的安排。我为无辜的受害者报了仇，我阻止了其他的灾难。某天醒悟了的人们，会因为从一个暴君那里逃脱而喜悦。……我希望您不会被折磨，无论如何，卡恩会有人保护您。……永别了，我亲爱的爸爸。我请求您忘记我，或更多为我的命运而感到高兴，因为它的动机如此美丽。

与此接近的是另一幅显然不是出自同一位作者之手的版画，画面中只有珂黛一

① Référence bibliographique: De Vinck 5349.

人，她的帽子也不再戴在头上而是挂在她所坐椅子的靠背上，背后的守卫与床铺消失了，换成了一扇门，门上的大锁暗示着主人公的处境。画面的其余部分与第一幅版画没有太大差异，连珂黛所穿的条纹连衣裙都非常相似，她的面部表情也透露着安静祥和。版画的下方一样展现了她所写信件的内容。[1] 另有相似的版画没有放上信件全文，只是保留了狱中写信的场景，并在配文中写道："25 岁的夏洛特·珂黛在给她父亲写绝笔信。"[2] 同样类型的版画在 1795 年还在继续出版，有些更为细致地刻画狱中书写的珂黛美丽的形象，烘托出一位美丽年轻的女子在进行了如此轰动的事件之后，独自一人在牢房中平静写下最后遗言的情形。不论是珂黛精致的脸庞、纤细的腰肢、洁白的帽子，还是她佩戴的耳环，这些细节都在表达制作版画之人对这位年轻姑娘的赞美与钦佩（图 18）。[3]

图 18

这一系列版画的主人公是珂黛，看守作为珂黛撰写遗言的见证人，有时出现在画面中，有时则消失不见，可见版画制作者并不认为他具有重要性。引人注意之处在于，在整个 18 世纪，虽然也有表现女性书写的图像，但一般都是描绘她们在闺房内写情书的场景。时至当时，即便在 17、18 世纪的法国已有少数女性出版小说、诗歌等作品，女性写作始终都被视为难登大雅之堂、不务正业之举。女性写

---

[1]　纸上文字为："刺杀马拉的凶手写给她父亲的绝笔信（*assassin de Marat écrivant sa dernière lettre à son père*）。"

[2]　Référence bibliographique: De Vinck 5351.

[3]　Référence bibliographique: De Vinck 5348.

作更多地被人们视为闺房逸事之一，很少见到用如此严肃的笔调去刻画女性这般正襟危坐地书写。虽然珂黛书写的是给家人的信件，依旧是属于传统的女性书写类别，但是她当时的"家信"被广泛传播，而且她书写的内容关涉到国家、政治甚至是法国的前景，显然已经完全脱离了私人范畴，进入了公共领域。所以，从深层的含义上来说，虽然制作版画者有其个人的立场与政治意图，但这样的图像无疑在某种程度上承认了女性具备讨论政治问题的能力，并且承认她们拥有表达诉求的合理性，而这种承认在此前的历史上几乎从未曾出现过，因而，珂黛的这类图像具有非同一般的意义。

事实上，最早把珂黛画得凸显她的美丽温和气质的作品是画家让-雅克·奥

图 19

尔（Jean-Jacques Hauer，1751—1829）为其在狱中所作（图 19），[1] 而这个要求是珂黛本人在狱中向委员会提出的，她想请一名画家替她画一幅肖像画。她说："鉴于我还有点存活时间，公民们，我希望你们允许有人替我画一张肖像画，以给我的朋友们留作纪念。"[2] 雅克·奥尔承担了这个任务，他的作品留给后世的是一个笼罩在温和的金黄色光晕中的美丽年轻女子。画中的珂黛穿着白色的衣衫，戴着便帽，一缕浅栗色的秀发垂在肩膀上，目光温和。较深的

① British Museum, Museum number 1898,0527.276.
② Nina Rattner Gelbart, "The Blonding of Charlotte Corday", *Eighteenth-Century Studies*, Fall, 2004, Vol.38, No. 1, *Hair* (Fall, 2004), pp.201–221.

背景色与人物白色衣帽之间的反差以及画家在珂黛脸庞边缘添加的光线，让整个人物散发出一种神圣的光芒。就像学者妮娜·吉尔巴特（Nina Rattner Gelbart）所说，画中人物"没有戴着在犯罪现场那顶装饰着丝带的黑色圆锥形高帽，而是戴着白色的农帽，穿着朴素的白色连衣裙。她的棕色头发是宽松的，没有装饰的，并且以轻微的波浪状自然落下。由于已经从暴力行为中解脱出来，穿着整齐又带着某种沉思意味的她显得安详、天真、纯洁、镇定、安宁。这里没有人工装饰。'演出'结束了，她不再'上场'了，就像字面上所说的'放下她的头发'。白色连衣裙使头发看起来更深。她就是一个简单外省女孩，一个来自诺曼底的农民女孩，头上戴着一个普通的便帽，据说是她在被捕以后为自己缝制的。"①

珂黛形象中折射出的政治分裂

珂黛图像表现出来的多样性甚至矛盾性需要回到历史事件及其人物以及当时的政治背景予以解释。夏洛特·珂黛，这位出生于1768年7月27日的年轻女子，来自诺曼底一个古老败落的贵族家庭。她在1793年7月13日孤身来到革命激进派主要代表人物让·保罗·马拉的家中，用随身携带的刀具刺死了后者。马拉之死激发了巴黎底层民众的巨大不安。因为马拉一直为底层民众发声，被称为"人民之友"。无套裤汉们认为这起刺杀事件背后隐藏着革命敌人的阴谋，巴黎城内谣言四起，人们甚至在街头架起了大炮。为了安抚民众的暴力倾向，国民公会为马拉举行了隆重的葬礼，马拉成为为国捐躯的人民英雄。同时，革命法庭于7月17日判处珂黛死刑，并于当晚在革命广场公开行刑。由于"马拉之死"这一突发事件加剧了从1793年以来革命日益激进化的趋势，因而它在大革命历史上具有非同一般的重要意义，许多研究者把它看作革命转向恐怖统治的催化剂，对此的研究也为数众多。

该事件的另一位主角——夏洛特·珂黛，更是在200多年间吸引了无数历史学家、文学家、剧作家的浓厚兴趣。她的身世、家庭、教育、刺杀动机都成为人们反复探究的题目。尤其是珂黛在案发现场不慌不忙等待被捕以及她在法庭上异常冷静

---

① Nina Rattner Gelbart, "The Blonding of Charlotte Corday", *Eighteenth-Century Studies*, Fall, 2004, Vol.38, No.1, *Hair*（Fall, 2004）, p.211.

的表现，让当时以及后世的人们惊叹不已。这位饱读古典作家作品的年轻女子坚信自己所做的一切能够拯救法国，能够弥合法国人民之间的分裂。珂黛在行动前一晚所写的《告法国人民书》，以及从狱中流出的她写给家人朋友的绝笔信中都反复谈到自己要为深爱的法国奉献生命，而她缓步走向断头台时的安详与美丽不仅震惊了围观的人群，也深深吸引着米什莱、饶勒斯等法国历史学家。尚塔尔说珂黛，"她像一位艺术家一样，独自创造自己的精彩时刻，并赋予其最大的戏剧性。她原先计划于1793年7月14日在战神广场上暗杀马拉，或者在国民议会。因为她希望在一个公共场所行动，一个处决现场有大量观众的场所。在得知马拉得的疾病使他无法参加议会会议后，她才决定去马拉的家"。而最令人惊讶的是珂黛在整个事件中表现出来的平静姿态。① 在圣徒一般的献身精神中，珂黛把刺杀马拉看作是为了和平消除障碍，为此她愿意毫不犹豫地放弃自己的生命。在刺杀马拉的第二天，她在狱中向她的朋友写道，"我享受着动人的平和"。在法庭上，面对法官，她平静地说："我在革命之前就已经是共和派，我从未缺失毅力，毅力就是那些把个人利益放置在一边，懂得为祖国献身的人的决心。"② 当她平静地走上断头台的时候，人们为她的年轻和美丽深深惋惜，而听到围观者的评价与叹息之词的珂黛自己却依然微笑着。珂黛言行呈现出来的精神正是革命一直以来颂扬的高贵的共和美德，如此集中地体现在一个外省的年轻女子身上，这让时人深深震惊与感动。

除了珂黛自身的原因之外，引起珂黛多重形象出现的更重要的根源在于，革命已经进行了将近4年，法国社会对于革命进程下一步的发展方向产生了严重的分裂。以吉伦特派为首的温和派希望加强对民众的控制甚至压制；保王党依旧处心积虑寻找重建君主制的机会；而以马拉和罗伯斯庇尔为主的山岳派则认为应该进一步依仗民众的力量把革命进行到底。于是在刺杀事件发生之后，不同政治立场的人们立即对她发表了迥然不同的评价，甚至在革命阵营内部也发生了微妙的分裂。对于温和派来说，她是"女布鲁图斯"（Brutus femelle），对于马拉的朋友来说，她是"嗜血怪兽"（monstre sanguinaire），保王党则把她视为"新的圣女贞德"（nouvelle

① Chantal Thomas, "Heroism in the feminine: The Examples of Charlotte Corday and Madame Roland", *The Eighteenth Century*, Vol. 30, No. 2, *The French Revolution 1789—1989: Two Hundered Years of Rethinking* (1989), pp.67–82.
② I. de Saint-amand, Émile Montégut, Jules Gourdaut, "Essais et notices, Trois femmes de la Révolution", *Revue des Deux Mondes (1829–1971)*, Seconde période, Vol. 57, No. 4 (15 Juin1865), pp.1023–1038.

Jeanne d'Arc）。^①无套裤汉群体则被刺杀事件彻底激怒。在刺杀事件发生之后，无套裤汉走上街头，要求为马拉复仇。在马拉的葬礼上，激动的人群甚至争相去沾染马拉遗体上滴下的鲜血，发誓要用死难者的鲜血培养出更多的爱国者。押送珂黛的马车被人群团团围住。更有甚者，人们扬言为了复仇要处死安托瓦内特和王太子。

而另一些立场更为温和的革命者对此发表了截然不同的观点，针对法布尔·埃格朗蒂纳（Fabre d'Eglantine，1750—1794）发表于1793年7月20日的攻击珂黛的文字，一个名叫科斯特·达诺巴（Coste d'Arnobat，1732—1808）的作者在1794年的时候撰文道："夏洛特·珂黛美丽、温柔、诚实，对父母恭顺，她的父母和所有认识她的人都爱她敬重她，她很有思想，受过良好教育，过着隐居的生活。这就是事实的真相。"^②同样敬佩她的人，安德烈·科尼尔（André Chénier，1762—1794）写诗赞美她："唯一的美德是自由。我们历史上的荣耀。我们永远的耻辱与你的光荣同在，你独自一人，为人类复仇。我们这些毫无男子气概的、没有灵魂的懦弱羊群，我们只知道重复女人的抱怨，铁镣压在我们软弱的手上。"^③

纪尧姆·马佐（Guillaume Mazeau）认为，正因为革命当局面对着如此复杂分裂的政治斗争局面，故而对珂黛的审判也必须被引导到当局能够掌控的范围之中。例如检察官蒙塔内（Jacques-Bernard-Marie Montané，1751—1805）被解职的原因便是他划掉了递交给审判团的文件中诸如"反革命""前调解"（prémédiation）等那些在审讯时并没有提及的词。蒙塔内认为应当依据法律行事，反对交给审判团的文件不符合审讯得到的信息。而他的同僚则觉得为了能够掌控整个案件的审理，必须对文件做一些必要的微调。^④此外，当局还需要应对高喊着"复仇"的激进派中隐藏着的暴动的火花。这种暴力倾向从"九月屠杀"开始就有脱离政府控制的趋势，演变到此时并没有平息的迹象。事实上，革命政府从未真正掌控民众的力量，而马

---

① Catherine Marand-Fouquet, "Destins de femmes et révolution", in Évelyne Morin-Rotureau, *1789–1799: combats de femmes: les révolutionnaires excluent les citoyennes*, Paris: Autremen, 2003, pp.35–55.

② Coste d'Arnobat, Charles-Pierre, *Anecdotes curieuses et peu connues sur différens personnages qui ont joué un rôle dans la révolution*, Genève, et se trouve à Paris, chez Michel, 1794–1795.

③ 转引自 Chantal Thomas, "Heroism in the feminine: The Examples of Charlotte Corday and Madame Roland", *The Eighteenth Century*, Vol. 30, No. 2, *The French Revolution 1789—1989: Two Hundered Years of Rethinking*（1989），pp.75–76。

④ Guillaume Mazeau, "Le procès Corday: retour aux sources", *Annales historiques de la Révolution française*, No. 343（Janvier/Mars 2006），p.56.

拉之死很有可能成为又一场失控的暴力运动的导火索。这也是为何革命政府在案发4天之内，就判处了珂黛死刑，并于审判当日行刑。

图像中的政治与性别之争

很多研究者都认为，女性的无处不在是法国大革命最引人注目，甚至是这一历史时期让人非常震惊的方面之一，这一点在当时已经被注意到并引起了抱怨。当然，这也是法国大革命众多面向中长久以来没有获得其应有重视程度的一个维度。① 不论是林·亨特还是法国史学家多米尼克·戈迪诺（Dominique Godineau），研究法国大革命中女性的历史学家几乎拥有一个共识，那就是大革命阶段是性别史上的一次失败尝试甚至是倒退，大革命建立起来的是一个排斥女性的男性共和国。② 确实，1793 年 4 月 3 日，国民公会禁止女性参军；1793 年 11 月 3 日，《女性人权宣言》的作者德古热（Olympe de Gouges，1748—1793）被当局执行死刑，罪名是她"希望成为政治家"（homme d'état）；1793 年 10 月 30 日，"女性共和国俱乐部"被关闭。这些客观事实无一不在印证这一说法。而且，从林·亨特、尚塔尔、兰德斯等人对革命期间的女性图像分析可知，当时涉及女性的图像除了用与现实完全脱离的女神形象来表现革命抽象理念之外，有相当一部分对女性充满了深切的恶意与贬斥。大革命时期传播的对于路易十六的王后安托瓦内特极度丑化的众多图像很好地佐证了上述观点。

然而，上述观点虽不能说错误，却有点过于简化。夏洛特·珂黛，这位直接成为一场真正重大的政治事件主角的女性，她的行动与形象引发了大量以她为主角的图像，这些图像为研究者提供了一些不太一样的材料证据。不同的珂黛形象显然是不同政治立场派别之间展开的一场没有硝烟的"暗战"，在这场图像之争中，我们看到不同政治倾向的图像制作者以全然不同的方式使用着性别要素。政治与性别

---

① Linda Nochlin, "Zuka's French Revolution: A Woman's Place Is Public Space", *Feminist Studies*, Autumn, 1989, Vol. 15, No. 3, Feminist Reinterpretations/Reinterpretations of Feminism（Autumn, 1989），pp.549–562.

② Dominique Godineau, Lynn Hunt, Jean-Clément Martin, Anne Verjus et Martine Lapied, "Femmes, genre, révolution", *Annales historiques de la Révolution française*, No. 358（Octobre/Décembre 2009），pp.143–166.

的因素交缠在一起的时候，情况就变得异常复杂，性别缩减为政治斗争的手段与工具。

此外，正如马佐（Guillaume Mazeau）指出的，与后世经常使用"马拉之死"来指称这一事件不同，在1793年夏天，当时的人们更多使用"刺杀马拉"这一表述。看似没有差异的两种用法，实际上隐含着重大的区别。"马拉之死"强调的是马拉这位"人民之友"的死亡，他因为死亡而成为共和国的殉道者。在这个表述之中，凶手珂黛可以是缺席的。正如大卫的画作一样，事件的发起者——珂黛被抹去了，她被刻意排除出历史的舞台，人们只能看到英雄倒在血泊之中，就好像基督为了世人牺牲自己一样。在这样的安排中，凶手是谁、他/她的目的是什么，都变得无关紧要。重要的是，马拉为国捐躯，共和国应该用实际行动纪念他、表彰他，进而为他复仇。然而，当时的法国还存在着其他的政治力量，与雅各宾派相对峙的那些力量相反要彰显这次事件中的另一个人物——珂黛，他们要突出这位年轻女子的果敢与英勇，强调她对信念的执着，刻画她的年轻美丽与马拉那被病痛折磨的残破身躯之间的对比。正因为事实上存在着这样两股截然对立的政治力量，所以，从1793年夏天开始使用的"刺杀"一词似乎比经典表达"马拉特之死"更合适。这次刺杀并没有造成任何真正的反抗，而是通过其对公众舆论的巨大影响，永久性地将情绪作为权力与民众之间关系的中心问题。因此，这是重读"恐怖"机制的重大事件，显然不能否认其存在。①

美丽/凶手、年轻/死亡、温柔/坚定，这些看似截然对立的现象呈现在同一个人物身上，构成了关于珂黛形象及其核心叙事的基本要素。由于在这位刺杀了"人民之友"的柔弱女子身上集中体现出革命理念宣扬的共和美德——"勇敢"、"镇定"、"坚定"乃至"为国献身"的崇高精神，所以在当时人们的心中激起了极大的同情。而此时，山岳派正努力把死去的马拉塑造为人民英雄，那么自然要强调凶手的丑恶。由于担心她的举止具有模范价值以及她的青春和美丽的魅力，雅各宾派刻意丑化她的形象。巴黎公社在整个城市张贴布告，大量刊发埃格朗蒂纳撰写的、将她描绘为一个丑陋不堪的女人的评语。他说："这个号称漂亮的女人根本不漂亮；她肥胖而不修边幅，身材毫无曲线。她像个书呆子一样脑袋里塞满了各种各样的

---

① Guillaume Mazeau, "Le procès Corday: retour aux sources", *Annales historiques de la Révolution française*, No. 343（Janvier/Mars 2006），pp.51–71.

书……所有这些都意味着这个女人完全把自己扔出了女性之外。"① 细读这段文字，并且结合那些表现珂黛刺杀马拉场景的版画中的配文，我们会发现，雅各宾派所采取的策略是把珂黛描绘为失去了其本身性别的形象，就像萨德（François de Sade，1740—1814）所说，她不属于任何一个性别（n'appartient directement à aucun）。② 这样的评价在德古日被处以死刑时也同样能看到，当时有份报纸评价道："你们要记得这个泼妇，这个男人婆，恬不知耻的德古日，第一个建立了女性团体，想要参与政治，并犯下了罪行（Rappelez-vous cette virago, cette femme-homme, l'impudente Olympe de Gouges qui, la première, institua des sociétés de femmes, voulut politiquer et commit des crimes）。"③

这样的策略一方面出于试图避免被塑造为"人民英雄"的马拉实际死于女子之手的尴尬，这在大卫创作的《马拉之死》中表现得最为明显。在大卫的作品中，只有马拉一人出现在画面上，在画家看来，马拉通过他的死亡，化身为为了祖国与人民而奉献出生命的圣人，人们需要铭记的只有马拉，以及他的神圣献身。另一方面，激进派并不愿意把珂黛的刺杀行为看成是孤立的个人行动，他们把它视为敌人进攻革命的一个信号，他们相信在珂黛的背后，一定是有着更大的阴谋与黑暗势力。经尚塔尔研究发现，当时部分公众舆论甚至避免使用夏洛特·珂黛这个名字，而是通过诸如"小派系"或"人民敌人"之类的词来指称她。马拉的家人在证词中也不直呼其名，而是呼吁对"叛徒进行惩戒"，他们甚至写道："他们的兄弟被穿着女人衣服的恶棍暗杀了。"④

与此相对立的温和派们则通过各种途径传播珂黛的书信（这些书信在案发之后一度被严格审查禁止传播，但它们依然外流了），以此来宣扬刺杀行为的正当性并且进一步颂扬珂黛的献身精神。而且，事实上，珂黛的行为是经过深思熟虑的，并

① Chantal Thomas, "Heroism in the feminine: The Examples of Charlotte Corday and Madame Roland", *The Eighteenth Century*, Vol. 30, No. 2, *The French Revolution 1789—1989: Two Hundered Years of Re-thinking*（1989），pp.67–82.

② Catherine Marand-Fouquet, "Destins de femmes et révolution", in Évelyne Morin-Rotureau, *1789–1799: combats de femmes : les révolutionnaires excluent les citoyennes*, Paris: Autremen, 2003, pp.35–55.

③ Élisabeth Rumi, "Le scandale des femmes en politique sous la Révolution française", in Markos Zafi-ropoulos, *La question féminine en débat*, Paris: Presses Universitaires de France, 2013, pp.61–72.

④ Chantal Thomas, "Heroism in the feminine: The Examples of Charlotte Corday and Madame Roland", *The Eighteenth Century*, Vol. 30, No. 2, *The French Revolution 1789—1989: Two Hundered Years of Re-thinking*（1989），pp.67–82.

非一时冲动，有一个小细节可以作为佐证。珂黛在被捕之后曾经提出能否给她画一张肖像画，她这个要求一开始被拒绝了。不过在法庭审判的时候，珂黛注意到有人在画她，于是她特意转向了那一边。这一要求与举动，无不暗示着珂黛非常明白自己的名字与形象将会被广泛传播，她清楚地意识到自己的行为具有多么强烈的政治意义。而这个意义恰是珂黛所追求的，正如她在给朋友的信中所说，她不愿意在隐居中默默无闻地死去，她希望自己能死得有价值。珂黛这种具有自觉意识的献身精神与将其付诸实施的勇气恰是温和派宣传的重点。

在分析不同类型的珂黛形象时，有一个非常容易被忽视的细节值得注意，那就是珂黛所戴的帽子。在着力表现珂黛美丽、年轻、温柔等特质的这类版画中，珂黛无一例外都没有戴着她在被作为凶手描绘的那类版画中戴着的帽子——这类制作精良的缎带帽在当时通常是贵族女子或较为富裕阶层女子外出必备的装饰品，取而代之的是一顶下层女子日常佩戴的小头巾或者干脆不戴帽子（图1）。① 可见，这些版画制作者们不约而同地在避开珂黛的贵族身份，把她转化为一个阶层身份模糊的女性形象。而与此相反的是表现马拉遇刺凶杀场景的画面，在那类版画中，制作者往往把珂黛的帽子处理得非常引人注目甚至有些夸张，这显然是为了提醒观者凶手所属的阶层。而到了1795年以后，缎带帽或许已经不再成为需要刻意回避的身份符号，于是版画中珂黛的个人肖像又重新戴上了暗示

图1

---

① Référence bibliographique: Hennin 11715.

MARIE ANNE CHARLOTTE CORDAY.
Né à S.ᵗ Saturnin les Vignaux, Départem.ᵗ du Calvados
Agé de vingt cinq Ans moins trois mois.

图 2

她良好出身的漂亮帽子(图2)。①

结合当时的政治局势以及相应图像的文字材料可以清楚地看到，在 1793 年的珂黛图像中，帽子这个符号因素恰如其分地成为政治身份的隐喻。当珂黛戴上帽子的时候，她所呈现的是一个贵族女性的形象，这是一个鲜明的政治形象、某个不可知的阴谋集团的工具、魔鬼的化身。对手攻击她忘却女性身份，闯入政治舞台，甚至谋杀了一名重要政治人物。而另一些立场的人，他们或许是原本就不满激进派的做法，或许是对珂黛的真正同情，也可能两者兼而有之，因此，在他们的笔下，珂黛的帽子被拿走了，也就是她的政治身份消失了，取而代之的是她被刻意强调的女性特质：年轻、美丽、温柔、谦逊、优雅，这些图像不触及刺杀事件本身却去描绘凶手的外貌，并且反复强调珂黛的年龄差 3 个月到 25 岁，是为了把它们与暴力和鲜血截然区别。通过突显这些美好的女性特质，一方面自然是为了激起人们内心对美好事物本能的喜爱与同情，另一方面则是在以一种不动声色的方式否定革命时期民众街头运动所带来的血腥与残暴，所有这些女性符号成为攻击激进派暴力行为最强有力的武器。

同样，珂黛在整个事件中表现出来的冷静也成为图像冲突表现的焦点。在反对抨击她的图像中，作者往往用仆役脸上的惊恐、抓捕她的无套裤汉表现出来的愤慨、现场其他女性的悲痛欲绝来反衬珂黛的面无表情以及肢体语言中体现出来的异于常人的镇定。所有这些都是为了刻画她的冷酷、冷血乃至毫无人性，以此来证明

---

① Référence bibliographique: De Vinck 5383.

卑鄙的敌对势力用来破坏革命的杀人"工具"就如同被魔鬼操纵的怪兽一样可怖，就像前文所引："借用一个女人之手，撒旦制造了这一罪行。每个细节都能看到魔鬼的形象。"而与此完全不同的是，温和派们一再强调珂黛呈现出来的娴静平和，并把它和珂黛的性别本身紧密联系，并且突出女性——热爱和平——这一特质。正如当时有人把珂黛视为"新的贞德"以及"法国女神的象征"一样，女性与和平的连接在1793年这场"图像之争"中被反复提起，当时人们渴望回归平静生活的需求在珂黛的言行中找到了最好的注释。

小　结

概言之，在马拉之死这一事件中，被害人与凶手其实都被塑造成了政治斗争所需要的形象。在马拉成为激进派的"祖国的献祭者""人民英雄"的同时，珂黛亦成为了另一些政治立场的人们眼中的"新尤迪"、"新贞德"甚至"和平女神"。她成为敢于孤身前去刺杀暴力运动支持者的女英雄，为了消除内战和祖国的幸福，甚至不惜为此献出自己年轻美好的生命。在珂黛的支持者看来，温柔、谦逊、平和，这些女性特质不仅没有成为塑造她个人完美形象的障碍，反而成为她英勇壮举的真正动力来源。

更值得注意的是，在刺杀马拉这一政治事件中珂黛所表现出来的勇敢无畏、镇定自若以及饱读诗书的特质，甚至以犯罪谋杀的方式介入政治斗争的行为，原本都被男权社会视为女性不该具备的品质或者绝对不应当从事的行为。但在1793年刺杀马拉这一事件的背景下，它们却受到许多人的高度颂扬，甚至以此来反衬男性的懦弱与胆怯。表面上看，温和派大力颂扬珂黛的女性特质，把美丽、温和、谦逊这些品质看作是一个完美理想女性的典范，这似乎意味着大革命时期的男性依旧反对女性介入到政治领域。但事实上，需要进一步看到，这种颂扬背后的动力并不是塑造宣扬理想女性形象，而是在当时特殊的政治局面中，需要以一个和平、谦逊相联系的女性形象去对抗马拉及其支持者所代表的暴力、冲突以及血腥。所以，颂扬珂黛身上的女性美德的出发点并不是基于性别的维度，而是政治维度。概言之，通过珂黛个案的分析可以发现，在政治斗争占上风的局势下，性别因素成为斗争的工具，赞美它或者是唾弃它实际上取决于政治立场的考虑，性别之争不过是政治之争的手段而已。

因而，如果意识到性别因素在大革命时期并非孤立地与某些价值判断直接对应，再回到前文提及的竭力丑化玛丽·安托瓦内特的图像，是否会得出与此前不同的结论呢？整理有关攻击安托瓦内特的图像会发现，针对她的批评主要可归结为三点：外国人身份、对路易十六的控制以及奢侈轻浮的生活方式。由于王室联姻一直以来是欧洲国家之间极其重要的外交手段，所以几个世纪以来，法国历史上的王后多来自欧洲其他王室。这些外来的王后，有的只是默默无闻忠实履行为法国王室诞下合法继承人的职责，比如路易十四和路易十五的王后，她们在宫廷与公众眼里的存在感远不如同一时期国王们的多个情妇。而另一些王后则由于时局使然主动或被动登上了政治舞台，例如宗教战争时期的凯瑟琳和路易十三之母美第奇的玛丽。和安托瓦内特一样，这些出现在政治舞台上的王后无一例外饱受攻击，其缘由亦如出一辙，那就是不被信任的外国人身份、女性干涉国家大事。这些攻讦背后其实是更为复杂的政治势力之间的角逐，性别只是言说的有力工具。因为，在这些掌握权势的王后因女性身份执掌权柄而受到抨击与贬斥的同时，同样有利益集团会使用相同的理由来论证在某些特定形势之下，女性管理国家事务反而更有利于王国的整体利益。

具体到大革命时期抨击安托瓦内特的图像，它们往往凸显出她挥霍无度以及描绘她与各色人等的不正当关系。这些批评所指，不仅仅是针对王后的性别，更重要的是以此攻击路易十六缺乏男子气概，以及王室夫妇所代表的王权的腐化与失信。背后更深一层的意图是指向国王本身，暗示其已经丧失了统治的合法性与神圣性。除了王权本身以外，"荒淫轻浮"的王后与软弱无力的国王形象还象征着整个特权等级的堕落与颓败。前文谈及，在王室出逃的"瓦伦事件"发生之后（1791 年 6 月），漫画中出现了王后引导被蒙着双眼走向火山口的国王，以此来宣传王后是整个出逃事件的主谋。但是我们会看到，在这些图像中，引导国王的人物形象除了王后还有王室其他成员，包括国王的兄弟，所以并不能据此判断舆论针对的就是王后，更不能得出结论认为，即便是针对王后也是因为她的性别。这一点从王后与国王的形象随着革命进程，其"非人化"程度都愈发加深也可以证明并非只有身为女性的王后会被如此丑化。所以，在大革命的语境之下，性别因素很多时候并非因其自身原因导致被压制，它自始至终与政治因素深度捆绑，当时看似针对性别的批评更大程度上不过是可以利用的政治斗争的论战武器。当然，亦不能据此认为，性别这一重要的维度完全不需要被考量在内。须知，长久以来存在的贬低与不信任女性的整体心态以及相应的主张也是孕育这一舆论武器的肥沃土壤。就像戈迪诺（Dominique Godineau）在谈及大革命时期的女性暴力行为时曾经说过，"为何要把女性的暴力作为单独的研究对象？因为在当时谈及女性暴力的时候，以及在后世叙述它的时候，都是以不同的方式言说的。不仅是在社会上（存在性别差异），革命运动也从来不是'性别中立'的，两个性别不同的位置，角色，形象的定义是不同的，这可能会影响他们各自行为的出发点以及人们看待这些行为的视角"①。这就意味着在涉及图像的时候同样需要两者兼顾，既要考虑呈现女性图像的特殊性，又要考虑与这种特殊性之间有着复杂联系的政治。

---

① Dominique Godineau, "Femmes et violence dans l'espace politique révolutionnaire", *Historical Reflections / Réflexions Historiques*, Vol. 29, No. 3（Fall 2003）, *Violence and the French Revolution*（Fall 2003）, p.559.

第三编

图像中的理想与现实

第一章　平等图像的演变

西方素来有将抽象概念（团结、力量、爱、时间……）用寓意形象表现的传统，寓意形象或为人或为物（爱神、美神、战神、金苹果、月桂树、蛇……），有时还会以人和物的组合出现。虽然以狄德罗（Denis Diderot，1713—1784）等人为代表的 18 世纪的启蒙哲人大多认为，用图像表现抽象理念这样的传统方式对于清晰理性的语言表达会造成阻碍，但是从革命时期图像的整体状况来看，这一悠久传统不仅没有被舍弃，反而因革命需要创造出许多全新的理念，得到了发扬光大。革命图像中存在着大量抽象理念的象征符号或形象，最为人所熟知的便是象征"自由与解放"的小红帽（bonnet rouge）、象征团结与威严的束棒加斧子，以及代表民众力量的赫拉克勒斯等。沿用至今的法国共和国的人格化象征形象——玛利亚娜，也是从大革命时期的自由女神转变而来，这位年龄超过 200 岁的女性形象如今依旧戴着自由帽出现在法国的官方文件徽标中。

关于这些重要的拟人化形象，如玛利亚娜、赫拉克勒斯、自然女神、理性女神，以及地位最为突出的象征物——小红帽，许多学者从不同的路径进行了充分研究，例如把它们与大革命开创的政治文化相联系，或者将其纳入到对于革命节日的视野之中，等等。关于自由的象征形象，伏维尔在其《图像与叙述》中也花费不少篇幅加以整理分析。[①] 然而，作为大革命最重要的抽象概念之一"平等"所依载的象征方式或具体象征物，目前尚未有专门研究对其进行深入分析。

人们常说，法国大革命给予后世的最重要的遗产便是"自由、平等与博爱"的

---

① 还有其他学者对大革命时期关于自由的图像做了较为深入的研究，例如 Annie Jourdan, "L'allégorie révolutionnaire, de la Liberté à la République", *Dix-huitième Siècle*, N°37, 1995, pp.503–532. Annie Jourdan, "Libertés du XVIIIe siècle, concepts et images", Roland Mortier（dir.）, *Visualisation*, Berlin: Verlag Arno Spitz, 1999, pp.39–58。

口号。不过，事实上，这三者稳定地联系在一起是从 1848 年才开始。① 在此之前，1789 年 8 月的《人权宣言》中提到的只是自由与平等。把后世耳熟能详的"自由、平等与博爱"三者并提需要等到 1790 年联盟节的时候，并且在当时的讨论中，博爱也不是一个经常出现的议题。"博爱"的重要性并不能与前两个原则同日而语。因为，后续还曾出现过许多不同的排列组合，比如"自由、平等、财富"或者"自由、财富、宪法"，诸如此类。所以我们姑且把博爱放置在一边。那么，对于大革命来说，自由与平等之间，又是孰轻孰重呢？虽然在大革命时期，这两者经常相提并论，但实际上，如果从图像资料来看，平等作为一个理念，远没有它的同伴出现得那么频繁，甚至可以说要少得多。那么是否可以说，平等远不如自由重要呢？

首先，众所周知，《人权宣言》的第一款条文，就将两者并提：人生而自由，而且始终在权利上是平等的。也就是说，自由固然重要，但，"它建立在权利、义务和公民地位平等的原则基础之上。所有人有着相同的法律地位，承担着相同的公共责任……社会等级的确定将不会根据出身和地位而是根据能力，公民根据美德来选择他们的领导者"②。勒费弗尔则认为，《人权宣言》把自由与平等紧密结合在一起。在《人权宣言》起草者的心目中，旧制度阻碍人们获得自由的最大障碍正是封建等级制度及其带来的特权，因而他们呼唤的平等是身份地位、法律面前的平等，是通向所有国家公职的平等。只有这些平等的实现，才有可能使他们不再受出身的钳制，能够通过自己的才华与努力去获得财富与成功。所以，勒费弗尔相信，平等的理念对于大革命来说是至关重要的。

然而，澳大利亚学者彼得·麦克菲认为，"《人权宣言》宣扬的是自由主义的精髓"。从《人权宣言》的其他条文中确实可以非常清晰地看到，大革命从一开始就没有允诺结果平等，甚至连机会平等也远没有完备。1789 年强调的自由与平等关系实则是"自由社会在任人唯才的平等中，赋予每个个体行动的完整自由。如果这种平等造成了不平等或者差异，那么这并非是不可接受的，因为这源自平等自身"。③ 事实上，关于平等所蕴含的其他含义，譬如财产、政治权力乃至性别等诸

① Michel Vovelle, *Images et récits de la Révolution française*, Tome I, Paris: Messidor, 1984–1989, p.296.
② ［澳］彼得·麦克菲：《自由与毁灭：法国大革命（1789—1799）》，杨磊译，中信出版社 2019 年版，第 96—97 页。
③ Fortunet Françoise, "La Révolution, la déférence et l'égalité", in *Communications*, No. 69, 2000, *La déférence*, sous la direction de Claudine Haroche, Paris: Seuil, pp.105–113.

多维度是非常含混或被直接忽视的。到了 1789 年秋天,"积极公民"与"消极公民"之界定乃至相关权利差异的出现,便是先前含混之处到了不得不加以澄清之际显露出来的残酷。实际上,有关所谓"平等"的真相,在《人权宣言》第 17 条明确规定领主贡赋必须有偿赎买的条文中已经显示出对财产平等的严加拒绝。

不论是在《人权宣言》中还是现实层面,大革命时期的平等,显然处于一个非常复杂的状态。它既很重要,但又不太容易被清楚地界定,而且不同的革命群体对于它的界定与态度也迥然有异。贵族和资产阶级、教士与资产阶级、资产阶级与无套裤汉,同为革命阵营的不同群体之间对于平等的理解有天壤之别。因而在不同作者笔下,对于平等的阐释会有极大差异。加之在革命进程的不同阶段,法国国内外形势的迅速变化,革命中不同团体诉求之间的差异,更直接导致关于平等的看法出现了巨大分歧。革命初年,作为三级会议中第三等级的代表们最迫切希望解决的是等级社会中有关政治权力与社会身份上的不平等,进而由此带来的职业门槛以及在赋税方面的区别;而在法国广大农村,农民们痛恨的是封建权力与领主特权,他们希望能有自己的土地,能自由放牧与渔猎。所以虽然同处第三等级,他们之间对于平等的看法存在着根本上的差异。随着革命的进展,当贵族和教士作为社会等级的实体已经不复存在,原先的第三等级中的精英集团成为掌握国家政权的主体之际,巴黎街头的民众也已经积极投身于革命事业,从攻占巴士底狱到攻占杜勒伊宫,他们的街头暴力行动不断推动着革命。但与此同时,自称为"无套裤汉"的这个群体,尤其是他们中的激进分子对于财产平等的要求显然难以获得国民公会绝大多数代表的认可。所以在此阶段,对于平等的理解依旧无法达成一致。

既然平等在当时并非是一个简单清晰并能在大多数心目中达成共识的概念,那么作为大革命重要的基本理念之一,它在革命图像中又是如何呈现的呢?需要指出的是,革命时期存在着许多以象征手法来表达与宣传抽象理念(自由、平等、理性、自然,等等)的图像,然而其中涉及平等的图像数量并不多,对此的研究分析至今也较为稀少。因此本章尝试分析大革命不同时期出现的有关平等理念的象征性表达,从一个有别于文字表述的图像世界去梳理大革命时期人们对于平等的看法,以填补这一方面的研究空白。

首先,在西方图像志传统中其实并没有明确用以表示"平等"的象征符号,不过,存在着某种程度上与"平等"具有相关性的概念,那就是"正义"(justice)。"正义"往往借用天平来表现，这一点在西方绘画中是很常见的。例如，在 17 世纪法国著名画家让·茹维奈（Jean Jouvenet，1644—1717）的《正义的胜利》和西蒙·伍艾（Simon Vouet，1590—1649）的《正义的寓意画》中，正义女神或是自己手拿天平，或者是由身边的小天使替她拿着天平。著名画家鲁本斯为美第奇的玛丽所作的系列画《美第奇的玛丽的一生》中也有玛丽手持天平的形象，以此象征玛丽作为摄政王太后在执政期间所秉持的公正。在著名的《里帕图像手册》中，作者凯撒·里帕（Cesare Ripa，1555—1622）也多次向读者展现了传统象征体系中天平与公正之间的关联。例如，在 1644 年法语版的《手册》中，在"正义"条目中出现了三幅带有天平的图像，分别为"不可侵犯的正义"（justice inviolable）、"严酷的正义"（justice rigoureuse）以及"神圣的正义"（justice divine）。在这些图像中，不论是头戴王冠的女王（象征美德）、可怕的骷髅（象征严酷）还是头顶自带光芒的鸽子的女神（象征神圣性），都是右手持剑，左手拿着天平。词条对这些天平的象征意义分别解释为"用来衡量所有好与坏的行为"，"就像死亡一样，'严酷的正义'不原谅所有犯下的错误，不论以各种借口"，以及"用来规范所有人类行为"。① 此外，需要注意的是，在"公正"（équité）词条中，也是以天平作为象征。② 所以，天平这个象征物，最基本的含义指向的是正义或者公正。

或许因为正义本身与平等之间有着密切联系，所以，在《手册》中，"平等"（égalité）词条的图像相应的也是以拿着天平的女子形象来表达这个寓意。但这位女子除了右手提着天平以外，左手还托举着一个鸟巢，一只燕子正在给巢中的小燕子喂食。③ 里帕（Cesare Ripa）这样解释："天平总是作为正义的真正象征，它就是用来公正地权衡世上一切行为，并赋予每个人属于他的东西。"④ 谈及天平的作用时，这句话的前半句与"正义"条目下的界定如出一辙，正义便是用来裁决与规范人间行为，判定善与恶。后半句所包含的意思，即在人世间维系公正这层内涵，虽然并没有在此前提及的"正义"词条解释中明确出现，但前文那三幅图像中的拟人化形象都手拿利剑，已经暗含着用武力维持正义的寓意。言至此，说

① Cesare Ripa, *Iconologie*, Seconde partie, Paris : M. Guillemot, 1644, pp.56–58.
② Cesare Ripa, *Iconologie*, Seconde partie, p.122.
③ Cesare Ripa, *Iconologie*, Première partie, p.54.
④ Cesare Ripa, *Iconologie*, Première partie, p.58.

明实际上这些图像及其寓意依旧围绕着正义的象征。那么"平等"在哪里呢?"平等"图像真正与"正义"或者"公正"图像所不同之处应当在于那个鸟巢。按里帕的解释,古埃及人认为,燕子是非常公正的一种动物,它在喂食的时候不偏不倚,会给每一只雏燕以完全相同的食物量,绝不会让其中的一只过饱而另一只什么都没有吃到。燕子喂食雏燕的图像展现的是分配平等,而且是绝对的分配平等,即"均分"。这一象征物在大革命时期的图像中也不时可以看到。另一方面,在其他图像中,也可以找到用天平来体现"均分"的概念。例如在表示"秋分"的象征图像中,图中男子右手拿着许多水果,以示丰收,左手则拎着一个天平,用以表示黄道十二宫中的天秤座。同时秋分这一天,昼夜等长,以天平示之,表示精确的等距离(égale justesse)。① 虽然这是一个纯粹天文学的图像,但是从中我们也可以看到在西方古代文化中,关于均等概念与天平之间的内在关联。另一方面,这些与平等相关的象征图像,无不在凸显平等最原初的含义,那就是各个部分之间没有任何差别,从这个意义上来看,诚如有学者所言,"平等是一个否定性的范畴,等同于'没有差异'"。②

那么,大革命时期,在关于平等的寓意图像中,作为"平等"概念的象征物,又是以什么样的方式来表达的呢?笔者观察到,在大革命的不同时期,平等的象征物实际上存在着明显的阶段性差异,即:在大革命爆发初年,平等的概念更多是第三等级所强调的不同等级为国家做出同等的贡献,因而理应获得一样的政治与法律地位。这个阶段,以天平及等边三角形来象征平等概念较为多见。因为天平自身带有法律的公平与权威以及"正义"与"公正"等古老寓意,因而被第三等级的版画制作者们选为平等的象征物,用以宣传第三等级希望争取与第一、第二等级一样的法律与政治地位的愿望。而且,有研究结果显示,大革命时期的图像制作者们依旧会参考里帕的图像手册来创作他们的作品。③ 随后,从1793年开始可以视为第二个阶段,此时平等概念更大程度上是以无套裤汉为代表的下层民众提出的有关社会财富分配问题,凸显的是有关个体在占用财富多寡上的尖锐冲突。从图像象征表达

① Cesare Ripa, *Iconologie*, Seconde partie, p.39.
② Philibert Secretan, "Réflexions sur l'égalité", *Autres Temps*. Les cahiers du christianisme social, Année 1992, 35, pp.46–61.
③ Christian-Marc Bosséno, "Je me vis dans l'Histoire: Bonaparte de Lodi à Arcole, généalogie d'une image de légende", *Annales historiques de la Révolution française*, N°313, 1998, pp.449–465.

来看，此前有关平等的数种符号都会同时出现，最后固定为以铅锤水平仪来象征这个重要概念。

第一阶段：以三角符号或者天平代表平等概念

前文已述，古典文化中平等思想的踪迹并不常见，相应地在图像世界中，与此概念相关的符号也甚为罕见。法国的旧制度拥有一整套属于它自身的象征体系，其基石是等级制的社会结构，在此体系中，"平等"概念自然无迹可寻。启蒙时代，虽然卢梭、马布里等人的论述中已经频现"平等"字样，但这样的讨论更多局限于小范围的思想领域，并没有传播到更广泛的社会舆论或者大众观念之中，因而在大革命初年，三级会议召开之际，当有关三个等级平等的观念开始广泛流传，图像生产者就面临须创造一个能蕴含平等意味的象征符号的任务，用以传播革命理念。从这个阶段与该主题相关的图像来看，被选中的象征符号是一个天平或等边三角形，前者尤为多见，不过用天平来表示平等的理念并不是从革命一开始就出现的，它经历了一个逐渐演变的过程。

大革命初年，天平在此阶段常常出现在各类图像中，它的寓意更多体现在传统的"正义与公正"层面。如在 1789 年的一幅彩色版画中，法国化身为一名红衣女子，手持天平，坐在一个巨大的球状物上，代表了第三等级的男子弯腰背负着这个巨球。此画传达的观点不言而喻，那就是法国及其公正都是依靠第三等级在承担。

另有一幅大约创作于 1789—1792 年间，署名威尔曼（Villemin，生卒年不详）的版画用一架体型巨大的天平表示法律的公正（图 1）。[①] 画中一位女神装饰的女子端坐在一个石制的宝座之上，右手持剑，左臂平伸，手指向地面。在她身后有一根高耸入云的石柱，石柱的两侧就是天平的两个托盘，托盘上各站着两个人物。其中右边的人穿着长袍，头上戴着王冠，手中高举着装饰有老鹰的权杖，而左边的人穿着短衣，拿着钉耙状的农具。可见这是身份地位迥异的两个人物，但是图像中他们在天平两端完全平衡。中间的那个大柱子上写着"法律"（Loi）字样，柱子的顶端还有一只"全知之眼"。在图像的底部，也就是女神脚下的台阶上写着这么两行字：

---

① Référence bibliographique: De Vinck 4324.

"法律在整个国家应该是普适性的，所有凡人，不管他们是谁，在法律面前都是平等的。"所以，该作品的寓意是一目了然的，它宣扬法律面前人人平等，没有尊卑贵贱之分。这也是1789年《人权宣言》第六条所强调的：

> 法律对于所有人，无论是施行保护或是惩罚都是一样的。在法律的眼里一律平等的所有公民皆能按照他们的能力平等地担任一切公共官职、职位与职务，除他们的德行和才能以外不受任何其他差别。

此处的平等主要指的是享有相同的政治权力以及社会地位的平等，针对的是旧制度时期法国

图 1

许多职位只对贵族等级开放，第三等级出身的人无论才华多么卓越，也很难在职务或者社会地位等方面与贵族并驾齐驱。因此，从图像铭文以及图像本身所表达的含义中不难看出，作者旨在用天平宣扬法律的公正以及人们在法律面前的平等地位。在前文提及的国王巡视国民议会的《自由法国的时代》版画中，三个等级整齐地排列在一架被称为"正义之尺"（la Règle de la Justice）的天平的下方（图2）。① 所以，可以看到，在革命初年的图像中，天平出现的象征意味在沿用其传统意义上的法律的公正的隐喻同时，又增添了《人权宣言》中所弘扬的法律面前人人平等的重要内容，这由"天赋人权"引申而来，强调人与人之间不论出身门第，应当享有一样的基本权利。这就从公正与正义的概念演变到了平等的概念，两个概念体系之间虽

---

① Référence bibliographique: De Vinck 2042.

图 2

有联系，但并无必然连接。然而在大革命的图像呈现中，我们看到，两者之间逐渐发生了紧密的关联。值得注意的是，在《自由法国的时代》这幅图像上方，天空云彩中还有一个散发着耀眼光芒的等边三角形，全知之眼位于中间，它的光芒把浓密的乌云全都退散开。此处的三角形应该是象征着三位一体的上帝，用等边三角形来表示上帝也是基督教传统的象征语言。此时，三角形依然是基督教传统中代表上帝的神圣性符号，不过，随后我们会看到图像中用三角形来表示三个等级的团结。

为何等边三角形会被选中作为等级平等的象征物，据多伦多大学的学者詹姆士·莱斯（James A. Leith）看来，主要基于下述原因。① 大革命初年，为了构建一个全新的象征体系来代替以往民众熟悉的旧制度象征体系，需要采用通俗易懂且易于识别的象征符号，用以吸引民众并快速把最重要的基本革命理念传播开去。这样的象征符号并不一定得是全新创建的，它可以从原有的图像系统中借用。在大革命之前，等边三角形已经在图像领域中较为常见，共济会把它作为成员之间平等的符号，也用于"过去、现在与未来"的寓意。基督教则将其用为"三位一体"的神圣象征。所以，支持革命的图像制作者迅速将其借用到新的象征体系中，并在其原有的寓意基础上赋予新的内涵。

---

① 参考 James A. Leith, "Les étranges métamorphoses du triangle pendant la Révolution française", *Les images de la Révolution française*, présenté par Michel Vovelle, Paris: Publications de la Sorbonne, 1988, pp.251–259。

　　莱斯发现，由于等边三角形原来与宗教思想有密切联系，因而在被运用到新的象征体系之际，它的"神圣性"不仅被保留了下来，而且被用作新观念的基础。例如，强调法律的公正与神圣，当时的图像中往往会把"法律"（Loi）字样写在一个等边三角形之内，这样的象征符号既用三条等长的边强调了法律的不偏不倚，也通过该图像原本附着的宗教属性，暗示了法律来源于上帝的神圣性，可谓一举两得。另外一种创新则是把"法律"、"国家"与"国王"字样连成一个等边三角形，类似的图像出现在 1792 年的"指券"以及许多版画上，表明在革命者心目中立宪君主制的三个基本要素。

　　除了用其象征法律的公正与神圣，以及宣扬君主立宪制的要素之外，等边三角形在此阶段还被用以表示三个等级之间的平等。例如在 1789 年有一幅流传甚广的匿名版画，题名为《在同一顶帽子下的三个等级》（*Trois Têtes sous le même bonnet*），虽然它有多个版本，但画中主要元素大同小异，均为一位衣着普通的男子坐在一座低矮的房屋前，身旁散乱的农具，人物头顶发量稀疏，没有佩戴假发或帽子，这些细节都暗示着他低下的社会身份。男子手持一个等边三角形，三角形内画着三个分别穿着教士、贵族以及国民自卫军服饰的人物，三角形的顶端则是一个自由帽。男子面前的树下竖着一块石碑，石碑上写道："我是三个等级的养父，我说，一切都应当

图 3

图 4

图 5

如此安排，为了我们的好国王和我的祖国。"（图 3、图 4）[1] 以及在同年的另一幅题名为《迟到总比永不要好》的匿名版画中，作者也是以把三个等级的人物形象放置在一个等边三角形内的构图方式象征等级之间的平等与团结（图 5）。[2]

当然，在此阶段，图像中更多侧重于强调第三等级为国家做出的贡献以及遭受的不公正待遇，抨击特权等级生性贪婪、无所作为，即便有一些图像涉及对于三个等级相互之间的应有关系，或者国家社会结构合理状态的描绘，也是以三个等级的团结合作、兄弟情谊为主，较少凸显三个等级之间的平等。

第二阶段：铅锤水平仪所象征的平等

需要指出的是，关于平等概念象征符号的演变并没有清晰明了的前后继承关系，即后一种符号在某个时间节点完全取代此前的符号，而是在某一个阶段可能存在着两种或以上的符号来指代同一个抽象概念，然后随着时间推移，逐渐趋向于用一个较为固定的符号来表示。虽然在 1793 年的第二阶段，图像中的平等概念大多数都以铅锤水平仪来呈现，但是我们依旧可以看到在杜普雷（Augustin Dupré，1748—1833）于 1793 年设计制作的一块铜制纪念币上，延续了前一阶段

---

① Référence bibliographique: Hennin 10264; De Vinck 2030.

② Référence bibliographique: De Vinck 2029.

图 1

以天平象征平等的表现方式（图 1）。[1] 当然，很快将会有另一种更具创新性的平等象征物全面地取代天平的位置，那就是铅锤水平仪，也可以称之为三角水平仪（Perpendiculaire 或 Niveau fil à plomb）。

事实上，早在 1789 年，已经出现用铅锤水平仪表示平等的现象。只不过在当时的图像中，铅锤水平仪看起来更像是天平的某种变形。有一幅典型的图像是这样的（图 2）[2]：天空中法国女神左手抱着插着斧子的束棒，右手拿着一个巨大的铅锤水平仪，水平仪下面站着三个人，他们的头顶着底边分别穿着贵族、教士与第三等级的服装，手中与脚下都拿着或者堆放着代表各自所属等级的物品。例如贵族手里拿着佩剑与羽毛装饰的礼帽，脚下则是火炮与弹药，象征着贵族等级的戎马生涯；教士手中捧着圣经，脚下则有宗教仪式上的祭司神器，表示教士等级作为"祈祷的人"的身份；第三等级手扶着一个巨大的锚，脚边是一个丰饶角，象征着他们为国家带来粮食作物与其他产品。与此同时，在每个人物的身旁还有表示与他们各自等级相关联的场所的画面。贵族身边是波旁宫，意味着他们主要在宫廷中活动；教士身边是圣母院，表示教士工作的场合是教堂，第三等级的身后则是一艘在大海中航行的帆船，象征着他们从事越洋贸易。在这幅画面上，无论是人物形象的大小还是分配给他们的器物的数量，都以一种几乎一模一样的方式来呈现。版画的题目是："天平下的三个等级，以及他们的特点。"

显而易见，通过这幅展示三个等级的版画，作者试图告诉观者：虽然三个等级

---

[1]　Référence bibliographique : ark:/12148/btv1b7700400z.

[2]　Référence bibliographique: De Vinck 2026.

图 2

的分工与职能不同，但是在法国女神看来，他们之间是完全平等的，即便用水平仪来测量，他们之间也毫无差异。该作品传达的诉求也非常清晰，那就是法国的三个等级之间的社会贡献之间并无差异，因而他们在政治、法律（束棒象征权威）面前的地位也应该完全平等。

此外，还有一点需要注意，在革命初年，象征第三等级的人物有时是穿着农民装束，有时则是律师打扮，有时则用身边物品表示身份，譬如农具、书本或纸笔。在这幅作品中，作者使用了大量与商业、贸易以及航海相关的物品来暗示第三等级的身份与职业。显然在作者看来，第三等级的主体或者说它的典型代表是工商业人士。虽然这幅作品是匿名的，但是图像下方清晰注明了出售该图像的店铺地址：A Paris Chez Crépy rue St Jacques à St Pierre。而且从图像中人物面部表情、衣物装饰、象征表达等诸多细节可以看出，它的作者具有很高的专业水准，面向的受众也并非收入低下的底层民众。据此，可以认为图像传达的平等诉求是以商业为主要职业的第三等级希望废除等级之间政治与社会地位的不平等状态，作者认为，第三等级为国家做出了与第一、第二等级一样的重要贡献，理应获得平等对待。

图 3   图 4

如果从物件形状来看，三角水平仪确实完美地把此前用以象征平等的三角形与天平两者合二为一。因此在1793年以后的图像中，图像中凡是需要表现"平等"概念，几乎都是用三角水平仪（铅锤水平仪）来呈现。例如，在1793—1794年由匿名作者创作的彩色版画《平等》中便有平等女神倚靠在一张椅子上，右手扶着束棒，左手提着三角水平仪（图3）。[①] 以及1793年，维尔纳维（Villeneuve）创作的拿着铅锤水平仪和《人权宣言》石板的平等女神（图4）。[②] 图中，女神所坐宝座的扶手是一尊雕刻的自然女神。在当时的寓意画中，自然女神常常伴随着平等女神出现，以表明平等乃自然权利。甚至有的时候，"平等"的概念干脆就隐匿在象征自然的图像之中。如1794年路易 让·阿兰（Louis-Jean Allais，1762—1833）制作的平等女神版画中并没有出现任何平等的符号，但是女神石座的两个扶手均为自然女神（图5）。[③] 另有一些版画则突出"自由"与"平等"都是天赋人权的理念，如路易—查理·鲁艾特（Louis

---

①   Référence bibliographique: De Vinck 6065.

②   Référence bibliographique: De Vinck 6052.

③   Référence bibliographique: De Vinck 6055.

图 5   图 6

Charles Ruotte，1754—1806）于 1795—1796 年创作的版画。画中头戴自由帽、手持
狼牙棒的自由女神与手里提着三角水平仪的平等女神在自然女神的塑像前握手，在
她们之间的祭台上依次刻着"祖国、自由、平等、博爱、奉献"（图 6）。[①]

　　就笔者处理的资料来看，在整个大革命时期，平等与自由元素同时出现的图像
资料数量非常很大，超过平等单独成画的数量。例如，在一幅匿名的版画中，一位
古典装束的年轻女子坐在椅子上，左手拿着一个棍子，上面顶着自由帽，右手正要
把一个花环放到面前的三角水平仪上，细心的观者会注意到她的脚下，踩着一顶被
踢翻的王冠（图 7）。[②] 另一幅由版画师约瑟夫·马里·贝塞（Joseph Marie Bessint，
1765—?）制作于 1793—1794 年间的作品，整体构图与前者十分接近，制作更为精
美，题名为《自由女神给平等加冕》（图 8）。[③] 相似的构图也出现在另一幅匿名作
品中，只是这幅版画的题名被更改为《自由，法国人的主保圣人》，虽然画面上依

---

① Référence bibliographique: Hennin 12289.

② Référence bibliographique: De Vinck 4749.

③ Référence bibliographique: Hennin 11798.

La Liberté Couronnant l'Egalité.

图 7

图 8

旧有平等的象征符号，但不论是题名还是图下方附有的小诗，完全没有提到"平等"。① 还有一幅大概差不多同时期的（1793—1794年）匿名的版画看起来与这两幅作品之间存在着某种借鉴。不过画中人物并不是古典神话中的女神，而是一位少年，他几乎全裸，背后有一对翅膀，背着箭囊，手持一支长箭，这身装束很清楚地告诉观众他的身份是爱神。(图9)② 然而有意思的是，

图 9

①　Référence bibliographique: Hennin 11986.
②　Référence bibliographique: Hennin 11807.

他手中长箭的顶端却顶着一条套裤（culotte）。环绕着图像的铭文这样写道："当爱神戴上软帽（en bonnet），他成为了无套裤汉，自由让他快乐，是他的偏爱。"画面中的爱神正在把一个花环放到面前的三角水平仪上，与前面那两幅版画一样，这个举动象征着"自由给平等加冕"。这些图像都鲜明地体现出当时图像制作者对于自由与平等理念的珍视。而且不难发现，当这两个元素同时出现的时候，自由仿佛总是显得比平等更为重要，这也吻合大多数革命参与者和支持者在这两项基本概念上的倾向。

同样是在 1793 年，还出现过一幅题为《贵族的噩梦》的版画，目前留存的版本不止一个，整体构图在不同版本之间并无太大差别，有彩色与黑白之分，可见它在当时流传得较为广泛。(图 10)[1] 画面中央是一位年轻女子，仰卧在一张铺着豪华丝绒的床榻之上，床边散落着王冠和珠宝，她满面愁容，用手抓着自己的蛇发。显然，这位女子便是贵族等级的化身，她的头发、姿态以及身边物品无不展现出当时

图 10

人们对于这个等级的负面评价：糜烂、腐化、奢侈，充满了阴谋诡计，甚至这个人物被赋予的性别也回应着旧制度末年公共舆论对于贵族等级的抨击——丧失英勇与美德，变得像女子一样阴柔软弱。至于为何把这幅图像取名为《贵族的噩梦》，或许关键是在画面正中央的三角水平仪。这个水平仪顶角上是一个自由帽，它悬空浮现在空中，正好压在贵族身体的上方。画面的寓意并不难

---

① Référence bibliographique: Hennin 12480.

猜出，那就是人民关于自由与平等的呼声与要求令贵族惊恐万分，成为他们挥之不去的噩梦。

可以看到，这个阶段出现了大量创意接近的用来表示"自由"与"平等"的图像，其中不少具有浓郁的官方宣传色彩，典型代表作是菲利贝尔—路易·德布库尔（Philibert-Louis Debucourt，1755—1832）于1793年制作的"法国共和女神与《人权与公民权宣言》"（图11）。① 在这幅充满了古典意味的图像中，与"自由"和"平等"各自相关的元素几乎平分秋色，两者处于完全对等的地位。共和女神端坐中间，脚下的祭台正面是1793年版的《人权与公民权宣言》全文，祭台两侧则是象征着法国君主制历史的残垣断壁。在女神宝座的两边扶手上分别是"自由"与"平等"两尊女神的小站像。自由女神拿着顶有自由帽的长矛，脚下的石头上刻着"自由"以及"美德"字样。平等女神双手把象征平等的铅锤水平仪高举过头顶，脚下刻着的是"平等"和"法律"，在两者中间还画着一架天平。除了共和女神宝座两侧扶手的这些装饰以外，在女神像的脚下两边也同样有很多寓意丰富的物品。在"自由女神"小站像这边的下方，是一个长着翅膀的小天使，正在打开一个铁笼，笼中鸟立即飞了出来，在笼子的上面，还散乱地堆着一些被打断的铁链。在"平等女神"这一侧，则摆放着蜂巢、调色盘、测量工具、纸笔、船锚以及一大串葡萄，这些物品显然都与第三等级从事的各种职业：农民、画家、木匠、律师、商人、水手等密切相关。

图 11

虽然无法通过这幅图像揣测

---

① Référence bibliographique: De Vinck 4231.

作者德布库尔关于平等的真实观点，也无法界定其作品的确切时间，但是从他的作品中可以看到，此时的平等与 1789 年那幅在水平仪下的三个等级的图像所表达的平等有了很大的不同。最重要的差异在于，1789 年的平等是第三等级与前两个等级之间的平等，是其作为一个整体呼吁要在参政议政方面获得与特权等级一样的地位，更多考虑的是政治权力的平等。到了 1793 年，特权等级已经荡然无存，第三等级代表人民建立了共和国，那么此时的平等应该就是第三等级内部之间的平等。因而在图像中，第一、第二等级已不复存在，他们存在的遗迹已经变成雕刻着《人权宣言》的祭台，此时的平等就是《人权宣言》中宣称的个体之间的平等，也就是由手工业者、小商贩和学徒阶层所组成的巴黎无套裤汉们所希望拥有的"道德经济下的平均幸福（heureuse mediocrité），谁都不应该拥有过多或者过少"[①]，他们渴求的是社会财富方面的平等。正是在"希望进行更加公平的财产分配"的愿望的推动下，1793 年 9 月 2 日巴黎无套裤汉递交了请愿书，"他们要求对财产进行'最高限制'，个人只能拥有一个工作坊、一个商店或一个小农场"。[②]

在 1793 年法国内外交困、巴黎物价飞涨的局势下，平等的呼声日渐增高，盖过了此前对于自由的强调。在此阶段，"这种平等和怀旧的理想因社会经济变革和危机展现出革命潜力，也成为抗议和直接行动的指导方针"。[③] 要求更激进的埃贝尔（Jacques Hébert，1757—1794）等人以及"忿激派"甚至进一步主张要消灭所有贵族，把他们的财产全部充公。这些诉求旨在尽可能消除个体之间财产与获得生活物资机会的差异，寻求社会平等。革命政府对此类诉求做出了态度鲜明的回应，在 1793 年 3 月 18 日颁布的法令中严厉规定，拥护旨在平分土地的土地法的人会被处以死刑。[④] 当然，革命政府也无法完全无视底层民众对平等的强烈渴求。所以与此同时，1793 年颁布的宪法又向民众保证，他们有获得社会慈善救助的权利。并且，国民公会于同年 9 月 29 日通过了最高限价法。显然，革命政府始终没有向极端的平均主义低头，但又希望尽可能以保障平等的生存权的方式来争取尽可能多的民众支持革命。

---

① ［德］汉斯-乌尔里希·塔默：《法国大革命》，经轶、吕馥含译，上海三联书店 2019 年版，第 72—73 页。
② ［澳］彼得·麦克菲：《自由与毁灭：法国大革命（1789—1799）》，杨磊译，中信出版社 2019 年版，第 271 页。
③ ［德］汉斯-乌尔里希·塔默：《法国大革命》，经轶、吕馥含译，上海三联书店 2019 年版，第 73 页。
④ ［法］乔治·勒费弗尔：《法国革命史》，顾良、孟湄、张慧君译，商务印书馆 2010 年版，第 355 页。

　　相应地，在 1793 年，不少宣传《人权宣言》的图像中都成对地出现了"平等"与"自由"女神。如下图这幅由匿名作者为《人权宣言》所设计的镶框图案中，左边是拿着铅锤水平仪的平等女神，右边是手拿自由帽和狼牙棒的自由女神，两人中间则是一个表示神圣的等边三角形，中间是月桂花环下的地球（图 12）。[①]需要指出的是，当图像中的"平等"概念比较固定地用铅锤水平仪来表示之后，曾经短暂地被用来表示三个等级的平等与团结的等边三角形也就结束了这种过渡性质的象征符号任务，重新回归到它长久以来用以表现神圣性的传统符号身份之中。

　　除了宣传 1793 年版的《人权宣言》的图像以外，其他图像中也有不少"自由"与"平等"双双出现的画面，例如皮埃尔·勒吕（Pierre Lélu，1741—1810）创作的《山岳派的胜利》，里面有非常多的古典元素(图 13)。[②]画面中央便是相拥而立的"平等"

图 12　　　　　　　　　　　　　　　　图 13

①　Référence bibliographique: Hennin 11590.

②　Référence bibliographique: Hennin 11752.

与"自由"两位女神。她们一坐一站，站立着的平等女神手中的三角水平仪非常引人注目。值得一提的还有路易-让·阿兰（Louis-Jean Allais，1762—1833）创作于1794 年的《法国之神接受自由与平等》，画面中端坐中央的法国之神并不是常见的女神形象，而是一尊高大的男性神祇（图 14）。[①] 他背后长着巨大翅膀，头顶有成束的闪电，头发是在男性神祇身上更罕见的蛇发。他展开双臂，双手之下分别站着自由女神与平等女神，前者拿着顶着自由帽的长矛与束棒，后者拿着三角水平仪。1793—1794 年的一幅匿名版画刻画了自由与平等两位女神的半身像。在戴着小红帽的自由女神旁边站着平等女神，这位平等女神手中拿着的是一个把天平与三角水平仪叠加在一起的物件，这在革命时期的图像中并不多见，作者试图以两种符号来

LE GÉNIE FRANÇAIS ADOPTE LA LIBERTÉ ET L'ÉGALITÉ

图 14

---

① Référence bibliographique: Hennin 11978.

强化平等与公正的概念。① 同一年，还有一幅别具一格的匿名版画。在这幅版画中央是一个半圆地球，一位拿着月桂花环和自由帽长矛，披着红蓝白三色绶带的女神站在球顶，她的脚下位置写着"法国"，在画面右侧，是另一位手持利剑和刻着《人权宣言》石板的女神，而在画面左侧，拿着三角水平仪的平等女神以一种比较悠闲的姿态坐在一张丝绒座椅上，她的脚下是一堆散乱的教皇冠等宗教器物。仔细观察会发现，右边这位站立着的女神手拿利剑所指的方向恰好是平等女神。该图像的文字这样写道："战无不胜的理性，温和的平等，被压迫的人民为长时间的欺凌复仇。感谢被奴役最深的法国人，让所有人终获自由。"（图15）② 这幅版画的意图并不像其他作品一样一目了然，如果把平等女神的姿态结合配文，似乎是在宣扬平等并不能与自由相提并论（自由女神站得更高更中央），而且平等不能推进得非常激进与彻底，相反她应当处于理性的控制之下（理性之

图 15

剑指着平等），与此同时，打破特权又是必需的（被踩在脚下的神圣器物）。唯有如此，所有人才能获得自由。在 1793 年街头运动如此热火朝天的氛围中，在一大堆宣扬社会平等的图像作品之中，这幅匿名作品显得非常特别。

虽然"平等"元素大多数时候与其他革命理念结伴出现，但是"平等"也有大量属于它自己的单独的"肖像画"。这一点与"自由""理性"等概念一样。尤其是在大革命进行到 1793—1794 年间，民间呼吁平等的呼声高涨，出现了一大批直接

① Référence bibliographique: Hennin 11797.
② Référence bibliographique: De Vinck 4243.

图 16

以"平等"为题的图像作品。这些作品往往制作精美，采用多种象征寓意手法来表达作者理念、传播革命思想。例如，在当时的一幅匿名作品中，一位坐着的年轻女神穿着古典长袍，左手抱着一捆束棒，上面插着斧头，右手拿着三角水平仪，在她身后是一只雄赳赳的高卢雄鸡，象征着法国。在画面下方写着"平等"（图 16）。[1] 在另外由科比耶（Jacques-Louis Copia，1764—1799）制作的同名版画中，一位女神装束的女子被三个同样大小的幼童围绕，女神正在把手中的食物均分给这几个孩子，其中在画面最前方的那个孩子手中还拿着一把铁锹，暗示着他作为劳动者的身份。在他们的身后，空中巨大的光束中央，不是全知之眼的等边三角形，而是一个三角水平仪（图 17）。[2] 在水平仪下方的草地上还有一个蜂巢，象征着勤劳或者团结。这幅图像让人联想起燕子为雏燕喂食的象征寓意，每个孩子（雏燕）都应该获得相同份额的食物，这无疑是在宣扬社会分配的平均主义。如果说这两幅版画都是匿名作品，那么由版画师路易·达西（Louis Darcis，？—1801）创作于 1794 年的平等女神则可说明当时不仅仅是文化水平低下的底层民众呼吁解决社会分配中的不平等问题，达西所在的版画师行业中也有人为此大力宣传。在他题名为《平等》的作品中，精心刻画的平等女神依旧是古典装束，穿着白色的古希腊裙子，胸口挂着由蓝白两色绶带装饰的平等符号——三角水平仪，加上她的一个袖子是红色的，大革命的红蓝白三色组成了女神的服饰颜色（图 18）。[3]

---

[1]　Référence bibliographique: De Vinck 6067.

[2]　Référence bibliographique : Hennin 12292.

[3]　Référence bibliographique: Hennin 12006.

图 17

在创作于同一时期，署名让-巴蒂斯特·戈蒂耶（Jean-Baptiste Gautier，生卒年不详）的版画中，高大的平等女神拿着三角水平仪正要放到一个地球仪上方，似乎是想表明平等理念应该是放之四海而皆准的价值理念。而在女神的脚边，正是传统寓意体系中用以象征平等的燕子喂雏图像，一只大燕子正在给燕窝里的四五只小燕子喂食（图 19）。[1] 也有表现平等女神手持自然女神像和三角水平仪，象征着平等是"天赋人权"。[2] 还有把表现平等女神称为"法国的主保圣人"的作品（出自皮埃尔—纪尧姆—

图 18

---

[1] Référence bibliographique: Hennin 11984.

[2] Référence bibliographique: De Vinck 6657.

图 19

图 20

亚历山大·贝尔让博（Pierre-Guillaume-Alexandre Beljambe, 1759—1820？）。[1] 另在 1794 年的一幅署名为维尔纳维的作品中则罕见地出现了两个平等符号（图 20）。[2] 画面中央是象征共和的女神，她右手拿着一把利剑，左手拿着一架装置着铅锤水平仪的天平，背后双翅张开。共和女神的脚下踩着另一个巨大的铅锤水平仪，水平仪上写着"傲慢的人们，屈服吧！"在这个水平仪之下压着许多奄奄一息的人。该图的铭文这样写道：

> 共和女神合法地站在水平仪上，它碾碎了暴君罗伯斯庇尔、库通（Georges Couthon，1755—1794）、圣茹斯特以及他们的代理人的头。热月 9 日晚上，制宪会议展现了勇气与美德，推翻了三头统治，拯救了祖国。共和万岁！自由平等万岁！

这幅版画或许是热月党人用来为他们行动合法性所作的宣传，抑或是反对罗伯斯庇尔统治的图像制作者真心为法国得以从"恐怖统治"中脱身而欢欣鼓舞。当然，也不排除制作者追求的是真正的社会平等，因为如果细心观察会发现，图中共和女

---

① Référence bibliographique: Hennin 11996.

② Référence bibliographique: De Vinck 6545.

神手拿的利剑上写着"不平等，毋宁死"。须知当时流传甚广的口号是"不自由，毋宁死"，但在此图中，制作者用"平等"置换了"自由"。由此可见，平等在制作者心目中是高于自由的。不论是哪种情况，罗伯斯庇尔等人在现实中最终被送上了断头台，而此前他们始终是激进的左派，在政治主张上一直标榜维护底层民众的利益。然而在这幅图像中，他们却被共和女神作为暴君用象征平等的三角水平仪处死，其中的讽刺意味相当浓烈。

除了上述现象以外，另一个有意思的现象是：在很多题名中有"自由""平等"字样的图像中，实际上只有自由的象征物，而没有平

图 21

等的。例如下面多幅图像均以"自由、平等"为题名，但是画面上只有象征自由的小红帽，却找不到与平等相关联的元素。譬如，让-巴蒂斯特·威卡尔（Jean-Baptiste Wicar，1762—1834）创作的纪念 8 月 10 日事件的画作：《以法兰西人民的名义：自由和平等，1792 年 8 月 10 日》中就没有出现暗含平等的元素（图 21）。① 在另有一幅面世于 1792—1794 年间，与前者构图极其相似的匿名作品：《以法兰西共和国的名义：自由，平等》中，女神右手扶着带有斧子的束棒，左手拿着顶着小红帽的长木棒（长矛?），同样没有任何象征平等的物件出现（图 22）。② 路易-雅克·贝迪（Louis Jacques Petit，1760—1812）创作于 1794 年的作品也存在类似情况。③ 是否可以推测，在这些作品的制

① Référence bibliographique: Hennin 11224.
② Référence bibliographique: Hennin 11271.
③ Référence bibliographique: Hennin 12034.

图 22

作者心目中，平等充其量不过是一个空洞抽象的口号，相较而言，自由才是真正有价值的理念，所以他们才会以这样一种不太重视表现平等象征物的方式来进行创作。

与此相映成趣的是，在一些反映真实历史事件的图像中，却又被作者添加了平等的符号，例如在一幅出版于1789年的表现"十月事件"的图像中，向凡尔赛进军的市场妇女行列中，就有一名女性手中高高举着一个上面装饰有小红帽

图 23

与天平的物件（图 23）。^① 当时对于该事件的诸多报道中也从未提及如此具有革命意味的物件存在，而且，从它的样式来看，也不是临时起意去凡尔赛的市场妇女在很短时间内制作出来的，所以，最大可能便是创作该版画的作者自作主张为市场妇女增加了这一道具，以强调她们这一行动所具有的重要革命意义。

菲利贝尔-路易·德布库尔（Philibert-Louis Debucourt，1755—1832）在 1794 年创作了一幅有关共和历的精美作品（图 24）。^② 头戴小红帽，身穿希腊长裙的共和国女神玛利亚娜正在翻开一本有关天文历法的书籍，她的脚边就有一个铅锤水平仪，搁在一个写有"法兰西共和国，团结"的箱子之上，旁边还放着一本题名为《道德》的书。作者在这里把平等与团结、共和国、道德等并列，将其视为共和国重要原则之一。雅克—路易·科比亚（Jacques-Louis Copia，1764—1799）在 1798 年创作的《法国宪法建立在不可变更的人权与公民义务之上》这幅作品中，有两处使用到了平等的象征符号——水平仪（图 25）。^③

在安托瓦·塞尔让于 1792 年设计的纪念章《自由、平等、团结》图像中，一位

图 24

① Référence bibliographique: Hennin 10449.

② Référence bibliographique: Hennin 11952.

③ Référence bibliographique: Hennin 12164.

图 25

女子左手拿着自由帽，右手抱着束棒，在她身下坐着的石磴上刻有三角水平仪的图案（图 26）。[1] 这是否暗示着作者认为平等是自由和团结的基石？督政府时期也同样使用铅锤水平仪来象征平等，但在这个阶段，平等符号的出现明显比此前减少了很多。罗杰·巴泰勒米（Roger Barthélemy，1770—1841）在 1795 年的作品是为其中一例（图 27）。[2]

关于平等的图像集中从 1793 年前后开始大量出现，"热月政变"之后它们依旧存在，一直到 1796 年。由此可见，其间对于平等的诉求始终未曾消失。不过与此同时，不难发现，虽然平等的主题即便在部分作品中获得与自由同等的地位，但它的地位始终没有超越自由，很多时候，平等是被置于自由之下的。

---

[1]　Référence bibliographique: Hennin 11800.

[2]　Référence bibliographique: Hennin 12118.

图 26

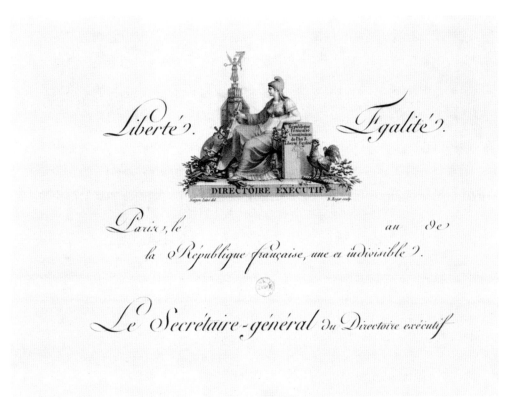

图 27

小 结

伏维尔在《图像与叙述》中曾经谈到，大革命创建起一个图像寓意的世界。但这个世界里的象征符号并非革命者的原创，其中很多元素是从传统借鉴而来，"不论是从古典时代、宗教改革时期抑或绝对主义时期，以及凯撒·里帕及其继承者们在文艺复兴之后编撰的图像清单，这个象征和寓意的世界显然从继承的形式中借鉴了许多（元素）用以重构。"① 当然其中还要加入晚近的新古典主义审美。从上文对平等符号梳理中已经可以看到，天平、等边三角形以及燕巢等象征符号都能从《里帕图像手册》中轻易找到原型。

需要指出的是，这些符号中的一些在法国旧制度的图像体系中也已经被反复使用，例如关于天平与正义、公正的联系，以及等边三角形与神圣性、法律权威性、法律神圣性的来源、法律的公正（等边三角形的不偏不倚）等各种抽象理念之间的密切关联，在整个君主制图像体系中占据极其重要的基础性地位。革命时期使用的平等符号一方面继承了这些传统的形式与寓意，另一方面又赋予它们特定情境下新的含义。比如，以天平来象征三个等级之间的平等，以等边三角形象征等级之间的和谐团结。象征体系中新旧的融合与大革命在其他领域对于旧制度的继承与发展显然异曲同工。与此同时，还需要注意的是，这个承载着革命理念的象征图像世界并非是固化的，前文的分析已经清晰表明，正如平等的符号从天平演变到了铅锤水平仪，平等自身的理念也在发生着不小的改变，从革命初年的等级平等到 1793 年前后的社会平等要求，不仅是符号形式的更替改变，其中内涵的改变更值得关注。

---

① Michel Vovelle, *Images et récits de la Révolution française*, Tome I, Paris: Messidor, 1984–1989, p.296.

第二章　团结与平等的幻灭：大革命图像中
的三个等级（1789—1790）

　　研究法国大革命时期的政治文化的历史学家总是说"发明新的政治用语和一套现代政治术语是法国大革命的创造性成就，也是它给现代社会留下的遗产"①。此话不假，然而以往我们都是从当时的文本中去解读这些政治术语是如何被使用与传播的。关注文本的解读显然忽视了非常重要的一个问题，那就是，即便政治精英们一再强调语言的理性精练与清晰明了远胜于视觉系统的复杂与含混，但是从旧制度一直延续下来的、用图像来阐释观念的传统并没有在革命时期中断。相反，由于卷入这一历史性变故的人数是如此之多，人们如此渴望理解新事件、新概念、新观点，以至于面向中下层民众的图像获得了巨大的市场。相似的情形曾经在法国宗教战争时期出现过。大革命时代的"图像战争"相较于宗教战争时期，有过之而无不及。那么，随着革命的爆发，像"平等"和"自由"这类被索布尔（Albert Soboul，1914—1982）称为具有"母义"（l'idée-mère）的词，究竟如何以图像的方式向民众展示它们抽象的内涵？最后又是如何演变，或者被取代乃至消失的呢？前一章已经详细分析了有关"平等"概念在图像中的变化，本章将继续讨论另一个与"平等"紧密相关的问题，那就是法国三个等级之间的关系。众所周知，革命爆发的初衷是要推翻特权，以期获得等级间的平等，那么，这样的诉求是如何通过图像表达的呢？随着革命的进程，有关于此的最初态度以及相应的图像呈现，是否发生了变化？

　　首先，简单回顾一下"三个等级"理论的提出。1031 年，德拉隆（Adalberon de Laon，？—1330）在题献给法国国王罗贝尔（Robert II，972—1031）的一首诗歌中写道："一些人祈祷，另一些人战斗，还有一些人劳作。"这被视为"三个等级"

---

① ［德］汉斯-乌尔里希·塔默：《法国大革命》，经轶、吕馥含译，上海三联书店 2019 年版，第 3 页。

理论的正式提出，这一制度的要义在于互补互助与等级之间的平衡。[1] 当时王权式微，各地大领主不受约束，导致没有武装保护的教士阶层人身安全与财产安全都岌岌可危。教士们提出这一理论是希望用互助性的社会模型来约束领主或者骑士们的暴力行为。三个等级的制度作为社会架构的理论与实践，与法国的君主制紧密结合在一起。但是到了大革命爆发前夕，不论引发革命的原因是财政危机还是启蒙思想的深入人心，革命的核心诉求仍是废除特权，追求平等。所以从某种意义上说，革命的核心议题就是针对等级制度。这一诉求体现在大量的《陈情书》中，体现在《人权宣言》里关于"在权利方面，人们生来而且始终是自由平等的"的经典表述中，也以多种形式呈现在革命时期的图像中。

国内外学界对于革命图像中如何呈现平等诉求的研究尚不多见，只有伏维尔在他的《图像与叙述》中有一章谈到了"被质疑的等级社会"，以简单介绍相关图像为主。另外，他的学生、法国学者让-查理·贝扎肯（Jean-Charles Benzaken）对表现相关内容的纪念币进行过分析，不过贝扎肯只是对图像的内容作了描述与分类，几乎没有关于图像内容与当时现实关联之间的详细分析。本章将以革命时期的版画和瓷器作品为主要材料，围绕着 1789 年 6 月—1791 年间图像中出现的与三个等级相关的平等概念分析当时民众对于等级的态度与观念，希望能更细致地理解革命早年人们对于不同等级之间关系的看法，以及这些看法与革命走向之间的关联。

团结与平等的美好愿望

贝扎肯分析了革命时期发行的以三个等级为主题的纪念币。其中有数枚为庆祝"三级会议"的召开，刻着"1789 年 4 月—5 月"的日期，但图像中并没有强调三个等级的联合，由此可推测关于三个等级的象征图像的出现要晚于 1789 年 5 月，也就是在三级会议召开之后才出现。而最后出现该主题的纪念币大概在 1790 年 7 月 14 日左右，也就是第一次联盟节。[2] 他的分析意味着，有关三个等级的图像在

---

[1]　James K. Lindsey, "Reviewed Work（s）: Les trois ordres ou l'imaginaire du féodalisme by Georges Duby", *Revue française de sociologie*, Vol. 21, No. 3（Jul. - Sep., 1980）, pp.468–472.

[2]　Jean-Charles Benzaken, "La symbolique des Trois Ordres réunis, dans la médaille révolutionnaire", *Annales historiques de la Révolution française*, No. 267（Janvier-Mars 1987）, pp.42–57.

整个大革命时期存续的时间并不长，至多也就 14 个月左右。

目前笔者能查到的大革命时期较早关于三个等级团结一致的图像是在 1789 年 6 月出现，与贝扎肯的研究结果比较接近。例如，下述这幅题为《和谐女神把三个等级团结在一起》的图像的出版时间为 1789 年 6 月 26 日（图 1）。①

图中教士居中，贵族与第三等级分立两边，每人手中都拿着代表自己贡献的物件，分别为棕树枝、长剑与铁锹（第三等级的代表明显不是农民，但是却拿着传统用来表现耕作的第三等级的铁锹）。天空中飞翔着的和谐女神手拿束棒，束棒下方垂下的枝条把三个等级的人物都连在了一起。画面左侧是亨利四世、路易十二、路易十六的头像，他们头像的上方则是象征着法国王权的地球与王冠，右侧是絮利（duc de Sully，1559—1641）、科尔贝尔（Jean-Baptiste Colbert，1619—1683）和内

图 1

---

① Référence bibliographique: Hennin 10260.

克，他们的上方是象征着法国的高卢雄鸡。女神身后的天空中光辉圣洁的阳光照耀着大地。画面下方的铭文写道："唯一关心的就是今天我们所有人联合起来，以法国的名义。让我们作为好朋友手拉手，三个等级会带来和平。"此处有一个有趣的小细节，画中第一等级和第三等级互相伸出手似乎想要去握住对方，而一边的贵族则把手放在身后，并没有做出任何握手的姿态。这让人联想到在三个等级会议召开之际，站在第三等级这一边的教士人数多于贵族。

不过，值得一提的是，在大革命初年表现三个等级的图像中，最常见的是另一个经典场景：一位身着农民服装的人物佝偻着背，费力地背负着一个巨大的球体。球体表面装饰着百合花，球体顶部戴着一个王冠，显然这是法国王国的象征。在某些图像中，这个农民为了竭力支撑球体的巨大重量，已经单膝跪地，在他身边，往往散乱地放着一些农具用以强调他的身份。在农民的两边，站立着身穿高级主教服装、头戴主教冕的第一等级以及佩戴着武器、穿着华丽骑士服装的第二等级。画中的细节常有不同程度的变化，比如农民的形象多数为老年人，满脸皱纹，与旁边的主教与贵族形成巨大反差，但偶尔这个人物的形象也会是年轻人。两边的教士

图 2   图 3

与贵族的装束也有变化，不过人物往往会有标志性的装束来显示身份，如高级主教手持十字架，贵族的佩剑或者羽毛帽及套裤。据伏维尔在《图像与叙述》中所说，这系列图像的原型可以追溯到 16 世纪的一幅匿名作品（图 2）。[①] 这也就可以解释大革命时期该系列图像中部分版画人物形象穿着的服饰为何明显不是 18 世纪的（图 3）。[②]

仅从图像内容来看，这一类型图像传达的含义十分明确，它们强调了第三等级在整个国家体系中承受着最重的负担，却没有获得应有的地位，反映出平民阶层对于沉重赋税的不满。这一点与陈情书的内容相吻合。勒费弗尔说，"（陈情书）起草人对体制改革显然不感兴趣，他们仅仅就平民阶级的不堪重负提出批评"。[③] 德国史学家塔默也指出，"大革命前夕的报道和 1789 年春的陈情书都频繁地将矛头指向'封建制度'，这一制度关系到封建权力，准确讲是领主权力，如捐税、苦役以及农奴制残余。常规税不算什么，造成负担的更多是特殊捐税，即封建领主所立的其他特权名目如徭役、领主赋税、领主狩猎权，人们对此怨声载道"。[④] 阿瑟·扬（Arthur Young，1741—1821）在他的游记中这样写道："在经过法国许多省份的时候，我被农民和小业主的各种各样的沉重抱怨所震撼。"[⑤]

除了对赋税制度不满以外，在革命之前的现实生活中，等级之间的隔阂分裂亦十分严重。尤其是不同等级拥有的财富与社会地位之间存在着严重的"错位"。布耶伯爵在回忆录中写道：

> 法国由殖民地带回的财富只使得第三等级变得富裕，因为贵族等级的传统使他们远离商业。远离领地的贵族们日益消耗着家业的同时，平民们通过他们的勤劳积累财富。在巴黎和外省，资产阶级在财富、才干和个人品德上都处于优势地位。他们感觉到了这种优势，然而却处处蒙羞。比如他们不能加入军队，也无法成为高级教士，因这些职位都是保留给贵族的。高级地方官同样拒

---

① Référence bibliographique: Hennin 10563.
② Référence bibliographique: De Vinck 2040.
③ [法]乔治·勒费弗尔：《法国革命史》，顾良、孟湄、张慧君译，商务印书馆 2010 年版，第 111 页。
④ [德] 汉斯-乌尔里希·塔默：《法国大革命》，经轶、吕馥含译，上海三联书店 2019 年版，第 8—9 页。
⑤ E. L. Higgins, *The French Revolution as told by Contemporaries*, New York: Cooper Square Publishers, 1975, p.22.

接他们，而绝大多数的高等法院只接受贵族。①

　　然而，有意思的是，在这些主要渲染第三等级深受不平等之苦的图像中，铭文往往表达了包含上述不满在内的数重内容。首先，指出第三等级在负担国家的重担；其次，强调另两个等级在帮助第三等级；最后，却要突出三个等级的联合，这一点有时是用直接的文字来表达，有时是用暗示团结的蜂巢等象征物来传达三个等级的联合（图4）。②

　　值得注意的是，与16世纪最初的那幅表现三个等级的图像相比较，大革命时期图像中的第三等级虽然也有农民形象，但更多的是1789年参加三级会议的第三等级代表的形象，即一身黑衣，戴着黑色的帽子，用以标识其身份的也不再是农民

图 4

图 5

---

① 　E. L. Higgins, *The French Revolution as told by Contemporaries*, New York: Cooper Square Publishers, 1975, p.23.

② 　Référence bibliographique: De Vinck 2038.

的锄头或者铁锹，而是象征财富与和平的丰饶角或者是代表着职业的圆规、画笔和书本等物品。可见在两个世纪里，第三等级成员的构成发生了很大的变化。反映在图像中，从最初的农民演变为黑色装束的第三等级代表形象，这是明显的变化（图5）。[1] 随着革命的进程，后续出现在图像中的第三等级形象还会发生新的变化。在这幅题为《我是第三等级》的图像中，黑色装束的第三等级形象被无套裤汉和走街串巷的女商贩的形象所替代，他俩穿着当时巴黎下层民众常穿的木鞋，手里举着酒杯和酒瓶（图6）。[2] 需要看到的是，图像中人物形象的转变不仅仅是第三等级的真实构成发生变化，更说明其中某些成员自我界定为第三等级的意识的强烈迸发，在这一连串的转变背后，图像表现的内容以及诉求都随之发生了转变。

图 6

---

① 　Référence bibliographique: De Vinck 1450.

② 　Référence bibliographique: De Vinck 2023.

LE TRIOMPHE DES TROIS ORDRES.

Sur le char on voit les trois ordres dans leurs costumes : derriere sont l'Esperance, la Paix, la Justice et le Commerce. les chevaux sont guidés par Mercure qui les conduit au Temple de la Justice. Le Temps qui est à la porte, tient d'une main l'Histoire de France où on voit écrit, Siecle de Louis XVI. Sur le devant on apperçoit l'Envie, les Furies et d'autres figures allégoriques.

图 7

Les trois Ordres avec leurs atributs, sous le niveau.

A Paris chés Crépy rue St Jacques à St Pierre.

图 8

例如，这幅出版于 1789 年题为《三个等级的凯旋》的匿名版画中，三个等级的代表意气风发地站在一辆由墨丘利引导的豪华马车上，跟在他们后面的是希望女神、和平女神、正义女神和商业女神（图 7）。[①] 时间大神站在远处的"正义之殿"门外，等待他们的到来。这幅图像上的第三等级就不再是农民的形象，而是穿着一身黑衣的参加等级会议时的代表们的装束。另外，从这幅图像中运用了大量古罗马的神话人物形象可以猜测，该图像的订购者或者说它面向的潜在观者应该属于受过良好教育的阶层。

如果说之前谈到的第一类图像凸显了第三等级所处的不公平境地，那么大革命初期出现的另一类相关图像则强烈地表现出第三等级对平等的迫切渴望。例如，前一章已经提到过那幅把三个等级的人物形象放置在一个巨大的水平仪下方的图像（图 8）。[②] 在每个等级的身边则堆放着表示他们对社会所做贡献的物品以及他们各自经常出现的场所，比如，第三等级脚边放着丰饶角，右手按在一个船锚上，他的身后是一艘正在扬帆远航的大船，暗示着第三等级通过远洋贸易以及辛勤劳作，为国家贡献了丰富的物产与财富。

在描绘三个等级团结平等内容的图像中有署名的并不常见，但仍能找到个别制作精美的版画是有署名或者出版信息的。例如在这幅由约瑟夫·梅耶（Joseph Maillet，1751—1811）创作的题为《自由法国的时代》中，不仅出现了天平的象征物，而且充满

图 9

---

① Référence bibliographique: De Vinck 2019.

② Référence bibliographique: De Vinck 2026.

了晦涩的象征元素（图9）。① 或许可以推测这类使用隐喻的图像创作者具有较高的文化素养，他们有时可能就是为官方服务的画师或手工业者。在《自由法国的时代》里就出现了许多象征性元素。图中的铭文给予了详细说明，它这样写道：

> 路易十六在内克的引导下沿着荣耀大道走向团结在正义之尺（la Règle de la Justice）下的三个等级。他头顶上方是印有亨利四世和苏利头像的纪念章，暗示着他和内克也是一对明君良臣。他身后，第欧根尼把灯笼踩碎在脚下，因为他面前有这么多真正的人，他们都是法国公民。第欧根尼身旁站着卢梭，前者向后者指着天空中的火把，那是他们希望所有人都追随的美德之光。人群背后是巴士底狱，高高的城堡顶部站着一位国民自卫军，手中高举着胜利的旗帜和一段被打碎的铁链。画面正前方是两个精灵，一个用木棍举着自由帽，另一个拉着丰饶角……

除了用天平这样具体的形象表现三个等级的平等之外，革命初年的图像中还有不少用隐喻手法来表现类似主题的。其中最突出的就是使用三角形的元素。有时是图像中出现三角形的图案，有时则是采用三角形的构图。我们可以很清楚地看到，这些三角形都是等边三角形，这不仅象征着三个等级的组成，更重要的是突出三个等级作为完全平等的构成部分，组合在祖国这一整体之中。如前文所提到的农夫手中的三角形（图10）。② 这一点在前一章节中已经给予讨论，此处不再赘述。

除了用象征隐喻方式表达平等诉求之外，另有一些图像直接用人物形象以及相互之间的互动方式来表现同样的含义。出现在1789年的一幅题为《三方协定》的匿名版画描绘了三个等级的人物坐在一起举着酒杯，背景深处有身穿国民自卫军服装的士兵在向远处射击（图11）。③ 从三人所坐的凳子不是同样的样式这一细节暗示来看，这是在贫穷农户的葡萄园里。不过，画中三人都面目和善。图下的铭文写道："好的法国人为我们仨带来了国王中最好那位的健康。用为祖国服务的方式联合起来，我的朋友们，我们会顶住所有敌人的愤怒。"

由绘画师雅克·杜哲（Jacques Louis François Touzé，1747—1807）创作于1789年的《跳舞万岁，三人舞》中，画面中央的是教士等级与第三等级一起拉着

---

① Référence bibliographique: De Vinck 2042.
② Référence bibliographique: De Vinck 2030.
③ Référence bibliographique: De Vinck 2053.

Trois Tetes sous l'meme bonnet.

图 10

图 11

图 12

法国的保护女神密涅瓦在跳三人舞，旁边一位贵族弹奏着里拉琴为他们伴奏（图 12）。[1] 天空中一只老鹰抓着一条毒蛇正在往远处飞走，一只和平鸽衔着橄榄枝正在飞过来。一来一往，表明厄运已经离开法国，和平即将到来。在画面右侧，是正在聚餐的三个等级，教士一边大口吃着东西，一边手里还在抓别的食物，而军官模样的贵族则与第三等级在为一张写着"国王万岁"的纸张祝酒。画面中还有许多动物，狮子、猎犬、绵羊等，它们都安静地听着贵族演奏者的表演。整幅画面显得非常和谐与欢快。在《美德冲破一切阻碍》这幅图像中，三个等级化身为法国的三个孩子，法国女神把他们领到内克的塑像面前，在塑像下面还坐着丰饶、正义等女神（图 13）。[2] 飞翔在空中的天使们手捧国王和王后的画像。在另一幅题为《好，我们现在和谐一致了》的匿名画作中，三个等级各自拿着一种乐器，弹奏音乐（图 14）。[3] 以合奏来表达团结的主题，在当时也非常多见。

---

[1]　Référence bibliographique: Hennin 10250.

[2]　Référence bibliographique: De Vinck 529.

[3]　Référence bibliographique: Hennin 10257.

图 13

图 14

图 15　　　　　　　　　　　　　　　图 16

　　如果说上述图像都是采用想象中的和谐场景来表达希望三个等级联合团结的美好愿望，那么另有一些图像则采用"超现实主义"的创作手法，以幻想把三个等级合而为一的方式来表达消除等级差异的愿望。如这张题名为《三个等级先生》的彩色版刻画（图 15）。[①] 这位虚拟的"三个等级先生"身体是由一半贵族一半教士组成，帽子上既装饰着羽毛（贵族象征）又佩戴着三色徽章（第三等级），而其左手则扶着一把铁锹，身上又挂着佩剑，把三个等级的各种代表元素都混杂在同一个人物形象身上了。甚至还能找到女性版的三个等级合而为一

图 17

----

① Référence bibliographique: De Vinck 2043.

（图 16）。① 而在一些印制在较为简单粗糙的餐盘上的图像中，有时直接采用简单的物品来象征三个等级的联合，并且加入了王冠图像和象征法国王室的鸢尾花纹章（图 17）。② 这样的安排或许表明制作者希望三个等级联合在君主制之下。

　　综上所述，大革命初年，图像中表现团结平等的数量是非常可观的。如果结合大革命前后法国社会关于等级的舆论与观点来看，这其实有点出人意料。文字材料中呈现的态度与图像之间似乎存在着某种程度的偏差。当时流传甚广的政治小册子中，不论是针对第一等级还是第二等级，第三等级的不满甚至敌意都非常大。尤其是第三等级看待贵族等级，前者认为后者早已失去了他们用以安身立命的等级属性，那就是第二等级应当以勇敢甚至牺牲来捍卫保家卫国、保护第三等级的荣耀责任，转而成为挥霍无度、淫逸奢侈，穿着镶有蕾丝与金边、戴着敷粉假发的浮夸群体。然而，这个群体依旧把持着宫廷、军队里的高官厚禄，享受着不向国家缴纳税赋的特权以及领地上的各种封建权力。大革命爆发前夕，巴黎流通的各种地下出版物中充斥着大量嘲讽贵族的小册子或以他们为虚拟主人公的色情小说。例如有一份匿名小册子这样控诉不平等的境遇："教士太富有了……他们的豁免权是对人民的额外负担……我们称之为领主的贵族拥有巨额财产和大量豁免权。这些特权让人怒火中烧！……难道所有人不都是国王平等的臣民吗？……所有的孩子都应该被父亲同等对待。"③ 革命前担任财政大臣的卡隆（Charles Alexandre de Calonne，1734—1802）为了推行改革，也曾利用匿名小册子来制造舆论。在他的小册子里，卡隆同样谴责特权让人民"承受额外的负担"，大声疾呼"必须要牺牲特权"。④ 博马舍（Beaumarchais，1732—1799）的《费加罗三部曲》更是把这种嘲讽公开表现出来并且发挥到了极致。嘲讽背后是第三等级对于贵族特权的极度不满甚至仇视。虽然在大革命爆发初年，曾有过短暂瞬间，部分贵族站到了第三等级的一边，但这并没有改变第三等级对于贵族等级的反对立场，这种情绪几乎贯穿了整个法国大革命。

　　正是在这样的史实背景下，再来看图像中出现的团结与平等内容，就显得尤其

① Référence bibliographique: De Vinck 2044.
② 拍摄于法国维兹大革命博物馆展品。
③ ［澳］彼得·麦克菲：《自由与毁灭：法国大革命（1789—1799）》，杨磊译，中信出版社 2019 年版，第 60—61 页。
④ ［澳］彼得·麦克菲：《自由与毁灭：法国大革命（1789—1799）》，杨磊译，中信出版社 2019 年版，第 53 页。

意味深长。两者之间的背离或许可以从下述缘由给出解释，即：从未在现实中出现过的团结与平等恰恰是现实中人们最热切期望的理想状态，图像资料中的相关场景及其背后的诉求便是这种心态的投射。据研究者统计，1788 年 9 月—1789 年 5 月，857 份小册子的样本中，有 149 份（17.4%）认为若国民议会要成功解决国家问题，就需要建立起团结的共同体。其中 1788 年底之前出版的 219 份小册子中有 42 份（19.2%）强烈支持这一观点，1789 年 1 月—1789 年 5 月，638 份小册子中有 107 份（16.8%）强调团结平等。[1] 阿尔贝·索布尔说时人认为，"平等意味着宣布一个新社会的诞生，与公正相一致，在这样一个社会里生活将会是最美好的"[2]。乔治·勒费弗尔亦就当时法国上下对于未来的希望做出了生动的描绘，他说："贵族和资产阶级在他们的陈情书中一致表示对国王的忠诚；但他们还一直要求用取得国民代表同意的法律统治代替国王的集权统治"[3] 而更为重要的是：

> 三级会议的召开毕竟被当作一个预示着人的命运将发生奇迹般变化的"好消息"在平民中传开了。这个奇特的事件激起了人们既鲜明又模糊的希望；希望所有人都比以往生活得更加幸福。资产阶级同样怀有这个希望；它把第三等级中各种不同的成分凝聚之一起，从而成为革命理想主义的源泉。但在平民中间，希望还赋予革命所谓"神秘幻想"的性质，这种"幻想"孕育着主动性和坚毅性，以及有关未来的一系列观念。可以说，在其开始，这些观念堪与处在创始阶段的宗教运动相比拟，穷人们乐于从中看到人间天堂的恢复……深切的期望燃起了强大无比的激情，资产阶级也毫不例外。这一期望充满了革命情绪，并给这一阶段的历史打上了深刻的烙印。[4]

德国学者塔默也同意勒费弗尔的观点，他指出"农民对'封建制度'的压迫怨愤难平，民众要求权利平等，部分贵族支持宪法自由。没人想到废除君主制度。相反，许多陈情书期待国王废除等级秩序。……人们谈到必须制定一部宪法，谈及政治自由和一场正在酝酿的革命。……选举程序冗长，因此热心于政治的公民借助小

---

[1]　Kenneth Margerison, *Pamphlets and Public Opinion: The Campaign for a Union of Orders in the Early French Revolution*, West Lafeyette, Indiana: Purdue University Press, 1998, p.46.

[2]　Albert Soboul, "Égalité du pouvoir et dangers des mots", *Annales historiques de la Révolution française*, 46e Année, No. 217（Juillet-Septembre 1974），p.371.

[3]　[法]乔治·勒费弗尔：《法国革命史》，顾良、孟湄、张慧君译，商务印书馆 2010 年版，第 112 页。

[4]　[法]乔治·勒费弗尔：《法国革命史》，顾良、孟湄、张慧君译，商务印书馆 2010 年版，第 125 页。

册子和传单在城乡做宣传，这也是为撰写陈情书做准备"①。虽然在代表人数以及检验身份等诸多环节上出现严重分歧，但是，整体而言，随着三级会议的召开，人们看到形成一个平等团结的法国的可能性。"开幕式之后，教士阵线慢慢瓦解。1789年6月12日，第一批倒戈者加入第三等级阵营。到了6月27日，国王也命令两个上层等级加入国民议会。"②拉法耶特等人也说"平等是形成我们的宪法的制度"。③

勒费弗尔清楚看到了大革命中平等原则所具有的无与伦比的地位，他说：

> （制宪议会）把平等和自由紧密地结合在一起；平民的革命在推翻封建特权和封建制度的同时，突出了平等的重要地位，而这正是盎格鲁–撒克逊人所未能做到的。革命党人和资产阶级全都寄予平等无比的价值。在他们看来，除了以法律——共同体自愿接受的法律——的名义外，自由人不能接受任何其他人的发号施令。对法国农民来说，领主权的取消是大革命的基本成果。④

由此可见，就1789年的革命原则而言，平等是自由的前提，公民在法律面前一律平等是整个新生共同体的基础，这也是以等级制度为基础的旧制度必然要被推翻的合法性来源。至于日后会导致巨大矛盾的财产与经济自由问题，此时此刻还不是首要问题。而且1789年的时候大多数人［除了西耶斯（Emmanuel Joseph Sieyès，1748—1836）等少数派］没有清醒认识到，平等和自由之间存在着根本上的冲突。第三等级面临的是整个特权等级长久以来在官职选拔、赋税甚至日常生活的方方面面所带来的压迫感，因而觉得只要消除掉不平等的特权，那么个人和国家的前途都会是一片光明。对于消除不平等的根源，则被简单地归结于消除等级制度，只要消除等级制度，那么国家就能"重生"。在这样的美好前景的感召之下，"法国人民以为他们的生活将能改善，他们的子孙将生活得更加幸福……革命的幻想犹如鲜花盛开"。⑤正如1789年的一幅匿名版画《三个等级和解的誓言》所描绘的场景，画中三个等级的人物一起把手放到一个安放着王冠的祭坛上，祭坛的石柱

---

① ［德］汉斯–乌尔里希·塔默：《法国大革命》，经轶、吕馥含译，上海三联书店2019年版，第22—23页。
② ［德］汉斯–乌尔里希·塔默：《法国大革命》，经轶、吕馥含译，上海三联书店2019年版，第28—30页。
③ Olivier Ihl, "Hiérarchiser des égaux: Les distinctions honorifiques sous la Révolution française", *Revue Française d'Histoire des Idées Politiques*, No. 23（1er semestre 2006），pp.35–53.
④ ［法］乔治·勒费弗尔：《法国革命史》，顾良、孟湄、张慧君译，商务印书馆2010年版，第152页。
⑤ ［法］乔治·勒费弗尔：《法国革命史》，顾良、孟湄、张慧君译，商务印书馆2010年版，第155页。

图 18

图 19

图 20

刻有法国王室纹章（图 18）。^① 图中铭文写道："因为一位受人爱戴的君主的悉心照料，我们的原野万物复苏，我们的后代生生不息……"所以在此阶段，可以看到大量表现平等或者三个等级团结融合的图像。有时是三个等级一起宣誓，有时则是三个等级热烈地紧紧拥抱在一起冰释前嫌，如在匿名版画《三个等级的团结》中，他们共同把写有"特权"、"教士俸禄"以及"复仇"字样的纸张踩在脚下。图中写着："这下终于实现了我一直以来渴望的三个等级的团结。"（图 19）^②

① Référence bibliographique: De Vinck 2033.

② Référence bibliographique: Hennin 10266.

图 21

图 22

　　事实上，在此阶段，甚至直至 1791 年之前，即便贵族等级中并不是都同意取消特权以及消除等级标志，特权阶级与第三等级之间的分歧也确实没有公开化。还是在某些问题上，不论是定期召开"三级会议"，使之成为监督国家财政的机构，还是关于改革教会的措施，《陈情书》中呈现出三个等级对未来期许的高度相似性，甚至特权等级也赞同三个等级之间"团结和协商的精神"。① 而且此时还出现了许

———————
① ［澳］彼得·麦克菲：《自由与毁灭：法国大革命（1789—1799）》，杨磊译，中信出版社 2019 年版，第 53 页。

多表现“现在”与“过去”截然不同的图像（图20、图21、图22），[①] 虽然就像伏维尔所言，部分展示现在与过去差异的图像会单纯地用“颠倒的”“狂欢节”似的手法来表达第三等级的不满与诉求，但它们在整体的数量上并没有占据压倒性优势，“团结与和谐”在当时图像中的集中呈现令人无法忽视。

对峙与分裂的现实

但事实上，不同等级之间期待的“团结与和谐”存在着本质上的差异。贵族等级希望保留特权，承诺用自己的善心为贫苦民众解决生计问题。教士等级依旧认为应当重新构建一个正统信仰氛围浓厚的王国，挽回被启蒙思想严重质疑而导致削减的宗教威严。对于第三等级而言，废除特权、机会均等以及承认他们为国家所作的贡献是其核心诉求。第三等级强调，所有人都应当分摊国家的税务，而不应只由第三等级来承担。这就很好地解释了为什么最初出现的一系列图像都是借用了那幅第三等级独立支撑整个法国的古老版画。而且第三等级对于自身为国家做出的贡献，迫切希望得到承认，这一点从后续表达平等联合愿望的图像中不断出现用象征物体现三个等级的作用中可以清晰呈现出来。

换言之，等级之间的矛盾自始至终没有平息过，这一点体现在选举地方三级会议代表的过程中，不断出现的贵族与资产阶级、城市代表与乡村代表之间的巨大分歧。但是，有意思的是，这些分歧在该阶段都没有在图像中体现出来。图像中看到的是一个团结合作、前嫌尽释的兄弟般的乐观景象。同样的悖论也在“陈情书”中出现。麦克菲谈道：“令人震惊的是，全国各地的陈情书中都洋溢着一股乐观情绪。尽管他们一再强调地区差异，但他们的陈情书中也表达了一种在一个重生的王国里成为法国公民的构想。陈情书里充斥着‘祖国’‘国家’和‘公民’等词语，这些词语与世俗公民的设想结合在一起构成了一个重生的平民王国的基础。”[②]

与此相似，令人同感费解的是，三级会议召开之前各地爆发的规模大小不一的

---

① Référence bibliographique: De Vinck 2785；Référence bibliographique: De Vinck 2809；Référence bibliographique: Hennin 10581.

② ［澳］彼得·麦克菲：《自由与毁灭：法国大革命（1789—1799）》，杨磊译，中信出版社 2019 年版，第 77 页。

冲突、动荡乃至骚乱都没有出现在现存的图像之中。例如 4 月在巴黎圣安东郊区因误传将颁布最高工资的限定而爆发的严重流血事件，以及"3 月末在普罗旺斯，4 月在加普地区，5 月在康布雷齐和毕卡第，均有农民暴乱的发生"[1]，这些众人皆知的事件在当时一片祥和的图像中却毫无踪影。这样的落差可以有两种解释。其一便是前文已经提及的，在民众心中，三级会议的召开、国王的温和态度以及发生在攻占巴士底狱之后的"八月四日之夜"等一连串事件，给他们带来了希望，它们似乎在允诺一个美好和谐的理想未来，所以此时此刻，不满与仇恨暂时被忘却了。其二或许与当时图像更多的是反映第三等级中上层人物而非底层民众的心态有关，就像罗伯斯庇尔那样的代表，当他们赶到巴黎的时候，注意到的是从全国各地汇集而来与他们一样"强调自身尊严和对'国家'的责任"，[2] 而不是那些因为食物短缺和物价高涨以及捐税而成为骚乱主角的城镇与乡村民众。日后的历史学家能从全知视角清晰看到革命前后整个法国上下不同阶层不同地区不同群体之间巨大而深刻的分歧，也从此后的事态演变中了解到这些分歧乃至分裂会把革命推至不可预料的方向，但是对于身处其中的人们，尤其是那些第三等级的代表以及支持他们的图像制作者们，他们感到的是"兴奋和期待"。

当然，事实证明，这样的联合与平等只不过是一个美好的愿望，虚幻的愿望被现实击得粉碎。1789 年 7 月初，巴黎市民已经普遍把面包价格的上涨归罪于贵族囤粮，人们认为贵族等级想用这种卑鄙的手段迫使第三等级退缩。当士兵进驻巴黎之后，贵族阴谋的传言更是不胫而走，民众开始四处寻找武器用以自卫与反抗，巴士底狱就是在这样的背景下被攻占了。同年 7 月 14 日，巴黎民众攻占巴士底狱所展现出来的暴力与血腥，使第一、第二等级大为惊恐。当时便有一幅题为《第三等级的觉醒》的图像作品表现出这一心态变化（图 1）。[3] 在这幅版画中，一位带着三色徽章帽子的男子一边把缠在身上的铁链扯断，一边夫拿放在身边的武器。在他旁边站立着的贵族与教士惊恐地看着他的行为，一副马上要逃走的姿态。而在画面远景处，身穿国民自卫军服装的人群高举着长矛上的头颅，他们中的另一些则在一座城堡上

---

① ［法］乔治·勒费弗尔：《法国革命史》，顾良、孟湄、张慧君译，商务印书馆 2010 年版，第 124 页。
② ［澳］彼得·麦克菲：《自由与毁灭：法国大革命（1789—1799）》，杨磊译，中信出版社 2019 年版，第 77 页。
③ Référence bibliographique: Hennin 10375.

图 1

挥舞着铁锹。显然，这是攻占巴士底狱的场景。图像上的文字这样写道："我是时候该醒了，因为铁链的压迫让我做噩梦。"在这幅图像中，早先出现的平等和谐已经荡然无存，教士与贵族显然是作为第三等级的对立面出现。而且，第三等级一旦清醒过来的第一个动作就是去拿武器，可见图像的作者直接把另外两个等级视为敌人看待。皮埃尔-路易·罗德瑞（Pierre Louis Roederer，1754—1835）曾说过，大革命并没有取消贵族等级，而是用人的价值去取代它。① 其实，早在 1789 年初就有报刊编辑注意到，"公共舆论已经转变了方向。它不再局限于站在国王和专制主义的一边还是站在宪法的一边：它已经变成了第三等级和其他两个等级之间的斗争"。②

---

① Olivier Ihl, "Hiérarchiser des égaux: Les distinctions honorifiques sous la Révolution française", *Revue Française d'Histoire des Idées Politiques*, No. 23（1er semestre 2006），pp.35–53.

② ［澳］彼得·麦克菲：《自由与毁灭：法国大革命（1789—1799）》，杨磊译，中信出版社 2019 年版，第 64 页。

巴士底狱被攻占之后，以安图瓦伯爵为首的贵族开始出逃流亡。安图瓦伯爵与撒丁王国等外来势力的密切接触更是加深了人们对于外国入侵的担忧。巴黎发生的数起血腥暴力事件把等级之间的对立用一种异常直观的形式展露无遗。害怕贵族会阴谋破坏即将收获的庄稼的"大恐慌"逐渐在农村蔓延。市政地方机构也开始进行权力的更替，整个国家逐渐陷入分崩离析。为了应对这种失控局面，国民议会颁布了《八月法令》，宣布"所有法国人民将会享有相同的权利"，随后又通过了《人权宣言》宣布在法律面前，人人平等。革命进行到这里，仿佛又回到最初召开三级会议时的喜悦和团结。"一个新的社会和谐时代已经来临。偏见、腐败和一切不幸将会在美德的光芒之中消散"，不仅是国民议会的代表，全国的人们都被兴奋和冲动包围着。[①] 但是，随之发生的巴黎市场妇女把国王及王室带回巴黎的"十月事件"却再次加深了等级之间的分裂。勒费弗尔如此概括当时的分裂，他说：

> 部分资产者同贵族一起愤怒抗议对国王施加暴力，一些保王分子脱离了爱国党，转而反对革命。……人们普遍认为，平民的革命行动既然已使资产阶级摆脱了困境，危机将很快结束。其实，革命行动只是使危机更加严重。由于取消了等级和特权，贵族的财产和威信都受到了损害，大部分贵族对革命恨之入骨，贵族的阴谋从此见诸行动，并准备向外国求助和挑起内战。与此同时，第三等级发生了分裂。既然无产阶级和小资产阶级全都参加了战斗，他们不再甘心被排斥在政治生活之外，民主运动在巴黎各街区和各选区开始萌芽。[②]

此时，图像中表达三个等级的内容与形式出现了两个截然不同的方向，图像中呈现的两种心态日渐分道扬镳。

首先是依旧传达统一与团结，好像从未发生任何暴力事件与冲突。我们依旧能看到表达团结与平等的图像，联盟节系列就是最好的证明。例如亚伯拉罕·吉阿尔丹（Abraham Girardet，1763—1823）创作于1790年的《法国人的联盟》刻画了一个无比盛大的场面，联盟节上的人们里三层外三层地聚集在广场上，不论是穿着贵族服饰的男女还是小商贩装束的街头妇女都高举着右手，握拳宣誓，还有人激动地

---

① ［澳］彼得·麦克菲：《自由与毁灭：法国大革命（1789—1799）》，杨磊译，中信出版社2019年版，第100页。

② ［法］乔治·勒费弗尔：《法国革命史》，顾良、孟湄、张慧君译，商务印书馆2010年版，第141页。

图 2

拥抱在一起（图 2）。① 在人群的中央，是从法国各地赶来的联盟军，他们列队在圆形高台之下。高台中央是一面迎风招展的旗帜。整个场面壮观雄伟，让观众感受到法国举国上下为了共同事业团结一心的心潮澎湃。事实上，这种奇异的乐观情绪确实一直要 1790 年的联盟节才达到顶峰。

依据塔默的观点，这种乐观心态的根源，究其原因，1790 年全国上下士气高昂，粮食作物的好收成振奋了民间情绪，食品供应情况好转亦对此功不可没。② 另一方面，民众对于改革的期待心理仍然高涨。不过，这一期待没有迸发出更进一步的大范围平民运动，却逐渐被以为贵族将采取武力镇压的恐惧所取代。因此，另一方面，警惕地提防着特权等级尤其是贵族的阴谋，也是当时人们心里挥之不去的阴影。这种深藏的焦虑与紧张也在图像中表现出来。这就是第二种心态，最终，它将慢慢成为绝大部分图像资料的主题。

等级之间的分裂在现实中并不是那么明显。首先，要看到并不是所有贵族等级成员都反对革命。贵族等级内部对于革命是异常分裂的。一部分贵族在革命之前已

---

① Référence bibliographique: De Vinck 3781.
② ［德］汉斯-乌尔里希·塔默：《法国大革命》，经轶、吕馥含译，上海三联书店 2019 年版，第 39 页。

经意识到特权的存在对于整个法国的发展有害无益，甚至开始制定废除特权的方案。到了讨论三个等级代表人数的时候，拉法耶特等贵族都同意增加第三等级代表人数，以此来增强对抗特权等级的力量。贵族等级中还有以奥尔良公爵、普鲁旺斯伯爵（comte de Provence，1755—1824）等大贵族为首的一些贵族，他们则把这场危机看成是壮大自身政治势力的难得机遇，因而也在表面上支持第三等级。然而另一些贵族对于取消等级差异却非常抵触。他们认为破坏贵族等级就等于把整个君主制的基础给破坏了。正如麦克菲所言，"绝大多数贵族对于财政和社会改革一直以来持反对态度"，因为他们一方面要面临王权削减他们的特权的威胁，另一方面则受到更富有更强大的新兴中产阶层的挑战。[①] 到了 1790 年 6 月，贵族头衔被废除，这一措施遭到贵族等级的强烈抵制。在此之前，法国各地农村已经到处爆发农民捣毁贵族鸽舍、鱼塘，砍伐贵族领地树木以及捕杀领地内猎物等反抗封建权利的运动。贵族与第三等级之间的鸿沟日益扩大。

教士等级同样存在着分裂。当选的教士代表中有超过 3/4 的来自底层的低级教士，他们痛恨主教们把持教会，所以竭力呼吁改革，以至于他们希望废除特权的激情要远大于贵族等级。1789 年 6 月 17 日，当讨论三个等级是否分开投票之际，教士等级以微弱多数通过了加入第三等级的决议。所以在后期表现三个等级的图像中，我们会看到在贵族等级不断地被丑化的过程中，教士的形象却令人惊奇地保持着某种程度的正面性。而且从一定意义上来说，为了孤立贵族等级，在此时期，第三等级显然更愿意与教士结成同盟。然而，这样的正面形象到了 1790 年 7 月 12 日之后也烟消云散了。第三等级对于教士等级的好感与善意，由于制宪议会颁布《教士公民组织法》并且强制教士宣誓，从而遭到教士等级强烈抵制的时候也就戛然而止了。例如，在 1789—1790 年出版的题为《女巫展示革命前景》(图 3)[②] 的图像中，面目可怖的女巫使用魔法向三个等级展示革命的未来，是全世界的人们都手拉手，一起过着幸福生活。面对这样的前景，第三等级伸出双手想去拥抱，贵族在摸着下巴，若有所思，教士则挡住眼睛，不愿意再看。画面中的贵族或许是在思考如何应对，而教士的反应则直接表明他对革命的憎恶。

---

① ［澳］彼得·麦克菲：《自由与毁灭：法国大革命（1789—1799）》，杨磊译，中信出版社 2019 年版，第 69 页。

② Référence bibliographique : Hennin 10537.

图 3

此外，《教士公民组织法》的面世不仅在教士内部引发了政治立场的冲突，也在整个革命的法国激起了巨大的分裂浪潮。因为很多地区的城镇或乡村居民并不愿意背叛自己教区不愿意宣誓的教士，从而拒绝新来的宣誓教士担任当地教会职务。但是在另一些革命情绪高涨的区域，譬如巴黎，在 1791 年 4 月某天，修女们在街头被支持革命的女性当众鞭打羞辱。许多图像反映了这一事件，甚至以更激进的态度描绘教士与修女结婚的想象场面。导致的后果便是，在革命者看来，那些强烈反对上级委派宣誓教士上任的居民们，无疑就变成了支持旧信仰的潜在的反对革命者。而在宗教上秉持保守态度的人们则开始怀疑自己当时支持革命的立场是否需要重新考量。

而另一方面，即便是第三等级内部也并不能实现平等的愿望。从当选为第三等级代表的成员绝大多数都是律师、城市资产者就可以看出实际上是中产阶层的上层掌控了革命话语权。而革命时期关于"积极公民"与"消极公民"的划分更好地证明了这一点。据考证，当时约有 425 万名"积极公民"和 300 万名"消极公民"，[1]

---

① ［法］乔治·勒费弗尔：《法国革命史》，顾良、孟湄、张慧君译，商务印书馆 2010 年版，第 159 页。

两者享有的政治权利有巨大的差异。索布尔在其文章中指出，西耶斯在 1789 年 10 月就说过，并不是所有人都有权从公共权力的形成中获得主动的部分，并不是所有人都是积极公民。因为革命领导者相信"选举和当选是履行职责的一种方式，而履行职责则需要有能力。能力必定意味着赋予，因为如果才能不能同财产相结合，很容易变成革命的酵母。制宪议会剥夺了'消极公民'的选举权，凡纳税额不足三天工资收入的公民或充当仆役的公民不但没有选举权，而且不能参加国民卫队"。[1]

索布尔认为上述的界定鲜明地体现了法国当时中产阶层内心深处对于政治平等的看法。而关于社会平等，他更是直截了当地指出，制宪议会的平等原则更多是为了消除贵族特权的合法性而不是为了满足普通民众的期望。简单而言，在 1791 年的制宪议会看来，平等是要让位于自由的。但民众的想法可能与此有分歧，没有平等的自由对他们来说有什么用？没有面包的自由有何用？[2]1790 年初各地出现的农民抗议收成税的现象有力地印证了民众与新生的国民议会之间的分裂。而雅各宾派与后续成立的科德利埃俱乐部之间对于底层民众的不同态度也恰如其分地把这种分裂变得更为具体。1791 年，在国王出逃的瓦伦事件之后，巴纳夫在议会的发言对此是最好的注解，他说，毕竟人们希望结束革命并不再引发新的革命。再往下走，每一步都会危害到内部秩序和财产。[3]当然，最后革命的态势并未如巴纳夫（Francois Noël Babeyf）所愿稳定下来，而是随着巴黎民众日益直接介入到政治斗争之中，逐渐走向更激进的方向。据索布尔研究，1792 年夏天，当无套裤汉开始介入政治之后，对于平等的诉求更为迫切，具体表现为他们甚至认为像"您"（vous）这样的词都属于封建残余，与平等的权利相抵触，公民之间应当用"你"（toi）来相互称呼。在一些政治俱乐部中，成员之间也不再以"您"相互称呼，代之以"你"，这种激进的做法甚至连罗伯斯庇尔都难以赞同。[4]而"无套裤汉"这种称谓本身便是针对贵族等级的，毫不含糊地表现出与贵族等级的决裂。此后的平等将不再是三个等级的平等，而是只属于公民的平等。

---

[1] [法]乔治·勒费弗尔：《法国革命史》，顾良、孟湄、张慧君译，商务印书馆 2010 年版，第 158 页。

[2] Albert Soboul, "Égalité du pouvoir et dangers des mots", *Annales historiques de la Révolution française*, 46e Année, No. 217（Juillet-Septembre 1974），pp.371–379.

[3] [德]汉斯-乌尔里希·塔默：《法国大革命》，经轶、吕馥含译，上海三联书店 2019 年版，第 49 页。

[4] Albert Soboul, "Égalité du pouvoir et dangers des mots", *Annales historiques de la Révolution française*, 46e Année, No. 217（Juillet-Septembre 1974），pp.371–379.

从平等到对抗：图像中的演变

最后，来看一下图像是如何表现等级之间的对峙乃至激烈冲突的。

首先，前文提到的那幅制作精良的《自由法国的时代》图像已经体现出极其复杂的态度。如果仔细辨认画面右侧三个等级的人群，就会发现虽然铭文上是说团结在一起的三个等级，但事实上，从人物衣着来看，其中并没有第三等级，只有许多带着主教冕的大主教与戴着假发、穿着蕾丝装饰的外套以及套裤的贵族。第三等级在哪里呢？他们是站在国王与特权等级脚下的面目模糊的人群，也是站在远处巴士底狱城堡顶端打碎了铁链的那个国民自卫军。显然，图像作者或者说图像的订购者已然意识到了第三等级的巨大力量，但是他还没有准备好把他们也加入到画面的主角之中去。

事实上，不和谐的画面与那些赞美与歌颂三个等级团结平等的图像几乎是同时出现的。例如，前文提及教士形象在革命早期比贵族略显正面一点。但事实上，在内克第一次当政时期（1789 年 7 月被召回），安托瓦·塞尔让就创作了一幅描绘密涅瓦把第三等级引到内克塑像前的图像。其中，画面前方有两个教士，一个正打算逃窜，另一个则着急地去捡他掉在地上的面具（图 1）。[1] 当然其中数量较多的是对第三等级所受压迫的控诉。在 1789 年的一幅题为《一个我马上要结束它的错误期待》的匿名版画中，一位年老的农民穿着木屐，手中挂着锄头，腰弯成了 90 度（图 2）。[2] 而在他背上，则悠闲地坐着

图 1

---

① Référence bibliographique: De Vinck 1355.

② Référence bibliographique: Hennin 10569.

图 2   图 3

教士和贵族，满面笑容。另一幅匿名版画则描绘了坐在餐桌边大吃大喝的贵族与主教，直接抨击特权等级压榨民脂民膏（图 3）。①

　　既然现状是如此不公正，那么号召第三等级奋起反抗显然是顺理成章的。所以，我们也会看到许多描绘第三等级打败特权等级的图像。同样出现在 1789 年的题为《我以前就确信将会轮到我们》这幅版画，显而易见便是刚才提及的那幅作品的"翻转版本"（图 4）。② 画中弯腰驮着别人的人物穿上了鲜艳的贵族服饰，走在他前面的是手里提着一架天平的教士。而坐在贵族背上的是一位农民，他肩上扛着一只被打死的兔子，双手在鼓掌，脸上洋溢着笑容。二位人物都佩戴着三色徽章。图中还有一行字，写着："国王万岁，国家万岁。"不论是人物位置的安排，还是农民肩上扛着的猎物（旧制度时期，只有封建领主才有打猎的特权），都在传达第三等级期待能从此推翻特权等级，成为国家和社会的主人的愿望。打败特权等级

———————————

① Référence bibliographique: De Vinck 3457.

② Référence bibliographique: Hennin 10566.

图 4

的场景也经常出现在与 1789 年 7 月 14 日攻占巴士底狱相关的图像制品中。如 1789 年的一幅流传甚广的版画就以想象的笔触描绘了逃窜的特权等级（图 5）。[1] 画中正面主人公是一个左手高举着长刀的红衣男子，他的帽檐上佩戴着三色徽章，右手握着长矛，矛尖是一顶自由帽，帽子下面还飘扬着绶带，写着"自由万岁"。他的左脚踩着一个多头蛇尾怪兽，怪兽已经被砍下了多个脑袋。他身后是正在逃跑的教士与贵族。画面深处是巴士底狱，城墙上站满了正在拆毁这座象征专制主义城堡的人，围墙下还站着一些看热闹的人群。城堡右上方则写着关于巴士底狱历史沿革的文字。这是一幅交织着现实与幻想的画面，画面的主要内容当然是作者的想象，而后方拆毁城堡以及看热闹的人群却是真实发生在 1789 年 7 月 17 日的事实，而且有不少图像都表现这一场景。[2] 这幅图像的作者看上去就好像是直接照搬了另一些版画关于此事的场景作为背景，然后在此基础上重点描绘第三等级杀死怪兽的场面。

而有关多头怪兽的形象在 1789 年夏天的图像中也反复出现。例如题为《被击倒的专制》这幅图像，内容煞有介事地报道了 1789 年 7 月 12 日凡尔赛出现怪兽

---

[1] Référence bibliographique: De Vinck 1672.

[2] 本书第一章已涉及相关内容，此处不再赘述。

Destruction de la Bastille apres la Victoire remporté sur les Ennemis de la Liberté le 14 Juil.er 1789.

图 5

LE DESPOTISME TERRASSE

图 6

（图6）。① 图中央是一只长着无数脑袋的巨型怪兽，一群身穿国民自卫军服装的人手持各种武器、推着炮车与其对抗，怪兽已经被砍下了好几个脑袋，但是依旧张牙舞爪地进攻。画面右下角是头戴王冠，手拿百合花盾牌的法国女神。她坐在地上，背对着激烈的战斗场面，无力地用手支撑着头部。画面深处，一边是一群人正兴高采烈挥舞着刺在长矛上的人头，另一边是巴士底狱上攒动的人群与迎风招展的旗帜。下方的文字这样描述道："7月12日下午4点左右，从凡尔赛去巴黎的路上出现了一只可怕的怪兽。人们认出它是贵族那类的物种，它是来毁灭首都的。很快公民们拿着枪高喊着'武器！武器！'到处搜索这头怪兽，最后发现它躲进了巴士底狱这个巢穴。人们把它驱赶出来之后，与它的多个像海怪一样的脑袋进行激烈战斗，不让它得以重生。"这幅图像不仅采用可怕怪兽的形象把当时人们对于贵族将会用武力来镇压平民的恐惧与愤怒刻画得淋漓尽致，而且更重要的是，它用像海怪那样难以杀死非常容易复活的怪兽来比喻贵族。这意味着如果不彻底消灭贵族势力，一定会被它反扑。这样的隐喻显然是在为1789年7月中旬发生的那一系列暴力事件寻找合理性，赋予憎恨与暴力冲动以自卫的合法性。与上一幅图像一样，在这种怪兽的隐喻之下，血腥的暴力事件被转变为某种带有魔幻意味的叙述的同时，也抹掉了群体运动中带有的盲目与冲动。

　　除了怪兽以外，1789年7月中旬被处死的人的头颅在此阶段也是经常出现的元素。在《颤抖吧，贵族们》这幅彩色版画上有三个女子，其中中间一人怀抱婴儿，似乎是法国女神，另两位站在画面右方的则作修女和贵族的装束（图7）。② 在法国女神旁边，站着两个孩子，其中一个手持长矛。顺着长矛的矛尖，我们会看到一面可怕的旗帜，上面画着巨大的骷髅状的死神，他举着镰刀，伸出一只手去触碰孩子手里的长矛。在旗帜顶端飘着一行字，写着："颤抖吧，贵族！"在画面的左下角，也就是孩子的脚边，则是六七个人头，其中两个还被长棍插着，其中一个的嘴里塞满了稻草，估计是被杀死的财政总监富隆和他的女婿王室总督德索维尼（Bertier de Sauvigny，1737—1789）。事实上，他们死于1789年7月22日，所以这幅图像应该是创作于这个日期之后。铭文写着："三个等级在本质上是平等的。1789年7月12日、13日和14日晚上警钟的效果就

---

① Référence bibliographique: De Vinck 1696.
② Référence bibliographique: De Vinck 1627.

图 7

是诞生了王国真正的一代，它撕开了蒙蔽我们的教士们的厚厚的面纱以及贵族
们的虚荣，以及一直以来只知道效忠国王和祖国的第三等级的才能。"另一幅同
样题名为《颤抖吧，贵族们》的图像，画面内容完全不同，而且在题名后面加上
了"我们就是屠夫"的字样。画面中只有一个非常强壮的青年男子，戴着自由
帽，举着旗帜，旗帜上就写着上述字样。从右下角的文字可以看到，此画创作
的时间在 1790 年 9 月，联系"九月屠杀"事件，这样的作品已经是在直截了当
地向贵族等级宣战了（图 8）。[①] 当然，当第三等级用死亡来警告第一、第二等
级的时候，支持特权等级或者反对民众暴力行为的图像制作产品也在市面上流
通。如出现于 1792 年的一幅作品的内容便是用夸张的手法来表现对教士、贵族
以及妇女儿童的屠杀。不论是路灯上吊死的贵族，还是插在长矛上的人头，抑
或在画面中央已经或正在被处死的女性和婴儿，这幅作品把在革命不同时期不
同地方发生的血腥场面汇集在一起，用以抨击街头暴力。而在画面上正在实施

---

① 　Référence bibliographique: De Vinck 4963.

图 8   图 9

暴行的人们的衣着打扮，显然便是巴黎的无套裤汉群体。由于具体的创作时间无法考证，所以很难判定该作品是否是针对"九月大屠杀"，不过绘画者的政治倾向性是一目了然的，尤其在图像下方配有这样的铭文："法国公民和人权的练习"，讽刺意味昭然若揭（图 9）。①

小　结

"从大革命开始的 1789 年春，它就不可避免地被理想主义改造和暴力惩罚两股力量推动着。像所有重大的革命那样，法国大革命描绘了一个基于平等和自由的社会，并从中汲取了力量，但是革命的领导者往往会发现这种力量难以控制，惩罚有

---

① Référence bibliographique: De Vinck 4246.

图 1

罪者并镇压不服从者的冲动难以遏制。"① 或许，从所谓的"快乐年"（1790 年）下半年开始，革命已经愈发走向分裂，马拉鼓动激进的革命者要用 1000 颗头颅来完成革命，直至消灭最后一个顽固的反革命。事实上也确实如此，"到了 1792 年夏天，革命胜利的价码变得如此高昂，以至于敌对双方要将对方彻底清洗才能确保革命被守护或是被颠覆"。② 1792 年 9 月 2 日，巴黎发生了骇人听闻的"九月大屠杀"，1200 名在押的贵族、教士以及其他罪犯被处死。杀戮也发生在里昂、凡尔赛、奥尔良等地。1792 年 9 月 21 日，法兰西第一共和国宣布成立。至此，等级间团结平等的愿望已经无人再提，相关主题的图像也再也没有出现。除了 1793—1794 年间的一幅图像，上面画着熟悉的三角形与"全知之眼"，三角形的中间写着"尊重法律"，围绕着三角形是一圈铭文"自由、平等、博爱或死亡"（图 1）。③

而从图像资料来看，从最早出现的表现三个等级平等和谐的图像中，对于平等的强烈渴望已经暗含着对于特权的憎恨以及摧毁特权的激情。虽说人们希望用一个完全平等的新世界去取代等级森严的旧制度。但是，正如 19 世纪的历史学家维克多·古赞（Victor Cousin，1792—1867）所说："大革命使任何抱有下述想法的人失

---

① ［澳］彼得·麦克菲：《自由与毁灭：法国大革命（1789—1799）》，杨磊译，中信出版社 2019 年版，第 145 页。
② ［澳］彼得·麦克菲：《自由与毁灭：法国大革命（1789—1799）》，杨磊译，中信出版社 2019 年版，第 198 页。
③ Référence bibliographique: Hennin 11803.

望至极，即：想把社会变成一个共同体，在这个共同体中，所有任务都预设分配给责任和报酬都平等的每一个社会成员。因为它宣布所有公民的自由，制定了无限竞争，打破了哪怕是最受尊重的行会。"① 从这段话中可以看到，古赞认为，大革命中人们希望社会变成平等的共同体，然而，一旦它同时又追求自由，而且是不受限制的自由，并且当博爱也只是变成一句空洞的铭文的时候，那么平等的希望注定要幻灭。

---

① Victor Cousin, "Des principes de la Révolution française et du gouvernement représentatif", *Revue des Deux Mondes* (1829–1971), 1er Avril 1851, Nouvelle Période, Tome 10, No. 1, p.15.

第三章　大革命时期的性别理念

关于法国大革命期间的女性研究，从 20 世纪 80 年代以来，已经成为大革命研究中一支方兴未艾的力量。大西洋两岸都有学者在从事这一领域的研究，从史实到理论均有丰硕成果。目前研究的焦点与大革命研究的热点一样，开始转向区域性、行业性、团体性，开始从"女性"这一群体转向特殊的个案，如革命期间的女权主义者德古日或者是刺杀马拉的夏洛特。但是所有这些研究仍然都是以传统的文字史料为基础，以解读文字出版物、档案、回忆录、议会发言、警察局记录等方式进行分析，除个别研究者外，很少运用到图像材料。伏维尔在谈及大革命时期的女性研究时曾说过，这些研究往往都以议会发言等公开性发言或者书面发表的论述为主，都没有脱离话语的范畴，因而并不能真正解决女性在大革命中的位置这一核心问题。[①] 伏维尔认为，对此的解决之道或许应当跳出话语的桎梏。笔者非常赞同他的说法，倘若将目光投射到更广泛的图像材料中去，或许会有出人意料的收获。

事实上，如果翻阅大革命期间的图像，会惊奇地发现：女性在图像中出现的机会远多于她们出现在当时的文字材料中。例如，文字材料中除非是像"十月事件"那样以女性为主角的行动才会写到女性，否则很少会有笔墨特意去写有女性参与其中；但是作为图像，有的时候，作者在表达自己的观点情感时，对于混在人群中的女性，会在有意无意间将其描绘进画面。这可能是像我们现在照相一样，对焦点之外的东西不是特别关注，但这种焦点之外的模糊身影事实上反而有可能提供某种程度的真实性。虽然女性仍然不是主角，不过，一方面，女性对革命的关注与热切却可以通过这些处在画面边缘的形象中看出来。另一方面，就目前掌握的图像资料来

---

① Michel Vovelle, *Images et récits de la Révolution française*, Tome III, Paris: Messidor, 1984-1989, p.161.

看，在描绘或者记录大革命这个动荡时代的时候，各种女性形象也被有意识地安排进了时代的画卷。那么这就为后人提供了很好的渠道去了解：在当时的人们看来，女性在这幅恢宏的长卷中扮演了什么样的角色？以及人们希望她们担任什么样的角色呢？

能回应上述问题，并且直接表明态度与观点的文字材料在当时文献中并不多见。像孔多塞（Marquis de Condorcet，1743—1794）这样专门谈到女性的作者为数甚少。而重要的革命人物，不论是罗伯斯庇尔、丹东、马拉或者是圣茹斯特都从未谈及这一话题，仿佛革命完全与女性无关。由于文字材料的稀少，导致 20 世纪80 年代以前的历史研究者，除了米什莱之外，这一议题几乎无人问津。于是，给人们造成的印象就是在人类历史上如此重要的一场社会政治革命中，女性几乎完全缺席。不仅革命本身与她们无关，而且她们的身影与声音在革命的进程中也完全无迹可寻。事实当然并非如此。图像材料的发掘与使用能很好地证明她们不仅投身于这场浩大的运动，甚至有的时候走在了革命队伍的前列。她们中的激进分子提出了一系列有关女性政治社会权益的主张，希望能在新纪元到来之际与她们的男性同伴一样，加入到新的共同体之中。大革命的降临影响与改变了她们日常生活的方方面面，为她们带来全新的希望。此外，通过图像，我们还能看到共和国所希冀的理想型女性以及革命者厌恶恐惧乃至痛恨的女性形象。倘若使用这些材料，并与文字材料相互印证，可以为我们更好地理解那个时代有关性别的观念以及真实的性别关系提供新的路径。

不过，首先需要澄清的一点是，大革命时期存在着大量的以古典女神形象为原型的、一系列崇高理想的化身——自由、平等、正义、民族、国家……都化身为女性形象。在这方面，已经有不少研究者作了深入研究，如法国学者阿居隆对法国革命期间的玛利亚娜形象的分析①。就目前的研究成果而言，林·亨特、兰德斯等认为用女性作这一类抽象概念的化身，其意图在于这样便可以与旧制度男性形象占据主导位置的旧的国家权威的象征系统相区别。林·亨特说："新生的共和国，不但务要除去一切与王权有关的制度，为求巩固，同时也需要一套以王权距离越远越好的符号系号。……在法式民主的运作之下，但凡沾惹上个别领袖人物象征的做法都

---

① Maurice Agulhon, Pierre Bonte, *Marianne, les visages de la République*, Paris: Gallimard, 1992.

会很有问题。……法郎不论硬币、纸钞，都没有任何个别的政治人像。反之，女性既然与政治无涉，就不会产生任何真人真事的政治联想。因此，女性入画，不表示女性对政治有影响力。……她们之所以雀屏中选，成为代表自由理想的最佳象征，正是因为这份与政治自由遥不可及的距离。"① 此外，她还认为这与法国深厚的天主教圣母崇拜有关。② 因而，可以认为，这些抽象形象与现实中当时人们对于女性的观点相去甚远，因而在本章节中不作过多分析。

此外，本书所使用的图像资料以大革命时期的版画为主。正如林·亨特所言，各种材料之中，版画最有意思，因为版画印本的制作费时较少，因此也较能跟随捕捉最新的政治动态，比起其他政治性媒体，速度快了许多。大革命时期的版画印本，并非遵循系列性或自觉性的主题，通常是被动地回应各种需要而作，这其中既有具有实效的政府宣传，也有制作者满足人民追踪革命动态的消费需求，当然更有不同政治立场的图像制作者或者他们背后的出资人借图像来传达自身的政治主张，目的各不相同。不过，和伏维尔一样，林·亨特也指出，从这些日期不明、画者不详的画作推断寻找结论，显然比研究那些知名大家的著名绘画作品更为冒险。笔者也同意这样的观点，因而认为在使用图像资料时，在大胆设想的同时应当更谨慎，更应该遵循史料（图像与图像，图像与文字）互证的重要原则。

很多研究大革命时期女性的史家都认为，大革命追求的自由、平等与博爱事实上需要在这些词语之前加上"男性"这个限定词。依照林·亨特的说法，大革命建立起来的共和国就是一个驱逐女性、反对女性的兄弟友爱之国，因为"共和美德的思想基础，系建立在男性间的兄弟爱上，在这个兄弟爱的世界里，女性只被分配到家居的内室空间。公共领域里的美德，需要阳刚的男子气来完成"③。美国学者德林达·乌塔（Dorinda Outram）在《身体与法国大革命》一书中的观点与林·亨特非常接近。④ 她指出，由于大革命期间，男性政治的化身产物无法自足发展，它

---

① ［美］林·亨特：《法国大革命时期的家庭罗曼史》，郑明萱、陈瑛译，商务印书馆 2008 年版，第 91 页。
② ［美］林·亨特：《法国大革命时期的家庭罗曼史》，郑明萱、陈瑛译，商务印书馆 2008 年版，第 90 页。
③ ［美］林·亨特：《法国大革命时期的家庭罗曼史》，郑明萱、陈瑛译，商务印书馆 2008 年版，第 133 页。
④ Dorinda Outram, *The Body and the French Revolution: Sex, Class, and Political Culture*, New Haven: Yale University Press.

同时还必须被解读为一种排斥和分化，也就是把女性从政治体制中清除出去。她说，这场两性间的竞争，最后以男性建立起排他性的政治参与为结局，而西方的政治文化从此带上了谴责女性以及疏离身体的特征。另一位法国史家凯瑟琳娜·富凯（Catherine Marand-Fouquet）更直接提出，从 1789 年 8 月 4 日开始，法国妇女的整体境遇就每况愈下。她认为大革命使妇女失去了财产，使她们遭受饥饿，在战争中失去亲人，因而她将这段时期定义为法国女性的一段"错过的机会"。[1]

革命确实没有改善女性的处境，甚至在某种程度上，由于它废除了等级制度，反而把女性的整体境遇变得更为艰难。因为以往贵族阶层的女性尚可凭借所处等级而享有一定程度的权利与自由。但在一个人们试图最大限度消除出身门第差异而只注重个人能力的"新世界"里，传统的甚至被进一步强化的性别区分则成为女性在社会与政治平等上无法逾越的障碍。大革命期间，无论是对"积极公民"和"消极公民"作出划分的规定，还是对女性参与政治活动的具体压制，以及把著名女性活动家罗兰夫人和德古日等人直接以"试图成为政治家"的罪名推上断头台等一系列事实，无疑都是这一论点的绝佳证据。

不过，虽然法国大革命确实存在着反对女性的基调，然而这一基调在大革命的不同时期的呈现面貌却不尽相同，有的时候甚至能观察到与其截然相反的现象。这背后是由大革命时期的人们对待女性以及性别关系、性别角色的复杂态度所决定的。简单来说，从大革命图像中呈现出来的女性形象可以归为下述四类：激进的革命女性、大革命洪流中的女性、共和国的理想型女性以及革命对立面的女性。

激进的革命女性

从留存下来的女性图像可以看到，大革命对于女性以及女性参与革命活动的态度复杂多样，绝非贯彻始终的一味压制。首先我们看到一些非常珍贵的描绘当时激进的革命女性的图像。这些图像上的女性拿着长刀、长矛等武器积极投身于最激进的革命活动。从穿着木鞋、扎着布制头巾的装束来看，她们应当是属于民众阶层

---

[1] Karen Offen, "The New Sexual Politics of French Revolutionary Historiography", *French Historical Studies*, Vol. 16, No. 4 (Autumn, 1990), pp.909–922.

的。而且图中她们往往佩戴着有三色纹样的装饰品，有时是三色绶带，或者身上的衣裙就是由这三种颜色组成。这些图像都把拿着武器积极参与革命的女性描绘得美丽动人，丝毫没有丑化的意味，让人感受到大革命初年洋溢在法国民间的欢欣鼓舞的气氛。像在《一切都会好的》这幅彩色匿名版画中，身穿红色衣裙，戴着白色头巾的女子扛着一柄铁锹翩翩起舞。她的上衣以红蓝白三色组成，铁锹上还缠绕着绶带，上面写着"一切都会好的"，背景则是一派乡村田野风光，绿树农舍（图1）。[1]1789年出现的一幅女公民的单人画像上是一位无套裤汉装束的年轻女子（图2）。[2]她穿着巴黎街头劳动妇女常穿的粗布裙和木鞋，扎着头巾，头巾上还佩戴着一枚三色徽章，右手拿着一把弯刀，左手则是匕首，神情自

Ah ça ira ça ira.

图1

图2

---

①　Référence bibliographique: De Vinck 5011.

②　Référence bibliographique: De Vinck 1657.

图3

若。值得一提的是这些版画中有一幅题名为《自由了的法国女性》（*Les françaises devenues libres*）的画作（图3）。[1] 画中女子穿着一套紧身收腰的、镶着红边的女式国民自卫军军服（事实上女性作为消极公民是不能参加国民自卫军，自然也不存在女式军服），一手叉腰一手握着长矛。她表情坚毅，脚下散乱着断裂的铁链。画面下方的铭文写道：

　　我们也懂得作战与征服。除了针线与纺锤之外，我们也会使用别的武器。啊！贝洛内，战神的伴侣，以你为榜样，所有的法国女性难道不应当奔赴前线与男子并肩作战？力量与勇气的女神，至少你不会为法国女性感到羞耻。

　　仔细辨认女子手中长矛的矛尖，会发现上面写着"不自由，毋宁死"。虽然这句话在大革命爆发之前已经在法国流传，但是从图像角度来看，大规模地出现在旗帜或者标语中大概是在1792年大革命受到国内食品短缺以及国外战争威胁的危机时刻。据此可推断，该图像作品大概是在1793年左右面世。还有一幅图像题名为《献给爱国的夫人们》（图4）。[2] 画中女子完全是军队战士装束：长裤马靴，手持军刀，胸佩绶带。要知道在当时，除了贵族女性偶尔在骑马时会穿上马裤以及底层劳动女性因生计所迫为了劳作方便而穿长裤，其余女性从不穿长裤。而在这幅想象多于现实的作品中，绘画者笔下的女性穿了长裤，而且是一身戎装，拿着

---

① Bibliothèque nationale de France, département Estampes et photographie, FOL-QB-1（1789-07-14）.

② 图片来源：Michel Vovelle, *Images et récits de la Révolution française*, Tome III, Paris: Messidor, 1984–1989, p.162。

图 4　　　　　　　　　　　　　　　　　　图 5

军刀这种只属于军官的武器，这完全突破了 18 世纪法国关于服饰的性别界限。由此可见，在作者心目中，爱国的行为使得女性可以冲破传统关于性别角色的区分。不论是这幅作品还是前面几幅，在这些作品中，观众看不到画家对于积极投身革命的女性的贬斥或敌意，反而明显可体会到赞许与鼓励的意味。由此可见，至少在革命初期，甚至到 1793 年 10 月之前 [1792 年尚有描绘身佩三色绶带前往杜勒伊宫的巴黎市场妇女画像（图 5）][1]，女性并没有被完全排除在革命运动之外，她们积极投身于革命的身影是购买这些图像的顾客并不拒斥的场景，后者对此抱有肯定的态度。结合当时著名的女性活动家德古日在《女性和女公民的权利宣言》中写道的：

　　　　在权利上，女性天生且始终与男性保持平等。社会区别只能建立在普遍的
　　社会分工上……一个女人既然可以上断头台，她也同样有权利站上法庭，只要
　　她的行为不扰乱法律建立的公共秩序……在维护公共力量以及行政开销方面，
　　女性与男性的贡献是等同的，女性参加所有的徭役和重活，因此，她也有权利

---

① Référence bibliographique : De Vinck 4857. 巴黎市场妇女群体与法国王后之间有某种特殊联系，王后分娩，通常会邀请前者作为见证人。

分享各个行业的职位，以及其他公职与荣耀。①

我们可以看到，不论激进女性自身，还是为她们宣传作画的画师或手艺人都为法国尤其是巴黎女性所体现出来的革命热情所鼓舞和激励，不少人相信，这场革命的洪流不仅允许也需要女性的积极加入。

更能体现出对于女性参与公共事务持肯定立场的资料证据便是集中表现"十月事件"的图像。"十月事件"发生在 1789 年 10 月初。1789 年 10 月 4 日，凡尔赛宫接待佛拉德军团并在宴会上分发白色与黑色徽章的传言在巴黎民众中激起严重不安。10 月 5 日，由市场妇女为主的巴黎妇女向凡尔赛进发，她们的目的除了向国王"索要面包"之外就是要求"佩戴黑色徽章的人必须立即离开"。② 到达凡尔赛宫之后，巴黎妇女与守卫王宫的军队发生了小规模的冲突摩擦。市场妇女派出代表向国王提出王室与国民议会迁到巴黎的要求。在拉法耶特的斡旋之下，路易十六迫于形势不得不答应。于是，1789 年 10 月 6 日，在巴黎妇女以及国民自卫军的陪同下，王室成员坐着马车回到巴黎，国民议会成员也都跟随其后。一路上，巴黎妇女大声喊着"我们把面包店老板、老板娘还有面包店小老板都带回来了！"该事件迫使路易十六同意签署《人权宣言》以及取消封建法案，而在此之前，革命进程由于国王拒绝签署而陷入僵局。国民议会在随后也迁址巴黎。从此，巴黎民众能够更近距离地了解事态进程并通过自发的民众运动对国民议会施加影响。

目前留存的有关"十月事件"的图像资料数量很多，虽然关注的是同一主题，但不论是场景的选择、人物的安排还是制作者的水准差异都非常大，可见当时此事在民众中影响极大故而导致相关图像产品大量传播。正由于引起了众多关注，才会有不同的版画制作者对此产生兴趣，进行图像产品的制作销售。整体而言，在"十月事件"图像中出现的女性形象以群像为主，她们多数被描绘为身着巴黎市场妇女（les Dames de la Halle）的装束，有时在铭文中她们也被称为巴黎妇女（femmes

---

① Olympe de Gouges, *Déclaration des Droits de la Femme et de la Citoyenne, 1789.* 参见《法国大革命中的女性》第 2 卷，第 36 份材料。《法国大革命中的女性》（*Les Femmes dans la Révolution Française*）是 EDHIS 出版社于 1982 年汇编的一套影印版材料集，共 2 卷，收集了 1789—1793 年法国各地发表的关于女性的具有代表性的陈情书或者小册子。本书提到的《法国大革命中的女性》均指该书。

② *Evénements de Paris et de Versailles, par une des Dames qui a eu l'honneur d'être de la Députaion à l'Assemblée générale*, Paris: Après les journées des 5 et 6 octobre 1789. 参见《法国大革命中的女性》第 1 卷，第 17 份材料。

parisiennes）。更值得注意的是，在这些图像中，这些女性都被冠于英雄的称号，例如，"亚马逊女战士""我们光荣的当代亚马逊女战士（Nos Modernes Amazonnes glorieuese）""法国女英雄""巴黎女英雄（les Heroinnes Parisiennes）"等。仅从这些称谓来看，制作者的支持立场已经跃然纸上。

从图像场景的选择与人物的安排来看。虽然在现实中，参与"十月事件"的还有国民自卫军以及拉法耶特等人，但是作者往往只是把女性作为主体放置在画面的中央。有时还以想象的方式去描绘女性与王家卫队之间的冲突。例如，在清楚写明《题献给女性》的一幅版画中，画面最前方是一位拿着手枪的市场妇女（图6）。①画面中，这位勇敢的妇女一个箭步冲上前去，拿枪指着帽子上别着白色徽章的王家

图6

---

① Bibliothèque nationale de France, département Estampes et photographie, FOL-QB-1（1789-10-05）.

卫队中的一名军官，军官惊恐地看着她，身体略向后仰，持剑的手都有点下垂。在他们身后，是大队市场妇女毫不畏惧地高举着手中的武器面对着骑着高头大马的卫队。在当时的混乱场面，是否真有勇敢的女性直接拿枪指着卫队军官，这已无从考证。但是版画作者却选择以这样的场景来表现这一事件，并在题词中写道："巴黎女人在1789年10月5日这一天表现出来的勇敢。"要说明的是，这是一幅署有作者地址的版画，注明了在巴黎月亮街38号，结合画作的水平，可知这出自一位职业版画师之手。

在另一张由洛朗·居约（Laurent Gugot）创作的题名为《1789年10月5日，妇女来到凡尔赛》的图像中，同样表现了双方对峙的场景（图7）。[①] 虽然没有安排表现突出的主角，但是在对群体的描绘中，依然凸显出巴黎妇女的勇敢与一马当先。在画面左侧，有一门正对着凡尔赛大铁门开火的炮，点火的是一位红衣女子；在画面右侧，有两个王家卫兵骑着马过来，两位同样装束的女子拿着长矛对准马匹

ARRIVÉE DES FEMMES À VERSAILLES le 5. Oct. 1789.

图 7

① Référence bibliographique: De Vinck 2971.

阻止他们前进。而在画面中央则是一大队的巴黎妇女，她们在大批卫队面前毫不退缩。画面下方的文字非常详细地讲述了事情经过："喧闹声充斥着圣克洛德大街，那里已经全是武装的人群；塞维路上也挤满了士兵。但很快，惊讶变成了钦佩，因为有一队从巴黎来请求解决面包问题的'亚马逊女战士'出现了，她们破坏了凡尔赛宫殿前的铁栅栏，径直进入了国民议会，她们穿过所有行列，并从那些胆敢佩戴着黑色徽章的人身上扯下这些物件。"

　　除了表现巴黎妇女在凡尔赛的场景之外，另有一些图像则集中描绘她们从巴黎去凡尔赛的路途场景或者是返回途中兴高采烈的状态。例如，在这幅经常在各类书籍中被用作插图表现"十月事件"的图像中，一大群巴黎市场妇女高举着长矛、斧子、棍棒等各种武器，很多人佩戴着三色徽章，还有人挥舞着长长的马刀(图8)。[1]画面中央是一尊大炮，妇女们奋力用绳子拉着它，推着它。画上文字这样写道："巴黎市场妇女还有其他的女性聚集起来赶去凡尔赛，为了把国王带回巴黎。"

图 8

---

①　Référence bibliographique: Hennin 10450.

整个画面生动地表现出巴黎妇女在向凡尔赛进军的道路上情绪高昂。类似主题的图像中有女性骑着高头大马，还有人在队列中敲打着鼓，手持长矛，上面高高地顶着一个自由帽，版画的题目为《去凡尔赛！去凡尔赛！》（图9）。[1] 该画作表现她们在前往凡尔赛途中，拉着大炮，挥着树枝和武器，展示出高昂的士气。在一幅题名为《1789年10月5日，凡尔赛值得纪念的日子》的画面上不仅有市场妇女，还有头戴自由帽或者身穿国民自卫军服装的男子与她们一起坐在马车上，边上还有路人驻足观看（图10）。[2] 这幅版画表现的应当是从凡尔赛回来的路上，市场妇女和国民自卫军欢欣鼓舞的场景。铭文写道："我们的亚马逊夫人们，荣耀来自她们的胜利。她们坐在马车上，坐在大炮上，和快乐的国民自卫军在一起，在'国家万岁！国王万岁！'声中接受着人们的欢呼。"

首先，从这些图像中，我们可以清楚地看到法国女性尤其是巴黎妇女积极投身于革命事业。据统计，在整个大革命时期，巴黎与外省大概共有60个女性政治俱乐部。1793年春夏，在巴黎，激进的女性共和主义者受到区一级的男性无套裤汉大力支持。和无套裤汉一样，激进派女性也要求采取进一步的革命措施与恐怖手段。1793年5月19日，女性共和革命者俱乐部向国民公会上书，要求立即逮捕所有的嫌疑犯，审判布里索等人，在巴黎每个区都设立革命法庭，在全国每个城市建立革命武装。她们还向公会索要代表资格证，以便列席旁听。山岳派推翻吉伦特派的"政变"，也离不开女性共和革命者俱乐部的支持。手持长矛、腰挎弯刀的激进革命女性高呼着："打倒十二人委员会！山岳派万岁！将布里索派推上断头台！马拉万岁！杜歇老爹万岁！"可见，1793年革命的积极化和恐怖统治的建立，不仅是无套裤汉的功劳，那些激进派女性也发挥了不容忽视的作用。[3]

然而，这些团体的存在时间就如同上述图像传达出来的对于女性投身于革命活动的支持与肯定一样，延续的时间并不长。在革命形势愈发严峻的1793年10月，越来越多的革命者主张压制激进女性的街头行动。当时议会代表法布尔·埃格朗蒂纳（Fabre d'Eglantine）透露出男性对女性如此积极投身革命活动的疑虑和担心，

---

① Référence bibliographique: De Vinck 2957.

② Département de l'Isère, Musée de la Révolution française, Numéro d'inventaire: 1990.46.129.

③ 汤晓燕：《革命与霓裳：大革命时代法国女性服饰中的文化与政治》，浙江大学出版社2016年版，第119页。

图 9

图 10

他说："你们决定让女性也要戴三色徽。可是，她们是不会满足于此的。她们很快就会像要求面包那样要求携带手枪……性别所造成的分裂的种子还不仅在于此；在革命、博爱或其他组织的名义下，还形成了妇女联盟。"埃格朗蒂纳认为，往往是不本分的女人才会热衷于公共事务："（女性俱乐部）完全都不是由家庭里的母亲、女儿或者那些照顾年弱弟妹的姐姐组成；而是由那些女冒险家、女游侠或者是无人管教的女儿及女投弹手们构成。……鉴于此，我要求公安委员会对女性俱乐部作出一份形势报告。"[1]

基于上述事实，以往史家往往强调时人对于女性参与革命的群体活动总是抱有拒斥乃至恐惧的态度。确实，当时有不少保王派把女性对于革命的热忱看成是女性存在着狂热甚至是嗜血的"本性"，把积极旁听国民议会辩论会议的女性成为"编织妇女"（les tricoteuses），渲染她们对于断头台、鲜血与屠杀的"爱好"。而且，1793 年 10 月，巴黎的"女性共和国者俱乐部"也被解散，更不用提 1795 年之后，当民众运动风起云涌之际，当局下令严禁女人进入议会旁听，更不准她们参与任何政治集会，亦不得有五名以上的妇女成群聚集在街头。这些史实确实表明在大革命期间，不论是激进的政治活动或者走上街头参与社会运动，女性并没有获得一致的肯定与赞美。就像林·亨特所言："虽然多数女子团体都矢志坚守爱国情操暨共和母职，但是区区女性参政这个事实就招致许多攻击。"[2]

戈迪诺注意到，不论就当时舆论而言，还是在此后对此进行的研究工作，都可以发现，女性在大革命中的激进行为甚至是暴力行为，这些事实本身导致了对她们的态度的巨大分歧，绝非三言两语可以简单概括。戈迪诺对当时女性所处的"特殊位置"有非常精到的论述。她指出，反革命史学强调了女性暴力，倾向于表明革命这一特殊的现实环境激起或加剧了女性的暴力，特别是普通女性的暴力行为。其中的逻辑很明显：一场使女性如此暴力与凶猛，使女性沦为怪物的革命本身就是一个政治怪物。而有意思的是，站在革命一方的研究者通常对此话题保持沉默。沉默揭示了这个问题所造成的尴尬，好像那些在革命法庭上或者断头台边一边编织一边围观死刑的"编织妇女"所象征的嗜血与暴力，确实是"一场毁灭"和"大失误"，

① *Réimpression de l'ancien Moniteur*, Tome 18, Paris: Henri Plon, 1861, p.290.
② ［美］林·亨特:《法国大革命时期的家庭罗曼史》，郑明萱、陈瑛译，商务印书馆 2008 年版，第 129—130 页。

以至于既无法否定它的存在也没法反驳那些抨击它的声音，只能寄希望于它能被忽视，或者指出那些批评有夸大其词的嫌疑。更令人悲哀的是，甚至女性主义的历史编撰都被同样的沉默所困扰，研究者为梅里古、罗兰夫人这些为了争取女性权益而最终被送上断头台的积极的女性恢复了名誉，但是关于对"编织妇女"和街头女性的暴力却只字不提。① 实际上，造成这一局面的缘由并不复杂，那就是，当时不论是革命者还是反对革命的群体，以及后世的反革命史学或亲革命叙述，甚至包括女性主义历史工作者，几乎所有人都在一个基本的问题上存在着一个潜在的但是强有力的共识，那就是女性不应该与暴力行动联系起来，更不应该主动投身于激进暴力乃至嗜血的冲突中。

但是，当我们在详细分析图像资料的时候，或许就会对这一问题产生新的看法。上述提及的众多图像资料所呈现的面貌告诉我们，对于女性参与革命活动，甚至非常激进地拿起武器的社会政治运动，时人的态度并不是一以贯之地全盘加以反对。至少，在这些图像制作者以及购买这些图像的群体看来，积极投身于革命的女性并不让人反感畏惧，甚至是值得赞美与歌颂的，正如那些图像中赋予"十月事件"中的女性的那一系列称号。当时有一份匿名评价"十月事件"的小册子也可以作为这种赞美的注脚，小册子的作者说：

> 民众中的女性深藏着一种特殊的品质，这种品质在需要的时候会展现出来……你们会看到在这些女性身上，美德在坚持并成长着，她们将比贵妇们更有优势，因为她们充满活力、坚强刚毅。这些刚刚拯救了我们的女性值得，我再次重复，我们所有的感激。②

1790 年巴黎市政厅还专门颁布法令，要求代表们接待那些手持花束来自民众以及市场里的女性，不能对她们设置障碍物，因为这"为她们提供了一个协助的空间，要撤销那些有悖于博爱与自由的东西，这是人们有权利期待从我们这里得到的"。③

正如哈里亚·艾坡怀特（Harriet B. Applewhite）和达丽·勒维（Darline G. Levy）

---

① Dominique Godineau, "Femmes et violence dans l'espace politique révolutionnaire", *Historical Reflections / Réflexions Historiques*, Fall 2003, Vol. 29, No. 3, *Violence and the French Revolution*（Fall 2003）, pp.559–576.

② *Les Héroïnes de Paris, ou l'Entière liberté de la France par les Femmes, Le 5 octobre 1789*, Paris: Knapen, 1779. 参见《法国大革命中的女性》第 1 卷，第 16 份材料。

③ *Réimpression de l'ancien Moniteur*, Tome 18, Paris: Henri Plon, 1861, Vol. 5, p.106.

在《民主革命时代的女性和政治》中强调的，巴黎革命女性展示出来的政治意识以及她们的行动力在当时是独一无二的。与此同时，不应该泛泛地认同女性被正式公民排除在外的预设之见，应当注意到1793年之前女性公民身份被模糊处理，而此后则是不稳定的状态。① 换言之，革命对于女性的态度是一种伴随着挑战和抵抗的连续进程。"定义民主的公民身份的原则是一连串的斗争，以及充分恰当的条件，为了实现所有的承诺，对于所有男性和女性而言。"② 戈迪诺认为，在山岳派没有足够强大的时候，它愿意联合一切可能的力量，因此在1793年的夏天，它对女性参与持一种特别纵容的态度，甚至可以说是热情的态度。③ 英国史家奥利文·霍夫顿（Olwen Hufton）也注意到，1793年10月30日前，女性在区组织中的政治活动一直非常活跃。但这个日期实际上标志着一个转折点，在此之后，对于女性俱乐部的关闭意味着革命对于女性参与的态度从宽容到压制。她进一步指出，激进女性的活动并没有就此停止，这从警察报告以及1795年反恐怖政策的案卷中可以找到证据。另外，非常重要的是，民众的情绪并不追随资产阶级的雅各宾派，激进分子依旧承认甚至欢迎女性在区的政治生活的参与。事实上，随着女性俱乐部被禁止，最激进的女性开始返身于大众俱乐部，尤其是区一级的。④ 概言之，对于女性参与政治的态度，存在着双重差异，即革命者的态度不仅随着时间的变化有着复杂的转变，并且，即便在同一时间段内，不同群体对此的看法也迥然不同。而最后我们也应当考虑到，法国历史上街头暴力运动往往因食物短缺引起，而底层民众中常有女性参与类似运动，母亲为饥饿的孩子寻找与争取食物无论在何时看来都是母亲的天职使然，具有天然合法性。在"十月事件"中，市场妇女反复强调她们"把面包店老板、老板娘和面包店的小店主从凡尔赛带回了巴黎"，这样的说辞无疑恰如其分地回应了传统分配给女性的角色与职责，因而在这一过程中，即便她们拖拉着大炮，拿起了武器，人们依然可以使用传统的母亲角色来解释这些"出格行为"。戈迪诺就曾谈到，无论从哪个

① Harriet B. Applewhite, Darline G. Levy, *Women and Politics in the Age of the Democratic Revolution*, Ann Arbor: The University of Michigan Press, 1993.
② Karen Offen, "The New Sexual Politics of French Revolutionary Historiography", *French Historical Studies*, Vol. 16, No. 4（Autumn, 1990），pp.909–922.
③ Dominique Godineau, *The Women of Paris and their French Revolution*, translated by Katherine Streip, Berkeley, Los Angeles, London: University of California Press, 1998, p.134.
④ Olwen Hufton, *Women and the Limits of Citizenship in the French Revolution*, Toronto; Buffalo: University of Toronto Press, 1992, pp.162–163.

角度来看，街头暴力并非大革命的创新，而在以往的叙述中，人们关注的往往只是参与者所属的"群体"而不是他们的性别。[1] 换言之，后人看到的是女性群体的激进行为，但是在时人眼中，或许其传统母亲身份掩盖了性别身份。

共和国的理想型女性

如果说革命法国的主流男性并不希望看到女性放下纺锤与针线走向街头参与革命，那么革命者心目中理想的女性又应该是什么模样呢？也有为数不少的图像展现出这一角度。首先是巴黎女性的"捐赠事件"在图像中的呈现。1789 年 9 月20 日，在里加尔夫人、大卫夫人等几位知名艺术家夫人带领下，巴黎艺术家的女眷们向国民公会捐赠了自己的首饰，以此表达对祖国的热爱。里加尔夫人还在国民公会作了演讲。当时有许多报纸报道了此事，当然也有为数不少的图像记录了这一刻。

居约在 1789 年创作的一幅将现实与想象相结合的版画是这样描绘的（图 1）[2]：在画面中央，有三位穿着全白衣裙，戴着白色头饰的女性正捧着手中盒子放在一个用天鹅雕塑装饰的祭台上。在她们的前方是一个罗马式的亭子，由精美的科林斯柱子支撑，亭子的屋顶端坐着手持顶着自由帽的长矛的女神坐像。在这三位女性的身后，是一大群手捧盒子的男女。从人们的衣着看，其中既有第三等级的民众女子，也有国民自卫军装束的士兵，更有戴着假发套的贵族以及许多教士和修女。在画面右前方的阴暗处，有两位古希腊装束的女了，她们的脚下放置着船锚，这象征着法国的商业。图下铭文写道：

> 手艺界的夫人们刚刚向国民议会捐献了她们的珠宝首饰，所有法国人以及许多被同一种感情激励了的外国人纷纷以模仿这样的高贵行为来表达他们的心愿；为表达他们对于受人尊敬的国民代表的法令的感动之情，人们迫切地把捐赠放在祖国的祭台上。

---

[1] Dominique Godineau, "Femmes et violence dans l'espace politique révolutionnaire", *Historical Reflections / Réflexions Historiques*, Fall 2003, Vol. 29, No. 3, *Violence and the French Revolution*（Fall 2003），pp.559–576.

[2] Référence bibliographique: De Vinck 2856.

Les Dames Artistes eurent à peine fait offrande à l'Assemblée Nationale de leurs joyaux et
bijoux, que tous les Français et nombre d'étrangers animés du même sentiment, ont manifesté
leurs vœux en imitant ces nobles artistes: pénétrés de respect pour les Décrets des Repré-
sentans de la Nation, se sont empressés de remettre leurs dons sur l'autel de la Patrie.

À Paris, chez Gineux Graveur et Md d'Estampes, rue St Jacques, au Grand Gessner, No 10.

图 1

在这幅版画中，首先，就反映的内容而言，关于艺术家家眷捐赠的部分是真实
发生的，但是不论是图像中的贵族与教士捐赠还是铭文中谈及的所有法国人与大量
外国人捐赠的内容并没有实际发生。其次，画家把捐赠的场景描绘得亦真亦幻，天
鹅雕塑支撑的古典祭坛、古罗马造型的亭子以及古希腊装束的人物形象等一系列元
素，都是作者虚构的。因而，这幅版画事实上是通过赞美捐赠这一事迹，用以宣传
和弘扬爱国精神。作者在创作的过程中，也并没有特意强调女性身份这一元素，而
且他还把这一事件与国民议会代表的法案（应该是指 1789 年 8 月 4 日国民议会通
过废除封建特权）相联系，希望通过对这些慷慨行为的大力宣传来激发人们的爱国
热情。

另有部分版画则在画面处理与铭文内容方面更接近真实情况。在一幅制作较为
粗糙的匿名版画上，呈现的是国民议会所在的宏伟大厅，国民议会的代表们身穿黑

图 2

色服装围坐在周围，其中零星夹杂着几位教士（图 2）。[1] 在画面的中央是一群服装鲜艳的女性，她们手捧盒子走向三位站立在讲台之后的代表。该版画的铭文这样写道：

> 如果法兰西帝国的复兴建立在个人的美德与奉献之上，民族的命运由爱国主义榜样所决定，那么 1789 年 9 月 21 日在国民议会所发生的事可以让公民们甚觉心安。国民议会长久以来从全国各个外省、各个城市、各个团体接受多种捐助，如今，女性们也加入到爱国的热忱中来，她们只愿用美德装点自己。巴黎好几位女公民来到国民议会，布歇先生有幸代为她们发声："虽然我们捐赠的并不昂贵，但是人们总是在艺术中寻找荣誉而非财富。因受限于生活，献礼并不多，但它们并不能衡量我们的感情。"发言几次被热烈的掌声打断。

---

① Référence bibliographique: De Vinck 2857.

  在这幅版画中，作者以服装色彩的鲜明对比（国民代表与女性）来突出强调女性形象，并直接采用她们的委托发言赞扬捐赠女性的爱国精神。

  《巴黎诸革命》报发布的单色版画同样强调了这一事件中性别的重要性。画中，呈现在观众面前的是富丽堂皇的国民议会大厅，人数众多的代表一排排端坐在座位席上，画面中央是 11 位女子出现在主席台前。这是笔者看到的唯一一幅如实描绘前往捐赠女子的人数并把所有捐赠人的名字全部公布的版画，虽然铭文写得非常简短，但是给予了这些女性高度的评价：“1789 年 9 月 7 人，巴黎 21 名夫人，她们是艺术家的妻子或者女儿，由其中的 11 人代表，从巴黎来到凡尔赛，向祖国祭坛捐赠她们以前装饰自己的首饰。由此，她们在我们之中重新召唤回古希腊古罗马的美德。”（图 3）① 如果把这两幅作者、风格以及铭文完全不同的版画

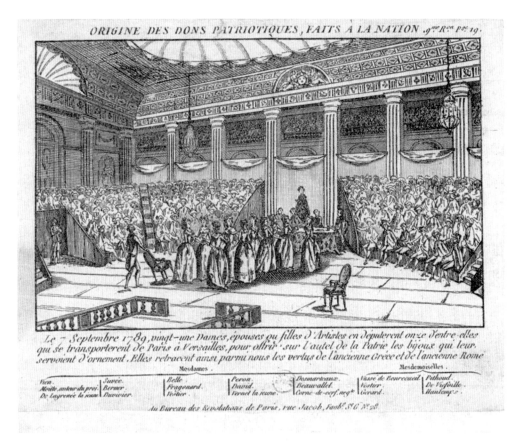

图 3

---

① Référence bibliographique: Hennin 10432.

相印证，我们基本可以复原当时捐赠仪式举行的场景。如果说这两幅版画是现实主义记录加上作者自己的赞美，那么出自居约的第一幅版画中确实充斥着虚构的元素。

另外一幅报道此事件的版画则采取与上述版画差别较大的处理方式（图4）。[①]在这幅版画上有许多国民议会代表，他们有的聚在一起讨论，另一大群人则忙着作记录。仅仅是在画面右下角极不起眼的地方，画了3位捧着盒子的女性，一位代表正把她们引向主席台。图中铭文也只是简单写道："几位巴黎女公民带着她们的首饰与钻石来到国民议会，为了帮助缴清公共债务。"无论是画面还是文字叙述，都只是简单记录这一事件，并不像其他版画那样去突出或渲染这一事件所体现的"美德""爱国""热忱"等重大意义，如果不是这幅版画题名为《1789年9月7日的事件》，很难让人注意到这几位在角落里的女子。

到了1803年，依旧有图像制品描绘这一事件。如由路易西蒙·波瓦佐（Louis-Simon Boizot，1743—1809）和亚历山大·夏波涅（Alexandre Chaponnier，1753—1830？）合作完成的版画就把捐赠的场景整个替换成古罗马的场景，不论是捐赠的女性还是接受捐赠的男性，包括边上旁观人群，所有人物的衣着发型都变成了古罗马风格，用古罗马的隐喻来赞美这些女性的古典美德（图5）。[②]

不过，所有这些制作较为精美的版画与1789年的一些较为

图4

---

① Référence bibliographique: De Vinck 2846.

② Référence bibliographique: De Vinck 2859.

图 5

粗糙的作品中传达出来的倾向性差别很明显。在一幅题为《哦加油，夫人们，现在轮到你们了》的匿名版画特意把捐赠场景安排在面对穷苦人群面前，四位装束较为华丽的女性正把首饰放入一个盘子中，盘子下方是刻有"法国夫人们的爱国基柱"的石柱。而在画面的左侧是一位老妇人、一个孩子还有一位成年男子，与正在捐赠的女性相比，他们简陋的装束表明他们应该是属于社会底层的群体。联系这幅版画的题名以及画面上表现出来的两个群体之间衣着的对照，这幅版画既没有表达对捐赠女性慷慨行为的赞美，也没有借此宣传爱国精神，反而隐隐透露出讽刺的意味，这或许已经暗示着日后街头民众与资产阶级上层之间的分歧乃至对立（图6）。①

当然，表达不一样态度的版画所占数量并不多见，绝大多数表现这一事件的图像都采用了赞美的口吻与笔调。这是因为从巴黎手艺界女性这一行为中体现出

---

① Référence bibliographique: De Vinck 2858.

OH BRAVO MESDAMES C'EST DONC VOTRE TOUR

图 6

来的一系列品质：爱国、奉献、拒绝浮夸与奢侈，正是刚刚开始革命的法国最为激赏的。一方面，大革命爆发之前，各种地下文学、政治小册子无不表现出人们对于特权阶层骄奢淫逸行为的深恶痛绝，许多人相信，正是贵族等级的奢侈腐朽才导致了法国的各种政治社会问题。所以就不难理解，当手艺界的女性们主动向国家捐献个人首饰财物的时候，从议会代表到支持革命的报刊媒体以及版画制作者都会将此视为法国在重生的缩影。另一方面，革命刚开始起步，需要用爱国精神去动员与团结更多的人支持革命事业。而从性别角度来看，捐赠行为完全没有触动或挑战现有的家庭秩序。从 9 月 21 日那一批捐赠女性的代表里加尔夫人的发言可以看到，她说：

> 我们看到冉冉升起的自由照亮了所有的灵魂。法国公民的精英致力于修复国家，虽然那些艰难的职位不向女性开放，但是我们的性别允许我们从事另两类有意义的工作：实践完美的德行以及英雄式的奉献。我们是手艺人，我们是女公民，是母亲、姐妹或是手艺人和公民的妻子。我们的孩子、兄弟或丈夫

为解放祖国彰显勇敢。祖国是我们共同的大家庭。女性天生适合家庭。关于公共的危机，谁比我们更揪心？谁更有同情心，人道主义精神以及持续的自由精神？如果我们能处置我们的财产，我们可以把自己所有的财产奉献给祖国。……我们要用行动影响整个法国的女性。国民议会为我们制造了一个可谓是不朽的存在。①

在这段话中，有如下几个要点：一、女性与男性一样心系祖国，关心自由精神的传播；二、女性愿意为祖国奉献所有的财产；三、这些捐献财产的女性深知恪守身份界限的重要性，不与男性竞争其他工作，尽心尽力完成身为母亲、妻子以及姐妹的家庭工作。虽然当时有不少女性提出了希望在教育、职业、司法等各个方面能够获得更多权利与自由的要求，但是几乎没有人去质疑和反对现有的男尊女卑的性别秩序。女性在为自身权利呼吁的同时，再三强调作为妻子与母亲的本分，强调家庭的重要性。例如 1789 年有一份定价 6 苏、由"德拉盖特孀妇印刷店"发行的匿名小册子就这样说道："如果你们全部生而自由，如果你们将打碎所有奴役的关系，那么你们不能任由同样为自由而生的女性自生自灭。你们的才华会让你们找到许多方法，既可以雪洗使人性蒙羞的耻辱，又不会损害家庭的利益。"

卢梭在大革命之前就曾说，怎能不承认隔离的家庭生活应当是她们在社会里的命运，必须用相应的道德准则去教育她们？……世界上有什么东西比家庭里的母亲更感动人和更值得受人尊敬呢？她们总是被儿女包围着，领导着女仆的工作，保证丈夫过幸福的生活和把家务管理得井井有条。正是在这里在她身上表现出正派妇女的全部价值；在这里她真正赢得人们的尊敬，而美色也理所当然地分享到奖给美德的荣誉。②

即便是卢梭的反对者、英国 18 世纪著名的女性主义者沃斯通克拉夫特（Mary Wollstonecraft，1759—1797）都不认为有必要挑战女性在私人领域的角色。事实上，她不仅没有触及私人领域，而且主张通过教育女性，使她们把这一角色扮演得更好，并界定女性公民的职责就是履行这些为人所熟知的职能，她认为"男性只有慷慨地为我们解开枷锁，并且对理性的伙伴关系感到满意，而不是满足于奴性的屈

---

① 参见《法国大革命中的女性》第 1 卷，第 16 份材料。
② ［法］卢梭：《卢梭论戏剧》，王子野译，生活·读书·新知三联书店 2007 年版，第 89 页。

从，他们才能发现，我们是更孝顺的女儿、更慈爱的姐妹、更忠诚的妻子、更通情达理的母亲——总之，更好的公民"①。

由此可见，当时社会的共识就是"女性的温情、柔美以及娴静，天生就是为了社会的幸福而不是为了军事行动与委员会上的严肃讨论"；而当时对女性的最大要求就是"用好的教育为祖国培养孩子，取悦丈夫，维系社会的安宁和舒适，这已是非常美好的目标"。② 因而我们在各类版画中都会看到女性作为母亲的身影，尤其是作为孩子家庭教育者的重要角色。例如，在 1794 年这幅表现庆祝最高存在节日的匿名版画中（图 7）③，拿着丰饶角的最高存在女神端坐在一辆战车上，她身边站着共和国女神，共和国女神右手拿着法国国旗和顶着自由帽的长矛，左手扶着《人权宣言》。在女神脚下站着一家人，无套裤汉装束的丈夫环拥着妻子，穿着粉色衣裙、戴着装饰有三色缎带帽子的妻子身边围绕着三个孩子。身为母亲的女子正手指着《人权宣言》，转头对着孩子说话，显然她正在把革命最重要的理念教育给她的孩子。在更早一幅宣传宪法的版画中，画面中央是一位男子在给周围人群解释《宪法》（图 8）。④

图 7

---

① ［加］巴巴拉·阿内尔：《政治学与女性主义》，郭夏娟译，东方出版社 2005 年版，第 231 页。
② Charles-Louis Rousseau, *Essai sur l'education et l'existence civile et politique des femmes dans la Constitution française*, Paris: Impr. de Girouard, 1790. 参见《法国大革命中的女性》第 2 卷，第 28 份材料。
③ Référence bibliographique: De Vinck 6313.
④ Référence bibliographique: Vidéodisque 7215–7216.

在他前方，就有两位带着孩子的女性，略年长的那位一边指着说话的男子，一边向怀里4—5岁的幼儿讲述着，另一位更年轻的女子也认真地听着她说话，她的怀里是一个更幼小的婴孩。而在画面后方站着一大群听众中，也有不少怀抱幼儿的年轻女子。版画的铭文这样写道："法国的《宪法》多么好，它将保证我们以及我们孩子的幸福。"显然，这幅版画突出强调了女性作为孩子看护人与教育者的重要角色。另一幅出版于1792—1794年间的版画更是直接用《共和教育》这样的题目来命名（图9）。① 在《共和教育》这幅图像中，母亲怀里拥抱着一名小男孩，两人的目光都注视着母亲手里拿着的一页纸，纸上显出"人权宣言"的字样。美丽温柔的母亲穿戴着古罗马的服饰，显然这是一幅宣传画，用来宣传革命者一直强调的，女性要用革命理念与古典美德教育共和国的下一代。就像1793年的一位代表对女性所说："虽然你们从不会在政治机会中处理关系国家重大利益的事务，但是，依然有光荣的任务等着你们完成：照料你们的家务，教育你们的孩子，温柔对待你们的丈夫，这就

图 8

图 9

---

① Référence bibliographique: De Vinck 4206.

值得你们自豪和欣慰。你们可以和我们一样为共和国服务。"①

　　创立了大革命时期广受欢迎的期刊《巴黎诸革命》的普鲁东（Louis-Marie Prudhomme，1753—1830）的观点很好地总结了大革命所赞扬的女性。他认为，理想女性就应该在父母或者丈夫的屋檐下度过一生，她的依附性是天生的并且是永久性的，她只具有私人性质的美德，她只懂得那些父母或丈夫认为适合她了解的事物。而政治的公民的自由对她来说毫无用处，因此，女性应该完全远离政治生涯。② 就像法国学者马提娜·拉皮耶（Martine Lapied）所指出的，大革命认为"妇女不应该行动，尤其是在政治和军事领域中。然而，由于国家必须融合其所有成员，因此将妇女作为寓言引入：但她们是神祇而不是真正的女性，代表着'存在而不是行动'。女性以抽象的民族寓言的形式，从而实现了赋予生命的民族，然后依靠他人的行动"③。

被革命消灭的女性

　　如果说大革命有其理想型的女性，那么必然也有它厌恶、恐惧甚至痛恨的女性形象。这些形象也纷呈在图像资料之中。

　　作为一场因反对特权而爆发的革命，除了革命初年曾有过短暂的等级联合幻想，贵族等级始终是革命的最大敌人。而贵族等级中的女性尤其遭人诟病。一方面，贵族女性因为奢华的生活作风被猛烈抨击，像杜柏丽夫人一条裙子的花费往往达到数千里弗，是制衣行业的工人一年甚至多年的工资收入总和。另一方面，也是更重要的原因在于除了奢靡生活之外，贵族女性对于公共事务的介入，更让时人不满。巴黎上流社会交际圈以及进入法兰西学院、扩大知名度等对于文人来说都是非常重要的上升途径，基本均由贵族女性所控制。甚至政府、军队里的官职任命，

① Dulaurent, Citoyen, *La bonne mère, discours prononcé dans la section des Tuileries, à la fête de la raison, le 20 frimaire, l'an 2e de la république une & indivisible* （[Reprod.]），Paris: de l'Impr. nationale exécutive du Louvre, 1793.
② *Récolutions de Paris*, no 83, 12 février 1791，转引自 Élisabeth Badinter, *Paroles d'hommes (1790–1793): Condorcet, Prudhomme, Guyomar*, Paris: P.O.L., 1989, pp.68–69。
③ Martine Lapied, "La visibilité des femmes dans la Révolution française"，Martine Lapied et Christine Peyrard（dir.），*La Révolution française au carrefour des recherches*, Aix-en-Provence: Presses universitaires de Provence, 2003, pp.303–312.

也需要通过她们的举荐，她们对于那些来巴黎寻找名望与声誉的艺术家更是不可或缺的保护人与赞助者。不论是卢梭还是此后的梅西耶（Louis-Sébastien Mercier，1740—1814），对此境况都颇为不满。卢梭在《卢梭论戏剧》中说："妇女的命运是安心管好家庭和家务事，女性的穿戴打扮应当朴素大方，她们的贞节和腼腆是同正派分不开的……一个妇女喜欢抛头露面等于羞辱自己。"[1] 当时许多的地下出版物都把矛头对准巴黎的贵族女性，尤其是宫廷里那些权倾一时的夫人们。

大革命爆发之后，贵族女性更是成为众矢之的。从 1789 年这张题名为《诅咒革命的贵族夫人》的版画中可见一斑（图1）。[2] 画中女性穿着裙摆宽大的法式宫廷礼服裙，外面罩着奢华的丝绒披肩，身上还装饰着巨大的绸缎蝴蝶结，手腕上戴着金饰品，头上戴着插满珍贵羽毛的金冠。然而她那长着鹰勾鼻的丑陋阴险的面容却与此形成鲜明对比，而且，绘图者还特意补充了一个小细节：这位贵妇人手里紧紧攥着一个被倒空的钱袋，其象征意义不言而喻。

不仅贵族女性自身成为民众矛头所指，而且在一些图像中她们直接化身为贵族等级的象征。在一幅题为《化身为女性的贵族等级奄奄一息地倒在贵族的怀里》的作品中，三名戴着假发套（虽然有如罗伯斯庇尔

Dame Aristocrate maudissant la Révolution.

图 1

---

① ［法］卢梭：《卢梭论戏剧》，王子野译，生活·读书·新知三联书店 2007 年版，第 84 页。
② Référence bibliographique: De Vinck 4202.

Le Corps Aristocrate sous la figure d'une femme, expirant dans les bras de la Noblesse &c.

图 2

等第三等级上层也戴假发套，但假发套在当时的语境中可视为贵族的标志性发型）的贵族束手无策地围着—名双目紧闭斜靠着的女性（图 2）。[1] 从题目可知，这位女性便是贵族等级的化身。站在她前方的那位男子抓着她的手腕，向另一位绿衣男子说着什么；绿衣男子双手支撑着女子，一脸惊恐担忧；他旁边的同伴也是同样的神情。有意思的是，在昏迷不醒的女子手中依然紧紧抓着两条毒蛇。另有一幅攻击贵族如同魔鬼一样在搞阴谋的图像同样是用贵族女性来代表整个贵族等级，画面中有一个双面人的头像，它的右侧是魔鬼的真实面孔，左侧则是一位贵族女性的侧脸（图 3）。[2]

　　旧制度晚期，公众舆论对贵族等级的不满，不仅表现在攻击他们的奢靡腐化，

---

[1]　Référence bibliographique: De Vinck 3642.

[2]　Michel Vovelle, *Images et récits de la Révolution française*, Tome II, Paris: Messidor, 1984–1989, p.200.

图 3

同时把贵族的堕落与对该等级整体逐渐丧失英雄气概或曰男子气概，日渐"阴柔化"相联系。不论是贵族等级的奢华装束、糜烂生活方式还是他们在"七年战争"中的惨败，都被视为这一等级已经完全失去了往日以保家卫国为其根基的第二等级的荣耀，失去了勇敢、坚定、牺牲等种种男性美德，沦为不事生产、游手好闲但又吸食着民脂民膏的寄生阶层。值得注意的是，自柏拉图以来，美德本身就与男性气概密切相连。旧制度晚期舆论嘲讽贵族等级丧失了男性气概变得阴柔，实则是指美德在这个等级中的消失。由此可知，在革命期间出现以濒死女子形象代表贵族等级的图像，实为这类批评与指责的最具体表现。而贵族等级女性既然身负现实与象征这双重的厌恶与仇恨，那么她们在革命图像中被竭力丑化自然是顺理成章之事。

这其中，路易十六的王后玛丽·安托瓦内特便是最鲜明的案例。法国人对于这位来自奥地利的王后的厌恶并不始于大革命的爆发。围绕公众舆论对于王后的攻击这一题目，目前史家较多使用匿名小册子作为一手材料，如美国学者萨拉·马扎（Sarah Maza）、达恩顿（Robert Darnton）等人；而使用图像资料的研究则以林·亨特为主。文字材料与图像资料都表明，早在18世纪七八十年代，王后的形象就已经从仁慈善良的太子妃变为轻浮奢侈的"恶王后"。尤其到了旧制度最后几年，巴黎出现了大量攻击王后的匿名小册子与图像，甚至还流传着为数众多的影射王后私生活不检点的小说。据美国史家薇薇安·克鲁德（Vivian R.Gruder）统计，这些指向王后的攻击性宣传品总数剧增到60多种，内容多集中在丑化王后的私生活，指责她只顾自己享乐，对人民的苦难漠不关心，还暗示她与国王的弟弟之间有私情，并且僭越干涉朝政。当时大量流传的图像中有不少场景，都是把王后和部长们放在一起，而国王则以无能愚蠢的形象蜷缩在一边。有时，国王的头部甚至会被王后的所取代。克鲁德指出，这些攻击性的小册子或图像描绘的是一个颠倒的世界，一个女性替代男性主事的世界，而且与此同时在博马舍的戏剧中，也会运用很多暗示隐喻的手法，将坊间流传的关于王后的流言搬上舞台。[①] 因此，王后的声誉与形象在大革命之前已经全面崩坏，而她的"罪名"并不仅仅在于外国人身份、挥霍无度、轻佻浮夸，最严重之处在于她对路易十六有较大影响力，足以干涉国事。而且民众把路易十六缺乏男性气概也归罪她头上。因为路易十六是法国历史上罕见的没有任何情妇的国王，不论是亨利四世还是路易十四，一向把拥有众多情妇视为男性气概的重要表现，历来法国民间也持同样的观点。此外，便是她与奥地利王室之间的密切联系也让法国民众相信她在背地里勾结敌对势力，损害法国的利益。小册子广泛流传着王后把国王灌得终日酩酊大醉，无心朝政，以便她自己在暗中掌控一切。

大革命爆发之后，对于王后的攻击变得变本加厉，原本受审查制度所限需要隐晦表达的观点现在都可以肆无忌惮地公开发表。1791 年，以"巴黎诸革命办公室"的名义在巴黎和里昂同时面世了一部作品，名为《法国王后的罪行：从君主制开始到玛丽·安托瓦内特》。[②] 作者在前言中这样说道：

> 并不是我们所有的国王都是暴君，也不是他们自己犯下了所有的罪行。他们的母亲或者妻子，躲在王冠的阴影中，暗中操纵着一切阴谋。一个女人，成为王后之后，自认为可以像朱庇特的情人那样为所欲为。她们扰乱朝政，却使她们的丈夫被推上历史的法庭。

作者对于以安托瓦内特为代表的权贵女性的仇视跃然纸上。同时，作者告诫女性道："这是对你们中的每一个人所说。爱你的丈夫，你的天职是取悦于他；尊敬你孩子的父亲，你身体的构造就是要你服从温柔与娴静的法则，你须服从你身边的秩序，用爱与感恩管理家庭。"[③] 该文作者给王后安的罪名包括如下几点：操纵国王、为所欲为、扰乱朝政。事实上，安托瓦内特对路易十六的影响究竟有多大，史学界尚无定论，但是当时的革命者已经认定她完全没有履行"服从、娴静、感恩"等作

---

① Vivian R. Gruder, "The Question of Marie-Antoinette: The Queen and Public Opinion before the Revolution", *French History*, Vol. 16, No. 3（September 2002）, pp.269–298.

② L. Prudhomme, *Les crimes des reines de France, depuis le commencement de la monarchie jusqu'à Marie-Antoinette*, Paris, 1791.

③ L. Prudhomme, *Les crimes des reines de France, depuis le commencement de la monarchie jusqu'à Marie-Antoinette*, Paris, 1791, p.x.

为一个妻子的天职。正如法国史家尚塔尔·托马斯所说，"玛丽·安托瓦内特的罪行并不是与某一具体行为相关联，而是与她本人的身份性质（une qualité d'être）有关"①。美国学者兰德斯曾用法国大革命的证据表明哈贝马斯的公共领域观点在性别问题上的盲点，她试图从女性主义的立场重新标画有关公共领域形成的知识。她认为，法国的共和不是没有女性而是反对女性。所谓现代共和政治，就是详细地制定一系列措施来防御女性的势力尤其是她们在公共领域的出现。②

从这一角度，就会发现，安托瓦内特无疑就是革命法国最需要警惕的敌人，因为她不仅被视为腐化、奢侈、阴谋的化身，而且她涉足政治领域，混淆两者界限，如果不将她驱逐出公共领域，那么法国就无法转变为革命者心目中神圣纯洁的"祖国"，新生的国家将无法面世。这种态度非常鲜明地体现在革命时期的图像中。

大革命时期与王后相关的图像中，最常见的手法就是极度丑化安托瓦内特。例如1791年的一幅版画就用比较露骨的方式表现王后私会拉法耶特，并暗喻前者借用后者的政治权力来颠覆革命。图像资料中，除了把王后与大臣或者亲王联系在一起以外，更多的是体现出路易十六深受王后的影响甚至摆布。1791年6月，国王一家出逃瓦伦之事败露之后，大量报道这一事件的图像把国王描绘成一个被蒙蔽双眼的人或者是沉迷于自己手中的玩具（路易十六喜欢修理锁具）的懵懂儿童，而把安托瓦内特表现为那个牵引着他一步一步走向火山口或者深渊的主导者。③革命法庭对安托瓦内特的审判持续了整整三天。在法庭上，安托瓦内特对所有指控都沉默不作辩护，只在当创办了《杜歇老爹》的埃贝尔指控她与王太子有不伦行为，并且法官要求她必须回答的时候，她才对旁听席上的听众说："我想就此向所有在此旁听的母亲发出询问，这样的罪行可能吗？……"但是话语并没有说完，法官打断了她，因为看到人们被触动了。皮埃尔·布庸（Pierre Bouillon，1773—1831）于1794年创作的这幅版画便是描绘了王后受审时这一幕的具体场景（图4）。④《巴黎诸革命》详细报道了王后从关押场所被

---

①　Chantal Thomas, *La reine scélérate, Marie-Antoinette dans les pamphlets*, Paris: Seuil, 1989, p.17.

②　Karen Offen, "The New Sexual Politics of French Revolutionary Historiography", *French Historical Studies*, Vol. 16, No. 4（Autumn, 1990）, pp.909–922.

③　详见本书有关国王图像部分。

④　Référence bibliographique: De Vinck 5455.

JUGEMENT DE MARIE ANTOINETTE D'AUTRICHE;
AU TRIBUNAL RÉVOLUTIONNAIRE.

图 4

带到断头台的过程，多次强调安托瓦内特在此期间表现出来的冷静甚至是漠然，这种描写非常符合一直以来舆论所形成的这是一个试图颠覆法国的阴险女性的形象。林·亨特在其《法国大革命时期的家庭罗曼史》中谈及大革命对于王后深切的仇恨。虽然她用心理分析方法得出的结论有待商榷，但是笔者认同她所说的，公开审判王后，尤其是在法律明文规定把女性排除出政治领域的法国，是非比寻常的。由于王后并没有像国王那样拥有"两个身体"（政治之体与自然之体），因此并无公开审理乃至公开处决以消灭其"政治之体"的必要性，但安托瓦内特显然是例外，因为她侵入了政治领域，"她用她的性别腐蚀了国王、他的大臣甚至他的士兵"。①

---

① Lynn Hunt, *Eroticism and the Body Politic*, The Johns Hopkins University Press, 1990, pp.109–110.

图 5   图 6

　　当时有很多图像把安托瓦内特描绘成一个半人半兽的怪物。例如，有时长着龙一样的翅膀、尖尖的蝎子尾巴，以及秃鹫一样带钩的爪子，这实际上是一只"哈尔比厄鹰身女妖"（Harpie），在希腊神话中被视为性格残忍凶恶的怪兽（图 5）。①也有把她的头安放在一只羽毛五彩缤纷的母鸡身上，题目为《奥地利母鸡》（图 6）。② 而在一幅 1791 年由维尔纳维创作的版画中，王后的身体变成了鬣狗，头发则像蛇发女妖美杜莎一样长满了毒蛇（图 7）。③ 像吉伦特派的罗兰夫人以及德古日等在革命时期引人注目的女性虽然最终也与安托瓦内特一样被送上了断头台，但是，与后者相比，她们没有留下太多图像资料，而从仅有的一些图像来看，她们也没有被丑化到"非人类"的程度。例如弗朗索瓦·博纳维耶创作于 1796 年的罗兰夫人的画像，强调的甚至是罗兰夫人温柔娴静的素雅气质（图 8）。④ 两相比较，可见玛丽·安托瓦内特所激起的仇视是绝无仅有的。不过，事实上，从长时段来看，法国历史上，从美第奇的凯瑟琳娜（Catherine de Médicis，1519—1589）到路

①　Référence bibliographique: Hennin 11330.
②　Michel Vovelle, *Images et récits de la Révolution française*, Tome II, Paris: Messidor, 1984–1989, p.70.
③　Référence bibliographique: De Vinck 3923.
④　Référence bibliographique: Hennin 11713.

图 7　　　　　　　　　　　　　　　　　图 8

易十五时期的杜柏丽夫人，对于处于权力中心的王室女性，舆论向来多恶毒之语。

革命洪流中的普通女性

　　关于女性参与大革命情况，从事女性史研究的工作者往往需要从警察档案与司法档案中去寻找有关材料，关注大革命时期的研究者亦不例外。戈迪诺在 1988 年出版的《女公民和编织妇女》（*Citoyennes, tricoteuses*）便是从上述档案中收集巴黎民众阶层的女性在大革命时期的政治活动的。另外，克里斯提娜·弗瑞（Christine Fauré）研究分析了女性参与三级会议以及她们在陈情书中的表达后发现，在大革命之前的三级会议中，女性的参与情况是分布不均的，不过至少作为寡妇的女性是可以出席的。另外，还存在一些适用于全体妇女的写作请愿书的模板，所以至少各地的女性在这种固有的模板格式下依然可以争取自己的权益，虽然其中并没有特别提出关于女性参与政治的问题。① 但在大革命时期，关于女性的日常生活的资料依

---

① 　Christine Fauré, "Doléances, déclarations et pétitions, trois formes de la parole publique des femmes sous la Révolution", *Annales historiques de la Révolution française* [En ligne], 344 | avril-juin 2006, mis en ligne le 01 juin 2009, consulté le 27 juillet 2021.

图 1

图 2

旧稀缺。虽然图像中呈现出来的女性形象存在着许多局限性，但这也不失为弥补关于女性日常生活图景的重要资料。

在当时版画家并不刻意的画笔下，我们看到那些带着孩子去看望驻守在营地里的丈夫或者父兄的巴黎女性，也看到了她们一起围着自由树跳舞的欢乐场景。可能比较出人意料的是，图像资料告诉我们，1790 年 7 月 14 日联盟节前夕，原来有如此之多的巴黎女性与男性一起，在战神广场上推着车，运送石料，为即将到来盛大的联盟节挥汗如雨。[①] 有多幅匿名作品表现了这一激动人心的场面。在这些作品中，来自不同社会阶层的女性（其中有不少人物身上穿着能看出她们优渥生活的服装，戴着漂亮的帽饰）完全混杂在男性中间，干着一样的重活累活。版画的铭文中赞美

LES TRAVEAUX DU CHAMP DE MARS en 1790

图 3

---

① Michel Vovelle, *Images et récits de la Révolution française*, Tome II, Paris: Messidor, 1984–1989, p.115.

她们"美好的勇敢的女性，你们在战神广场翻动土地，多么可爱！"（图1）[1] 有的虽然没有在文字中强调女性的参与，只是赞叹从未见过像战神广场这样工作量如此之大的工程居然能在万众一心的热情中在短短几天之内迅速完成。但是在画面中央，挥舞着锄头的女性形象是如此引人注目（图2）。[2] 吉阿尔丹（Abraham Girardet，1764—1823）同年创作的版画《战神广场的工程》更细致地描绘了许多女性如何在热火朝天的工地上忘我劳动（图3）。[3] 在他作品的左边近景处，是一辆马车，三位戴着羽毛头饰的年轻女子正在从马车上下来准备参与劳动。在她们前方，一个女子一个人奋力推着一辆小推车。在画面的右方，有一队近10人的队伍，正齐心协力拉着一辆装满了泥土的车，其中就有好几位女性。而这样拉着土方车的队伍在整个画面的纵深处，到处都是。

从不同绘画者的版画作品可以推测出，当时在战神广场上为联盟节到来而进行的浩大工程中，一定有许多女性参与其中，而且她们身份地位迥异。但在当时，在场的所有人似乎都不再区分年龄、身份地位，都成为对革命以及法国的美好未来抱有坚定信念的公民中的一员。而女性也身处其中，不论是她们自己还是周边其他人，抑或这些版画的作者，好像所有人都觉得这是自然而然的，没有谁意识到所谓的女性不应当参与到这样的公共事务中来。

女性的身影不仅仅出现在为联盟节作准备的战神广场上，在此后表现其他革命节日（理性节、最高存在节、团结节等）的图像作品中，依然能看到许许多多的巴黎女性成为画面的主角。在表现革命时期非常重要的节日——"理性节"的版画作品中，女性的形象更是超越男性成为绝对的主要人物。例如，制作于1793年，表现理性节的匿名版画中，不论是扮演理性女神的演员还是其他群演，都是女性（图4）。[4] 多幅其他呈现理性节场景的版画亦是如此。在别的革命节日中，许多年轻的少女也会穿上白裙，成为革命节日游行队伍的成员。或者在画面中，会有很多女性和男性一道围着顶着自由帽的长矛手拉手跳舞（图5）。[5] 在1794年最高存在节和1795年的团结节上也同样可以看到，围观的人群中有很多和男伴一同

[1]　Référence bibliographique: De Vinck 3728.
[2]　Référence bibliographique: De Vinck 3725.
[3]　Référence bibliographique: Hennin 10743.
[4]　Référence bibliographique: De Vinck 6323.
[5]　Référence bibliographique: Hennin 11814.

图 4

图 5

VUE DU JARDIN NATIONAL ET DES DECORATIONS,

Le jour de la fête célébrée en l'honneur de l'Être Suprême le Decadi 20 Prairial l'an 2.de la Republique Francaise

A Paris chez Chéreau, Rue Jacques aux deux Colonnes, n.° 257.

图 6

LA FÊTE DE LA REUNION.

图 7

到场或者带着孩子来观看的女性（图 6、图 7）。① ②

当然，普通女性绝不仅是作为节日的装点出现在革命时期的版画之中，在重大的政治事件中，普通女性的身影一样没有缺席。同样是表现"十月事件"，版画师冉尼内创作于 1789—1791 年间的《10 月 4—5 日，巴黎妇女参与到国民议会代表之中》并没有去刻画其他作品通常偏爱的表现冲突的场景，却描绘了巴黎妇女参加到当时驻扎在凡尔赛"日常消遣厅"（Salle des Menus-Plaisirs）的国民议会中的情景（图 8）。③ 这些来到凡尔赛的普通女性，她们有的跪在台阶下伸

图 8

出双手乞求，但更多的是走到代表身边，和他们一起讨论，甚至有好几人还走上了主席台。在这幅作品中，看不到拿着长矛、拖着大炮的含有暴力意味的画面，也看不到赋予女性为面包斗争的传统形象，只有这些走进了议会大厅、和男性一起参与到政治事件中的女性。

值得一提的还有那些巴黎街头把大革命的标志性色彩红蓝白做成美丽饰品装饰发型的时髦女子。她们有的穿上象征着支持英国式君主立宪制的条纹长裙，有的把三色徽章佩戴在美丽的帽檐上。所有这些，无一不在告诉后世的观众，在革命最初的岁月里，许多法国女性为革命的到来欢欣鼓舞。她们不仅分享着革命的喜悦，也积极参与到当时的革命活动之中。而且即便在 1794 年之后，巴黎女性依然

---

①　Référence bibliographique: Hennin 11895.

②　Référence bibliographique: Hennin 11972.

③　Référence bibliographique: De Vinck 2973.

图 9

图 10

图 11

出入公安委员会，在 1797 年督政府接见民众的仪式上，同样有不少女性参与其中
（图 9）。① 由此可知，自始至终，虽然官方对于女性参与公共事务的态度随着形势
而摇摆，但女性始终参与到了革命的进程之中。

　　当然，除此以外，图像也描绘了那些在街头等候购买面包或者领取指券发放的
底层民众女性（图 10）。② 在面包危机的时候，集市上的小商贩妇女受影响最大，
她们总是要在排队等面包与经营过活的两难中选择。因为在危机最严重的时候，排
队需要从前一天晚上开始。她们既想保留她们在队伍中的位置，以便回去照看小店
或者喂食婴儿，又担心等自己回来已经没有了面包。③ 而对于女性来说，忍饥挨饿
可能还不是最可怕的事。当革命中的暴力事件频繁发生的时候，手无寸铁的她们往
往是首当其冲的受害者。在许多图像中都可以看到，被杀死的人群中有很多是女

---

① Référence bibliographique: Hennin 12161.
② Référence bibliographique : Hennin 11811.
③ Dominique Godineau, *The Women of Paris and their French Revolution*, Berkeley, Los Angeles, London:
　University of California Press, 1998, p.154.

性。她们并不是因为政治立场或者双方之间的军事冲突而被杀死，而仅仅是革命暴力风暴席卷之下无辜的受害者。1791 年匿名作品《悲惨的 1791 年 7 月 17 日，男人、女人和孩子被枪杀在祖国祭坛之下》便表现了这一主题，无辜的女子和孩子横尸遍野，她们都是革命的牺牲品（图 11）。①

小　结

虽然本书主要涉及以版画为主的图像资料，不过谈到大革命时期的女性图像时，或许也可以参考大革命时期著名的画家大卫作品中的女性形象。作为最重要的官方画家，大卫笔下的女性应该是革命者心目中对于女性的最真实的态度呈现。"大卫被艺术史家们公认为新古典主义的巅峰，同时，他在作品中最清晰地表现出新的两性区别的形象。在大卫的作品中，女性价值从来不是来自她们自身，而是她们为作品的政治意义服务的。"②尤其是大卫为女性所作的肖像画，更能体现出他以及他所代表的革命者心目中应然的女性形象。例如他为拉瓦锡夫妇所创作的作品，可以看到拉瓦锡夫人（Marie-Anne Paulze Lavoisier，1758—1836）呈现出一种贤淑而又温和的气质，她半斜着身体依靠在拿着笔正在工作的丈夫身边，脸上是从容娴静的微笑，完全没有旧制度时期贵族女性多少带着一点倨傲的神情。就像有研究者指出的那样，"人们总是在大卫的画中通过两类趋向而看到他分裂的人格。这种对立可以简单归结为：男性 / 女性，理性 / 激情，刚强 / 温柔"③。

法国大革命在人类历史上第一次试图用"公民"身份去取代传统的社会身份，以此来消除旧制度用出身门第给人们打上的等级烙印，试图用一种看似完全平等的尺度来衡量个人的能力与贡献。然而，倘若仔细审视这一"公民身份"，却会发现其中宣称的"平等"实际上千疮百孔，尤其从性别的角度去考量。关于这一点，露

---

① Référence bibliographique: De Vinck 4072.
② Sylvie Chaperon, "L'image de la femme dans les tableaux d'histoire de David, jusqu'à 1789", in Brive Marie-France（dir.）*Les femmes et la révolution française*, Tome 2, Toulouse: Presse universitaire du Mirail, 1989–1991, pp.331–332.
③ David Wisner, "Les portraits de femmes de J.-L. David pendant la Révolution française", in Brive Marie-France（dir.）*Les femmes et la révolution française*, Tome 2, Toulouse: Presse universitaire du Mirail, 1989–1991, pp.177–187.

丝·里斯特（Ruth Lister）在她的《公民身份：女性主义视角》中阐释得十分精彩，她说：

> 无论是在自由主义传统还是在共和主义传统中，公民是通过抽象的、脱离现实的个体而表现出来；自由主义传统试图回避其特殊性，而后者则试图超越它。女性主义理论家揭示了"抽象是以公民为名而隐藏了个体本质上的男性特征"。因此，在关于公民身份理论传统的双重思考过程中，公民被期待展示出来的公正、合理性、独立和政治主体者的品质，却只是男性品质的体现。在这一传统的双重约束下，妇女无论在物质上还是精神上都被排除而进入家庭私人领域，这是因为她们与这种私人领域联系在一起，而没有展示那些品质，她们被认为没有能力去形成这些品质。……不只是妇女身体可以想象到的脆弱性才是她们不具备公民身份资格。更为深刻的是，一直是将妇女与身体、自然和性等同起来才使她们没有这样的资格。①

简单来说，在大革命时代，一系列被界定为女性特征的品质被视为"本质上"无法与共和精神兼容，甚至有的时候被看成是其对立面。美国学者凯瑞·奥芬（Karen Offen）也曾说，性别重构实际上对于理解和重新解释大革命具有核心意义，因为它的政治经济文化甚至认识论后果 200 年来一直影响着西方社会。而性别在此处不仅是多种分析类别中的一种，用以评估大革命的影响，而且可以为了探寻权力的运作以及探寻差异和控制之间的历史共生关系，这是一种可以当成透镜的类别。②

从性别史研究的角度来看，20 世纪 80 年代，法国几位从事性别史研究的著名学者在发表于《年鉴》杂志的一篇文章中谈到，女性的从属地位这一概念及其衍生物给女性史研究造成了一定的难题，即便回到文化史的方向，这一难题仍然没有消失。始终要明白，它与一个不平等的社会中的其他关系相互联结。当我们从一些或具体或象征的角度去研究，会发现"男性的统治"并不是直接表现在表面的，而是通过界定各种地位、角色来实现，而且这些地位角色并不仅限于女性，很多时候，

---

① ［英］露丝·里斯特：《公民身份：女性主义的视角》，夏宏译，吉林出版集团有限责任公司 2010 年版，第 110 页。

② Karen Offen, "The New Sexual Politics of French Revolutionary Historiography", *French Historical Studies*, Vol. 16, No. 4（Autumn, 1990），pp.909–922.

各种不同的机制看似与性别关系无涉，却有着隐藏的关联。这类更难定位的机制目前尚缺乏研究。①

　　也就是说，"男性的统治"究竟是在什么历史语境下，由什么样的话语／象征等文化产物去构建，以及如何去构建，是解锁这一难题的关键。由此，笔者认为，图像材料中呈现出来的对于女性的描绘与态度从某种程度上给予了这样复杂机制具象化的机会。大革命时期的所有有关女性的图像都是从男性的视角去表达的，而这些表达几乎又很少纯粹是表达关于性别的态度，往往与当时的事件、局势、纷争与危机紧紧相连，正是透过这些杂糅着多种要素的图像中，我们或许才可以看到性别的地位与角色是如何深嵌于一个特定时代的社会之中，女性的社会与政治地位如何被时代所深切影响。

---

① Cécile Dauphin, Arlette Farge and Geneviève Fraisse, "Culture et pouvoir des femmes: essai d'historiographie", *Annales. Histoire, Sciences Sociales*, 41e Année, No. 2（Mar. - Apr., 1986），pp.271–293.

第四编

图像世界的边缘

第一章　革命时代的日常呈现——让-巴蒂斯特·勒叙埃尔（Jean-Baptiste Lesueur）系列水粉画

时至今日，大革命研究早已不再局限于传统的政治事件、重要人物与派系斗争，越来越多的研究者将目光投向更广阔的政治文化、地方外省或者革命时期的国际关系。但即便是在这样百花齐放的研究态势之下，对于大革命时期的民众日常生活这一层面的关注依旧十分稀缺，[①] 研究者对当时人们日常生活情况知之甚少。造成这一状况的主要缘由倒并非是研究者的不重视，主要是因为史料的缺乏。普通人的日常生活原本就不是那个时代能读会写的有识之士关注的焦点，在动荡的革命年代更不太可能有相关文字记录留存下来。然而，图像史的兴起或许可以为解决这一难题提供一些新途径。在过去的两个多世纪中，历史学家在很大程度上低估甚至可以说忽略了革命期间图像学的研究，因为人们认为这一领域建立在艺术史而不是历史的基础上，[②] 但这样的观点显然需要重新审视。

例如，巴黎卡尔纳瓦莱博物馆从 1977 年开始从多种途径获得的让-巴蒂斯特·勒叙埃尔（Jean-Baptiste Lesueur，1749—1826）创作的系列水粉画就是其中非常宝贵的图像资料。这些水粉画"突出展现了当时人们的衣着、军事活动以及巴黎小人物，并且以对妇女充满同情的关注而与众不同。除此之外，它们反映了作者对那些鲜为人知的事实或人物的好奇心，这些人与事甚至从未出现在那个时代的图像中"[③]。就像克洛

---

① 关于大革命时期日常生活的研究，可以参看 James M. Anderson, *Daily Life during the French Révolution*, Londres: Greenwood Press, 2007, p.269。

② Annie Duprat, "Le regard d'un royaliste sur la Révolution : Jacques-Marie Boyer de Nîmes", *Annales historiques de la Révolution française*, No. 337（Juillet/Septembre 2004），pp.21–39.

③ 关于勒叙埃尔的作品概况，参见 Philippe de Carbonnières, "Nouvelles gouaches révolutionnaires de Jean-Baptiste Lesueur. Entrées au musée Carnavalet（2005–2011）", *Annales historiques de la Révolution française*, Avril-Juin 2014, No. 376（Avril-Juin 2014），pp.107–134。

德·朗格卢瓦指出的，勒叙埃尔并不像当时很多画家一样使用寓意的方式进行宏大主题的历史作品的创作，他的兴趣更多在于从非常贴近的和轶事般的视角去观察日常生活，所以他的作品更接近于风俗画。① 勒叙埃尔偏爱使用鲜明又柔和的色彩，画中人往往神情生动，富有生活气息。目前留存的他的大革命系列作品都是以完成人物形象之后将它们剪下来再重新粘贴在纸板上的方式来构成有故事感的场景，再辅以文字说明。这些作品为后世了解大革命这个剧烈的政治与社会动荡时期普通人的生活画面提供了非常重要的原始材料。

根据就职于巴黎卡尔纳瓦莱博物馆的历史学者卡波尼埃尔（Philippe de Carbonnières）的研究，勒叙埃尔一家居住在巴黎圣丹尼区，全家一直以制作销售图片及扇子维生。② 从大革命爆发的 1789 年开始，勒叙埃尔开始创作以革命事件、场景或人物为内容的水粉画，一直延续到 1807 年。他的作品中人物装束往往与史实非常吻合，没有出现类似于表现大革命时期战争中的军人却穿着拿破仑军队中的制服那样的"时代错置"问题。卡波尼埃尔认为这是因为，勒叙埃尔的作品往往是在事件发生之后较短时间之内创作完成，至多不过几个月，而不像当时的许多图像作品尤其是大型作品有延宕的问题。当然，朗格卢瓦的看法略有不同，他认为在这一系列中，关于大革命初期的那些作品看上去并不是在当时马上创作的，不过 1793 年以后的作品的创作时间确实与事件本身发生的日期很接近。③ 笔者比较同意朗格卢瓦的判断，即便表现大革命初年的那部分作品在附带的文字评论当中，"在革命爆发之初"之类的语句让人有一种回溯性的感觉。但是不可否认，人物装束上的写实与细致尤其能说明画家对于尊重事实

---

① Claude Langlois, "Révolution en famille ou révolution de la famille? Le témoignage des gouaches de Lesueur", *Annales de démographie historique*, (1987)，pp.349–364.

② 事实上，关于这套系列水彩图像的真正作者究竟为何人，史学界至今尚无定论。传统一直认为它们是由居住在巴黎、世代以绘画为生的勒叙埃尔兄弟俩的作品，其中一位是雕塑家雅克·菲利普·勒叙埃尔（Jacques Philippe），另一位是风景画家皮埃尔·埃提耶·勒叙埃尔（Pierre Etienne），伏维尔在其《图像与叙述》中也采用此说，并且提出，很有可能是两兄弟的父亲（也是一位图像制作者）对这些作品完成了裁剪拼贴，详见 Michel Vovelle, *Images et récits de la Révolution française*, Tome III, Paris: Messidor, 1984–1989, pp.282–283. 不过，巴黎卡尔纳瓦莱博物馆的卡波尼埃尔近几年根据最新的资料提出，这位勒叙埃尔并不是两兄弟，而是另一位名叫让-巴蒂斯特·勒叙埃尔的水粉画家。鉴于卡波尼埃尔的提法得到数位研究法国大革命图像史专家的认可，本书故也采用最新成果。

③ Claude Langlois, "Révolution en famille ou révolution de la famille? Le témoignage des gouaches de Lesueur", *Annales de démographie historique* (1987)，pp.349–364.

的重视。在总数为 81 幅的作品中（图像中有原始编号显示为 94，该系列究竟应有多少幅作品，目前尚未明确），卡尔纳瓦莱博物馆藏有该系列中的 75 幅，而原藏家比多尔特·狄思勒（Bidault d'Isle）家族拥有剩余的 6 幅。该系列藏品在法兰西第三共和国时期曾零星展出其中的一部分，直到 1947 年才首次向公众全部展示。①

对于后世研究者来说，大革命的爆发具有划时代意义，意味着西方现代政治的开端，但这些意义都是放置在历史的长河中才显现出来。那么对于时人来说，带来如此剧烈动荡的革命究竟意味着什么？大革命期间的日常生活究竟是什么样的？人们的衣食住行是否完全被革命运动打乱？还是说在攻占巴士底狱、攻打杜勒伊宫、发行指券、九月监狱屠杀、处死国王、颁布《最高限价令》与《嫌疑犯法令》、热月政变等一系列天翻地覆的政治事件与社会举措推行的同时，巴黎人的生活依旧保留了原有的节奏？就像伏维尔曾说："对于既有的两类图景，我们都不能过于信任，虽然它们几乎是相反的，但两者都不太确切。其中之一，是整个被革命的种种强大力量打击得瘫痪的巴黎：上流社会逃离，底层人物则失去了生活的乐趣；或者是一个如常的巴黎，以它的活力进行抵抗，咖啡馆、戏剧演出、交际圈以及街头妓女。"②要做到不过度信任，除了对图像还原真实的能力始终秉持审慎态度以外，在使用图像还原的同时，还必须在不同的图像、不同的作者以及文字材料之间加以互相印证。

需要指出的是，大革命时期的许多画家不仅用画笔记录了革命时代的巴黎或外省生活，他们往往也积极地投身于革命事业。例如负责创作《巴黎革命的历史图景》中大部分插图的普里尔就是革命法庭的陪审员，他还参加了"芽月起义"，甚至为此被送上了断头台。而勒叙埃尔则与组织了巴黎区级机构的无套裤汉关系密切，他自己还在一个委员会中担任职务。因此他们不单单是革命的观察者，更是革命的参与者。所以在以这些图像为原始材料加以分析的时候，我们还能从中体会到画家鲜明的政治立场。

---

① 由于卡尔纳瓦莱博物馆于 2017—2019 年闭馆装修，2020 年开始又受新冠疫情影响，笔者无法在项目进行期间实地拍摄该系列作品，所以本书所使用图像资料均来自卡尔纳瓦莱博物馆线上资源或者在此项目执行之前拍摄收集的资料，下文所有图片若属同一来源，不再一一注明。

② Michel Vovelle, *Images et récits de la Révolution française*, Tome I, Paris: Messidor, 1984–1989, p.312.

不过，必须承认的是，即便拥有了这些反映大革命时期民众日常生活的图像资料，我们依旧难以对当时法国各阶层民众的真实生活状态一窥全貌。一方面是由于大多数图像仅涉及巴黎，虽然近年来有学者陆续研究外省图像制作情况以及图像作品在巴黎和外省、外省之间如何互相流通和影响，[1] 但无论从原始材料的获得还是已发表的研究成果来说，这些细节问题尚未取得重要进展。另一方面，即便是在巴黎，图像也远没有完全展示出当时各种场景的全貌，例如在 1788—1789 年间，巴黎数个区爆发的多次骚乱以及 1792 年的街头运动都没有出现在图像作品中。[2] 因而，图像展现出来的只能是当时一部分绘画工作者出于我们目前无法明确知悉的原因而创作出来的大革命时代的其中一个侧面。

然而，无论如何，图像为后世提供了一个可以了解动荡时代下政治局势风云变化的巴黎城中人们在街头巷尾的日常生活的窗口。除了勒叙埃尔的作品以外，本章还会使用一位也在此期间创作了一些表现日常生活场景的水粉画家贝里古（Étienne Béricourt，生卒年不详）的作品。我们对他的生平了解得更少，但是这并不妨碍他留下来的作品向后世展现了大革命时期巴黎人的日常生活中的许多片段。上述两位画家的作品均属于比较大众化的图像。这些图像往往在书店或者其他图片店销售，有时流动小贩也会向路人兜售这些图像制品。它们的售价通常较为低廉，普通劳动者也能负担。除此通俗图像以外，革命时期还有不少较为有名的画家也曾有作品关涉巴黎人的日常生活，所以本章将以勒叙埃尔图像史料为基础，再补充贝里古等其他署名或匿名的图像作品（如贝尔托 Jacques Bertaux，1745—1818）；莫内 Monnet 等人），尝试还原大革命时代普通民众的生活，从中理解大革命在何种程度上影响了普通人的生活。[3]

勒叙埃尔的政治立场可以概括为"温和派"。简单而言，他在整个大革命过程中所持的立场与态度，就是"温和主义，宪政派，拉法耶特主义，然后是丹东主义者，最后是波拿巴的热心支持者；在这种情况下，某种资产阶级的完美反映，

---

① Annie Duprat, "provinces-paris, ou paris-provinces?: iconographie et révolution française", *Annales historiques de la Révolution française*, Octobre/décembre 2002, No. 330, *Provinces-Paris*（Octobre/décembre 2002），pp.9–27.

② Michel Vovelle, *Images et récits de la Révolution française*, Tome I, Paris: Messidor, 1984–1989, p.312.

③ 本章使用的勒叙埃尔的作品均藏于巴黎卡尔纳瓦莱博物馆，文中已提及作品编号，故不再一一用脚注加以注明。

既靠近平民百姓，又远离他们的要求和暴力"①。除此以外，他还会用画笔记载下生活在他周围的那些普通男女的生活细节。卡波尼埃尔（Philippe de Carbonnières）精准地概括了勒叙埃尔的作品的特点，那就是：军队的无处不在，女性的积极作用以及革命时期的服装。他认为勒叙埃尔通过一系列的作品，完美地说明了当时的道德理想。尤其是对于普通民众的勇敢行为的颂扬，这些行为或许称不上英雄主义，但是却同样值得赞美，因为公民们表现出了无私、团结和爱国主义的姿态。在勒叙埃尔作品中出现的公民形象，穿着朴素却得体的服装，看起来并不富裕，但是他们对革命的热忱却洋溢在每个人的脸上。比如水粉画中表现出的多位士兵形象，非常符合法国当时的现实，"法国军队在1792—1799年间的制服是杂乱无章的，他们的装备也是如此，有些步兵甚至没有步枪，也没有参加过长矛作战。但是这并没有抑制公民的热情，他们依旧奔赴前线渴望加入战争，以实现他们的献身精神"②。

关于家庭生活，大革命图像涉及得非常少。但是在勒叙埃尔的作品中，有数幅表现家庭生活的图像，例如在后文具体分析的描绘无套裤汉的家庭画面。很多学者的研究成果表明，最初投入街头革命运动的人以单身为多。不过，随着大革命影响的扩大以及各种政治社会措施的出台，越来越多的家庭也卷入了革命的洪流之中。所以，勒叙埃尔的画作对此的刻画具有典型意义。

当然，与所有使用历史资料进行研究分析的工作一样，当我们考察大革命时期图像中呈现出来的民众日常生活时，需要注意图像材料的真实性。制作者在创作图像的过程中不可避免地会加入许多主观的因素，这些因素一方面与他本人的政治立场与态度以及其他多种外界影响相关，另一方面，图像作为艺术创作，还有其自身的表达方式或者夸张手法。比如贝尔翰（Fabrique de Pellerin，生卒年不详）在1839年创作的《攻占巴士底狱》中，冲锋陷阵的人群中有一男子手拿一面1789年并不存在的三色旗帜，就像前文所说，这显然是图像中的"时代错

---

① Philippe de Carbonnières, "Nouvelles gouaches révolutionnaires de Jean-Baptiste Lesueur. Entrées au musée Carnavalet（2005–2011）", *Annales historiques de la Révolution française*, Avril-Juin 2014, No.376（Avril-Juin 2014）, pp.107–134.

② Philippe de Carbonnières, "Nouvelles gouaches révolutionnaires de Jean-Baptiste Lesueur. Entrées au musée Carnavalet（2005–2011）", *Annales historiques de la Révolution française*, No. 376（Avril-Juin 2014）, pp.107–134.

置"。① 当然，勒叙埃尔严谨求实的风格可以部分打消研究者的顾虑，但并不意味着可以完全不假思索地认为他的作品如实反映了当时的现实情况。无论如何，这些作品呈现的只能是从画家个人眼中观察到的现实或者是他认为值得为其保留影像的那部分现实，更何况，勒叙埃尔的政治立场在其选择素材或者表现某一主题的时候也必然会产生重要但不易估量的影响。

普通人视角下的重大事件与革命节日

与同时代的其他画家一样，勒叙埃尔也非常关注风云变幻的革命事件，所以大革命时期的重大事件在他的系列水粉画中占据了不小的比重。在目前留存的作品中，主要有下述事件：拆毁巴士底狱、瓦伦事件、八月十日事件、九月屠杀……但是一眼看去，就会发现勒叙埃尔作品呈现的场景与他人作品很不一样。

首先，他似乎从不从正面场景去描绘事件，而是选取那些不被人注意的视角或者片段。例如，攻占巴士底狱这样的大事件，勒叙埃尔并没有采用绝大部分涉及这一事件的画作所使用的攻守双方在巴士底狱城堡院子里展开的激烈交火场面，或者是战斗结束之后法兰西卫队士兵押解着守军司令走出城堡的场景，而是刻画了人们拆毁巴士底狱的画面。虽然当时也有不少表现民众拆毁这一象征着旧制度的封建堡垒的图像作品，但是那些作品通常都是如出一辙地以远景的方式来表现，于是巴士底狱高大的城墙往往占据画面大部分的面积，画面近景是远远在围观的市民，而那些拆毁城堡的民众只能成为一些远远看去影影绰绰的人影。而勒叙埃尔则独树一帜用近景来表现这一场景。在编号为 3 的这幅作品中，画家完全把注意力聚焦于正在劳作的人们。在他笔下，一共有 12 个男性拿着棍子、铁锹等工具站在城堡墙头(图1)。这些人物从装束来看，基本就是日后的无套裤汉们，他们穿着条纹长裤，戴着三角帽或者软帽，其中大多数在帽子上佩戴着三色徽章，脚下是大石块垒成的厚重城墙。但是从画面上，除了图像的题目写着《拆毁巴士底狱》之外，并没有任何标志物显示这是巴士底狱，巴士底狱在这幅水粉画中成为微不足道的陪衬物，画家希

---

① Rothiot Jean-Paul, "La Révolution française vue par les images d'Épinal: entre patriotisme et propagande républicaine", in *Images militantes, images de propagande*, Actes du 132e Congrès national des sociétés historiques et scientifiques, "*Images et imagerie*", Arles, 2007, Paris: CTHS, 2010, pp.49–71.

图 1

望着重表现的是人们在拆毁这一重要象征物时的十足干劲以及迫切的心情。

又如他笔下那幅关于八月十日事件的图像（图 2），并没有像别的画作一样去表现支持革命的军队与王家瑞士雇佣军之间的激烈冲突，而是描绘了一个伤者被担架抬走的情形。画面上共有六个人物，受伤的人双眼紧闭，头歪向一侧，似乎已经失去了意识，两手无力地搭在他身佩的弯刀和长枪之上。一前一后抬着担架的两名男子装束与伤者相仿，他们神情凝重，走在前面的那位还回过头来关切地看着受伤者的情况。跟着担架的则是一名女子和两个孩子，较大的女孩子手里拿着白手帕，年纪略小的男孩子则学着母亲，双手举向天空，做着祈祷的样子。这幅图像白带的长篇评述文字详细叙述了八月十日事件的起因、经过与结果，也讲述了双方在激战中的杀戮行为。不过我们从转移伤员的图像上，却看不到直接的暴力场景。这也是勒叙埃尔处理类似事件的常用方式。

同样，在有关九月屠杀事件的图像中，画家也避开了所有的暴力血腥场景，而选取了监狱法庭审判的场面（图 3）。画面上有多位各区的革命分子倚靠在长凳和桌子边，或者干脆坐在桌子上。他们中大多数戴着红色自由帽，所有人的帽子上都

图 2

图 3

佩戴着三色徽章。这些无套裤汉们个个手里都拿着酒杯，桌面上、桌子底下也到处都是立着或者倒下的酒瓶。有两个无套裤汉已经醉得不省人事，一个趴在桌子上，另一个躺在桌子底下呼呼大睡。在他们面前站着一个穿着套裤的男子，神情紧张。而画面最前方的那个身穿条纹长裤的无套裤汉跷着二郎腿，一手拿着酒杯，一手拿着一个长长的名单，很显然，站着的那个人是一名囚犯，他的命运现在完全掌握在这几个正在喝酒的无套裤汉手中。据历史记载，从 1792 年 9 月 2 日开始，巴黎多个监狱里的许多囚犯未经审判就被立即处决，屠杀持续到 1792 年 9 月 6 日，共有一千零九十人到一千三百九十五人之间数量的在押犯被杀死。我们无法得知，画面这位囚犯，等待他的是什么样的命运。虽然勒叙埃尔与区里的无套裤汉来往甚多，但是，仅从这幅图像所表达的态度来看，画家显然对九月屠杀事件持有强烈的反感。[1] 否则，就难以解释为何画家要把无套裤汉的群像以聚众酗酒的方式来呈现，这无论如何都不是一个积极正面的场景。

总体而言，虽然勒叙埃尔的水粉画呈现出大革命各个阶段不同群体的各种活动，但从不直接描绘暴力这一特点非常明显。换言之，在他的作品中，我们完全看不到暴力的展示。就像上述这几幅图像，这些主题在同时代别的作品之中往往会有暴力场景，或者至少多少作出一些相关的暗示，尤其是像八月十日事件这种被称为"第二次革命"的大规模武装冲突，以及引起许多温和派反对的九月屠杀都会以各种方式表现出暴力画面。但是在勒叙埃尔的画笔下，血腥与暴力都不会出现在画面上，相反，他是通过表情痛苦的伤者、抬着担架的亲友以及正在向上天祈祷的忧心忡忡的家人孩子这些人物形象来展现这些历史事件中人们所遭受的痛苦。

事实上，大革命一直与暴力密不可分。从攻占巴士底狱的街头暴力行动一直到热月政变之后反革命分子在各地发起的"白色恐怖"，暴力行为此起彼伏。然而在勒叙埃尔的系列作品中，暴力完全无迹可寻。目前没有其他证据表明该系列中遗失的那些恰好是表现街头运动的，也没有任何文字材料来解释这一缺失，所以我们只能暂时假定画家并不愿意涉及这一层面。他往往用一个更家庭化的视角来表现这些主题。不过除了不愿刻画暴力场景以外，画家还是尽可能中立地去表现革命期间的各种场景与人物，他从不刻意去丑化某特定群体或某个人物，而是给予每个画中人

---

[1]　[法]乔治·勒费弗尔：《法国革命史》，顾良、孟湄、张慧君译，商务印书馆 2010 年版，第 254 页。

几乎如出一辙的孩童般红润可爱的脸庞，甚至带着某种天真的气息。或许正如克洛·朗格卢瓦所说："勒叙埃尔希望我们，从家庭的角度去看待革命，他希望我们不那么肤浅地去了解革命如何在家庭内部发生作用。"①

勒叙埃尔从家庭的角度去看待革命的视角，可以从下面几幅图像得到很好的证明。例如编号 62 的水粉画，描绘的是大革命早期的著名宣传鼓动家卡米耶·德穆兰（Desmoulins，1760—1794）被捕时的场景。

画面正中是身穿咖啡色外套、头发凌乱的德穆兰，他左手拉着妻子，右手指向天空（图 4）。他的妻子坐在他脚边的一把椅子上，右手伸出食指指向天空，脸朝向德穆兰，双眼看着她的丈夫。在他们身后的桌子旁边，站着一名身穿国民自卫军制服的士兵，他的右手直直地指着放在桌子上的一页纸张，大概是逮捕令这类文件。士兵的左手握着军刀，神情带着一点凶狠。在他身边的椅子上有一顶别着三色徽章的帽子，这显然是属于德穆兰的，也在表明他作为革命者的身份。显然，德穆兰和他妻子都明白此去凶多吉少，因此他们手拉着手，显得那样依依不舍。两人的右手虽然都朝向天空，但又有明显的区别。德穆兰张开着五指，结合着他的表情可以理解为他对自己遭遇到不公正对待的悲愤。而他妻子的神情相对而言似乎更为平静一些，向上伸出的食指更像是在给出某个承诺。图像下方的评论这样写道：

> 他被逮捕的时候向上天祈祷他妻子的命运，但是这位勇敢的女性向他承诺，她很快就会追随他而去。卡米耶·德穆兰是一个友善的年轻人，非常有才华，坚定的共和主义者，但他反对恐怖，为那么多的流血而担忧。他为反对这种残酷勇敢地写作，在他办的报刊上，他呼吁宽容，这让冷酷的罗伯斯庇尔不悦，虽然后者自称是德穆兰的朋友，然而却把他送上了断头台。德穆兰的妻子因为和她丈夫持有一样的态度，在德穆兰被判处死刑之后的几天时间里也被处死了。

画面上，德穆兰夫妻二人深情诀别，这和站在一边义正词严地指着逮捕令的士兵形成强烈对照。在画家安排的对照与戏剧性的冲突之中，观众可以直接感受到革命的洪流对一个原本温馨美好、有着共同理想的家庭的毁灭性破坏。在这幅图像的右边，则是一户家庭在经历着同样悲惨的命运。画面上也是一名身穿制服的国民自

---

① Claude Langlois, "Révolution en famille ou révolution de la famille? Le témoignage des gouaches de Lesueur", *Annales de démographie historique*, (1987), pp.349–364.

卫军士兵拿着逮捕令来到马尔贝甫夫人家里奉命逮捕她和她的女儿。马尔贝甫夫人安静地坐在中央的椅子上，一只脚搁在脚踏上，右手还拿着一本翻开的书，显得非常安静从容。在她身后是一名身穿蓝色长裙的年轻女子，双手合拢朝向天空祈祷。图下方简单地写着"马尔贝甫夫人和她的女儿被逮捕"。与前一幅图像略有不同之处在于前来执行命令的士兵并没有表现得非常凶狠，相反，他甚至在夫人面前礼貌地摘下了帽子，垂下眼睛，似乎在告诉观众他内心隐隐的同情，这或许也是画家自己内心的表露。

相同的手法还被画家使用在描绘路易十六一家生离死别的场景（图5）。路易十六被国民自卫军带离家人，并与他们诀别的画面是大革命时期许多画家感兴趣的主题，画面上往往着力刻画曾经尊贵无比的一家人在面对死亡带来的分离之际那种绝望与痛彻心扉。勒叙埃尔在其作品中的画面安排与其他画家相比，并无太大不同。但是值得注意的是，明明是发生在路易十六一家被囚禁的唐普勒宫中的场景，但是画家却取了一个看似毫不相关的题目《路易十六在瓦伦被捕》，图像下方的铭文也是详细讲述了国王一家出逃、被当地官员认出以及被带回巴黎的整个经过。但是画面上，是站在中央的路易十六，左边是两个孩子拉着他的衣襟，穿着白裙的王后安托瓦内特弯下腰陪着孩子，在她身后是仰面倒在椅子上伤心不已的国王的姐

图4

图 5

姐。在画面的右边是一队拿着武器的国民自卫军，为首的一人正与国王说着什么。画家着重刻画的是一幕亲人分离的悲惨场面。上述这几幅作品都没有从当时人们惯常使用的那种正面描绘革命不同阶段重大事件（瓦伦事件或国王被处死、"恐怖统治"的开始、惩处嫌疑犯）的方式去讲述革命的宏大叙事，而是从家庭的破损、亲人的诀别等视角去看待这些历史人物作为丈夫、母亲和父亲在革命中的命运，以及他们与家人之间的深厚情感。这是勒叙埃尔的作品在同时代一大堆讲述历史事件的进程或者描绘时人的群体行动来用作政治宣传的图像作品之中，之所以显得如此特别并且打动人心的重要原因。

当然，除了从家庭视角去描绘重大历史事件以外，勒叙埃尔作品中表现大革命时期节日场面的作品也有其新颖独到之处。众所周知，大革命时期的节日被认为是塑造新的爱国情操的政治文化中极其重要的一部分，巴黎索邦大学学者纪尧姆·马佐（Guillaume Mazeau）于 2018 年发表的长篇论文《大革命、节日与其图像：公众表演和政治表象》[La Révolution, les fêtes et leurs images: Spectacles publics et représentation politique（Paris，1789—1799）] 对节日和相应图像作了详细而深入的讨论。笔者先基于马佐的研究对大革命时期有关巴黎民众的节日图像作一整体梳理，然后再重点分析勒叙埃尔作品表现革命节日的与众不同之处。[①]

　　在所有的节日中，1790 年联盟节的重要性是不言而喻的。有许多图像表现在联盟节之前，巴黎市民参加战神广场的筹备活动。画面上，往往都是穿着不同阶层服饰的市民齐心协力在劳作：戴着奢华羽毛帽的年轻女子和穿着套裤的贵族男子一起推着运土车，另一些人则挥着铲子在挖土，孩子们在奔跑、欢笑。就像 1794 年的一名观察者回忆起的情形，他说："记住 1790 年 7 月 14 日的联盟节，在战神广场之前，人们连日奋战劳作，不同年龄、不同性别、不同职业的人们，都以同等的热情，欢声笑语以及歌唱来加入到工作中。人们在奔走、在工作，还有的在喝酒、进餐、休息和睡觉……"[②] 在这些场景中，观者能看到几乎所有的人都主动地投入到一个热火朝天的"新世界"（le nouveau monde）的建设之中。

　　正如前一章所言，联盟节的图像大多集中于表现人们的喜悦、团结，刻画了人们在大革命初年的欢欣。但这只是图像试图表达的一方面。另一方面，在这些图像中可以辨别出"国民自卫队和其他已建立的公民社会机构占据了第一位。在大多数联盟节图像中，国民自卫队各营的横幅都被突出显示，它们更新了市政机构使用的纹章和纹章的传统，在这里提供了象征国家新代表机构的象征性图像"[③]。因而，联盟节的图像实际上表现的是一个新生的共同体。

　　此外，节日图像还经常被用以确认某种合法性，有一些图像从它自身内容来看，并不能明确地点，但是创作者往往会在图像的标题或者铭文中加以说明。"在有关节日的图像上出现了新的政治景观，带来了一个乌托邦式的或临时的城市。某些地点的选择，例如巴士底狱，或战神广场，靠近前皇宫附近的杜伊勒里化园使在该地点举办的公众节日成为象征性的占领，甚至是对禁区的征服。"而图像上不能找到该地址的旧标识物这一事实本身就在暗示这个地点已经在图像的象征层面被彻

---

① 需要指出的是，马佐在其文中，认为贝里占应为欧仁·贝里古（Eugène Béricourt，生卒年不详），但笔者查询了卡尔纳瓦莱博物馆以及法国国家图书馆资料，均将他文中提及的作品归于艾蒂安·贝里古（Étienne Béricourt，生卒年不详），笔者采用后一种说法。

② Guillaume Mazeau, "La Révolution, les fêtes et leurs images", *Images Revues* [En ligne]，Hors-série 6 | 2018, mis en ligne le 20 juillet 2018, consulté le 22 mai 2021. URL : http://journals.openedition.org/imagesrevues/4390 ; DOI : https://doi.org/10.4000/imagesrevues.4390.

③ Guillaume Mazeau, "La Révolution, les fêtes et leurs images", *Images Revues* [En ligne]，Hors-série 6 | 2018, mis en ligne le 20 juillet 2018, consulté le 22 mai 2021. URL : http://journals.openedition.org/imagesrevues/4390 ; DOI : https://doi.org/10.4000/imagesrevues.4390.

底改造更新，它已然转变成一个具有新的政治含义的地点符号。当然，许多研究者都一致认为革命节日事实上更多是作为教化的仪式开展的，"许多革命庆祝活动实际上似乎不是很'喜庆'。除了短暂的，充满热情或欢乐的时刻出现之外，除了有组织的庆祝活动之外，革命的庆祝活动及其形象更像是讲教式的仪式或精心安排的演出。""这些图像如同战斗武器一样流通，有助于恢复或保持最初阶段的热情，有助于抵抗最初的怀疑和不信任。"①

除此以外，革命节日往往带有非常浓郁的宗教意味，"在贝里古描绘的理性节游行中，美丽的年轻姑娘们让人回想起了旧制度修女的游行和古典时代的维斯塔贞女。她们穿着白色的衣裙，由国民警卫队环绕，抬着女神的雕像，还有金字塔、小型军事纪念碑以及代表军事胜利的标语。在或多或少被发明的混杂的传统中，这些青年女子变成了令人钦佩和美德的对象，她们负载着新的公民宗教的形象，充斥着性别规范"②。而且在节日仪式中，采用的宣誓与相应的姿态往往都来自天主教的仪式，正如奥祖夫（Mona Ozouf）所言，这是一种"神圣性的转换"（transfert de sacralité），即便这些誓言与仪式性的姿态所代表的意义在新的背景之下已经事实上改变了其象征意义。③

回到勒叙埃尔的系列作品，会发现他笔下的革命节日有下述几方面的特点。

首先，依旧延续他一贯以近景方式细致刻画具体人物的风格。譬如这幅编号为51的作品表现的是巴黎民众为准备搭建"祖国祭台"而在战神广场劳作（图6）。和拆毁巴士底狱的那幅作品如出一辙，画家并没有从远景去表现整个场面的气势宏大；相反，画面上只有十来个人物。从衣着打扮去外形来看，这些人物中既有生活在底层的劳动阶层，也有社会阶层较高的穿着套裤的绅士；既有穿着白裙的妙龄少女，也有"卖鱼妇"装扮的市场妇女。人人都扛着铁锹、镰刀等劳动工具，甚至还

---

① Guillaume Mazeau, "La Révolution, les fêtes et leurs images", *Images Revues* [En ligne], Hors-série 6 | 2018, mis en ligne le 20 juillet 2018, consulté le 22 mai 2021. URL : http://journals.openedition.org/imagesrevues/4390 ; DOI : https://doi.org/10.4000/imagesrevues.4390.

② Guillaume Mazeau, "La Révolution, les fêtes et leurs images", *Images Revues* [En ligne], Hors-série 6 | 2018, mis en ligne le 20 juillet 2018, consulté le 22 mai 2021. URL : http://journals.openedition.org/imagesrevues/4390 ; DOI : https://doi.org/10.4000/imagesrevues.4390.

③ Guillaume Mazeau, "La Révolution, les fêtes et leurs images", *Images Revues* [En ligne], Hors-série 6 | 2018, mis en ligne le 20 juillet 2018, consulté le 22 mai 2021. URL : http://journals.openedition.org/imagesrevues/4390 ; DOI : https://doi.org/10.4000/imagesrevues.4390.

图 6

有四五个孩子拥挤在人群中，有的拿着小型的工具，有的则在击鼓。人们并肩走着，相互之间热烈地交谈着。图像的说明文字写着："巴黎的一大部分居民，无论他们的阶层、性别和年龄，都在战神广场愉快地翻整地面，为了搭建起'祖国祭台'，1791 年。"虽然没有与其他画家那样描绘的盛大节日场景，但是仅仅从民众自愿为节日进行准备工作这一小细节已经足以表现出人们对于革命节日的期待与盼望。

编号为 34 的这幅图像流传甚广，许多与大革命相关的出版物都使用了这一图像作为封面或者插页。这幅水粉画描绘的是人们种植自由树的场景（图 7）。从 1790 年开始，法国西部地区圣戈当（Saint-Gaudent）的民众开始自发在村庄社区里种植小的杨树来庆祝革命，将其称之为"自由树"。这一庆祝活动很快得到官方支持并扩展到全国，种植"自由树"的过程也越来越隆重。在这幅图像中，画面的左侧是穿着制服的国民自卫军，他们前方站着三位市政府官员模样的男子，中央那位与旁边一人手中还拿着铁锹与锄头，最右侧那位手中拿着一卷图纸，面向中间那位官员在说着什么。他们身后是一排排拿着长矛的士兵。画面的右侧是一大群民众。最前方是四五位无套裤汉装束的男子，他们带着小红帽（自由帽），正奋力把一棵杨树种到地面上已经挖好的土坑里。其中一名穿着褐色衣裤的男子几乎是半跪在地上，他的同伴们正扶着树枝，还有一名男子则正在把一个三色徽章的绥带绑在树枝上。后面围观的人群中还有一支乐队，奏乐的男子穿着同样的红色制服，帽子上佩戴着三色徽章。在乐队前方，是两名穿着白色长裙的年轻女子，她们头上戴着玫瑰编成的花环，胸前也佩戴着红蓝白三色绥带，手中拿着一页页的歌词，挥舞着手臂，或许正在唱歌。在她们俩旁边，还有一个同样装束的小女孩，也拿着歌词，正在认真歌唱。在乐队与歌者的前方，也就是种树的土坑旁，还有三个孩子趴在地上拿着工具在玩耍。图像的文字写道："在人们对于自由的热切信念中，人们种下树希望永久地保存记忆。每个区都举行隆重的仪式：国民自卫军、市政府、出色的乐队，使这个节日变得非常有趣。"

其次，除了准备联盟节、种植自由树等人们惯常表现的革命节日之外，勒叙埃尔还关注民众自发的活动场景。例如1794年春夏之际，巴黎常常举办各种民众聚会。勒叙埃尔的作品为我们描绘了这些珍贵的场景。在编号为36的水粉画中呈现的就是一场气氛热烈愉快的"共和宴会"。画面上是一张长桌，桌子两边坐着十多位正在开怀畅饮的民众。他们中有戴着自由帽的无套裤汉，有扛着枪的士兵，还有三四位带着孩子的女性。从装束看，这些人物应该都属于普通民众阶

图 7

层。为了烘托宴会愉快的气氛，画家还在桌边添加了一条狗。值得注意的是，作品中有一个细节，那就是在长桌的两头分别放着两个大花盆，花盆里种着自由树，两棵树的枝丫在长桌上方连接在一起，就像葡萄藤一样，枝叶上缠着三色绶带。另外两只花盆前都各自摆放着一个胸像，胸像人物头上戴着桂树冠。目前尚未有文字材料证实当时在露天进行的民众宴会是否真的会装饰成这样，所以或许是画家自行增加的想象元素，以突出此类宴会"共和"的性质，因为在另一些画家描绘的"共和宴会"中并没有出现如此精心的餐桌装饰。勒叙埃尔作品的文字说明写道：

> 人们建议所有巴黎居民在一起进行市民聚会来产生友情。在每条街上都摆上了桌子，用树叶、灌木、绶带装饰，富裕的人们端上烤肉、勃艮第好酒，穷人则拿来他们的酒杯和奶酪，人们毫无差别地一起愉快吃喝，平等的感情增加了。宴会之后是跳舞，最大的快乐让所有年龄的人都活跃起来。值得注意的是聚集这么多的人却秩序井然。

不过需要指出的是，画家描绘的和谐欢快的气氛并非是这些聚会的全部。他对于这些宴会上某些其他因素选择了不予呈现。例如，民众常常在痛饮之后对政府大发牢骚，或者"暗中对政府和公共安全委员会怀有敌意的分子利用向共和派胜利发表的祝酒词来激发平民百姓反对战争、要求妥协的和平与安宁。而另一些无套裤汉因为埃贝尔平等主义被压制以及最高限价法的颁布也时有不满"，除此以外，这些聚会往往会导致醉酒，以至于当局希望对此进行管束。但是底层民众把当局的这一谨慎态度视为对区政府又一项新的限制。①

再次，从勒叙埃尔作品的图像与文字都特意强调欢快、平等、和谐以及秩序性这些要素可以看到，他所创作的有关1794年的这些宴会场景与其说是客观记录，不如说是动员与宣传。尤其是与贝里古的作品放在一起加以比较，就可以看出其中的不同。② 在保守派画家贝里古发表于1794年的《为纪念自由而做的联谊会餐》中，

---

① Philippe de Carbonnières, "Nouvelles gouaches révolutionnaires de Jean-Baptiste Lesueur. Entrées au musée Carnavalet（2005–2011）", *Annales historiques de la Révolution française*, Avril-Juin 2014, No. 376（Avril-Juin 2014），pp.107–134.

② Référence bibliographique: Hennin 11917.

图 8

无套裤汉举办的宴会导致了酗酒和放荡（图8）。画家或许以此来证明民众的粗野。[1]
宴会的场景是在一条大街上，人们在一所房子之前摆开桌子一起吃喝，在街角一边
则有一圈男女正围着自由树跳舞。虽然两幅作品都安排了宴会、自由树等主要元
素，以此突出宴会与自由、平等与博爱之间的关联，甚至都有孩子与小狗的出场来
强化生活气息，但是两者之间的差异也是非常明显的。最重要的一点便是在贝里古
的作品中，观众能明显感受到聚会的气氛并不仅限于欢快和谐，而是有种放纵和失
控。画面上，有人站在桌子上挥舞着三色旗帜，有人则正往别人嘴里整瓶地倒酒，
其中一位还是女性。更夸张的是，画面正前方有几个年幼的孩子坐在地上，也正在
抱着酒瓶喝酒。在画面的深处，我们能看到这样的聚会一桌连着一桌。结合当时官
方希望控制民众在城市里的这类聚会的情况来看，很有可能贝里古的描绘更接近当
时的实际情况，底层民众的聚会狂欢给当局的管理带来了某种程度的麻烦甚至有可
能被视为扰乱秩序的行径。但是在勒叙埃尔的作品中，这些负面的维度被有意识地
忽视了，我们看到的只是一派愉快祥和的场面。这一案例再次提醒我们，图像作品
与文字档案一样，它必定带有创作者的意图，而它与现实之间的距离或许恰好是理

---

[1]　Guillaume Mazeau, "La Révolution, les fêtes et leurs images", *Images Revues* [En ligne], Hors-série 6 | 2018, mis en ligne le 20 juillet 2018, consulté le 22 mai 2021. URL : http://journals.openedition.org/ imagesrevues/4390 ; DOI : https://doi.org/10.4000/imagesrevues.4390.

图 9

解创作者意图的切入路径。具体到节日的话题，就像纪尧姆·马佐所说，节日显然是规范性的社会机制，但它们也隐藏着一些开放性和创新性，就像它们基于复杂的信仰体系。不能把节日的图像看成是真实的快照，或者，把它们视为对现实没有任何真实描述的模拟游戏反而是恰当的。节日及其图像是基于动员情感和热爱，它们是非正式政治艺术的一部分。①

革命与民众日常生活

除了重大的革命事件以及革命节日之外，勒叙埃尔系列作品中有相当大一部分是表现民众与革命活动之间更加日常的关联。从参与革命的群体来划分，可以简单把民众分为两类，那就是无套裤汉与其他群体。

法国民众中，最积极参与大革命的无疑是无套裤汉。他们由小店主、手工业者或者职员组成，在政治上的倾向较之于温和的资产阶级更为激进，要求男性公民普选的直接民主，在经济上是限价法令的支持者。无套裤汉群体在许多重要的时间节

---

① Guillaume Mazeau, "La Révolution, les fêtes et leurs images", *Images Revues* [En ligne], Hors-série 6 | 2018, mis en ligne le 20 juillet 2018, consulté le 22 mai 2021. URL : http://journals.openedition.org/imagesrevues/4390 ; DOI : https://doi.org/10.4000/imagesrevues.4390.

点上有力地推动了革命的进程，掌控着巴黎区一级的实际政治权力，他们的诉求与行动极大地影响了事态发展。而且无套裤汉对于自身群体的认知具有非常清晰的界定，在外表上穿着条纹长裤以区别于贵族或者资产阶级的套裤，头戴自由帽，上衣通常是短外套或者搭配穿着大纽扣的背心。① 关于这一群体，历史学家索布尔、鲁德（George Rudé，1910—1993）以及比亚尔等人已经有出色的研究。无套裤群体正式走上政治舞台大约是在 1793 年春天这一关键时刻，当时吉伦特派与雅各宾派之间出现巨大分歧，无套裤汉的支持使得后者得以把吉伦特派的势力赶出政治权力中心——巴黎。但关于这个群体究竟什么时候开始参与到革命运动中则至今尚无定论。法国学者塞尔日（Bianchi Serge）在《无套裤汉的图像：建构与解构》一文中选取 100 多张相关图像，将之与 1970—2007 年间有关无套裤汉的经典史学著作加以对比，以期了解原始的图像资料与从文字材料得出的史学研究之间是否存在差异。② 塞尔日发现，在表现攻占巴士底狱及拆毁这一城堡的图像中，被称为"巴士底狱的征服者"的民众在装束方面与日后无套裤汉们的经典装束惊人的一致——戴着自由帽、佩戴着三色徽，而当时尚未出现关于这一群体的任何界定。不过文章作者指出，并非据此就可以认为图像更早地表明了这一群体。

但是，笔者认为，革命早年的图像中出现在装束上与此后的无套裤汉相似的民众，这恰从侧面证明巴黎中下层的民众早在对自己群体有清晰自我界定并据此提出鲜明的政治与社会目标之前，他们早在大革命初年就以实际行动自发地参与到革命运动中，并且以攻占巴士底狱这样的轰动性事件推进了革命的进程。而他们在图像中的呈现，正是这种由他们主动发起的激进行动在革命中起了重要作用的最直接的证明。他们的装束则充分说明他们在革命最早爆发之际，就已经对它的基本理念（自由、爱国）完全认同。

此外，塞尔日还发现，当时勒叙埃尔的作品中有很多无套裤汉的形象，这一点与画家本人在 1793 年与巴黎区一级的民众来往密切有关。但是，令人费解的是，在他那一系列图像中，原本属于共和二年的无套裤汉形象却带有某种讽刺意

① Albert Soboul, *Les Sans-Culottes parisiens en l'an II, Mouvement populaire et gouvernement révolutionnaire (1793–1794)*, Paris: Seuil, 1968, p.210.

② Bianchi Serge, "L'image des sans-culottes. Construction et déconstruction", in *Images militantes, images de propagande*, Actes du 132e Congrès national des sociétés historiques et scientifiques, "*Images et imagerie*", Arles, 2007, Paris: CTHS, 2010，pp.35–48.

味，看起来更像是热月政变之后甚至是督政府时期的产物。① 关于这一点，笔者认为，即便画家本人与无套裤汉来往甚密，但这并不意味着他对这一群体在不同时期的所有诉求与行动都毫无保留地接受。他或许对住在同一街区的无套裤汉家庭的窘况生活充满同情，也对他们的革命热忱报以赞美。但与此同时，画家也有可能难以认同无套裤汉的某些极端激进做法。这些复杂的态度或许可以解释勒叙埃尔作品中呈现出来的矛盾之处。谈及无套裤汉的另一个悖论的是，同样与无套裤汉不无关联的普里尔却在他著名的《巴黎革命的历史图景》系列作品中从未涉及相关题材。② 由此可见，创作者自己所属或者密切交往的社会群体并不能必然推导出他可能会偏爱创作的图像题材。后者很有可能更多会受到商业意图或者其他合作者的意见的影响，也有可能画家依然保留自己对某些问题的看法，而不去一味追随他来往密切的群体。所以就像另一位法国大革命史家让-保罗·罗迪奥（Jean-Paul Rothiot）强调的，图像并不能直接与作者的观点或立场相联系，图像呈现出来的倾向既有可能是制作者的喜好，也很有可能是订购者的偏爱。③

不过，让我们暂时把创作者的意图与喜好搁置一边，具体来看看勒叙埃尔作品中以无套裤汉为主的群体是如何在日常生活中积极参与革命的。在编号 14 的这幅题名为《罗亚尔宫的动员》的作品中，最引人注目的是站在画面中间一张桌子上的演讲者（图 1）。这位演讲者身穿长外套，头戴礼帽，腰间别着一把军刀，这样的装束说明他既不是贵族也不属于底层民众（底层民众往往穿着便于工作的短上衣，更不会佩有军刀）。他站在桌子上，挥舞着双手，正慷慨激昂地向围着他的人群演讲。围着桌子的一大群人中既有身穿短上衣和长裤的劳动者，也有和他同样装束的市民，更有很多普通劳动妇女打扮的女性，其中不少人的帽子上都佩戴着三色徽章，还有人戴着小红帽或者拿木棍举着小红帽。从围观听众热烈欢呼鼓掌甚至拿下帽子挥舞的反应可以看出，演讲者所说的内容显然大受欢迎。画面左侧的近景处是

---

① Claude Langlois, "Révolution en famille ou révolution de la famille ? Le témoignage des gouaches de Lesueur", *Annales de démographie historique*,（1987），pp.349–364.

② Philippe de Carbonnières, "Le sans-culotte prieur", *Annales historiques de la Révolution française*, Octobre/Décembre 2009, No. 358,（Octobre/Décembre 2009），pp.3–17.

③ Rothiot Jean-Paul, "La Révolution française vue par les images d'Épinal : entre patriotisme et propagande républicaine", in *Images militantes, images de propagande*, Actes du 132e Congrès national des sociétés historiques et scientifiques, "Images et imagerie", Arles, 2007, Paris: CTHS, 2010, pp.49–71.

图 1

一位年轻的母亲，她正弯腰面向她年幼的孩子，并用手指着演讲者，似乎在引导孩子看向那边。画面右侧的近景，是一位穿着国民自卫军制服的士兵，神情悠闲，一位穿着白色衣裙的年轻女子用胳膊挽着他。在人群里还有三个衣着破烂的小孩，正在捡拾拥挤的人群掉在地上的东西（其中一个手里居然拿着一块怀表）。这幅作品非常生动形象地再现了在革命初年，巴黎罗亚尔宫一带人们发表鼓动性演说、民众聚集在一起讨论重大政治事件的真实场面。在文字部分，这样写道：

> 在革命开始之际，那些领导革命的人招募一些大胆的善于演讲的人去各个广场、公园尤其是罗亚尔宫。此处就是一位演讲者站在桌子上热烈地向民众宣讲。他们的任务是激起民众对于君主制统治的憎恶，以及要求推翻君主制、惩处部长大臣以及建立共和国。民众被这些狂热的演讲者所鼓动，给予热烈掌声，并把帽子扔到空中，不停地喊道："加油！支持！共和万岁！"

虽然图像部分不太容易看出画家的倾向性，但是结合这段不长的评论文字，勒叙埃尔的态度就已经体现得比较明确了。首先，他认为在罗亚尔宫这些公共场合大肆鼓动革命的人背后是有其他人指使的。确实当时许多人都相信，奥尔良公爵等人一直致力于阴谋推翻路易十六的统治。其次，从这段文字中的用词，如形

Premiere SCENE de la RÉVOLUTION FRANÇAISE A PARIS.

图 2

容演讲者是"狂热的""狂暴的"，似乎可以看出作者本人并不认同这样激烈的民间情绪，这也就为后续画家对于民众过激行为的讽刺与批判埋下了伏笔。与此相类似的，是编号为 1 的作品，这幅作品题目为《法国大革命在巴黎的第一幕》（图 2）。在该图像中，几乎相同的画面布局，只不过内容为 1789 年 7 月 12 日，民众庆祝国王召回内克，举着奥尔良公爵和内克的胸像穿过街区游行。在评论中，作者把这一事件视为"捣乱者们一直等待的时机"，并把街头演讲者直接称之为"搅局者的代理人"。

　　勒叙埃尔的作品很少直接表露立场与情绪，但是往往在一些隐藏的小细节中又透露出他的态度。比如在这幅编号为 17 的题目为《共和宣言》的作品中，两幅表现相同场景的画面拼接在一起，都是关于无套裤汉宣誓要保卫祖国的内容（图 3）。左边这幅图像中，六个无套裤汉围着一张桌子，个个伸出拳头，其中一个正在纸上写着什么，另一个则用刀在自己的胳膊上划了一道口子，还有两个在紧紧地握手。文字内容也是与此相对应的，写着"当人们得知奥地利和普鲁士人在夏隆平原，公民们用鲜血签下自己的名字并且宣誓不把敌人赶出法国誓不回家"。右侧的画面表现的是类似的场景，四个围坐在桌子边的无套裤汉握着拳头或者挥舞着手在大声唱着《马赛曲》。图像下的文字写着："公民们唱着马赛曲，他们反复唱道'拿起武器，公民们！'"不论是画中人物的身体语言还是表情以及文字评论，都表现出一派慷慨激昂。但是画家在两幅图像中都描绘了一个小细节，那就是桌子上都摆放着酒瓶和很多个酒杯，甚至地上也扔着空酒瓶，让人不免怀疑这些"共和誓言"可靠性的程度。现实中，在 1793 年 1 月，国民公会希望征兵 30 万扩充原有军队，这一措施激起民众强烈反抗。勒费弗尔写道：

> 在法国国内，征募三十万新兵引起了居民的普遍惊慌。征兵法令规定，入伍新兵应由合格壮丁互相推选。因此，有的地方采取推举的方式，其结果十分荒唐：多数情况是出钱购买壮丁，也有因互相推诿而导致无穷的争执。有的壮丁对免服兵役的地方官员群起攻击，甚至举行暴动，这类事件曾多次发生过。

由于征兵对象为二十岁至四十岁的单身男子，因此在此期间法国的结婚率大幅上升，由此也可看出民众对征兵的强烈抵触。结合上述史实，再来看勒叙埃尔描绘的"共和誓言"，确实让人感觉到如塞尔日所说的浓郁的讽刺意味。这一点和 1793 年春天发生在巴黎的征兵情况相吻合。为了应付旺代地区出现的骚乱，国民公会打算派兵前往。但是"各区的无套裤汉自己不准备从军出征，他们想把公证所办事员和店铺伙计送进军队，这些年轻人坚决进行抵制，双方在本区结帮成派，互相对

图 3

立，有时不惜大打出手"①。

　　但与此同时，令人困惑的是，在同一组系列图像中，又有一些作品的态度似乎是在赞扬人们自愿服兵役。编号为 16 的图像画面右侧便是一位"自愿服兵役的公民即将奔赴前线，他的妻子孩子陪伴着他"（图 4）。图中是一位穿着蓝色士兵服装的男子，右手高高举着一把军刀，上面顶着军帽，他的妻子挎着一把长枪，右手挽着他的胳膊，两人身边分别跟着一个男孩和女孩，男孩子手里举着一顶小红帽。旁边还有一名女子拿着酒杯，另有一名戴着小红帽拿着酒杯的无套裤汉装束的男子替他背着军用背囊。一群人兴高采烈送主人公开赴前线。类似的画面出现编号为 11 的作品中（图 5）。图中主角也是一位年轻男子，手里拿着长枪，意气风发。他的父亲替他整理军装，母亲帮他在军帽上别上三色徽章，他的妹妹蹲在地上，正在帮他收拾军用背囊。一家人的神情同样是高高兴兴。在这两幅图像的左侧，拼接的画面则是不同装束的男子（既有军装也有无套裤汉装束）一起拿着军刀或长枪，高举着"不自由、毋宁死"的标语牌（编号 16），或者是穿着军队制服的士兵在训练拿着武器的民众（编号 11）。在这两幅水粉画中，看不到对于革命政府征兵的抵触，也看不到只有口号式的所谓"誓言"，只有民众真切的爱国之心，心甘情愿为了祖国自愿参军。把这两幅图像与前面编号 17 的图像联系起来，或许可以得出结论，

图 4

①　[法]乔治·勒费弗尔：《法国革命史》，顾良、孟湄、张慧君译，商务印书馆 2010 年版，第 350 页。

图 5

图 6

那就是勒叙埃尔真诚支持与赞美那些真正为了国家勇敢加入保家卫国行列的人们，但与此同时，他也讽刺了另一些只会在家喝酒聚会，口头上表示要拿起武器驱逐敌人的人。

另外，回应前文提及的勒叙埃尔专注于从家庭角度出发去看待大革命，笔者注意到，这两幅赞扬人们自愿参军的图像作品，都是从家庭的视角去表现这一爱国行为。不仅主角自己愿意参军，而且作品非常鲜明地表现了他们的家庭也是全心全意支持这样的选择。不排除画家在这些作品中或许美化了整个家庭支持参军的情况，但是可以明确的是，画家本人旨在通过作品表现的是革命的到来受到许多普通家庭的全力支持。

除了表现这类直接投身于军事活动的行动以外，勒叙埃尔还描绘了民众支持军队的其他行为。例如编号 12 的作品展现了无套裤汉帮助军队运送大炮的场景（图 6）。画面中有七个男子正在拖曳一尊大炮，其中既有三名穿着制服的正式士兵，也有四名无套裤汉打扮的民众。而且在队伍的前面，还有一个男孩子，正在为他们击鼓开道。编号 49 的作品右侧图像中是一位穿着白色长裙、围着披肩的年轻女子，手里拿着一束橄榄枝（图 7）。站在她对面的是一位从前线回来的负伤的士兵，挂着拐杖、缠着绷带，他伸出双手拉着女子的右手。文字说明这样解释："一位年轻的女子曾答应她的恋人当他从战场回来，不论他身受什么样的伤，都会和他结婚。现在她打算履行自己的承诺。"在这幅图像的旁边，则是两名无套裤汉正在向政府工作人员捐献自己的衣物。他们把叠得整整齐齐的衬衣、袜子、外套等衣物交给工作人员，后者中的一名正在接受这些馈赠，另一名则在作着登记记录。文字评论部分称赞这些无套裤汉"非常爱国"。

除了参军或者支持军事活动等主题以外，勒叙埃尔的图像中还有其他表现大革命时期民众日常生活的图像，都带有非常鲜明的时代特色。例如大革命时期赫赫有名的"编织妇女"（tricoteuse）也在他的这一系列作品中留下了让人印象深刻的身影。根据戈迪诺的研究，"编织妇女"这个词早在大革命之前就已经出现，它带有一定的侮辱性，巴黎的市场妇女就曾抱怨被她们被称为"编织妇女"。在大革命期间，尤其是 1793 年之后，有一群出身底层，特别热心旁听国民公会各类公开辩论或者革命法庭审判的女性，她们经常在辩论会或法庭的观众席上一边旁听一边编织衣物或者袜子，所以后来就把积极参加这类活动的女性统称为"编织妇女"或者是"雅

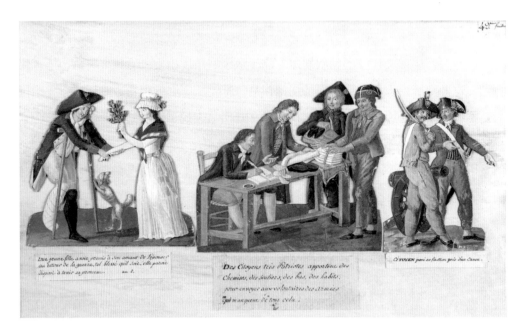

图 7

图 8

各宾妇女"。1795年以后，在反对无套裤汉的人们口中，"编织妇女"往往与断头台、嗜血等联系在一起，被用以证明大革命中存在的负面因素，因为它把"原本应该柔弱"的女性都变成了无比残酷的嗜血怪物。① 在勒叙埃尔编号为45的作品最左侧，便是三位"编织妇女"（图8）。她们身穿当时典型的巴黎劳动阶层女性的服装，两人坐在椅子上，双手正在编织东西，毛线团放在裙子的侧兜里。另一人站立着，双手叉腰，裙子口袋里露出编织好的袜子。值得注意的是这三位女性的表情都十分严厉，坐着的两位虽然手上在工作，但是眼睛都没有看向针线，一人看着右侧，另一人则盯着画面外。站着的那位则显得更为凶狠。不过，在这幅作品中，对于"编织妇女"的文字评论并没有出现血腥残暴等字眼，题目为《雅各宾派或者罗伯斯庇尔的编织妇女》。作者这样写道："她们人数众多，有人给她们每天40苏，让她们去参加雅各宾派的法庭审理或者为国民公会的动议鼓掌。共和2年。"可见在共和2年，至少在勒叙埃尔画笔之下，"编织妇女"既不是积极投身于革命事业，热情参加各类政治集会的"女无套裤汉"形象，更不是流传于反革命口中并一直延续到19世纪的那种狂热的嗜血残暴女性。她们只是一群受雇于人的普通民众女性，很有可能是为了生计才收费出现在法庭上扮演支持的民众这样的角色，但为了不浪费时间，她们虽然"出场演出"，但仍要继续编织劳作赚取生活费用。

不过，需要注意到，勒叙埃尔并没有把"编织妇女"描绘得非常符合当时理想女性的形象，即温柔美丽，相反，叉腰的姿态与凶狠的表情还是带有某种负面形象。在谈到为何"编织妇女"这个词会脱颖而出，取代当时流行的其他词汇从而成为对于大革命时期出现在政治空间的女性群体的代称时，戈迪诺曾说过，"在革命之前和革命期间，女性被视为母亲和妻子的角色。她们只在公众之外的家庭里生活，在家织毛衣的女人也没有什么凶狠的地方。相反，她唤起了温暖、温柔、爱的形象。但是'编妇妇女'这一群体的形象却唤起了暴力、仇恨、死亡和血腥的感觉；因为她们在所有人的眼皮底下，在公共法庭上活动，与革命、斗争、死亡等联系在一起。在家编织的温柔女人和愤怒的'编织妇女'这两个形象之间的矛盾，确保了这个词几个世纪以来的成功。因为在使用者看来，它指出了女性内心深处蕴藏着对

---

① Dominique Godineau, "La 'Tricoteuse' : formation d'un mythe contre-révolutionnaire", *Mots, Révolution Française.net*, mis en ligne le 1er avril 2008, http://revolution-francaise.net/2008/04/01/223-tricoteuse-formation-mythe-contre-revolutionnaire, sur *revolution-francaise.net*（consulté le 5 juin 2021）.

LE DIVORCE.

图 9

立面，结合了最大的温柔和最极端的暴力"①。

　　除此以外，大革命时期曾经颁布了有关离婚的重要法规，这对普通人的生活影响非常大，这一主题同样反映在勒叙埃尔的作品中。在编号 44 的作品中，画面中央是穿着制服的法官以及他威严的审判台与座椅（图9）。在审判台前站着一对年轻的夫妇，而在他俩的身后又分别站着两个男女。披着红色披肩的年轻女子拉着那个年轻丈夫的胳膊，拿着礼帽与手杖的年轻男子则轻轻拉着身为妻子的那个女性的裙摆。不言而喻，这两人分别是这对夫妇的情人。显然，背后这两人也是这对夫妇要离婚的缘由。但是法官不仅用双手把着年轻夫妇两人的肩膀，更有一位年幼的孩子在他们中间。身为母亲的那位妻子伸手去抱孩子，做父亲的也去拉妻子的手。也许一场婚姻就此得到挽回。文字部分这样写道："一对年轻夫妇来申请离婚，法官在宣判之前晓之以情、动之以理，但都无法说服他们。此时，他把他俩的年幼的孩子带到法庭。看到孩子这么弱小无助，他们的灵魂深受震动，终于愿意原谅对方并且承诺至死不分离。丈夫推开了使他离开家庭的那位女子。而那位使妻子忘记她自身义务的男子也只能悻悻离开。"在勒叙埃尔有关离婚的图像中，有两点会引起特别注意，"一方面，法官作为重新引入的公共权力，作为婚姻事务的唯一法律干预者；另一方面，离婚的场面出现了孩子形象，作为避免家庭关系破裂的最后手段"①。虽然图像中的离婚场面以干扰婚姻的外在因素被排除而结束，家庭得以破镜重圆，但这显然是勒叙埃尔简单化或者是美化了当时更为复杂的现实状况。事实上，大革命期间关于离婚的讨论以及随后法令的推出情况都与现实的政治背景密切相联系。

克洛德·朗格卢瓦（Claude Langlois）认为有关离婚法律规定的变化是大革命影响彼时家庭领域最重要的方面。②1792 年曾出现小册子这样呼吁："先生们，想想吧，只要专制在我们的家里，我们就不能认为自己是自由人的种族。"不过，立法议会虽然收到不少支持离婚的小册子，但在 1792 年春，议会讨论将承认婚姻世俗化的法令时，仍然决定表示尊重传统的婚姻观念，强调了婚姻的不可分割性。到了 1792 年 8 月 10 日之后，革命进程迅速推进，由激进革命者领导的大会于 8 月 20 日邀请其立法委员会起草一项法令草案。根据《1791 年宪法》中关于婚姻为民事合同的条款，8 月 30 日，议会颁布法令，"婚姻是因离婚而解除的合同"。委员会认为："应该保留或给予离婚最大的自由……因为个人自由永远不会被任何公约所无法分割的方式疏远。考虑到婚姻不仅是一种契约，而且是一种公共机构，它不仅对配偶，而且对子女以及整个社会都相关。"这一项法律条文的前言说明，离婚在当时被视为对 1789 年征服的政治自由的合乎逻辑的补充："国民议会考虑到让法国人享受离婚自由是多么重要"。离婚在 1792 年的法令中被视为革命文化遗产的一部分。法律授权人们可以自由离婚，公共当局介入只是为了核实法律规定的手续和期限已经完成。③

而更有意思的是，离婚数量的波动与政治局势之间保持着非常密切的关联。根据迪博洛朗（G. Thibault-Laurent）对法国 43 个乡镇的离婚数据进行整理分析之后

---

① Claude Langlois, "Révolution en famille ou révolution de la famille ? Le témoignage des gouaches de Lesueur", *Annales de démographie historique*,（1987），pp.349–364.

② Claude Langlois, "Révolution en famille ou révolution de la famille ? Le témoignage des gouaches de Lesueur", *Annales de démographie historique*,（1987），p.357.

③ 上述内容可具体参见 Sicard Germain, "La Révolution Française et le divorce", *Mélanges Germain Sicard,* Tome 1, Toulouse: Université des sciences sociales de Toulouse, 2000, pp.427–439。

发现，"自 1793 年以来，离婚人数众多。尤其是在共和二年与共和三年。在巴黎，在热月政变之后，离婚人数就明显减少了……"而离婚涉及的群体不论是在巴黎还是图卢兹这样的外省城市，主要集中在中产阶层、商店老板和手工业者等群体之中。底层民众和贵族似乎并没有被这股离婚潮所裹挟。"因此，它是由资产阶级革命授权的，它实质上回应了资产阶级圈层的诉求。"① 研究表明，离婚被中产阶层接受，而他们从 1793 年开始掌权，离婚率最高的阶层也是坚持政治和社会革命的阶层。这实际上反映的是传统的天主教婚姻在这一阶层中的破产。就像西卡尔·热耳曼（Sicard Germain）在其文中所说，1792 年 9 月 20 日的法律通过其效力似乎已经超越了其发起人的大胆计划。它不仅结束了基督教关于婚姻永不解散的传统，而且还有助于引入新的夫妻联合概念。当然，这样的新观念并没有波及整个社会，大革命后期天主教传统逐渐恢复之后，许多宗教和传统家庭观念的捍卫者抵制离婚风潮，因而离婚率重新开始下降。

图 10

而勒叙埃尔对于离婚图像的处理可以明显看出他所秉持的传统的家庭观念。他强调夫妻之间的忠诚，也相信孩子对于维系婚姻关系的重要性。另外值得注意的是，在这幅作品中，画中人物的衣着带有明显的"热月政变"之后的风格，所以可以推测作品完成时间与 1792 年离婚法案的颁布，应该有较大的时间差。另外，勒叙埃尔对于婚姻家庭的态度同样表现在编号为 18 的作品中。在这幅题目为《去露天小咖啡馆》作品中，展现的是无套裤汉幸福的家庭生活。画面上的无

---

① Sicard Germain, "La Révolution Française et le divorce", *Mélanges Germain Sicard*, Tome 1, Toulouse: Université des sciences sociales de Toulouse, 2000, pp.427–439.

套裤汉头戴三角帽，上面别有三色徽，身穿一身白色的衣裤，左手拿着手杖，右手抱着一个大面包，侧着头，看向他年轻美丽的妻子（图10）。他的妻子虽然装束依旧是巴黎劳动妇女的样子，腰间的红色围裙里还放着一些蔬菜，但是在这幅作品里戴上了耳环和项链，手里还拎着满满的一袋东西。年轻的夫妇胳膊挽着胳膊，四目相望。两人身边还各自跟着一个孩子。父亲身旁是背着面包，拿着喇叭玩具的小男孩。母亲身边是抱着人偶娃娃的小女孩。孩子的装束与他们的父母如出一辙，脸上也都是幸福的笑容。在整个大革命期间的图像当中，甚少看到如此温馨美好的家庭图像，画面呈现出来的安宁与幸福或许正是勒叙埃尔对于普通民众想要的幸福生活的想象与构建：夫妻恩爱、孩子健康快乐、充足的面包与食物、体面的衣着，劳动之余还可以带着孩子去小咖啡馆放松娱乐。然而，现实显然残酷得多，编号为82的作品可能更接近当时底层民众生活的真实状况（图11）。图像文字部分讲述了一个感人的故事：一位女工人想去市场上找点活干，但是一无所获，与此同时，她捡到了一张25法郎的指券。一开始，她非常开心，但是想到丢失这张指券的人或许生活得比她更悲惨。于是她想尽办法打听到失主是谁，得到消息之后便急忙去归还。丢了钱的是一个贫穷的木匠，他有四个孩子要养活，非常感激女工人的善良举动。画面中央便是一位衣着破旧的年轻女子正把一张指

图 11

图 12

券递给一名同样穿着又脏又破服装的男子。在他们背后是一些木匠的工具，地上
有四个年幼的孩子在碎木屑和刨花堆里吵闹玩耍，可以看出这户家庭生活状态非
常窘困。联系勒叙埃尔自己便是生活在巴黎郊区贫困街区的事实，可以推测或许
这样的故事与家庭生活便是当时巴黎郊区民众真实生活的写照，画家既刻画了民
众生活的艰难不易，但也同时表现了灰暗生活中的闪光点：坚强生活的人们以及
善良互助的社区关系。

　　除此以外，勒叙埃尔还从其他侧面来呈现大革命时期民众生活的小细节。编号
21 的作品其右侧部分图像题目为《面包饥荒，共和四年》（图 12）。画面上是一群
衣衫褴褛的人，其中有男有女，还有头发花白的老人。他们围着一个正在街头出售
食物的小贩。文字说明部分这样写道："在这糟糕的年头，一些妇女在公共场所把
现煮的白菜和其他根茎类蔬菜出售给工人和穷人，大约 50 苏一盘，供不应求。"从
画面上看，小贩的面前是一只点着火的炉子，上面放着一口陶制的大锅，她正从里
面盛出食物递给一名老人，在她身边，堆着一些柴火、空盘子和一大堆萝卜。面有
菜色的人们一拿到食物就站在路边用手抓着迫不及待地直接往嘴里塞，也有人正拿
着指券与空盘子递给小贩。画面右侧是一对中老年男女，其中男子挂着手杖，手里
拿着两把银制刀叉，他身边的女子手里拿着一个首饰盒，两人的神情都充满了愁苦

和哀伤。在他们面前，站着一个拿着小包、掌心放有几个钱币的男子。图像下方的文字解释了这些人物的身份，一些原来的食利者正在把他们最后的财产卖给那位在罗亚尔广场收购的男子。勒叙埃尔的这幅作品表现出，在 1795 年冬天的巴黎街头，无论是画面左侧的底层民众还是右侧的资产阶级，似乎每个人都挣扎在食物短缺、生活困顿的处境之中。事实上，1793—1794 年，整个法国由于战争、内乱等多种因素，陷于严重的物质短缺之中，"在军需公积优先的情况下，城市陷入周期性的食物短缺。① 政府无法在悲惨的一年里为市民提供生活必需品……在全国范围内，共和国的军事需要、大规模谷物生产者和城市人口之间进行着三方博弈。（人们在日记中写道）'面包坊现在也没有面包，这是前所未有的惨状，很多人已经有好几天没有吃东西了'"②。

　　除了食物匮乏以外，当时的民众还要面对高压政治生活。譬如编号 38 的图像右侧是无套裤汉在街头拦截检查没有佩戴三色徽章的行人的情形（图 13）。画面上有四个人物。站在中间的是一名衣着考究、穿着套裤的男子，他被两名无套裤汉装束的人拦了下来。其中左边一个带着自由帽拿着长枪的男子伸手摘下了这位行人的帽子，并向他指出上面没有三色徽章。他的同伴腰间挎着弯刀，一手抓住行人的胳膊，另一只手指着站在他身边托着一大盒三色徽章的小女孩。图像下方文字写着："人们拦住一位公民为了强制他在帽子上别上国家徽章，有不少人被拘禁了数个小时，就因为忘记佩戴这一爱国象征物。"图像的右侧则是一名穿着绿色外套的行人，同样被两位无套裤汉当街拦了下来。由于绿色在当时属于支持阿图瓦伯爵的颜色，所以当这位穿着套裤的行人身穿绿色外套，即便他戴着有三色徽章的帽子，但是在无套裤汉看来，依旧有嫌疑犯的可能。图中两位手持长矛的无套裤汉把这位男子夹在中间，其中一位戴上眼镜仔细查看他的公民证。在恐怖统治时期，各区的无套裤汉除了在街头巡逻检查之外，有时还会进入民众住宅进行搜查。编号为 26 的作品最左侧便是一个革命委员会的成员（图 14）。他神情凶恶，腰间挎着长刀。文字部分解释说此人刚刚进行了一场入户搜查："每个区都有一个革命委员会用以搜寻和

---

① ［澳］彼得·麦克菲：《自由与毁灭：法国大革命（1789—1799）》，杨磊译，中信出版社 2019 年版，第 288 页。

② ［澳］彼得·麦克菲：《自由与毁灭：法国大革命（1789—1799）》，杨磊译，中信出版社 2019 年版，第 313—314 页。

图 13

图 14

揭发那些不够爱国的公民。在这一借口下，这些人闯入民宅，搜罗钱财珠宝和生活用品，并且把财产所有人投入监狱。"画面上的这位委员会成员右手抱着一个珠宝盒，而外套的口袋里则塞满了纸币。

从上述这些作品可以看到，勒叙埃尔对于革命时期民众与革命之间的关系作了细致入微的刻画。他既赞扬人们对于革命的热忱，也表现出革命不同阶段人们生活的各个侧面。对于无套裤汉这样与革命关联紧密的激进群体，画家也并没有套以千人一面的模式化表现手法，而是对这个庞大群体中不同人的不同行为加以差别甚大的描绘。

勒叙埃尔笔下的妇女与儿童

在勒叙埃尔的作品中，女性出现的场合之多令人惊叹，在前文的具体分析中，实际上已经看到过多幅作品中有重要的女性人物形象，例如表现女工人拾到指券还给失主，以及在冬日街头出售廉价食物的女商贩等。在这一小节中，将具体分析勒叙埃尔把女性作为主角的图像以及有女性参与的场景。在这套水粉画作品中，以女性为主角的几幅图像其主题分别为"女公民捐赠首饰""女性共和俱乐部""保卫孩

图 1

子的英雄母亲""保卫自由树"等。

编号为83的作品展现的场景是：1789年9月20日，巴黎手艺人行业的妻子女儿主动向制宪议会捐赠珠宝首饰（图1）。在本书专门分析大革命图像中的女性那一章中已经谈到这一内容，关于该事件的图像数量极多。那么勒叙埃尔的作品的特殊之处在哪里？与他的其他作品一样，勒叙埃尔会非常细致地表现人们的神情与姿态，而不仅仅满足于把这一事件记录下来。画面的布局非常有意思：制宪议会代表的座位安排呈U形分布，进入会场的女性仿佛被包围起来。图像中六位女性都非常美丽，身穿白色长裙，系着红蓝白三色腰带，每人都捧着一个精致的首饰盒，里面装满了金银珠宝还有怀表。她们来到主席台前，将这些珠宝献给国家。站在主席台上接待她们的男子从衣着来看，应该是一位教士，他右手朝天空举着，做出虔诚的手势，使这一场面带上了某种宗教意味。最让人感兴趣的是画家对在场男性代表的描绘。画面上除了主席与两位书记员以外，还有20多名男性，他们年龄身份衣着各异。画家以尤其精细的笔触刻画了面对着观看者的八位代表。他们中只有一名戴眼镜的男士在观看捐赠仪式，其余人有的在和邻座讨论某本书，有的拿着手帕在擦鼻子，还有的低头专心致志在读自己手上的书。虽然这是一幅以女性在大革命初

图2

年的义举为主题的图像，然而不论是画面布局还是画家对于在场男性代表的细致刻画，都让这一作品超越了仅仅赞美歌颂当时这些女性的爱国精神这一其他作品也会表现的意图，而把观众的注意力引向了周围的这些男性代表，他们的举动与神情不禁让人好奇在他们内心是如何看待女性的这一爱国举动的。

　　编号 24 的作品画面上有两位站着的男子，其中一人穿着国民自卫军的制服，他身边的那位则是一身普通平民的装束（图 2）。在旁边有五位年轻的女子，她们中有三个人在打开自己的钱包，从中拿出好几张指券，另有两人正从自己身上摘下项链和耳环，也把它们交给那两位男子。甚至身穿褐色平民服装的男子身边有一位穿白色裙子的女孩子，她仰着头，把手里的一张指券交给那位男子。作者在下方的文字部分说明了这一场景："年轻的女工人公民，拿出她们的指券和首饰送给那位年轻人，因为他说如果有钱购买装备的话，他就会上前线。"勒叙埃尔的这幅作品把这些女工人的容颜描画得非常美丽，每个人都笑靥如花。与之前提及的编号 49 的作品中那位等待负伤恋人回来结婚的年轻女子一样，画家用外在的美丽来烘托这些女性人物美好的爱国情怀。当然，关于图像所描绘场景的真实性很难加以考证，但至少我们从中可以看到，勒叙埃尔相信女性不仅有美丽的外表，她们也具有真正

图 3

的牺牲小我的共和美德。并且，从这些图像所讲述的故事场景来看，画家认为女性的美德能够让男性变得更勇敢更乐于为国奉献。

值得注意的是，勒叙埃尔除了赞美女性的奉献精神与激励作用之外，在他笔下，还有许多在大革命期间积极主动、独立行动的女性形象。例如编号 59 的作品题目为《女性的爱国俱乐部》（图 3）。画面上有十多位年轻女子围坐在一起，其中有一位站着的正在念她手里拿着的《导报》（Moniteur），围坐的人听得聚精会神。她们中间还有一张小桌子，上面放着一个盘子，里面盛着一些钱币，一位女子正往里面放钱币。从这些女性较为朴实但并不破旧的衣着打扮来看，她们应当属于中等偏下的社会阶层。图像下的文字详细地说明了大革命时期女性俱乐部的活动情况：

> 一些非常爱国的女性组织了只有女性参加的俱乐部。她们有自己的主席和秘书，每周聚会两次。主席在会上朗读刊登国民公会的会议记录的《导报》，这些俱乐部的成员会就这些决议展开讨论，有时赞成有时批评。这些心怀仁爱的女士们在她们之间发起了募捐活动，用以资助那些需要救助的良善爱国家庭。

根据戈迪诺的研究，1793 年 5 月 10 日成立的女性共和革命者俱乐部是一个专为女性而设的俱乐部，不对男性开放。俱乐部成员大概有 170 名。从现有资料来看，这些激进的革命女性多为未婚或者是儿女已成年的女性，养家糊口的负担相对较轻。她们的职业分布比较广泛。其中大部分人受过教育，只有 1/3 的成员不会签名。不过，现有证据表明，尽管该俱乐部的组织者属于小资产者，但成员多为底层女性。她们非常关注革命的动向，积极旁听议会的各种讨论，自发组织学习讨论政府的法令法规以及各类宣传革命理念的报刊、小册子。[1] 参加女性共和革命者俱乐部的成员在革命诉求上是十分激进的，她们不仅希望把佩戴三色徽章的要求扩大到所有女性身上，也为女性争取平等的政治权利而积极发声，甚至在建立之初就提出要拥有与男性公民一样的携带武器甚至走上战场的权利。1793 年 5 月 12 日，俱乐部的一名代表向雅各宾派请愿，希望政府可以组织所有十八岁到五十岁的女性建成军队，奔赴旺代对抗叛军。[2] 和无套裤汉一样，在历史上，这些参加俱乐部的激进

---

① 关于法国大革命中拥护革命的女性的社会组成以及她们之间的区别，可以参见 Dominique Godineau, *The Women of Paris and their French Revolution*, translated by Katherine Streip, Berkeley, Los Angeles, London: University of California Press, 1998, p.113。

② Marie Cerati, *Le Club des Citoyennes Républicaines Révolutionnaires*, Paris: Éditions sociales, 1966, p.53.

女性也要求采取强化革命措施与恐怖手段，她们向国民公会上书，要求立即逮捕所有的嫌疑犯，审判布里索等人，在巴黎每个区都设立革命法庭，在全国每个城市建立革命武装，这些要求与巴黎各区的激进要求如出一辙。事实上，确实有一些热衷于俱乐部活动的女性与革命时期最激进的"忿激派"来往密切。[①]1794 年 4 月，巴黎女性共和革命者俱乐部的主要成员鲍利娜·莱昂和克莱尔·拉孔布就因为与被处决的埃贝尔有联系而被逮捕。到了 10 月底，国民公会下令关闭所有女性俱乐部。

但是，有意思的是，回到勒叙埃尔的这幅图像中，有三点值得注意。首先，在画中人物身上，我们看不到任何激动的表情与姿态，更没有激进的行动。仔细观察这些人物形象，除了正在朗读的主席之外，其他人几乎全都安静地坐着，更像是"聆听者"，而不像其他图像中男性人物那样几乎都是站立或者动态的"行动者"。与此同时，人物脸上专注的神情又说明她们对正在发生的一切并不是漠不关心，而是投入非常多的关注。其次，画家强调了这是专为女性设置的俱乐部，有自己的主席与秘书，让人感觉这一俱乐部实际上与外界政治的政治社会运动相隔甚远，更像是一些关心政治局势的女性在自娱自乐。最后，这些人物形象身上或者头巾上甚至连三色徽都没有佩戴。而在现实层面，1793 年，三色徽章的佩戴究竟是否要扩大到女性群体实际上引发了一场波及范围甚广的"三色徽之争"，争执的双方就女性究竟是否可以被允许进入公共领域参与政治活动的问题展开激烈对峙。[②]当然，关于性别与政治的论战之间往往又夹杂着不同政治派别用性别话题打压异己的舆论策略。但是如果具体到勒叙埃尔的水粉画作品，会发现画家侧重表现的是两点：俱乐部女性关心时局以及她们的慈善行为。这正是大革命时期理想女性的典范，既关心家国大事，却不越雷池半步，谨守女性温柔谦恭的美德，又秉持善良仁慈的性别特点为社区做善事。这幅图像中的参与女性俱乐部的女性形象，或许就是当时主流认为女性与政治领域之间应当保持适当距离，而不能像某些男性群体那样投入激进活动的观点的生动展现。上述理由可以解释为何在勒叙埃尔的图像中，从未出现过任何一位女性形象佩戴三色徽。

除了积极支持革命事业之外，勒叙埃尔作品中还表现了一些可以称得上是"女

---

① Marie Cerati, *Le Club des Citoyennes Républicaines Révolutionnaires*, Paris: Éditions sociales, 1966, pp.53–56.
② 汤晓燕：《"三色徽之争"与大革命中的女性》，《世界历史》2014 年第 1 期。

Des Brigands vinrent pour piller la Maison de cette femme, et lui faire violence; ils la trouverent entourée de ses
Enfans, ayant deux pistolets, l'un dirigé sur eux, et l'autre, sur un baril de poudre sur lequel elle, étoit assise;
elle les defia d'avancer. Cette intrépide resolution les effraya tellement qu'ils s'enfuirent, et n'y revinrent plus.

图 4

英雄"的女性形象。编号 78，题目为《米立埃的女英雄》作品表现的是一位旺代母亲面对强盗的勇敢行径（图4）。画面上一位农妇打扮的女子坐在几个木桶上，她的一对幼小的儿女正惊恐万分地抱着她大哭，在她身后，还有一个小小摇篮，里面有一个小婴儿正在酣睡。强盗闯进的，正是这样一户除了妇孺之外，没有其他男性的家庭。然而，令人惊叹的是，这位母亲毫不畏惧，非常镇定地用双手举起两把枪，一把枪指着对面的 3 名男子，另一把枪则是指着她坐着的那个木桶。反而是那三名拿着弯刀、长矛等武器的男子害怕地缩在了一起。孩子的慌张与恐惧、强盗被惊呆的表情与那位母亲镇定自若的姿态形成强烈反差。作者在评论里这样说："几个强盗闯入这位妇女家中打算暴力抢夺，他们看见孩子们围绕着她，而她拿着两把枪，一把指着他们，一把指着她坐着的木桶，里面装满了火药。她警告他们不准再向前，这一勇敢的行为把他们吓坏了，逃走之后再也不敢来了。"关于米立埃女英雄的图像作品在大革命时期流传甚广，"热月政变"之后至少曾有三部在巴黎上演的剧目以此为主题。朗格卢瓦曾为此撰文分析其中缘由。他认为，共和二年，对于民间无名英雄的塑造、宣传及推广，是为了在宣传政治美德与军事荣耀之后，此时也需要弘扬民间的抵抗运动。所以发生在传统村庄里的这一传奇性事件便成为绝佳案例。与此同时也意味着，塑造民间无名英雄的序列，从孩子（指的是对巴拉英雄事迹的塑造

图 5

与宣传）扩展到了女性身上。而且，由于珂黛刺杀马拉一事使得反对革命的宣传势力喧嚣尘上，革命政府急需一位女英雄来弘扬共和美德在女性身上的体现。[1] 在勒叙埃尔的笔下，我们看到一个原本柔弱的女子在保护孩子和家园的瞬间化身为无畏的英雄。再一次，家庭的价值在一个无名村妇身上以母亲的名义得到高度弘扬。

　　与该作品非常接近的，是编号为 77 的图像（图 5）。在这幅图像中，画面左侧的三名男子正拿着枪，对准河面中央的一个老人和一个年轻女子开火。那个年轻女子一手扶着老人，一手朝向开枪者。画面远处还有一些平民正从一艘船登上岸。图像的评论这样写道："一群强盗杀死了一个在他女儿怀里的父亲，然后还朝着这个姑娘开了五抢，直到他们确信她掉进河里死了之后才离开。"虽然文字讲述的结局在图像呈现的场景中还未出现，即：善良勇敢的少女最后死在了强盗的枪下，但是画家歌颂的是她在危急时刻勇敢地站出来，试图保护她的父亲这一无比英勇的行为。这些作品都强调了亲情与家庭面临危险时女性给予人们的保护，而在这期间，女性无疑充当着非常重要的角色。在勒叙埃尔笔下，女性的"保护者"形象不仅出现在家庭，也出现在保护"自由树"这样的重要革命象征物的场合。在编号 79 的

---

① Claude Langlois, "Les dérives vendéennes de l'imaginaire révolutionnaire", in *Annales. Économies, Sociétés, Civilisations*, 43 année, N. 3, 1988，pp.771–797.

图 6

作品中，有三名男子手拿斧子、长矛和弯刀试图砍掉一棵"自由树"，树上还飘扬着三色绶带，并且插着自由帽（图 6）。在树前，有两名劳动阶层装束的女子，一人紧紧抱住树干，另一人则冲向这些打算砍树的人。手无寸铁的两名女性勇敢地站在手拿武器的强盗面前，保卫革命的象征——自由树。远处，是浓烟四起的村庄，说明她们的家园也正在遭受强盗的侵犯。这幅作品强调的是这些普通女性身上体现出来的对于革命以及它所倡导的自由观念的珍视。

此外，值得一提的是，朗格卢瓦发现，1793—1794 年前后，一些保王立场的版画师会采用强调家庭价值的方式来唤起人们对于传统价值观的怀念。例如凸显王后安托瓦内特与她的孩子之间的感情，与此同时，这些版画师也用多个孩子环绕的画面布局方式着重渲染米立埃这位勇敢的女性作为母亲的身份。而并非巧合的是，这些图像中孩子的年龄往往与现实中安托瓦内特的孩子们年龄相仿。但是，从前文的分析可以确认勒叙埃尔显然并不是一个保王派，可是他的作品中依旧传递出重视家庭价值的倾向。可见，相同的传统价值观有可能被不同政治立场的人共同秉持，图像资料无比清晰地展现了这一点。

除了女性以外，在勒叙埃尔的作品中，还能看到不少孩子的形象出现。例如前

图 7

文已经谈到的战神广场上的劳动场面中有很多孩子在模仿成人劳动或者在奔跑玩
耍，以及描绘军营里母亲带着孩子的画面。有时可以通过不同创作者对于同一主题
的描绘进行对比，来判断在当时现场是否真的有孩子出现。例如关于联盟节的场
景，不同画家笔下，都有孩童的身影，那么基本可以判定，现场确实有不少孩子。
但有时确实很难判断是否某个形象仅仅是因为画家特意出于某种意图加诸在画面上
的。就像"战神广场事件"中，勒叙埃尔在一匹马的前蹄下画了一个幼小的孩子
（图7）。这种充满戏剧性张力的场面很有可能是画家为了突出暴力的可怕以及对无
辜者的伤害，而并非客观事实的如实描写。[1] 前文提到的不少关于家庭的场景中有
孩子形象出现则很有可能是现实的客观呈现，例如在外套裤汉的家庭、革命节日、
"共和聚会"、征兵现场等场合出现的孩了，以及在罗亚尔广场上小偷小摸的街头儿
童和售卖三色徽章的女孩都有可能是当时底层儿童生活的真实反映。

　　如果说上述儿童形象的出现都只是作为场景的点缀，那么编号为 10 的作品就
显得尤为珍贵。在这幅作品的右侧是一幅题目为《儿童的誓言》的图像（图 8）。

---

① Claude Langlois, "Révolution en famille ou révolution de la famille ? Le témoignage des gouaches de Lesueur", *Annales de démographie historique*, (1987)，pp.349–364.

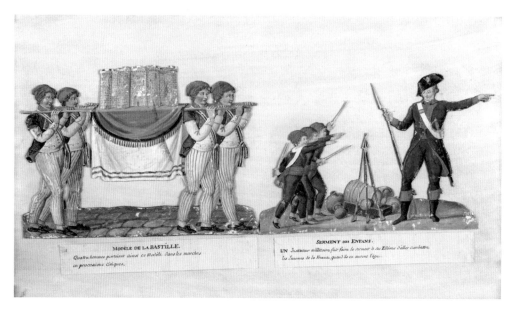

图 8

图像的右边是一位穿着国民自卫军制服的年轻士兵，他右手持长矛，左手指向远方。图像的左边是三个十岁左右的儿童，他们穿着整整齐齐的与国民自卫军相似的制服，头上戴着红色自由帽。这三个孩子眼睛齐刷刷地看着那位士兵，左手拿着小型军刀，右手抬到同样的高度，在一起宣誓。在他们面前，则堆放着火药桶、炸弹和互相支撑竖立着的三把长管火枪。文字部分写着："一位军事教官让他的学生宣誓，等他们达到年龄了就要去和法国的敌人战斗。"虽然画面上孩子的年龄很小，但是他们的人数与姿态，都让人想起大革命时期大卫那幅著名的古典主义作品《誓言》。除了这幅作品以外，勒叙埃尔的这一系列中还有一幅编号为 7 的作品上有一些人物肖像，其中有四个孩子的形象（图9）。画面最左边的那个穿着长袍，头上戴着花环，手捧水果篮。说明文字写着："抱着水果篮参加'农业节'的小男孩"。右边的三位孩子都穿着红蓝白三色服装，其中最左边那个的服装基本就是缩小版的国民自卫军制服，连他手中的火枪也像模像样。第二个和第三个的服装没有那么正式，但看起来也都像是模仿当时的某种统一服装，其中一个戴着自由帽，另一个则在帽子上别着三色徽。在这三个孩子的脚下，对应写着："国家机构"、"祖国的孩子"以及"绰号为小黄蜂的孩子"。

如果再参考贝里古的几幅作品，就能更清楚地看到大革命时期孩子们的活动。

图 9

图 10

图 11

在贝里古一幅描绘大革命时期民众游行的作品中，画面中央是列队走过的扛着枪的无套裤汉，跟在他们后面的是一群同样拿着武器的普通民众女性（图 10）。非常有意思的地方就在于画面的最前方，是一大群排着队的孩子，他们同样把队伍排得整整齐齐，而且每一个都扛着一把小型的长矛。边上有围观的人群以及奔跑跳跃的小狗，但是这些都没有使孩子们离开他们自己的队伍。另外一幅直接取名为《小小爱国者的行军》（图 11）。画面上有八个孩子，领头的那个敲着鼓，后面几个都扛着枪，还踢着正步，其中一个扛着一面三色旗。他们的服装并不像勒叙埃尔作品中的那些孩子那么统一，都只是穿着类似于无套裤汉的短外套，不过帽子上都戴着三色羽毛（绶带？）。这群孩子列队走在大街上，边上也有小狗跑过，路边还有商贩，不过孩子们一幅雄赳赳气昂昂、目不斜视的样子。同一系列中的另一幅题名为《事关荣誉》的作品仿佛就是这幅"行军图"的下一个镜头（图 12）。刚刚还煞有介事的孩子们不知为何此刻已经扭打成一团，鼓和枪都被扔到了一边，一个孩子骑在另一个倒在地上的孩子身上，两个人拿着手里的小木剑对打。其余孩子也全部在相互混战。

　　不论是勒叙埃尔还是贝里古，或许他们的作品中有许多画家自己增添的成分，

图 12

但是这些描绘孩子们跟着父母参加革命节日、学习宣誓、列队游行以及各种玩闹打斗的场景，为后世留下了有关大革命时期孩子们的形象的宝贵资料。

小　结

综上所述，以勒叙埃尔为代表的这类描绘大革命时期巴黎日常生活场景的画家，采用底层的视角（la vue en bas），生动地展现了这个历史时期巴黎街头巷尾各类小人物的喜怒哀乐。这些人物形象与他们的生活场面从未进入过大卫那样的著名画家的作品中，也未曾被正式历史档案所记录。和梅西耶那样的社会观察家用文字完整地描绘出《巴黎图景》一样，勒叙埃尔用画笔记录下他生活的那些熟悉街区。①正是通过勒叙埃尔简单却鲜活的笔触，这些曾经真正被大革命彻底影响甚至改变了生活的人们才留下了他们的身影。

---

① 　Michel Vovelle, *Images et récits de la Révolution française*, Tome III, Paris: Messidor, 1984–1989, p.283.

第二章　大革命时期的反革命图像

　　法国大革命时期，反对革命的势力始终存在，不论是流亡国外的贵族，还是国内的保王派，还有一些持温和立宪主张的人到了革命激进化阶段也转向了反对革命的立场。除此以外，法国境外还有欧洲的其他国家也对革命抱有严重的敌意，1793年反法联盟的成立就说明当时整个欧洲反对革命的力量有多么强大。

　　既然有政治对立，就会有争夺舆论的"战争"。除了"笔战"以外，革命与反革命阵营都注意到了图像媒介这个重要的"战场"。虽说持有反对立场的群体不一定都会在政治宣传的舆论战中采用图像这一媒介，但是他们中的不少人在革命爆发之后很快意识到，由于当时法国各个阶层都主动或者被动地加入到了这场史无前例的革命运动之中，对于大多数文化程度较低的阶层来说，图像是一种非常快速有效的宣传工具。所以大革命时期除了大量的正面报道革命事件与进程的图像以外，还有很多站在革命立场对立面，宣传反革命观点、嘲讽革命的图像。关于反革命政治图像的研究，法国历史学家安妮·杜普拉（Annie Duprat）曾说，大革命时期蓬勃发展的政治图像并不应被视为一个整体：除了那些旨在保留对革命大事件的记忆的图像之外，我们还发现了一系列更具争议性的图像，这些图像通常是漫画。① 尤其是对革命持怀疑甚至反对态度的图像多采用这一类型的形式。

　　这些图像有的来自国内保王派，有的来对雅各宾派激进措施不满的温和立宪派，有的则来自在海外其他国家对于发生在法国的事件的报道。除了法国国内以外，欧洲其他国家也有许多反对大革命的宣传图像，其中尤以英国、意大利和奥地利等国为多。法国雷恩大学的帕斯卡·杜博（Pascal Dupuy）曾就海外印刷出版的

---

① Annie Duprat, "Le regard d'un royaliste sur la Révolution : Jacques-Marie Boyer de Nîmes", *Annales historiques de la Révolution française*, No. 337（Juillet/Septembre 2004），p.22.

与法国大革命相关的图像作过具体研究，其中也包括反革命图像。①另据杜博统计，英国在1789—1802年间出版的有关法国大革命的图像资料目前留存下来的大约有838种。②而据英国大英博物馆提供的资料显示，他们收藏着数以千计的大革命时期的器物，③其中许多图像都以反对革命为主。而在米歇尔·热维（Michel Jouve）的文章中，作者指出，从18世纪末至拿破仑倒台这段时期，在政治漫画领域，英国占据了非常重要的位置。他认为有将近2500种漫画出版于1789—1803年间。④虽然各家统计的数据之间差距并不小，但从中可以归纳出，单以英国而言，确实有相当多的反对法国大革命的图像存在。

　　本章内容将分为两部分。第一部分主要结合博耶·德尼姆出版于1792年的《法国人反抗的漫画史》（下文简称为《漫画史》）以及朗格卢瓦《反革命漫画》一书，还有安妮·杜普拉与其他学者的研究成果，围绕反革命图像如何从多个角度丑化革命、图像作者的情况，以及促成这类图像出版的社会心态等方面对这些材料进行梳理分析。需要指出的是，由于反革命图像主要是面向受过教育的读者群体，因此作者往往采用较为隐晦的讽刺方式，导致的结果是其中的大部分图像传达的观点较为曲折，不像爱国者阵营的宣传图像那么一目了然。有鉴于此，在对此类图像进行分析的过程中，即便如朗格卢瓦这样的革命图像史专家，也往往需要参考借鉴当时人，譬如像德尼姆这种当时的作者的作品，以便对图像的象征手法与讽刺焦点作出较为不偏离时代语境的解读。笔者也将遵循这一路径。本章第二部分将基于笔者从英国收集整理的部分反革命讽刺漫画原始资料，参考相关二

① Pascal Dupuy, "Iconographie, gravure satirique et Révolution française", Jean-Clément Martin (dir.) *La Révolution à l'œuvre, Perspectives actuelles dans l'histoire de la Révolution française*, Rennes: Presses universitaires de Rennes, 2005, pp.305–316.

② Pascal Dupuy, "Réflexions anglaises sur la Révolution de France", *Annales historiques de la Révolution-française*, No. 317, France-Allemagne, Interactions, references (Juillet-septembre 1999), p.538. 在此文中，作者同时指出，这些图像当中也有许多亲法的或者是非常激进立场的作品，这部分作品至今不太为人所知。值得一提的是，杜博的研究以计算机化目录形式识别每张图像进行盘点，以便尽可能多地呈现其技术、意识形态方面的政治和象征性内容。不仅可以提供准确的提示，而且可以初步概括出与法国大革命有关的英语漫画的整个制作过程，并且还纠正了由于画面在某些方面的变形而导致分析疏漏的问题。

③ *The French Revolution* (version anglaise), Musée de la Révolution française de Vizille, 1990, Préface.

④ Michel Jouve, "L'image de la révolution dans la caricature anglaise stéréotypes et archétypes", *Les images de la révolution française*, études réunies et présentées par Michel Vovelle, Paris: Publication de la Sorbonne, 1988, pp.186–192.

手研究成果，对于大革命时期以英国为代表的法国境外反革命图像的特点加以简要分析。

反革命图像存在的时间及其创作者和传播者

直至目前，对于大革命时期的政治讽刺漫画的研究还十分欠缺，不少研究者认为反对法国大革命图像主要是在1794年，甚至1815年或者1830年之后才大量出现，在此之前此类图像的出现非常零星散乱。安妮·杜普拉的导师、法国研究大革命时期反革命图像讽刺漫画的专家克洛德·朗格卢瓦对此提出不同看法。他认为，虽然保王派确实在一开始没有意识到采用图像宣传的方式进行舆论战，但是认为在1794年之前不存在反革命图像的观点是错误的。在其出版于法国大革命二百年周年之际的著作《反革命漫画》中，他通过对大量版画的分析对上述误解作出了有力的批驳。朗格卢瓦认为，1791年11月—1792年4月，这是反革命图像第一次大规模出现的阶段。据他估计，从1791年10月开始反革命版画数量迅速增加：11月有9种，12月有14种，1792年1月有18种，2月有22种，3月有32种。[①] 而其弟子杜普拉在此基础上进一步提出，虽然现有材料确实可证明，从1793年底开始，革命当局开始对那些被举报为"反革命分子""保王党"的书店老板、出版商以及版画师们进行严格审查。这当然可以就此把1793年视为反革命图像出现的高峰期，因为如果没有大规模出现反对立场的图像，按理说不会引致革命当局的重视并实施相关举措。到了1794年上半年，有关新闻出版的措施继续收紧，上述群体中不少人因为传播与当局不一致的观点和信息而被逮捕，有3名书店老板被处死刑。然而，杜普拉指出，事实上，与革命主流声音不一致的宣传早在1789年就已经开始存在。例如书商弗朗索瓦-查理·盖特（François-Charles Gattey，1756—1794）一家人在1790年就开始公开出版保王立场的《使徒行传》（*Actes des Apôtres*），影响范围非常大，其中就配有插图。此外，1793年初国王之死反而为国王以及王室引来了某种程度的同情，不少吉伦特派或者温和的共和派都反对处死国王，这导致了路易十六被处死之后，涌现出大量以"路易十六的遗

---

① Claude Langlois, *La caricature contre-révolutionnaire*, Paris: CNRS, 1989.

言"之类为题的纪念性图像。① 这些都应当归属于与革命立场背道而驰的宣传产品。依据杜普拉的观点，实际上，结合使用图像和文字的反革命宣传运动始于 1790 年春天，在《波旁家族的访谈》（*Entretiens des Bourbons*）这一出版物中已经出现。杜普拉认为，1789 年出现了大量爱国主义图像，而反革命的作品则出现在 1790 年，流亡贵族出逃之后开始组织宣传工作。从那时起，政治图像就真正获得了不容剥夺的地位：成为公众舆论的特殊载体和政治战斗的武器之一。革命与反革命的阵营都采用大量的讽刺漫画来攻击对方。② 也就是说，杜普拉相信，反革命立场的作者或者版画师们使用图像作为舆论武器的时间比朗格卢瓦提出的或许还要早。法国另一位史家马佐也持近似观点。他的研究证明，在 1789 年和 1790 年，虽然革命人物和主题几乎垄断了印刷市场，但前王家节日的图像仍在继续销售。通常，他们是将路易十六与"好国王"亨利四世进行比较，亨利四世被认为比他的继承人更具有包容性。亨利四世的雕像在太子广场上还吸引了 1788 年夏天的庆祝活动和抗议活动。③ 根据这些观点，或许可以认为，持保守立场的图像制品事实上是一直存在的，只不过随着革命进程的发展，它们出现的数量也是不断变化的。

但是此处有一个问题需要澄清，那就是出自反革命阵营或者说保王派一方的图像并非全都是针对革命的，有的时候，它们讽刺的对象或许并不是革命或者革命者，而是我们现今划归为反革命立场的人物。又有时，在后世研究者看来，这些图像中为数不少的部分，关注的重点似乎偏离了革命的主要进程。例如当朗格卢瓦对当时保王派的讽刺漫画的进行分析时，注意到这些具有争议性的图像对我们熟悉的革命时间轴进行了许多意想不到的重建。首先，它们似乎并不关心大众政治却沉迷于奥尔良主义的阴谋。其次，对于一些重大的革命事件，它们呈现出来的看法与主流相去甚远，但也不是站在截然反对革命主流的立场，其间的"视角偏差"既使人困惑也令人深思。例如保王派漫画家同样认为

---

① Annie Duprat, "Un réseau de libraires royalistes à Paris sous la Terreur", *Annales historiques de la Révolution française* [En ligne]，321 | juillet-septembre 2000, mis en ligne le 21 février 2006, consulté le 03 mai 2019. URL : http://journals.openedition.org/ahrf/180 ; DOI : 10.4000/ahrf.180.

② Annie Duprat, "Le regard d'un royaliste sur la Révolution : Jacques-Marie Boyer de Nîmes", *Annales historiques de la Révolution française*, No. 337（Juillet/Septembre 2004），pp.25–26.

③ Guillaume Mazeau, "La Révolution, les fêtes et leurs images", *Images Revues* [En ligne]，Hors-série 6 | 2018, mis en ligne le 20 juillet 2018, consulté le 22 mai 2021. URL : http://journals.openedition.org/imagesrevues/4390 ; DOI : https://doi.org/10.4000/imagesrevues.4390.

1789年"十月事件"是一个关键的转折点，因为国王一家从凡尔赛被带到了巴黎，直至数年之后国王夫妇被送上断头台，王室都始终被置于巴黎民众的监督之下。后世大多数历史学家将这一事件作为巴黎底层女性积极介入革命运动的案例。然而，对于当时的保王派来说，"十月事件"表现出的是路易十六的致命弱点。所以，看起来令人十分困惑的是，他们甚至比议会代表们更早地放弃了国王。①出现这些"偏离"的重要原因，首先在于，由于对于整个大革命进程以及最终结果了然于心，所以当代的研究者在考察大革命初年的各种事件与不同人物之际，会带有某种下意识的"后见之明"。譬如，研究者会去注意罗伯斯庇尔成为革命激进阶段的主导人物之前的言论与行动。然而对于当时的人来说，他们自然不会预见此人日后的际遇，关注点会更集中在政治舞台上当时的主要角色身上，但这些人很有可能在革命的演进中由于各种因素逐渐被边缘化，甚至退出了政治舞台。例如革命时期第二任巴黎市长佩蒂翁，在法国大革命整部历史中并非重要人物，但在当时，他是当时讽刺漫画中当仁不让的"爆红主角"。例如，他在一幅当时的漫画中被嘲讽为"讨厌的佩蒂翁"（Pétion merdeux），此处的"讨厌"一词巧妙地玩了一个"文字游戏"（les jeux de mot），用 merdeux 谐音 maire-deux（"二号市长"）。②除了上述原因以外，保王派在革命爆发之初，并没有意识到图像会成为非常重要的舆论武器。而且他们的阶层属性也导致他们在最初并没有把争取底层民众的支持纳入考量范围，更多是从不同政治力量集团的斗争去看待这场变化。当然，他们很快就意识到在这一无声的"战场"上应当寸土必争。就像另一位法国图像史专家安托瓦·德巴克（Antoine de Baecque）所言，在革命阵营中，嘲弄是被用来贬低特权秩序的。这些图像往往突出强调了贵族的堕落和不道德，他们的形象是扑满了香粉的假发与高跟鞋，有时还很肥胖，而且他们总是在吃大量的食物。这些讽刺漫画的目的是强调贵族的寄生性，以此来烘托强调第三等级的道德、美德和生产力。但值得注意的是，这里的潜

① Donald Sutherland, "introduction: Claude Langlois's Vision of France: Regional Identity, Royal Imaginary, and Holy Women", *Historical Reflections / Réflexions Historiques*, Vol. 39, No. 1（Spring 2013）, Special Issue: *Claude Langlois's Vision of France: Regional Identity, Royal Imaginary, and Holy Women*, pp.1–7.

② Claude Langlois, *La caricature contre-révolutionnaire*, Paris: CNRS, 1989, p.34.

在情绪更偏重于愤怒而不仅仅是嘲笑。① 因为嘲笑只是第一步，它可以贬损权威性，但对于激起革命所需要的强大力量而言是远远不够的。与此相对应，当反革命阵营攻击对手的时候，革命阵营迅速意识到这一点，因而他们很快对于使用图像这种宣传面广、直观并且能立即激起强烈情绪的方式十分重视。

关于这些图像的创作者和传播者的资料，研究者至今所知甚少。总体而言，法国画师以及版画制作者群体在旧制度时期通常都是依靠手艺过活。大革命的到来，使他们失去了以贵族、教士以及大资产阶级为主的主要客户群体。他们中的一些最初是拥护君主立宪制，后续则偏向于吉伦特派，有的则完全游离于政治生活之外。大多数画师在热月政变之后重拾就业。② 与在英国出版发行的反革命图像不同，许多法国国内的反革命图像都是匿名的，所以很难知晓其创作者。不过，对于这一群体后世也并非一无所知，某些传播者的情况因被捕和审讯在司法档案中留下了比较详细的资料。朗格卢瓦以及杜普拉在他们的研究中，对这些书商或者期刊编辑中的三人作了介绍，他们分别是米歇尔·韦伯（Michel Wébert，生卒年不详）、戈蒂耶·西翁奈（Gautier de Syonnet，生卒年不详）、博耶·德尼姆。

关于书商米歇尔·韦伯，杜普拉在其 2001 年发表的文章中作了较为详细介绍。③ 韦伯于 1785 年来到巴黎，他的书店位于罗亚尔宫 203 号布瓦廊。在大革命期间，这一场所成为保王派印刷制品的集散地之一。这一"危险事业"最终导致韦伯的店铺被彻底搜查，他自己被逮捕，并于 1794 年 5 月 20 日被革命法庭处死。和他差不多同时被处死的还有其他几个书商。韦伯在法庭上辩解，他只是出于商业目的去迎合一部分顾客的喜好才编辑出售反革命出版物，但显然，革命法庭并不会因为这样的说辞免除或者减轻他的罪行。

戈蒂耶·西翁奈则创办了《小戈蒂耶》（*Petit Gautier*）这份期刊。这份报刊和它的编辑从 1789 年 9 月到 1792 年 8 月，一直是国王最坚定的支持者之一。此外，

---

① Antoine de Baecque, "Le Discours Anti-Noble（1787-1792）aux origins d'un slogan: Le Peuple contre les Gros", *Revue d'histoire moderne et contemporaine*, vol. XXXVI（janv.-mars 1989），pp.3–28.

② Louis Trenard, "Imagerie revolutionnaire et contre-révilution à Lyon", *Les images de la révolution française* études réunies et présentées par Michel Vovelle, Paris: Publication de la Sorbonne, 1988, pp.98–107.

③ Annie Duprat, "Le commerce de la librairie Wébert à Paris sous la Révolution", in *Dix-huitième Siècle*, N°33, 2001, *L'Atlantique*, sous la direction de Marcel Dorigny, pp.357–366.

戈蒂耶从 1791 年 12 月开始，频繁在《小戈蒂耶》上提及反革命漫画，12 月提到 11 次，1792 年 1 月和 2 月各 15 次。[①] 这也从另一个角度佐证了朗格卢瓦提出的 1791 年底是反革命漫画开始井喷的一个重要阶段。

在这三人当中，最值得关注的是博耶·德尼姆。此人创办了保王立场的《人民报》（*Journal du peuple*）以及《法国人反抗的漫画史》。关于动荡时局或者政治运动中漫画的重要作用，他在自己的作品中给出了深刻的见解。而且，通过他在革命期间刊登与点评一些流传甚广的漫画的实践工作，后世研究者可以清晰地看到反革命的政治漫画如何与革命中的重大事件的进程紧密联系，政治图像如何成为持反革命政见者的舆论武器。

这位来自尼姆的保王派，当他在尼姆的时候，已经因为发表了一篇宣扬要把天主教正式尊奉为国教的文章而被人所知，后来又被选为社区副检察官。尼姆发生骚乱之后，他来到巴黎，先是为保王派的《法兰西综合杂志》（*Journal général de la France*）撰稿，并于 1791 年成为该杂志的编辑。但德尼姆很快意识到《法兰西综合杂志》的风格显然离底层民众过于遥远，所以他离开了该杂志并创建了自己的期刊——《人民报》，用以追踪时事热点。从《人民报》采用与马拉的《人民之友》如此相近的期刊名字就可以看出德尼姆希望这份杂志可以更符合民众的口味。在《人民报》上，德尼姆经常点评最新的政治讽刺漫画。随着讽刺漫画在革命时期进一步兴盛，德尼姆意识到这是一种不可或缺甚至极为重要的舆论工具，因而他在 1792 年 2 月又创办了《漫画史》，专门刊登讽刺漫画以及他自己的评论。每期杂志，德尼姆选择当时最具有代表性的两幅漫画进行详细点评，其中既有反革命的漫画，也有革命阵营发表的作品。通过他的编辑与评论工作，不仅让人了解到像他这样的保王派如果看待革命，而且还让人意识到政治图像在舆论话语中的重要作用。同时，在他的报道中，也让人了解到米歇尔·韦伯这类出版匿名反革命图像的书商的存在以及当时人们可以去罗亚尔宫购买这类图像作品。不仅是流亡贵族、高级教士等特权等级，与革命主流持不同政见的普通人也由此得以表达他们的观点。[②] 但是最后，也正是这份期刊导致德尼姆在 1794 年 5 月 20 日被送上了断头台。在革

---

① Claude Langlois, *La caricature contre-révolutionnaire*, Paris: CNRS, 1989, p.15.

② Antoine de Baecque, "Le Discours Anti-Noble（1787–1792）aux origins d'un slogan: Le Peuple contre les Gros", *Revue d'histoire moderne et contemporaine*, vol. XXXVI（janv.-mars 1989），pp.3–28.

命法庭的判词中这样写道："因为反革命印刷品以及因此挑起那些佩戴着白色徽章与白色旗帜的凶手杀死多名爱国者，将这位罪犯判处死刑（par des écrits imprimés contre-révolutionnaires, par suites desquelles des assassins portant la cocarde blanche et des drapeaux blancs, ont donné la mort à un nombre de patriote, etc. [a] été condamné à la peine de mort）。"[①]

据统计，德尼姆一共出版了 38 幅图像，其中 21 幅来自爱国阵营已经出版的漫画，另外 15 幅明显是反革命的，此外还要加上《漫画史》开头介绍部分加以详细评论的两幅作品。对此，杜普拉认为："所以他或多或少设法保持了两个阵营之间的平衡。将博耶（即德尼姆）在这份日报中的文章与他几乎同时在他的《漫画史》中发表的文章的比较，使得人们可以去推测具体版画的出版日期和销售地点。如果我们接受这样的假设，即博耶·德尼姆选择了当时最重要的版画来评论它们，那么我们通过图像见证了一场政治宣传事业，它使用所有可能的媒体网络，并在必要时设法创建它们。"[②]

除了后世研究者能从德尼姆的出版物中得知不少反革命漫画的出版商以及出版时间，并且了解图像中或明或暗的指向以外，我们还会发现，德尼姆本身对于图像在政治斗争中的重要作用有着相当深刻的见解。他在《漫画史》的首刊启事中，这样写道：

> 作者将在这项工作的第一部分中证明，当我们想推翻祭坛和宝座时，所有手段似乎都不错，并且我们将证明讽刺漫画是我们为了引导和振兴人民使用的最有艺术性的方式之一，长期有效。他将在第二部分中证明，从公众舆论恢复理性（即公众舆论已失去其理性）的那一刻起，这些漫画就是针对暴君、魔术师和流氓，而此前它们很少被用来揭露这些人。[③]

显然，德尼姆深刻意识到讽刺图像在牵涉到公众的政治斗争中会发挥巨大的影响力，他说："应当指出，讽刺漫画是指示公众舆论程度的温度计。更需要指明的是，那些知道如何控制其变化的人也知道如何控制公众舆论。……在所有革命中，

---

① *Réimpression de l'ancien Moniteur*, Tome 20, Paris: Au Bureau central, 1841, p.535.

② Annie Duprat, "Le regard d'un royaliste sur la Révolution : Jacques-Marie Boyer de Nîmes", *Annales historiques de la Révolution française*, No. 337（Juillet/Septembre 2004），p.35.

③ Boyer de Nîmes, *Histoire des caricatures de la révolte des Français*, Tome I, Paris: Imprimerie Journal du Peuple, 1792, pp.11–12.

漫画都被用来推动人们运动，我们不能否认这一措施与其效果一样危险迅速而可怕。"而且，斗争的双方都可以使用这一有力工具。而德尼姆自己对这些漫画图像的长篇大论的解释或者评论更是非常直观地体现了他自己所说的如何用漫画来表达与传递政治立场与观点。

例如，在《漫画史》的卷首，德尼姆非常详细地描述和评论了当时一幅非常有名的反对革命的漫画。

这幅卷首画代表了王国的现状。

法国（女神），她的头枕在一根柱子上，双脚向上，干枯的面庞，闭着眼睛，神情专注，在这种惨烈的情况下，双手几乎无法支撑自己。

她被碎片、权杖、纹章、剑、香炉、十字架所包围；离它们不远的地方全是火把、军刀、匕首、长矛和一瓶毒药。

宪法压在她的双脚上，脚上系着几条三色丝带，她的双腿被捆在一把长剑上，剑尖上悬挂着自由之帽。饰有三色徽章。

在她的胸口部分写着'人民主权'（Sovereign Peuple）的首字母。在胳膊和腿上是'立法权'（Pouvoir Législatif）的首字母，在她的前额，则是'行政权'（Pouvoir Exécutif）的首字母。

在远处，我们看到城堡着火，人们被屠杀。

愤怒的法国骑士正向法国（女神）接近；他全副武装，戴着白色绶带与羽饰，头盔的遮板被放下。他的长矛停了下来，他将矛头指向宪法书并打算把法国（女神）翻转过来以便她能重新站起来。

在他面前，我们透过厚厚的云层看到，月亮躲在地平线后面，悬挂在一个圆盘上，上面隐隐约约写着：国家、法律、国王。

但是，当骑士想要战斗时，一个戴着镣铐的神职人员向天空热切祈祷。最高主宰让自己被感知，他立即使闪耀的正义之太阳出现在那些着火的字母的中间，这些预言词是：Mané，Thécel，Pharez，你的统治将结束。这是从前由神圣之手绘制以教导巴比伦的最后一位国王巴尔塔萨，他的功绩正在天平上被称重，他的日子已经走到尽头。①

---

① Boyer de Nîmes, *Histoire des caricatures de la révolte des Français*, Tome I, Paris: Imprimerie Journal du Peuple, 1792, pp.5–7.

在长达两页的介绍中，德尼姆没有放过漫画中的任何一处细节，并且还加入了一些自己的发挥。例如，穿着全套中世纪铠甲的骑士虽然确实把长矛指向"法国"脚上压着的宪法，但是他是否打算把"法国"翻转扶正，从这幅画面上很难推导出。而德尼姆却用非常确凿的口吻对此作了判断。而对于"法国"身上各个部分的字母，如果没有德尼姆的解释，恐怕对此作出正确猜测需要费一番周折。在《漫画史》后面的章节中，作者通常都是对刊登的漫画加以类似的详细描述。当然，有时，作者只是放置一幅流行的漫画，但其长篇大论的评论却与漫画主题毫无关联，只是被他用来作为引入话题的一个切入点。

对于德尼姆留存后世的关于漫画的理解与评论，杜普拉所作的总结非常精彩到位，她说：

> 博耶·德尼姆参与了他那个时代的战斗，站在了解舆论驱动力并分析其源泉的最前沿，以谴责"雅各宾"派系，也使用同样的武器来捍卫他所在派系的利益。在整个革命时期，俱乐部辩论，报纸发生冲突，演讲者谴责他们的敌人，党派立场有时会根据多种事件而波动，而且往往难以理解：在这个思想漩涡中，通过谩骂和诅咒，漫画的功能总是具有争议性和破坏性，并且无疑在政治话语中占有突出地位。德尼姆的作品展示了漫画的效果，与此同时也展示了漫画的危险，因为，他一遍又一遍地告诉我们，这些图像并没有反映现实，因为它们具有欺骗性和操纵性。①

除了韦伯的书店以外，根据德尼姆提供的信息，我们可以知道在革命时期，在玛德莱地区以及罗亚尔宫一带，除了韦伯的书店以外，有数家书店可以买到反革命的漫画，也可以知悉如果订阅一年的话，费用约为 50 里弗。由此可见，德尼姆等人面向的读者是较为富裕的阶层。不过根据朗格卢瓦的研究，反革命的漫画如果以单张价格来看，基本上与革命阵营的漫画价格是持平的，通常黑白的在 4—25 苏不等，彩色套印的则在 60—80 苏左右。韦伯曾经把 80 张版画整理成一册，售价 60里弗。② 这些数据意味着反革命阵营的图像面向的受众范围比较广，收入较低的阶

---

① Annie Duprat, "Le regard d'un royaliste sur la Révolution : Jacques-Marie Boyer de Nîmes", *Annales historiques de la Révolution française*, No. 337（Juillet/Septembre 2004），p.39.

② Annie Duprat, "Le commerce de la librairie Wébert à Paris sous la Révolution", in *Dix-huitième Siècle*, N°33, 2001. *L'Atlantique*, sous la direction de Marcel Dorigny, pp.357–366.

层也完全有可能接触到这些图像制品，而并非只在富裕群体中传播。虽然很难准确估算出这些漫画的具体销量，但是根据德尼姆提供的报纸的发行量来推测，大概在几千册。这样的销量已经远远超过了同一时期大多数爱国阵营期刊的发行量。当然，保王派漫画的销量或许并不能作为衡量当时民众政治倾向的标志，但是它们的畅销是否也能反映出 1791 年人们开始从最初的欢欣鼓舞转向茫然以及对前途不再那么坚定确信的心态？就像英国史家威廉·多伊尔（William Doyle）说的，"在整个 1790 年，对革命动向的普遍不满与日俱增。……这种觉醒不只是限于社会的上层。对革命不满的趋势越来越明朗。1790 年全年都有民众骚乱，如果说这些骚乱还算不上反革命的话，至少也是反对革命的"①。

而当时图像表现出的时人心态显然更为错综复杂。杜普拉说，反革命漫画中呈现出来的大革命不是攻占巴士底狱，也不是立宪派创建一个全新的法国，更不是鲁莽的丹东或者号称要给法国带来"新生"的罗伯斯庇尔，而是充满了"阴谋"、"背叛"和"卑鄙"——1789 年十月的背叛、奥尔良公爵的背叛以及流亡者的卑鄙。对于保王派来说，1794 年的法国是一个深患重病的法国。②

反革命漫画的代表作品

从题材上看，法国境内的反革命讽刺漫画攻击对象较多，不仅有激进的革命当局及其政策、雅各宾派和无套裤汉，还包括斐扬派和吉伦特派等持温和立场的群体，甚至包括奥尔良公爵等大贵族，以及摇摆不定的路易十六。这并不难理解，因为他们希望彻底退回到旧制度时期强大的君主制统治之下，因而所有与此不同的政治立场与主张，都会成为他们抨击的靶子。从图像风格看，这类反革命题材的讽刺漫画与革命立场的作品相比较，在表现手法上更为隐晦与克制。个中缘由不难推测，虽然在较高社会阶层中也有不少支持革命的成员，但他们中的大多数，显然是站在反对革命的立场的，尤其是在革命进入激进阶段之后。通常这些受过良好教育

---

① ［英］威廉·多伊尔：《牛津法国大革命史》，张弛等译，北京师范大学出版社 2015 年版，第 371—372 页。

② Annie Duprat, "Le commerce de la librairie Wébert à Paris sous la Révolution", in *Dix-huitième Siècle*, N°33, 2001. *L'Atlantique*, sous la direction de Marcel Dorigny, pp.357–366.

的较高阶层人士正是反革命漫画的主要受众。相较那些粗制滥造充满着血腥暴力的作品，这些购买者更能接受较为委婉含蓄的图像。相反，在支持革命的群体之中，分布各个阶层的成员或许都有相当数量，所以面向爱国者的图像风格更为多元混杂，既有大卫等人为代表的新古典主义，也有另一些更为直接明了的，甚至略显粗俗的图像制品。

　　下面将从反革命图像的内容加以具体分析。首先，可以从部分反革命漫画中看到这些匿名作品的作者所愤恨的政治人物集中在巴黎市长巴依、拉法耶特、佩蒂翁甚至路易十六等人身上，当然，这与革命并不是一开始就走向激进化有密切关联。后人以"后视之明"视角出发，容易想当然认为保王派的天然敌人就是共和派。但实际上，在 1792 年之前，保王派的主要矛头指向的是贵族中的自由派与软弱无能的国王。例如，1791—1792 年间的一幅描绘路易十六召开内阁会议的漫画就毫不掩饰地嘲讽国王对整个局势完全没有掌控能力（图 1）。① 画面中路易十六端坐在某

图 1

---

① 　Référence bibliographique: De Vinck 4057.

个大厅中央，正在召开内阁会议。他摸了摸口袋之后，向众人说道："先生们，你们中有谁拿走了我的鼻烟壶的话，至少要把上面王后的肖像还给我吧？"部长中的一位说道："谁那么优秀拿走了。"另一位接着此言道："那也能出色地把它保存。"这时，站在门口的士兵说："我看到它大概被用来压住台布。"此处的对话对于后世读者来说，略有些摸不着头脑。朗格卢瓦提出了三种解释。首先，他认为这是在暗示布里索派的人掌控了内阁会议，因为在路易十六用了 brissotter 这个词；其次，朗格卢瓦提出，这幅漫画有可能在讽刺国王与冒险家们之间的家常对话与友好氛围，让国王显得像一个资产阶级的国王（roi bourgeois）；最后，他觉得这幅漫画或许也是当时在刚刚宣布开战之后采取的一种把复杂的政治行动用戏谑的口吻向公众解释的策略。[①] 但是，笔者并不太认同他给出的这三种解释。笔者认为，漫画中路易十六提到的鼻烟壶，上面装饰有王后的肖像，可见这是属于国王的物品，但在这个场景中，国王不仅找不到这个属于他的鼻烟壶，而且还向在座的幕僚恳求是否可以把鼻烟壶上的肖像还给他。鼻烟壶在此处应该是象征着原本只属于国王的权力，但此时国王已经失去了它，当他希望能要回其中最重要的部分的时候，他人的回应很值得回味。他们的话合起来看，就是："能拿到它的人足够有能力保管它（Qu'est bon à prender, est bon à garder）。"显然，国王的要求被无情地驳回了，理由是国王不够好。更有意思的是那名士兵的回答，似乎在告诉国王，从此以后属于国王的权力只能是作为一种辅助，或者说某种意义上的橡皮图章，用来"压住台布"。所以，这幅漫画的作者是在暗示，虽然路易十六看似依旧坐在内阁会议的中央，但事实上，他早已被架空，失去了原本属于他的权力。当然，由于隔着时代与文化的鸿沟，笔者对此的解释或许也不符合作者真实的意图。不过，从这幅漫画可以看出，对于反革命图像的正确解读往往并不那么容易，因为作者的意图并不是直截了当地表现出来，通常以一种曲折含蓄的方式来呈现。

除了国王以外，拉法耶特是 1791—1792 年间，反革命漫画中最常见的抨击对象。譬如有一幅漫画讽刺拉法耶特在十月事件中的行为（图 2）。[②] 画面中央是长着马的身体的拉法耶特，他只有脑袋和脖子部分保留了人类的形象，虽然还戴着将军制服的肩章，但脖子以下部分完全变成了一匹马。在马鞍上还垂着一个绳子，上面

---

① Claude Langlois, *La caricature contre-révolutionnaire*, Paris: CNRS, 1989, p.193.

② Référence bibliographique: De Vinck 2969.

挂着一项自由帽。脖子里的缰绳由一名头戴自由帽的男子拉着，他怀里还抱着一柄长矛和一把斧子。在这名男子身后是一个路牌以及竖立着的街边路灯。更远的地方是一些街道和房屋，其中一栋建筑物上写着"市政大楼"。在市政大楼前挤满了人，虽然这些人影都画得非常模糊，但是依稀可以辨认出其中有男有女，而且他们人人手里都高举着长矛等武器。在画面的上方写着："巴黎将军出发，为了著名的十月五日到六日之夜"，画面下方则是："我的朋友牵引着我，我请你们在凡尔赛安睡。"发生在 1789 年的"十月事件"，是以巴黎市场妇女为主的巴黎民众赶到凡尔赛，把国王一家带回了巴黎，从而推进了陷于僵局的革命进程。在此著名事件中，自由派贵族拉法耶特在民众与王室之间扮演着调解人的角色。事发当晚，据说他曾对路易十六说："您可以安心睡觉。"在这幅漫画中，拉法耶特变成一匹马被底层民众装束的人物牵着脖子走，显然是在讽刺拉法耶特事实上完全受制于巴黎民众，甚至还把这些民众称为"我的朋友"，从而置国王一家于无比危险的境地。

除了批评拉法耶特在"十月事件"中扮演的不光彩角色以外，另有一幅1791 年的漫画也是把这位被称为"两个世界的英雄"拉法耶特将军塑造成半人马，并以半人马的法语单词"centaure"的谐音"sans tart"（意为完美的）的来讽刺

图 2 图 3

拉法耶特犯下的更多"罪行"（图3）。① 在这幅漫画中，拉法耶特这匹"半人马"正在路上疾驰，与前一幅作品不同之处在于他的上半身还保留着人的形象，从下半身开始则化身为一匹白马。图中拉法耶特的左手拿着他标志性的将军帽，右手则努力地去捡一把已经快要掉落下去的钥匙。马匹的尾巴上系着一根绳子，绳子上拖着一顶自由帽。漫画的下方写着："完美者"。画面诡异之处在于，仔细辨认，可以发现拉法耶特深色的外套上趴着一只可怕的蜥蜴状的怪兽，怪兽的颜色与他外套的颜色非常接近，因而不易被看到，但是怪兽尖尖脚爪搭在白色的马背上还是露出了"马脚"。在马匹的身后是一个木桩子，上面有一块木牌，写着："法瑞哈的判决"。旁边另有一个插在木棒上的巨大的纪念币，纪念币上写着："放心睡吧，我会处理一切。1789年10月5日、6日。"木棒下面的基石上的文字则是"1791年2月28日"。在纪念币上方是几个被砍下来的鲜血淋漓的人头。圆形的图像底部写着一行小字："忧伤尾随着他，与他一起疾驰。"不论是有关1789年的"十月事件"，还是1791年2月的骚乱，以及那些在大革命中被砍了头的贵族，保王派认为拉法耶特在这些事件或流血惨案中负有不可推卸的责任，因此用"完美者"这样的反讽方式来狠狠地抨击他。而那只隐形的怪兽正是在暗示拉法耶特本人虽然骑着白马，看似民众的英雄与拯救者，实际上他的真实面目却是隐藏的恶魔。

1792年的一幅漫画不再以含蓄的方式来嘲讽和抨击拉法耶特，而是表达出希望直接把他处死的强烈愿望（图4）。② 虚构的画面呈现的是巴黎街头的场景：被捆住双手的拉法耶特脖子上套着绳圈，被挂在街头的路灯下，下面两个人正在把他脚下的梯子撤走。从这两个人的衣着来看，其中一人不仅穿着漂亮的蕾丝花边外套与套裤，还佩带着剑；另一人则显得略平实些，但看起来也不像是巴黎底层民众。椭圆形图像的上方写着："通过贵族和民主派，拉法耶特受到应有的惩罚。"下方则以第二人称写道："著名的将军，你将要被吊死了，不能再要求更多。"作者安排的这两个人物形象显然有其深意。因为保王派当然对这个自己阵营内的"叛徒"恨之入骨，而对于革命派而言，在革命初年曾经担任国民自卫军司令，并被人们尊称为"两个世界的英雄"（因其曾经代表法国参加美国独立战争）的拉法耶特，在他的政

---

① Référence bibliographique: De Vinck 2968.

② Référence bibliographique: De Vinck 1804.

图 4

治野心暴露出来之后，他们对拉法耶特也充满了不信任。因而就不难理解为何在这幅作品中，动手把拉法耶特挂上路灯的既有贵族也有民主派。曾想在敌对的政治势力之间通过斡旋获得自己的政治资本并实现自己的政治野心的拉法耶特，1791 年竞选巴黎市长败北，到 1792 年之际已经彻底失败了。

　　与拉法耶特一样，大革命爆发之后巴黎第二任市长佩蒂翁也是反革命漫画讽刺的重要对象。在其于 1791 年 11 月击败拉法耶特当选为第二任市长之后，佩蒂翁多次出现在保王派讽刺漫画之中。其中一幅发表于 1792 年的漫画讽刺佩蒂翁担任巴黎市长不过是雅各宾派的伎俩(图 5)。[1] 画面上的佩蒂翁甚至没有以人的形象出现，而是一头长着尖尖耳朵的驴子的模样。这头驴子的嘴边是 IIION 字样，即佩蒂翁名字的后四个字母，而它的臀部则写着 PET 字样，这是佩蒂翁名字的前三个字母，同时又是法语中"屁"这个词。所以，作者在此处玩了一个小小的文字游戏，通过拆解佩蒂翁的名字嘲笑了这位巴黎市长。更有意思的是，这头驴抬起后腿，把臀部

―――――――――

[1]　Référence bibliographique: De Vinck 4062.

351

Dernier effort des Jacobins.

图 5

对准了穿戴着全套加冕礼服的路易十六的塑像，似乎是在暗示这位市长对于国王的不敬，以及国王现在只是一个雕塑摆设而已。画面描绘的场景看上去好像是在巴黎的街头，画面下方写着："雅各宾派的最后努力"。看来，这幅漫画不仅讽刺了市长佩蒂翁、只作为摆设的国王，还把矛头指向了雅各宾派，诅咒他们把佩蒂翁推上市长位置只能是最后的挣扎。除了上述图像以外，还有另外两幅漫画，也是对佩蒂翁进行了辛辣的嘲讽。一幅名为《平衡缆绳》（*Garre aux faux pas*）的漫画表现的是一场巴黎街头的杂耍(图6)。① 画面上，巴黎新市长佩蒂翁走在一条细细的缆绳上，双手拿着一根长矛来平衡身体，长矛的一头写着"宪法"，另一头写着"布里索等人的共和计划"。细心的读者会发现，在写着"共和计划"的这一头还挂着一项自由帽，而且这个长矛显然更向后者倾斜。巴黎前市长巴依穿着一条小丑的裤子站在缆绳支架前面，正向佩蒂翁说着什么，手里还拿着一个烛台，好像是佩蒂翁的引路人。拉法耶特站在支架的另一边，虽然穿着军队制服，但正在扮演一个街头表演木

---

① Référence bibliographique: De Vinck 4059.

图6

偶剧的人，他腰间别着大鼓，两手正在击鼓，用左脚操控着地上的小木偶们。从木偶的装束可以明显看出它们是国王和王后。这部分显然是在讽刺拉法耶特对王室的操纵，国王与王后只不过是实现他个人政治野心的提线木偶。支架边还站着一个衣着破旧的孩子，朝佩蒂翁挥舞着手里的帽子以及一张写着"佩蒂翁的演讲"的纸条，暗示佩蒂翁的讲话实际上都是向着底层民众。在这几位表演者的后面还有一个巨大的伴奏帐篷，里面是十来个伴奏者，其中有吹着大号的布里索、拉着大提琴的奥尔良公爵、吹着小号的孔多赛夫人（Sophie de Condorcet，1764—1822），还有弹奏竖琴的希尔瑞夫人（Madame Sillery，1746—1830）等人，他们都在起劲地为佩蒂翁的表演助兴。在伴奏帐篷的围栏上装饰着象征君主制的地球与王冠，以及象征人民主权的顶着自由帽的束棒，这些物件都堆叠在一起。整幅漫画表明，作者认为佩蒂翁主导的制定宪法的举措是一项跌跌撞撞的平衡杂耍，各色人等出于各自不同的目的都在为他摇旗呐喊。

佩蒂翁在1791年11月颁布的"限制消费法令"也是他成为漫画主角原因之一。

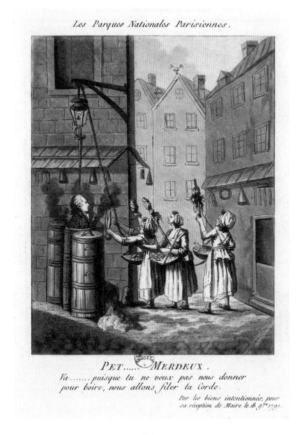

图 7

在一副标注为 1791 年的作品中，佩蒂翁被放置在巴黎街头的垃圾桶里（图 7）。① 他周围的垃圾桶装满了污秽之物，有的还倒在地上，垃圾铺满路面。而佩蒂翁的头顶还悬挂着一把利剑，剑的另一头用绳索穿过系在街角的路灯柱子上。绳子的另一端则握在垃圾桶前站着的女子手里。这名女子与她的两名同伴面貌丑陋，衣着则是巴黎街头商贩的装束：扎着头巾，腰间挂着放着出售物品的小簸箕。其中最靠近佩蒂翁的那名女子手持一把大剪刀，似乎正打算用它剪断连接佩蒂翁头顶上方那把利剑的绳索。显然一旦绳索被剪断，利剑就会直接置不能动弹的佩蒂翁于死地。仅从外表来看，这些妇女不过就是巴黎街头普通的底层民众，粗略看起来作者似乎在暗示巴黎民众对佩蒂翁的"限制消费法令"的不满。但有意思的是，这三名女子的手里都拿着纺锤，这或许不奇怪，当时表现下层女性的时候时常会出现纺锤。曾有一副很有名的描绘无套裤汉妇女的图像中也是把纺锤放在人物形象身边，作为她身份的表征符号。另有大革命时期出现的《杜歇老妈报》的封面上，也有与讽刺佩蒂翁的这幅漫画中类似的巴黎女性手持纺锤的形象出现。但是如果仔细结合该漫画的文字部分，就会意识到这三名女子形象另有含义。文字部分这样写道："讨厌的佩（蒂翁），好吧，既然你不愿意给我们喝酒，那么我们就要放下这根绳子了。"下面还有一行小字写着："1791 年 11 月 17 日，这些夫人们说的话"。联系到画面中出

---

① Référence bibliographique: De Vinck 4066.

现了三个拿着纺锤与线的女性
形象，加之她们似乎掌握着佩
蒂翁的命运之绳，就会让人联
想起古典神话中的命运三女
神，而写在这幅漫画上方的题
目无疑也再次表明了作者的意
图，题目为《巴黎的国家帕尔
克 》（*Les Parques Nationalles
Parisiennes*），毫无疑问，作者
再向读者暗示，巴黎市长的命
运掌握在巴黎底层民众的手中，
就像掌握在命运女神手中一样，
只要他推行的政策令民众不满，
就会遭到民众严厉的惩罚。

图 8

图 9

　　从出现在漫画中的内容与
频率来看，佩蒂翁真的是非常
不受保王派的欢迎。他还出现
在 1792 年的另一幅漫画中，题
目为《我在人民与法律之间》
（图 8）。[①] 椭圆形的画面中央站
着佩蒂翁，他的左边是一尊大炮，地面上还摆放着几颗炸弹和一面战鼓，还有一些
枪支依靠在大炮上。在他的右后方则是一群衣衫破烂的士兵，他们扛着长矛等简陋
武器，有的看着已经年纪很大了，其中有几个似乎还负了伤。图像下方写着："我在
人民与法律之间，我拥有坚定的原则以及雅各宾同伴。"这幅图像明显是在讽刺佩
蒂翁的军队是由老弱病残组成的散兵游勇，他本人则光有口号和所谓的雅各宾派的
支持。自从战争的烽烟开始燃起，保王派就不遗余力地嘲讽革命政府组织起来的军
队装备之差以及参战人员没有任何战斗力。除了佩蒂翁以外，拉法耶特同样也成为

---

① Référence bibliographique: De Vinck 4061.

这类反革命漫画抨击的主人公。1792 年初开始流传的匿名版画《国家稻草人》同样是嘲讽革命政府进行的战争（图 9）。[①] 画中，拉法耶特化身为一个只有上半身是人身的稻草人站在草地中央，他挥舞着指挥刀，身后是城堡，但周围除了荒草并没有一个士兵。在他面前，是宽阔的河流，河面上有一些船只。欧洲的国王以及流亡的法国贵族变身为一只只长着翅膀的飞鸟，成群结队飞过河面，当他们看到拉法耶特稻草人时就开始掉头，作者或许是在嘲讽以拉法耶特为首的主战派自以为可以依靠法国形同虚设（稻草人的象征意义）的军备力量使欧洲反法势力自动放弃进攻。值得注意的是，在该图像的部分版本下面标注着：此漫画在罗亚尔宫德布瓦长廊下的勒贝尔夫人和韦伯夫人书店出售。这说明这些版画就从前文提及的反革命图像集散地罗亚尔宫那里传播开来。

革命政府与外国反法势力之间的战争一直是反革命漫画中的重要题材。除了嘲笑革命军队装备之差以及人员的混杂之外，讽刺革命政府对外战争的失利也是这些漫画钟爱的主题。例如在 1792 年 4 月 26 日发表在反革命报刊《宫廷与城市报》（*Journal de la cour et de la ville*）的一幅漫画便展现了一个从前线回来的士兵形象。这个士兵失去了一条腿，他正在让人打理他那条木腿。他头上戴着的帽子上别着的三色徽章暗示着他属于革命军队中的一员。虽然这个士兵在战争中失去了一条腿，可是他并没有像一个胜利归来的英雄一样被对待。首先，漫画的题目就是《从前线归来的国民自卫军，被

LE GARDE NATIONALE
Revenant des frontières, (oeu)
battu et Cont...)

图 10

---

① Référence bibliographique: De Vinck 1798.

骗的丈夫，被打败的，但是心满意足》（图 10）。标题说明他是战败回来，而且家里的妻子在他去前线之际出轨他人。但是这个可怜的家伙一无所知，反而对自己能保命回来感到心满意足，以至于要在进城之前把自己的假肢收拾一番。在他身后的远处，似乎战争还在继续，有人骑着马追杀狂奔的人，还有人已经被杀死在地上，武器散落在地上。如果说图上展示的场景法军战败了，那么那些狂奔逃命的人应该就是这个主人公的战友。图中还有一个小细节：在这位伤残士兵的后面，有一条小狗正对着他完好的那一条腿抬起脚撒尿，士兵对此依旧是毫无察觉，而蹲在地上帮他擦拭假肢的那个人应该是看到了这一幕，却也没有告知他的顾客。所有这些细节，无一不在暗示一个残酷的现实，那就是这位主人公自以为是为了保家卫国走上前线，为此还献出了一条腿的代价，但实际上，他只是一个彻底被谎言蒙骗的可怜虫。另外，这幅反革命讽刺漫画还让我们联想起在前面章节中曾经提到过一幅同样描绘从前线归来的士兵的版画。在那幅版画中，主人公同样失去了一条腿，但是迎接他胜利归来的是他昔日的恋人，并且那位年轻美丽的女子还告诉他，无论他变成什么样，她依然会和他结婚。几乎是如出一辙的场景，可是不同政治立场的图像呈现出来的是完全不同的寓意，后者是宣扬爱国的英雄行为，而前者，通过诸多细节把主人公刻画得如同被蒙在鼓里的愚蠢的家伙。朗格卢瓦指出，实际上，在 1792 年春参加战争的这些士兵，并不是真正的国民自卫军，而是志愿者们，他们从革命政府那里领取每天区区十五个苏的军饷，却为这场战争献出自己的一条腿甚至生命——"现实远远超过虚构"[1]。

反革命政治漫画同时也抨击革命给民众生活带来饥荒等灾难。例如一幅出现在 1792 年的漫画，其标题是《禁食的达成》（图 11）。[2] 图中是三位瘦骨嶙峋的男子并排坐在一起，三个人看起来都是没精打采、有气无力的样子。在他们头顶，是一位女神拿着一顶巨大的自由帽罩在他们头上，帽檐上还别着三色徽章。在他们身后左侧，有人正在焚烧一所房屋，同时还在运走屋了里的家具。右侧有一座小山坡，山坡上有一架风车磨坊，山坡下也是一所房屋。有人被绞死在屋前，旁边还有被推翻的运送粮食的车。这些场面应该都是在描绘大革命期间发生在法国广大农村的反对封建领主的运动，人们焚烧领主庄园屋舍，有些地方还出现了攻击地方领主

---

① Claude Langlois, *La caricature contre-révolutionnaire*, Paris: CNRS, 1989, p.197.

② Référence bibliographique: De Vinck 2899.

LE CONCLUSUM DE LA DIETE.

图 11

的事件。朗格卢瓦在他的书中，不太有把握地猜测这三个人物分别是拉法耶特、布里索和埃唐普市的市长，他认为或许这幅漫画表现的是巴黎和奥地利帝国之间的关系。[①] 笔者觉得这一推测的可能性比较低，因为这一漫画还有另一个非常接近的版本，但是题目是《好几个脑袋在同一顶帽子之下》（*Plusieurs têtes en un chaperon*），这一题目在大革命初年曾被多次使用。[②] 而且一顶帽子下的三个男子，这样的构图不得不让人想起在革命初年用以表现三个等级的平等和团结的那些版画。那时候，支持革命的版画师们创作了不少版本的三个脑袋共戴一顶帽子的图像，用以表示革命会带来等级之间的和谐与平等。我们知道，反革命阵营的漫画常常会"颠倒"使用此前革命阵营常用的象征手法，因此，可以合理地推测，这幅漫画的作者在1792年借用了此前革命阵营用来宣传革命理念的象征手法。看似相同的题目与画面出现在反革命的讽刺漫画中，但却是用来嘲讽革命使大家都挨饿，也就意味着作者在讽刺当初革命允诺给民众的美好幸福生活事实上都落了空。

---

① Claude Langlois, *La caricature contre-révolutionnaire*, Paris: CNRS, 1989, p.165.
② 详见本书有关三个等级的图像的章节。

图 12

这种"借用"与"颠倒"的手法实际上是反革命政治漫画中经常使用的策略。通过这些策略，通过已有的图像符号不仅能够让民众更容易理解漫画想要传达的意义。更重要的是，这些符号、形象或者象征手法在被如此使用之后，它们身上原先承载的正面寓意或者崇高意义，比如自由、英勇、为国献身等等，很容易被质疑、被削弱甚至被瓦解。这一点，大概是反革命漫画作者最希望看到的后果。

另外一幅描绘革命给民众带来深重灾难的漫画则以更含蓄的方式来表达。该漫画是在 1792 年由书商韦伯发行的漫画《爱国主义的跷跷板》（图 12）。[1] 画面上是一个以巨大的树桩支撑起一块长木板构成的简陋的跷跷板。在跷跷板的一端，坐着一名古典装束的女子，不过她的头部被一本写着"宪法"的册子取代了。她的胳膊下夹着各种盾牌、弓箭、弯刀、十字架、权杖、王冠等物品，还有一根杆子，上面挂满了各种面值的指券。她手上还拿着一个大大的瓶子，写着"托法娜仙液"（Aqua Tofana），这是传说中某种可以置人于死地的毒药。在木板的另一端，则是另外三

---

[1]　Référence bibliographique: De Vinck 4310.

名女子，其中两人相貌极其丑陋，根据画面下的注释可知，分别为瘟疫和饥馑，另一人拿着盾牌与剑，正是战争女神雅典娜。然而，虽然双方人数悬殊，但是"宪法"牢牢地压着跷跷板，她的双脚毫不费劲地踩在大地上。而另一端的三位人物，虽然她们努力地在用力，但是她们那一端依旧被跷到了半空中。图像下面的文字除了标明这些人物身份以及出版商韦伯的地址以外，还写着："很明显，新制度夺取了胜利。"这幅漫画与前面所分析的漫画一样，也是回应了之前革命阵营已经使用过的跷跷板的题材。在当时宣传革命的图像中，跷跷板的一端是贵族和教士等级，另一端则是第三等级，虽然第三等级只有一个人，但是他身后站着法国女神，法国女神伸出一只脚，轻轻踩在木板上，就轻而易举地改变了双方力量的平衡。而在1792年这幅漫画中，女神的脑袋被替换为"宪法"，考虑到当时的图像中较少出现以女神的形象来表示宪法，所以可以理解为该女子依旧是法国女神，但是她已经被"宪法"占据了头脑。在她对面的三个形象：瘟疫、战争和饥馑，被认为是旧制度时期对民众生活影响最大的三种灾难，也是《启示录》中"天启四骑士"中的三位。但此时，漫画作者想要告诉读者的便是，"宪法"以及她所收缴的各类战利品和她所使用的统治手段（指券与谎言）给民众所带来的压迫远远超过了旧制度时期的那些灾难，因而在这场"比赛"中，以"宪法"为代表的新制度取得了胜利。该图像明显地体现出反革命漫画常用风格，即：采用古典主义的人物形象以及一些受过教育的阶层才了解的象征手法——如"托法娜仙液"。与此同时，又通过"颠倒"着去使用革命版画中曾经出现过的画面及其象征意义，既让作品更贴近普通民众的理解能力，又使其更具有辛辣的讽刺意味。

除了拉法耶特和佩蒂翁以外，还有一些漫画将矛头对准革命政府的财政政策或者是讽刺国民公会的成员以权谋私，尤其是通过发行指券来中饱私囊。1791年出现了同一幅图像的多个版本，讽刺制宪议会代表侵吞国家财富（图13）。[1] 画面上是一位代表在一间空旷的没有其他人的房间里偷偷摸摸做着一些不法勾当，房间门上写着"国库"字样。这名男子蹲在地上，在他面前是一个打开的大箱子。箱子里和箱子外面的地面上是很多个鼓鼓囊囊的钱袋子，还有许多票据。而在箱子的盖子上，赫然写着"汇报的余额都是给我的"。正当他一手抓着钱袋，一手抓着一张

---

① Référence bibliographique: De Vinck 4521.

票据之际，在他身后，出现了法
国女神。女神手持权杖，指着他
问道："你在干什么？无赖。"这
名代表支支吾吾地回答道："我
的……或者，让我们进入下一个
议程吧。"虽然画面上并没有特
别复杂的细节，但德尼姆对该漫
画作了长达25页的评论，借此
漫画猛烈批评制宪委员会拒绝公
布其财政收支报告的决定。按德
尼姆的说法，这一决定导致针对
制宪委员会的小册子如"雨点般
纷纷落下"①。其中一份流传甚广
的小册子以《罗亚尔宫大提案》
这样写道：

图 13

  请提交你们的账单

  你们拿 180 亿指券做了什么？

  你们拿相当于我们四分之一收入的税收做了什么？

  你们拿爱国捐赠做了什么？

  你们中的一些人，当时是步行或者坐着大篷车来的，怎么就一下子坐上了
马车，买了土地和城堡，在国外存放了可观的钱财？

  为什么那些原本一无所有的人变富有了，而从前富裕的人变成了穷人？

  成为我们的铸币的是什么？我们的金路易、我们的埃居和我们的硬币，在
哪里？

  ……②

① Boyer de Nîmes, *Histoire des caricatures de la révolte des Français*, Tome I, Paris: Imprimerie Journal du Peuple, 1792, p.231.

② Boyer de Nîmes, *Histoire des caricatures de la révolte des Français*, Tome I, Paris: Imprimerie Journal du Peuple, 1792, pp.232–233.

　　这一连串的问题矛头直指制宪委员会在财政问题上的廉洁与否。而上述提到的漫画作者显然对这一些问题作出了自己的回答，漫画确凿无疑地指出，正是某些代表倾吞了国家资产。同时，德尼姆还引用了另一份出版于1792年初的名为《人民向他们的代表提出的"为什么"》（*Les pourquoi du people à ses représentants*）的小册子。在这份小册子中，作者连续以几十个"为什么"向制宪委员会提出各种有关财政问题的尖锐质疑，例如："为什么在你们原本应当改善我们的财政状况的时候，亏空反而增长了20亿？你们把国王之前为了人民不挨饿从世界各地买回来的稻谷用来做了什么？……为什么之前非常贫穷的卡缪能买到80万里弗的国家资产？为什么巴黎的律师特亚尔刚刚以70万里弗买下了克西修道院？"[1]

　　1792年4月在德尼姆主编的《人民报》和韦伯的《宫廷与城市报》上都出现了同一幅讽刺革命政府用毫无价值的指券换取不知情的民众手中钱财的漫画（图14）。[2] 在这一题为《傻瓜的种子》（是否意味着无法发芽的种子？）的图像上，有一位穿着全套礼服的男子正把手中一张面值为100的指券，交给台下一名带着妻子和孩子的男子，同时还从后者的手中接过一袋钱。在他两边，分别站着两位男子。一人吹着小号招揽路人，手里还提着灯笼。另一人穿着小丑的服装，手里拿着小木棒，正满面笑容地指着墙上的告示在作解释。告示上的大字写着："从金路易到十个苏，都可以来交换指券"，下面的小字则是："法国银行：致银行的股东和汇票持有者"，旁边还有一个大箱子，里面堆满了指券，箱子上面写着"钱柜"。在这幅图像的上方写着"弗维诺的银行"，在其下方则是标注着这些人物的身份，分别是弗维诺（Pottin de Vauvineux，1739—1832）、孔多塞、马布里和串通的同谋者。弗维诺是当时被革命政府授命来处理指券贬值危机的人，所以漫画中虽然在告示上写的是"法国银行"，但在题目中却暗示，这不过是弗维诺的伎俩。而这里提到的孔多塞和马布里，他们两人实际上与1792年三四月间的指券问题并无关联，但不知为何反革命阵营在此处把他们的名字写在了作品中。有意思的是被标注为"串通的同谋者"的第四号人物，也就是画面中站在台下用自己的钱财去兑换指券的那名男子。他带着家人，衣着体面，看起来像是一个遵纪守法的巴黎普通市民，但是漫画作者

① Boyer de Nîmes, *Histoire des caricatures de la révolte des Français*, Tome I, Paris: Imprimerie Journal du Peuple, 1792, p.240.

② Référence bibliographique: De Vinck 3131.

图 14

却给他安排了一个极不光彩的身份，那就是与台上的人串通一气，假装用自己真正的钱财去兑换指券，以此博得众人的信任。所以，整个兑换指券的场景，都被描绘为是一场彻头彻尾的骗局。事实上，指券发行在当时虽然解决了革命政府在财政问题上的燃眉之急，但是却带来更严重的后续问题，尤其是对政府的信用造成了不可挽回的损害。所以不仅是在反革命漫画当中可以看到多幅抨击指券的作品，即便是支持革命的版画师也制作了不少有关指券问题的版画。

　　除了嘲讽革命派的战争行为以及财政政策以外，当然还有不少抨击激进革命派杀死众多反革命分了的漫画。例如，这幅从 1789 年就出现的讽刺爱国者滥杀的漫画——《爱国计算者》（Le Calculateur patriote）一直到 1792 年还在不断地出现新的版本（图 15）。[1] 在 1792 年版本的画面上，一名身穿深色长袍的优雅男子侧对着读者，独自一人坐在椅子上，拿着一支羽毛笔正认真地在纸上计算着什么。男子的

---

[1]　此处采用的图像为 1792 年版，参见 Référence bibliographique: Hennin 10511。在不同版本中，《爱国计算者》人物形象有较大差异，桌面上摆放人头数量以及相应的算术也都不同。

363

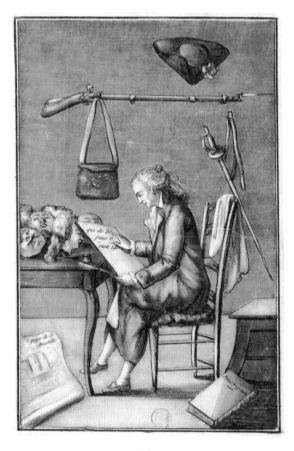

图 15

装束非常考究，头戴假发，衣服的领口和袖口都装饰着精致的蕾丝花边。他面前的书桌上摆着墨水瓶，然而在其正中央，赫然是六个被砍下来的人头。在这些人头中的一个，嘴里被塞满了稻草，不禁让人怀疑他就是那位被巴黎民众砍下头之后又在嘴里塞上稻草的巴黎商会会长的岳父富隆。那么旁边那几位或许就是在巴士底狱的守卫司令以及巴黎商会会长等人。房间里光线昏暗，男子算得聚精会神，好像一个正在奋笔疾书的学者。对照着纸上的数字，人们就会发现，原来他计算的正是这些人头的数量。更令人恐惧的是，纸上写着"共需20，已经支付6，余额14"。这就意味着漫画作者认为杀戮还没有结束，革命还需要更多的死亡。男子身后的墙上，挂着一顶三角帽，帽子上装饰着丝绸缎带。帽子下方是一把长长的刺刀，刺刀柄上挂着一个布包。此外，男子身后还有一把军刀以及短刀。在他的椅子脚边，扔着一本厚厚的册子，上面写着："流放"（proscription）。桌子脚下则是一卷图像，上面画着一座城堡，写着："攻占巴士底狱"。这些当然都是作者虚构的场面与人物，但是作者正是通过这一虚构的计算着死亡人数的人物形象及其举动把大革命时期的暴力用一种异乎寻常的角度呈现出来，以此暗讽革命者的嗜血。德尼姆对此漫画的评价就是："如果用几个字传达这幅漫画的故事，那就是恐怖和残忍的极端。"①

政治漫画的重要特点之一便是用想象的场景来表达讽刺与不满，这一点在大

---

① Boyer de Nîmes, *Histoire des caricatures de la révolte des Français*, Tome I, Paris: Imprimerie Journal du Peuple, 1792, p.279.

革命时期的反革命图像中表现得淋漓尽致。1792 年初面世的一幅表现雅各宾派某次重大会议场面的漫画，对这一群体作了辛辣的讽刺（图 16）。[1] 画面呈现的是一个非常隆重的会议厅。画面下方的铭文提示读者这是 1792 年初当时担任部长的纳博纳（Comte de Narbonne，1755—1813）宣布将要开战的消息时会议现场的情况。主席台、代表席、包括会场中央都挤满了人，人们争先恐后地在发言。在这些人当中，有人在说："紧急的是，我们不能表现出害怕。"这是罗伯斯庇尔在 1792 年讨论如何应对外国宣战时所说的。还有人在说："公开战争"（guerre ouvert），此人便是布里索。主席台上的纳博纳则在高喊："这样的局面太令人为难了。"纳博纳在反革命漫画中常被称为"冒失鬼"部长。在此画中，他直接被按上一个朱顶雀的脑袋（法语中"Linotte"既有冒失、轻率的含义，也指朱顶雀这种鸟类）或许就是嘲讽他轻率地作出开战的决定。这幅讽刺漫画除了安排这些现实中的人物出场以外，还

图 16

---

① 　Référence bibliographique: De Vinck 4445.

在画面上描绘了许多不真实的人物与场景。例如，正在发言的纳博纳身后站着4名女子，她们有的手里拿着纸张材料，有的从背后拉扯着里诺特。这显然并非真实发生的情形，作者只是用这样的安排来讽刺雅各宾派里有很多喜欢干涉政治的女性。很多时候她们不仅在幕后操纵局面，有时甚至走到前台来指手画脚。更荒唐的是，图像中主席台下摆放着一张长长的桌子，桌子两边坐着书记员，正在作会议记录。但是桌子边却有一名男子，朝着主席台脱下裤子，露出了臀部。这一人物形象或许是在嘲讽某些支持革命的图像中往往采用非常粗俗的表现手法来表达观点。更为诡异的是，在会议场中央，也就是给会场供暖的暖气设备旁，站着三四名身穿军队制服、可是却长着动物脑袋的士兵或者军官。这里或许是在讽刺革命政府没有像样的军官与士兵，只有一些动物在"沐猴而冠"。仔细观察图像中那些端坐在座位上的代表们，就会发现作者把他们描绘得一个个都非常丑陋，有的佝偻着背，有的则一副脑满肠肥的模样，而绝大多数人的面孔看起来都像是骷髅。结合画面上那些人身兽头的军官，整个画面营造出某种浓重的恐怖与诡异的气氛。更令人恐惧的是，在里诺特身后的柜子上方，在米拉波（Honore-Gabriel Mirabean）半身胸像的后面，是一个正从斗篷里往外看的死神。画面的外框上方，是两条巨大的蟒蛇，吐着长长的芯子，上面分别写着米拉波和拉法耶特的名字，在粗壮的蛇身上，则是他俩各自拥有的一大堆称号。这幅漫画的作者可能是想通过这样一幅作品，指责雅各宾派就好像一群恶魔一样把法国拖入了战争的泥潭。

又如1793—1795年间有不少讽刺无套裤汉在恐怖统治时被作为工具的画作（图17）。[1] 其中之一题目就是《一个无套裤汉，在暴行中舞蹈的罪行工具》。画面上的主角是一个拿着旗帜、衣衫破烂的无套裤汉，他手中的旗帜上写着："1月21日的节日"（1793年1月21日，路易十六被处于死刑）。他脚下踩着一沓文件，上面依稀可辨的文字是："被溺死的名单"，或许是在暗示1793年11月发生在南特的惨案。这名无套裤汉面前站着一位古典装束的长袍女子，她姿态优雅地倚靠在一个纪念碑状的石碑上，面孔转向画面的另一侧，左手则对着无套裤汉做出一个阻止或者后推的手势。在石碑的后面，是长满了枝叶的大树。在这两个人物的远处，也就是画面的深处，是一些看上去有点像宫殿或者是市政府一类的建筑物。在这些建筑物

---

① Référence bibliographique: De Vinck 5225.

图 17

前方，挤满了人。这些只用寥寥数笔描绘的影影绰绰的人群中，有人高举着"自由"的旗帜，有人举着火把，更多的人挥舞着尖刀、棍棒等武器。人群中似乎还有妇女和儿童。画面下方的文字部分这样写道："一个无套裤汉，在暴行中舞蹈的罪行的工具，刚刚欺凌在纪念碑旁哭泣的人道女神。他以为看到的只是革命受害者中的一个，所以抓住了她的脖子。然而女神异乎寻常的显形令他大惊失色，吓得踉跄倒地。"法国大革命被人诟病的一大原因就在于在革命各个阶段中存在的暴力现象，不少反思革命的作品往往也是从这个角度加以展开。作为时代的见证者与亲历者，这幅漫画的作者不仅展现出暴力杀戮的残酷与可怕，而且通过一个虚拟的无套裤汉人物与人道女神之间面对面的对抗来表达希望用人性战胜革命中的暴力行为的愿望。事实上，从这幅漫画的表现手法可以看出法国国内反革命图像的某些典型特征。首先，即便作者在大力抨击暴力，也较少直接去刻画血腥的场面，表现手法较为克制与含蓄。其次，朗格卢瓦曾说，与反革命图像相比，革命漫画更关注社会群体以及用隐喻作宣传。① 但我们已经看到不少使用隐喻的反革命图像，所以对此观点似乎可以加以修正。与支持革命立场中的一部分较为精致的图像作品相同，反革命立场的图像也会使用拟人化的手法表现抽象概念，如此图中的人道女神，以及出现在不少作品中的法国女神形象。

　　除了抨击革命之外，保王派们还通过漫画来表达他们心目中的愿望，1792 年他们发表了一幅题名为《国家的消融》（*Le dégel de la nation*）的漫画（图 18）。② 画面中央竖立着一尊巨大的头戴自由帽的女神雕像。但是这尊雕像却正在耀眼的太阳光芒的照射下逐渐融化，以至于它的两个胳膊已经掉落下来，砸

图 18

①　Neil McWilliam, "Reviewed Work（s）: La Caricature révolutionnaire by Antoine de Baecque; La Caricature contre-révolutionnaire by Claude Langlois", *The Burlington Magazine*, Vol. 132, No. 1049（Aug., 1990），pp.581–582.
②　Référence bibliographique: De Vinck 4364.

在地面上的人群身上。而它身体的其他部位也在不可阻挡地快速消融，包括它头顶的自由帽。在雕像脚底下的人们惊慌失措，有的对着雕塑拼命鼓风，大概想用降温来阻止其融化。有意思的是，这些鼓风工具上写着"布里索""卡隆""富歇""曼纽埃尔""德穆兰"等深为保王派痛恨的名字。有的人已经在混乱中绊倒在地。人群边上还有一辆装饰着三朵百合花的装卸车，里面堆着胳膊与腿还有垃圾，有两条腿上同样写着名字："普鲁东"和"巴纳夫"。在图像的右上方部分，则是一群站在高地厚厚围墙里面的人，他们个个衣着华丽，为首的是一个微胖的中年男子，他正把眼前发生的场景指给他身边那位头上戴着高高的羽毛装饰的女子，女子双手还抱着一个小男孩。很明显，这是路易十六一家，因此，站在围墙里观看眼前这幕的正是昔日的王室家族。如果细心的读者注意看空中的太阳，会发现太阳的中央也有三朵花，这是卡佩家族的纹章。太阳光不仅照射着广场，还照射着背景深处一座教堂尖尖的塔楼和屋顶的十字架。图像下方写着长长的解释：

> 人们发现雕像不易察觉地开始融化，自由帽已经融化在变软的雕像头部。它的胳膊掉落了，因为已经没有铅条。无套裤汉们徒劳地向着雕像吹风，希望能留住他们可笑的作品。庄严的太阳用它的威力令那些在及膝的水和泥浆里徒劳挣扎的无套裤汉白费力气。装卸车已经开进场地，装卸工们随意地用铲子把女神断掉的胳膊扔进车里，还有斐扬派、雅各宾派以及别的俱乐部成员等着与场地上剩余的垃圾一起被装进去。……在一块高地上，正派的人们聚集在一起，为这来自上天的正义而鼓掌。

直观的图像加上如此详细的说明把这幅政治图像的寓意展现得再清晰不过。然而，历史现实告诉我们，保王派的愿望终究是镜花水月。虽然在漫画世界中，作者依靠想象用君主制的光芒神奇地融化了国家女神的雕像，把他们深深痛恨的政治敌人都扔进了装卸车。但在现实中，当时的路易十六出逃之后已经被软禁许久，离他被推上断头台也不过寥寥数月了。不管保王派用什么样的方法去嘲讽与抨击革命政府、革命事业或者革命人物，他们终究无法阻挡历史前进的车轮，而德尼姆、韦伯等人也在恐怖降临的 1793 年——被革命法庭判处极刑。

随着近年来对法国大革命研究的范围日益扩展，对于反革命阵营的研究也逐渐面世。不过，此类研究大多聚焦于流亡在外的贵族团体，目前尚无关注大革命期间留在国内且其身份并不显赫的那些对革命抱有敌对态度的群体。在他们中，有的站在不那么激进的自由派立场，在革命的不同时期对于革命的看法前后差别甚大；另一些则自始至终坚持非常保守与顽固的守旧姿态，把大革命之前的法国描绘成"美好幸福的法国"，譬如德尼姆本人。这些身份普通的人，或是外省保守的天主教徒，或是巴黎罗亚尔宫一带的出版商或者书店老板。至少从目前掌握的资料来看，他们背后并没有一以贯之对他们的"反革命事业"进行长期资助的大人物。这些人只是利用自己手中的笔或者一些出版及销售的渠道，自发地去表达对于革命事业的怀疑甚至仇视。而且从上述具有代表性的漫画可以看到，这些"自发仇视革命者"所真正痛恨的对象，并不像我们原先所以为的是革命最激进的那部分人。个中缘由一方面在于他们身处在革命的漩涡之中，不可能未卜先知革命此后的走向，往往会把当时政治舞台上最显眼的人物作为攻击的靶子；另一方面则是革命真正进入激进阶段之际，激进浪潮席卷他们的时候，留给这些逆流而行的人已经没有太多的表达空间。换言之，在他们还拥有一息舆论空间的时候，大革命的进程尚未进行到激进的群体与保守势力正面交锋的时刻，所以反而是那些自由派贵族，如拉法耶特，甚至是摇摆不定的国王本人，成为他们攻击的主要对象。德尼姆在 1792 年发表的《漫画史》以及他所点评的众多政治讽刺漫画，为后世提供了了解那些在革命风起云涌的时代，一部分对革命并不赞同的普通人的观点与立场的一手材料。

海外的反革命图像——以英国为例

"今天每个欧洲人都参与了这场最后的文明冲突……可以说，通过国际政治性，大革命不再只属于法国人。"雅克·马莱特·杜潘（Mallet du Pan，1749—1800）在 1793 年这样写道，同时代的人在当时已经意识到了这场发生在法国的革命的重要性和深度。而大革命掀起的波澜在佛拉芒海峡对岸尤为活跃，意识形态的两极分化达到了前所未有的程度。[①] 几乎所有的大革命重大事件：攻占巴士底狱、联盟节、

---

① Michael Davis, "Le radicalisme anglais et la Révolution française", Annales historiques de la Révolution française [En ligne]，342 | octobre-décembre 2005, mis en ligne le 16 septembre 2013, consulté le 24 mai 2021. URL : http://journals.openedition.org/ahrf/1913 ; DOI : https://doi.org/10.4000/ahrf.1913.

国王出逃、处死国王……都在事件发生之后几周甚至短短数天之内就以版画的形式出现在英国的图像市场上。到了1794年，伦敦数家专注于此类版画的商家还在他们自己的店里举办了这一主题的付费展览，①由此可见，该时期当地的漫画作品鲜明地体现出英国国内对法国大革命的关注程度之高。

首先，英国对于法国大革命的态度并非固定不变，随着革命的不同节点，出现了前后不一致的地方。其次，英国内部不同政治立场的人对于大革命，也会有深刻的不同，而这种不同，又伴随着前一种革命时间轴的变化而发生改变。简单来说，在1792年之前，英国有不少自由派人士与激进改革派都对革命抱有好感。前者认为法国革命延续了一个世纪之前英国革命的传统，那个缺乏自由从而司法黑暗的法国终于采取了行动，沿用了"英国式的自由"②。当然在路易十六被砍头之后，也就是说立宪君主制的努力失败之后，这些人转而担心法国的民主化趋势会给英国树立一个"平等"的榜样，这并不是他们乐见其成之事。支持者中的另一部分则更倾向于相信这是一种国际潮流，是"特权和迷信逐渐被推翻，建立起由人民主权统治的政治世界的最新案例"③。不过，即便是亲法的自由派们也在1792年之后对法国变得非常失望。就像玛丽·沃斯通克拉夫特（Mary Wollstonecraft）这样原先对法国革命抱有极大好感的支持者也开始退回到较为谨慎的立场。"在法国废除君主制后，主张激进思想、代表亲革命好战势力的英国工人和工匠谨慎地放弃了从潘恩那里借用的民主思想，以更温和地宣称盎格鲁-撒克逊的历史自由。"④换言之，为了让自由的原则不会因法国发生的一系列激进事件而遭受怀疑与抵制，他们开始提出法国革命的走向是由法国的特殊性造成的，认为法国并没有延续英国的传统，因为法国人沾染上了旧制度的恶习。而且这些人开始意识到，对于其他国家的人来说，"法国革命不一定是最好的模式，英国的改革者应该避免像法国那样以悲剧方式爆发的

---

① Louis Trenard, "Imagerie revolutionnaire et contre-révilution à Lyon", *Les images de la révolution fran-çaise* études réunies et présentées par Michel Vovelle, Paris: Publication de la Sorbonne, 1988, pp.98–107.

② David Bindman, *The French Revolution*（version anglaise），Musée de la Révolution française de Vizille, Vizille, France: Le Musée, p.21.

③ John Brewer, "Un monde tragi-comiaue et monstryeux: les réactions britanniques à la Révolution fran-çaise", *The French Revolution (version anglaise)*, pp.11–19.

④ Isabelle Bour, "French Liberty/British Slavery: Figures de la liberté en Angleterre pendant la Révolution française", Sylvia Ullmo（dir.），*LIBERTÉ / LIBERTÉS, Liberty / Liberties*, Tours: Presses universitaires François-Rabelais, 2005, pp.65–77.

普遍不满"①。

另一些更为支持法国大革命的英国激进分子的目标则是"通过体制改革实现政治平等和废除特权，要求人民的主权和自然权利"。当然，不管是哪一派，他们中的大多数人都希望改革是在和平中实现的。这一共同愿望使得自由立场的英国支持者在1792年之后，也就是法国革命日益激进化之后，不得不修正他们此前的观点，以便与被视为暴力血腥的法国革命划清界限。除了政治立场的分歧以外，当时英国还有一些人认为，大革命导致的内部混乱会严重削弱法国的对外实力，对英国来说其实是好事一桩。因此他们很乐于看到这样一个失序分裂的法国。除此以外，还有一部分住在伦敦的法国流亡者，他们对于革命的态度不言而喻是竭力反对的。

表现在图像的传播上，对于法国大革命事态的介绍便是由这些错综复杂的政治选择来决定的。因而在大革命爆发初年，并不只是反对革命反对法国的漫画在英国国内流传，也有不少支持革命的作品。然而，随着大革命进程日益激进化，这些抗议版画就变得愈加谨慎。相反，对政府的忠诚和亲政府的讽刺漫画就日渐增多，从而对可能受到法国入侵的仇恨和恐惧作出了预防性反应。② 另外，保守派还会借助法国事态给人们带来的巨大心灵冲击与恐惧，借此来攻击英国国内那些提出社会改革口号的群体。例如，有一些讽刺图像，把当时著名的社会改革倡议者福克斯的形象描绘成穿着法国大革命中激进团体——无套裤汉的装束的人，用这一方式来警告人们查尔斯·詹姆斯·福克斯（Charles James Fox，1749—1806）等人具有煽动性的主张会给英国社会带来多么巨大的潜在危险，以激起普通民众对他们的抵触与反对。③"九月血腥屠杀和法国王室被处决的消息打击了英国人对革命的热情。不过，只有当所谓的'法国病'似乎传染到了英国时，对法国同情者的强烈和一致的敌意才开始膨胀。"④

---

① David Bindman, *The French Revolution*（version anglaise），Musée de la Révolution française de Vizille, Vizille, France: Le Musée, p.22.

② Pascal Dupuy, "Réflexions anglaises sur la Révolution de France", *Annales historiques de la Révolution française*, No. 317, France-Allemagne, Interactions, references（Juillet-septembre 1999），p.538.

③ David Bindman, *The French Revolution*（version anglaise），Musée de la Révolution française de Vizille, Vizille, France: Le Musée, p.24.

④ Michael Davis, "Le radicalisme anglais et la Révolution française", *Annales historiques de la Révolution française*［En ligne］，342 | octobre-décembre 2005, mis en ligne le 16 septembre 2013, consulté le 24 mai 2021. URL : http://journals.openedition.org/ahrf/1913 ; DOI : https://doi.org/10.4000/ahrf.1913.

另外，需要指出的是，关于法国的讽刺漫画并不是从大革命爆发才开始出现的。早在旧制度时期，英国已经出现用法国的绝对主义来衬托英国政治体制的漫画，加之法国在美国独立战争时期坚决站在美国一方，因而大革命的爆发在某种程度上延续了这种比较两国之间不同体制的传统。例如，从大革命爆发之前的1788年直至瓦伦出逃事件，路易十六的形象在英国漫画中都是负面的。他似乎成为了奉行天主教的绝对主义君主的绝佳象征，因而很难得到英国人的同情。杜博（Pascal Dupuy）提出，"革命首先被用作比较的要素，以加强人们对成为英国人特别是出生于英国的人的幸福观念。这个观念已经出现在旧制度统治时期。对于大多数图像作品的作者或者观看者而言，最近法国发生的事件只是发展亲法或反法的借口"。而更重要的是，杜博认为，"亲法或者反法本身实际上是'民族主义'（nationaliste）类型的身份信息的承载者。图像作品使用夸张鲜明的表现手法，把两国加以比较，以凸显一个国家的政治错误和另一个国家的合理方向"①。这一观点得到了英国历史学家约翰·布鲁尔（John Brewer）的赞同，布鲁尔认为：

> 法国大革命的支持者认为这是一个具有普世意义的事件，就像其中的"理性节"以及《人权宣言》所宣扬的那样。但他们的反对者却把大革命视为法国的特殊现象，是一个屈服于绝对主义权力的软弱社会的爆发，旧制度的罪降落在年轻的革命者头上，而他们完全无力从一种政治传统中挣脱出来。这一政治传统起初孕育了不受限制的权力，之后又逢迎它。公安委员会只不过是另一种形式的绝对君主制。虽然革命政治拒绝了旧制度的大部分，但却保留了它的本质。②

这就意味着，并不能简单地认为，在英国持反对法国革命立场的人就是法国反革命的支持者，他们很有可能既反对法国的绝对主义君主制也反对法国大革命的街头运动与集权化措施。另外，那些"保守派在思想上是通过他们的说服力和策略获胜的，他们锚定在英国的中产阶级和工人阶级中，在教会和州　级则偏向于宣扬传统的制度和既定的秩序。这些团体将议会君主制，法治和维持社会秩序视为保护其

① Pascal Dupuy, "Réflexions anglaises sur la Révolution de France", *Annales historiques de la Révolution française*, No. 317, France-Allemagne, Interactions, references (Juillet-septembre 1999), p.541.
② John Brewer, "Un monde tragi-comiaue et monstryeux: les réactions britanniques à la Révolution française", *The French Revolution (version anglaise)*, p.18.

自由和繁荣的手段。这种信念的存在立即引起了英国对 18 世纪 90 年代激进主义和法国雅各宾主义的不信任"①。

　　而且更有意思的是，反对大革命的英国人并不一定是政府的支持者，就像英国当时著名的版画师詹姆斯·吉尔雷（James Gillray，1757—1815）在他的作品中传达出来的观点一样。1792 年，吉尔雷发表了一幅题名为《法国的自由，英国的奴隶制》（*French Liberty, British Slavery*）的版画（图 1）。伊莎贝·布尔（Isabelle Bour）对此图像作了非常细致的刻画，她说：

　　　　就像它的标题一样，图像是双重的、对称的。左边，一个非常瘦的法国人衣衫褴褛，靠近一个吸烟的炉子：他厨房的墙壁斑驳破旧，他只有大葱吃。另

图 1

① Emma Vincent MacLeod, "La question du citoyen actif : les conservateurs britanniques face à la Révolution française", *Annales historiques de la Révolution française* [En ligne]，342 | octobre-décembre 2005, mis en ligne le 15 décembre 2008, consulté le 21 mai 2021. URL : http://journals.openedition.org/ahrf/1908 ; DOI : https://doi.org/10.4000/ahrf.1908.

一边，英国人看起来非常肥胖（其特征让人想起乔治三世国王），坐在一根巨大的牛肉排骨前，他喝着美酒。将图像的两部分分开的细线在某种程度上是英吉利海峡，以及意识形态水域的分界线。自相矛盾的是，这位声名狼藉的法国人对自己的命运感到满意。他用幽默的英语热情地呼吁法国的自由，并号召废除征税：他看起来像是一个戴着自由帽的医生，但脚下有一把剑和一把小提琴，还有长发结，这暗示他是一个具有革命思想的贵族。伯克在《对法国革命的反思》中提到革命者中存在着"有地位但是不满的人"。英国人虽然享有特权，但他抱怨自己的命运，并认为他的税务负担会奴役他。

布尔指出，这两个自相矛盾具有讽刺意味的形象无疑是寓意化的象征形象，而且，图像上英国一侧还包含着一个更传统的寓言，因为一个小的不列颠石雕女神像被放置在墙上，而左边图像的对应物是一张欧洲地图，显示了法国革命军队的征服。①

吉尔雷是英国政治讽刺漫画史上的重要人物，他被称为"现代漫画之父"。除了上述作品以外，吉尔雷还创作了其他反对法国革命的漫画。例如，1792年吉尔雷的另一幅作品《巴黎人一顿小夜宵》（*Un Petit Souper à la Parisienne*）就传播得非常广泛。② 这张多次被引用的图像中呈现出非常恐怖的场景。图像上，在一间屋子的内部，一群人正在狼吞虎咽地吃东西。这些人中既有戴着装饰有三色徽章的自由帽的无套裤汉，也有戴着假发套的中产阶级，还有一些巴黎街头常见的民众阶层装束的妇女。他们每个人都张开了血盆大口，正在贪婪地吃着食物。而这些食物全部都是各种人体部位。那个无套裤汉用来当座位的是一个巨大的袋子，里面的珠宝金币还有王冠都已经满溢出来，袋子上有小字写着："国家财产"。墙上还画着一个一手提着人头、一手拿着斧子的人，在其头顶写着佩蒂翁的名字，两边则写着"自由万岁""平等万岁"。屋顶的架子上还堆满了许多胳膊和腿。屋内的场景已经如此恐怖，可是透过房门，可以隐隐约约看到外面悬挂着更多的尸体。这幅漫画用想象的手法把支持革命的巴黎民众描绘成如此嗜血的食人恶魔，目的就是要在英国民众

---

① Isabelle Bour, "French Liberty/British Slavery: Figures de la liberté en Angleterre pendant la Révolution française", Sylvia Ullmo（dir.），*LIBERTÉ / LIBERTÉS, Liberty / Liberties*, Tours: Presses universitaires François-Rabelais, 2005, pp.65–77.

② Référence bibliographique: De Vinck 6117.

心目中激起对于革命的深切恐惧。米歇尔·热维（Michel Jouve）说，用这种想象的恐怖景象来激起民众的恐惧实际上与中世纪时期用极度可怖的炼狱中的死亡形式使民众对地狱心生畏惧如出一辙。[①]

　　吉尔雷同样描绘无套裤汉暴力手段的另一幅漫画《法国荣耀的顶峰与自由宗教的巅峰》（*The Zenith of French Glory The Pinnacle of Liberty Religion*）中展示的则是一个室外的想象场景（图 2）。[②] 画面是以一个高高坐在街边房屋灯架上的无套裤汉的视角来呈现的。这个无套裤汉戴着鲜红的自由帽，上面别着三色徽章。他的上衣还算正常，但是与作者其他表现无套裤汉的漫画如出一辙，该人物是不穿下装的，用来表明他"无套裤汉"的身份。主人公双手正在演奏小提琴，然后，虽然左手拿的是普通提琴，但是右手其实握着的是一把尖刀，而并非琴弓。他坐着的灯架上还吊着三名双手都被捆绑的教士，看起来都已经死去。这位无套裤汉直接把自己光着的右脚踩在其中一位教士的头上，他身边还插着一根杆子，上面顶着另一顶自由帽。顺着自由帽的帽尖望去，可以看到楼房外立面上还雕刻着一座耶稣受难像，不过在这座雕像的脚下却是一个骷髅。远处，冲天火光中是一座熊熊燃烧的教堂的屋顶。在无套裤汉的脚下，是一个广场，广场中央摆放

图 2

---

① Michel Jouve, "L' image de la Révolution dans la caricature anglais", *Les images de la révolution fran-çaise* études réunies et présentées par Michel Vovelle, Paris: Publication de la Sorbonne, 1988, pp.185–192.

② 在线资源：https://www.britishmuseum.org/collection/object/P_J-3-44，查询日期 2021 年 7 月 21 日。

着一座断头台，人们正在处决犯人。断头台上插着三色国旗。台下围满了观看死刑的观众。不远处的房屋旁边，沿街伸出来的路灯灯架上也吊着人，以及一架天平。无论是无套裤汉的形象还是大火或者断头台的元素，都是作者用来渲染发生在法国的事件有多么恐怖与血腥，以及对宗教毁灭性的打击。

　　正因为吉尔雷对法国大革命充满了负面的看法，因此他对于英国国内那些支持法国，反对对法宣战的政治人物充满了深切的厌恶。或许是为了警告民众支持法国会带类严重后果，1796 年 10 月 20 日，吉尔雷创作了一幅想象中革命的法国入侵英国的漫画：《法国入侵的恐怖预言》（*Promis'd Horrors of the French Invasion, or Forcible reasons for negotiating a regicide peace*，图 3）。[①] 画面中，伦敦街头血流成河，一片混乱。石子路中央插着一根大杆子，装饰着花朵，上面顶着一项自由帽，这是法国的"自由树"。英国首相小威廉·皮特（William Pitt the Younger，1759—

图 3

① 在线资源：https://www.britishmuseum.org/collection/object/P_1868-0808-6554，查询日期 2021 年 7 月 20 日。

1806）被脱掉上衣双手绑在这个杆子上，旁边是福克斯（Charles James Fox）正在奋力打他，两手都抓着一个桦木棒。福克斯的脚边石板路上全是鲜血，地面还有被砍下的人头和沾满血的斧子。由于这幅漫画中许多细节涉及当时英国的各类政治人物，为了准确理解漫画作者的创作意图，有必要对其作一番详细解读。①

（在福克斯的右边）是一头公牛，脖子上的项圈已被它挣断，上面写着"Great Bedfordshire Ox"（贝德福德公爵）。这头公牛被塞尔沃尔（Thelwals）抓住了尾巴，冲向伯克，塞尔沃尔手里还挥舞着一份写着"Thelwals Lectures"的文件。伯克被公牛撞到了空中，丢掉了眼镜，两本小册子散落在他背后，分别是《给贝德福德公爵的信》以及《对弑君和平的反思》。

公牛身后，是更恐怖的场景：

斯坦霍普勋爵（Lord Stanhope）举起一根杆子，杆子上系着一条写着"平等万岁"（Vive l'Egalite）的丝带。而杆子上还有一个横杆，由一个人的头部和他身体的下半部分保持平衡，人头与身体的断面还滴着鲜血。这是英国前首相格伦维尔。斯坦霍普对手中的杰作露出满意的微笑；劳德代尔（Lauderdale）站在他对面，举起手臂鼓掌。身后是一队前进的英国雅各宾派，他们挥舞着红色的帽子。

街道的右侧临街有一家店面，门楣上写着"布鲁克斯"（Brooks's）。谢立敦（Sheridan）带着得意的笑容偷偷走进门。他头上顶着一个巨大袋子，上面写着："国库留存"，在腋下则是另一个鼓鼓囊囊的袋子，写着："英格兰银行的征用"。这家店面上方是一个大阳台。阳台上挤挤挨挨有许多人。其中，兰斯道恩（Lansdowne）微笑着正在用断头台工作：他的左手放在绞盘上，右手举着拉夫堡拉（Loughborough）长长的假发给众人看。断头台的柱子上挂着一个金黄的袋子，上面写着"国玺"（the Great Seal）。在阳台的一角上摆着一个大盘子，盘子里堆放着几个人头。人头的下面垫着一张纸，纸上写着："为了公共利益被处死"（Killed off for the Public Good）。大盘子后面站着厄斯金（Erskine），他高举着用燃烧着的"大宪章"和"新法典"这些纸张扎成的火把。

街道的另一侧是高举着写有"共和国"字样的法国国旗的士兵在列队前进，

① 解读部分参考英国博物馆在线资源：http://www.museumsyndicate.com/item.php?item=12657，查询日期2021年7月20日。

他们由一名鼓手带队，大踏步跨过地面上的人头，向前涌去。鼓手敲打的鼓上写着"自由万岁"（Vive la Liberté）还画着一项自由帽。有一队士兵冲进路边写着"怀特家"的房子。士兵踩在倒地流血的人的身上，还拿刺刀刺穿了一个人的喉咙。怀特家的阳台上，士兵正把约克公爵（the Duke of York）流血的尸体扔出阳台，他的缎带和从他身上掉下来的骰子盒和骰子表明了他的身份。威尔士亲王（the Prince of Wales）首当其冲，已经掉下阳台。克拉伦斯公爵（the Duke of Clarence）正惊恐地举起了双手投降。从门边一个突出的灯架上挂着坎宁（Gee Caning）和霍克斯伯里（Lord Hawkesbury）的尸体，背靠背绑在一起。

在漫画的背景深处，是熊熊燃烧的宫殿，暗示着伦敦已经沦陷。在这幅作品中，吉尔雷用想象力和细致入微的笔触给当时英国朝野的主要政治人物都安排好了革命的法国"入侵"英国之后的命运。支持革命的福克斯等人与共和国军队一起走上街头，鞭打甚至处死反对法国革命的政要们，后者有的被示众、有的直接被砍头。而另一些人则乘乱中饱私囊。而作者在这幅作品中展现了如此之多的暴力与死亡的场景，让人联想起他在《巴黎人一顿小夜宵》中描绘得地狱般的场面。画家显然在提醒观者，如果真的有一天，英国也发生了类似于法国那样的革命，那么，伦敦的街头也就要变成地狱了。

事实上，早在法国革命进入激进化阶段之前，颇有先见之明的吉尔雷已经把法国大革命会砍掉国王脑袋甚至处死王后的前景用想象的方式展现出来，只不过在他的作品中，被砍头的不是法国国王却是英国国王。1791年7月19日他发表的《政党的希望》（*The Hopes of the Party, prior to July 14th: From such wicked Crown & Anchor-dreams, good Lord deliver us*，图4）表现的就是处死国王的画面。[1]

漫画中央是一个高台，肥胖的英国国王乔治三世被霍恩·图克（Horne Tooke，1736—1812）倒提着双脚，脑袋被谢立敦（Richard Sheridan，1751—1816）按在一个木头支架上，张皇失措地问道："什么！什么！什么！出什么事了？"在他身后，是戴着面具的福克斯高举着一把斧子，正准备砍断乔治三世的脖子。裤子口袋里塞着自己的作品的图克说：

　　哦，这样的一天，如此著名的胜利，

---

[1]　线上资源：https://www.britishmuseum.org/collection/object/P_1868-0808-6086，查询日期2021年7月21日。

图 4

从未见过这样的一天，

　　革命者如此欢乐，而贵族却落得臭名昭著，在普世的欢乐中颤抖。

　　但是显然行刑的福克斯有点怯场，他说："该死，这不过是给了一个好的打击，一切都可以解决了！但如果我错过了我的目标怎么办！啊！正是害怕让我如此讨厌！然而，该死！我应该害怕什么？"谢立敦则鼓励他说："地狱与诅咒，不要害怕，打出一个本垒打，然后扔掉面具。我多希望握住斧子的人是我。"

　　站在谢立敦身后的普里斯特利（Joseph Priestley，1733—1804）探出头去对国王说："亲爱的兄弟，不要为你的处境感到惊慌；我们迟早都会死的。……事实上，人应该为拥有这一死亡的机会感到高兴，如果他可以为他的国家服务，带来一场光荣的革命。"

　　台下站满了观众。街边路灯上吊着首相皮特和王后夏洛特。更远处，街角深处，是冒着浓烟的建筑，浓烟滚滚之中，屋顶上坐着一位自由女神，手里拿着顶着自由帽的杆子。

　　吉尔雷并不是唯一一位反对法国革命的英国版画师，他的同行中有为数不少的同道中人。1792年另一位英国版画师理查·牛顿（Richard Newton，1777—1798）创作的《向边境进军的无套裤汉军队》则把对法国军队的嘲讽发挥到了极致(图5)。[1]图中一队士兵正在大踏步前进。他们高矮胖瘦不一，但无一例外都戴着红色的自由帽，而且每个人都只穿了上衣却没有穿裤子，这明显就是用这些不穿裤子的人物形象来讽刺法国革命的主要社会成员——"无套裤汉"。并且，这些士兵中的大多数都穿着巴黎底层民众常穿的木鞋，另一些则干脆光着脚连鞋子也没有。更可笑的是，这队士兵虽然看起来斗志昂扬，可是他们手中的武器却简陋得很，只是一些草杈、弯刀、斧子或者木枪，显然根本就不可能投入真正的战斗。不难看出，作者在用这一的图像来讽刺法国革命政府组建起来的军队不过是一群勉强拼凑起来的乌合之众。

图 5

　　讽刺法国无套裤汉的漫画在英国反对法国革命的政治图像中占比不小，例如下面两幅使用马里·斯多克斯（Mary Stokes，生卒年不详）的绘画作品而制作的版画也颇具典型意义。这两幅作品分别描绘了无套裤汉和他的妻子。画面上这两人面目狰狞，都装饰着三色徽章以及二色缎带用以标明他们支持革命的政治立场。女无套裤汉头上装饰着一把尖尖的匕首，她的丈夫身上则沾满了血迹。女无套裤汉图像的文字部分写着："节日！鲜血、死亡，吊到路灯上去！用断头台！一点废墟都不留。我是自由和平等的女神。让伦敦燃烧，让巴黎获得自由。断头台万岁！"无

---

① Référence bibliographique: De Vinck 4486.

图 6

套裤汉图像的文字则是:"共和国万岁! 所有的暴君都撕咬着权力。什么宗教都不要!"而这两幅漫画的题目更是充满了讽刺意味,一幅是《致巴黎美人》,另一幅是《致优秀的巴黎人》。

不过,虽然英国漫画师如此嘲讽法国的革命政府和无套裤汉,但他们中的一些对于路易十六也毫无同情心。在 1793 年 3 月在英国发表的讽刺路易十六最后时刻的漫画《路易十六被带离他的家人》(Louis taking leave of his Wife & Family)中,画面上是哭着扑向路易十六的王后安托瓦内特和他们的孩子,后面站着戴着三色徽章的士兵,手持武器正在训斥安托瓦内特(图 6)。[①] 然而被画得很肥胖又穿着破烂衣裤的路易十六却一手拿着酒杯,一手拎着酒瓶,眼睛垂向地面,表情木讷。与这生离死别的悲惨场景极不协调的还有他身边放着的一张餐桌,上面有一盘热气腾腾的鸡,还有一杯酒。餐桌后面的教士拿着临终忏悔所用的十字架,吃惊地看着路易十六居然还在喝酒。这幅漫画描绘的场景当然不是实际发生的事实,英国人不过是把路易

---

① Philippe Sagnac, *La Révolution de 1789*, Tome II, Paris: Les Editions nationales, 1934, p.117.

图 7

十六爱喝酒以及长得有点胖这些世人皆知的特点用这样极度夸张的手法表达出来，以展现他们对路易十六惯有的敌意。

　　1795 年，还有作者匿名在伦敦出版讽刺法国王室的漫画——《唐普勒宫居民的舒适消遣》（*Le Passe temps agréable des habitans de la Tour du Temple*，图 7）。[①]画中，国王一家虽然是被囚禁在唐普勒宫中，但是无论是国王还是王后抑或王室的其他成员，依旧穿着华贵的服装，王后仍然戴着羽毛装饰。画面上的人物看起来毫不忧伤，反而在相互埋怨，路易十六则架着二郎腿抱着胳膊，摆出一副只想置身事外的姿态。

　　一直到 1797 年，吉尔雷还在用嘲讽的手法描绘国王一家出逃失败。漫画的题目是《法国民主派惊吓到了出逃的王室》（*French Democrats Surprizing the Royal Runaways*，图 8）。[②]画面上一大群拿着各种武器的人冲进一所房子，屋子里坐着的路易十六和王后吓得惊慌失措，一动不敢动。作者用夸张与嘲讽的手法呈现了这

① 　Référence bibliographique: De Vinck 4953.

② 　Référence bibliographique: De Vinck 3965.

图 8

桩对革命进程发挥了重要作用的事件。他把这些闯进屋子的人描绘得十分荒唐可笑，他们的武器中不仅有炮筒、长枪和弯刀，还有扫把和榔头，其中一个还把枪对准了年幼的王太子，而后者已经被吓得倒翻在地。画家对于法国国王以及王室的蔑视一览无余。

当然，英国人的漫画中针对法国雅各宾派的作品还是比较多的，从1793年吉尔雷创作的描绘刺杀马拉的凶手珂黛受审的漫画可以看出这一点。该作品题目是《英勇的夏洛特》（*The Heroic Charlotte*，图 9）。[①] 画面中央是戴着镣铐站在受审席上的珂黛。画家把珂黛描绘得十分美丽。她头上戴着羽毛发饰，穿着优雅的衣裙，手按胸口，义正词严地说出一长串指控马拉等人造成法国分裂局面的辩护词。受审台下摆放着马拉已经开始腐烂的尸体还有他遇刺时穿着的衬衣。珂黛的对面，坐着一大群头戴三色徽章的法官，他们个个相貌丑陋。在三位主审法官的背后上方，还

---

① Philippe Sagnac, *La Révolution de 1789*, Tome II, Paris: Les Editions nationales, 1934, p.192.

图 9

有一座不起眼的小型雕塑，右手拿着天平，左手拿着一把匕首，双眼蒙着一块布，应当就是正义女神。此外，法庭上的旁听席上坐满了听众，几乎每个人都戴着自由帽。但是从画面上来看，整个法庭上只有珂黛在慷慨激昂地演讲，其他所有人，包括法官在内，都目瞪口呆地看着她。从这幅作品中，可以清楚地看到吉尔雷对于珂黛的同情以及对审判她的雅各宾派主导的革命法庭的痛恨。

　　吉尔雷对于革命法国的反感并没有随着雅各宾派的倒台而消逝。直到 1798 年底，吉尔雷依旧在发表反对革命法国的漫画，例如 1798 年 11 月出版的《消灭法国巨人》(Destruction of the French Colossus，图 10)。[1] 画面上是一个犹如赫拉克勒斯一般的巨人。他的头颅就是一个骷髅，不断有蛇从它的眼眶中爬出来。巨人头上还戴着一顶自由帽，上面别着三色徽。这个巨人的左脚踩在一座座金字塔上，或许在暗示法国人入侵埃及。巨人的另一只脚则踩在法国的土地上，一本《圣经》和十

---

① 　线上资源：https://findit.library.yale.edu/catalog/digcoll:950842，查询日期 2021 年 7 月 21 日。

图 10

字架以及一座天平已经被踏碎，表明这个巨人在法国已经摧毁了宗教与正义。在巨人的脚边还有一架风车，告诉读者荷兰也已经告急。在巨人的胸前是路易十六被砍下之后的脑袋，甚至还在流血。巨人的双手与双脚都已经被鲜血染红。它的腰间缠着一条腰带，上面别着的手枪与匕首上也全是鲜红色。巨人全身上下只围着一块红蓝白三色的法国国旗。正当巨人打算横扫欧洲的时候，从乌云里伸出一只盾牌，盾牌后是一只拿着闪电的手。这束闪电直接打在巨人的头颅上，砍断了它的脖子，也打在它的四肢上，使它的手脚齐齐断掉。在图像下方写着："邪恶国家的产物留下何用？压迫的纪念碑不应该被摧毁吗？"很明显，作者在这幅漫画中，用这样一个邪恶的巨人象征革命的法国以及拿破仑统治下横扫埃及和欧洲的法国，并且作者相信，会有来自上天的力量来摧毁这个恐怖的恶魔。

小　结

概言之，尽管在印刷品的生产和发行方面，英国版画师享有相对的自由度，但依旧可以看到漫画作品与画师的政治立场以及不同派系的宣传策略保持着非常明显的关系。例如，1789 年和 1793 年应该是反法讽刺图像发表最多的两年，这一点可以用当时在英国关于法国革命的政治辩论的激烈程度来予以证明。[1] 事实上，

---

[1]　Pascal Dupuy, "Réflexions anglaises sur la Révolution de France", *Annales historiques de la Révolution française*, No. 317, France-Allemagne. Interactions, references（Juillet-septembre 1999），pp.537–542.

英国的版画师行业与政治势力之间的联系合作甚为紧密。据大卫·班德曼（David Bindman）研究，英国不少政治人物会收买版画师定制需要的图像作品以作宣传之用。另外，也是在分析这些法国以外的反革命漫画中最需要注意的地方在于，与法国大革命相关的漫画大多是从英国人自身的关注点出发。那些似乎与英国政治关系不大但实际上在法国造成巨大影响的革命事件，比如教会财产国有化以及颁布《教士公民组织法》甚至丹东和罗伯斯庇尔等人被送上断头台等事件，并没有在英国政治讨论中吸引很大的注意力，因而也就较少出现在图像中。英国的画师以及他们背后的主顾们更关心那些可以纳入与英国有简单而直接关联的政治讨论的事件。①

---

① Louis Trenard, "Imagerie revolutionnaire et contre-révolution à Lyon", *Les images de la révolution française* études réunies et présentées par Michel Vovelle, Paris: Publication de la Sorbonne, 1988, pp.98–107.

结　语

在 20 世纪七八十年代，随着史学界对大众文化的研究兴趣与日俱增，尤其是在心态史崛起之后，图像特别是大众图像开始成为史学研究的重要资料。米歇尔·伏维尔在他编著的《图像与心态史》中这样解释道，从艺术史的角度来说，艺术作品原本就能折射"时代的感觉"（la sensiblité d'une époque），不过这一传统路径更多关注的是精英及其审美。而民间图像虽然长期以来或许为民俗家所熟悉，但对于史学家而言却是陌生的。但随着对大众图像的史学研究逐渐增多，人们发现它们对于了解民间心态与情感的作用非常重要，对于某些时代来说，甚至是关键性的工具（des outiles essentiels）。法国大革命时期，无疑属于其中之一。这一特殊时期留下了浩如烟海的图像资料，从 19 世纪早期收藏家和艺术史家开始收集编撰大革命图像资料开始，大革命研究领域中的图像史发展至今经历了三个重要阶段：传统史书的插图、独立成册的图像集以及从 20 世纪 80 年开始兴起的真正意义上的图像研究。

然而，如果深入分析大革命时期的大众图像就会意识到，图像作为史料，能提供给我们的，远不止特定时代民众心态这一方面。从中还能探究图像在表现与传播历史事件过程中的特点、革命政治文化的形成与嬗变、不同社会群体的差异性诉求、图像如何呈现政治与性别之间的张力等重要议题。

与文字叙述相比，图像表现重大历史事件有其自身特点。因为，"事件"本身是历时性的，静止的图像如何用"瞬时性"的画面去处理历时性的事件，以及不同处理方式是如何体现出作者的态度与立场的，攻占巴士底狱这一著名历史事件为我们提供了非常好的解析案例。例如，对于该事件中暴力场景的处理尤其耐人寻味。制作精良的图像作品一般出自有名有姓的版画师。身为市民阶层的一员，他们同情底层民众，所以在攻占巴士底狱事件中用肯定甚至赞美的态度去描绘民众攻陷城堡的各个细节。但与此同时，相较于那些匿名的制作粗糙的作品，署名图像资料中的绝大部分并不愿意直接去刻画事实上发生的暴力场面。这说明制作者对于激进的革命行动始终秉持怀疑的态度，这正是版画师们较为温和的立宪政治倾向所决定的。

同时，随着革命的进程，巴士底狱城堡本身也从一个事件的主角转化成为一个极富政治寓意的象征符号。在巴士底狱城堡本身成为符号的过程中，一幅幅出自不同作者之手的叙述事件的图像为其赋予了价值。与赋予价值的重要性相比，对于大多数图像制作者而言，与事实相符这一原则就显得不一定要恪守了。他们采取了虚实相结合的方式，或注重强调某一细节，或夸张某一传言，甚至有不少作者直接采用想象的视角来表现这一事件。我们就会看到，当事件本身被浓缩到一个具体的象征物的时候，实际上这已经是一种艺术的创造，更多表现出作者借此传达的象征意义，而非真实性。而且更值得注意的是，巴士底狱的象征意义并非一成不变，当胜利的旗帜飘扬在巴士底狱的城头时，它已经在象征体系中发生了根本性的转折，从专制的工具、黑暗的封建堡垒转化成为自由的胜利，成为人民以自由的名义战胜压迫枷锁的见证。这一象征符号在此后乃至多年以后的历史图像中将不断重现。

除了用以赋予事件价值，并在某一时期将其定格为一种特殊的图像符号之外。图像还是一种非常重要的舆论宣传工具。这在一个文盲率很高的时代尤其值得注意。大革命推崇一系列抽象的革命理念，例如平等、自由与博爱，它们往往无法在既有的图像体系中找到现成的象征载体。于是，宣传革命理念的图像既要从古典图像体系中加以借鉴，以便获得合法性与权威性，又要加入属于大革命创建的全新寓意，一系列承载着美好愿望的女神图像便应运而生。从这些图像中选取关于平等图像的分析让我们看到，大革命时期用以表达抽象概念的图像是其达成宣传任务的重要途径，图像的创作者使用各种象征元素的搭配来通俗地讲述一个又一个的抽象概念。

不过，随着对相关图像资料的进　步深入分析就会令人惊讶地发现，当革命愿景，譬如平等理念与现实中的分歧、分裂乃至斗争狭路相逢时，沉重的现实显然轻而易举地刺破了前者的虚幻。表现在图像上，那就是深刻地改变了图像宣传或者说图像叙述的方向。当平等团结的希望像泡影一样落空之际，图像呈现出来便是现实中已然无法掩饰的敌意与仇恨。以一种"后视之明"的角度去审视之前出现的有关三个等级和谐平等团结的图像，就显得尤其意味深长。图像与现实两者之间的背离或许可以从下述结论得以解释，那就是从未在现实中出现过的团结与平等恰恰是现实中人们最热切期望的投射。一旦期望破灭，那么随之而来的深切失望反而成为培育仇恨的肥沃土壤。这种转变在文字材料中或许不那么明显，但是在图像中却可以直观地看到不同时期不同态度的清晰变化。

同样的变化也发生在革命时期民众对于国王的态度上。史学家始终争论不休的议题，即路易十六的瓦伦出逃是否是导致其失去民心的关键转折点。欧洲中世纪以来君主制下国王的身体具有双重性，既是"自然之体"亦为"政治之体"。但法王路易十六之死却使法国旧的君主制再无重生的可能，这意味着法国君主制的"政治之体"也随着路易十六的死亡而失去了延续性。通过梳理大革命时期政治图像中关于路易十六的形象如何从高贵的国王演变为人头兽身的怪物的过程，以及与此过程同步发生的国家主权从渐失神圣性的国王身上分离的趋势，可从中分析与探讨各种图像背后所体现出来的时人对于国王及其代表的君主制所持有的矛盾心态，以及民众心态与政治事件之间的复杂关联。大量的图像给出了它们自己的答案，那就是并不存在那个历史学家们希望找到的具有关键意义的时间节点，即在此时间点之前，国王依旧是个"好国王、人民的父亲"，而在此之后，成为"罪人卡佩"。事实上，即便在被视为洋溢着欢乐与希望的大革命初年，存在着大量把路易十六看成是支持革命的好国王的图像的同时，已经出现了把他描绘为酗酒且愚蠢的形象的版画。由此可知，数百年来，法国国王具有神圣性的"政治之体"的土崩瓦解并非一朝一夕完成，也并非由某一个转折性事件促成。

在大革命研究中，女性议题始终颇受人关注。这是因为，大革命时期是法国历史上罕见的不同身份地位的女性以不同方式参与各类政治活动的历史时期。图像资料很好地弥补了文字材料中有关女性资料的匮乏的遗憾。它们生动鲜明地记录下了那个时期活跃在革命中女性身影。后世之人可以清楚地看到，她们在旁听议会的会议和革命法庭的审理，她们在辉煌的国民公会大厅慷慨捐赠自己的珠宝首饰，她们在"十月事件"中拉着大炮向凡尔赛进军，也看到她们在"自由树"下载歌载舞，在寒风凛冽的巴黎街头排队购买面包。与此同时，这些图像也用其特有的方式诉说着时人对于这些女性的态度与看法。在著名的"刺杀马拉"事件之后，出现了大量以凶手夏洛特·珂黛作为主角的图像。其中，既有表现其凶残可怕的图像，也有与之完全相反，竭力凸显她的美丽年轻乃至在法庭上镇定自若的图像。在后一类图像中，珂黛被塑造成"新尤迪"、"新贞德"甚至"和平女神"。简言之，在雅各宾派的图像话语中，珂黛是一个彻底抛弃了女性美德的魔鬼的帮凶。但在反对雅各宾派的政治图像中，她成为弥合分裂的祖国、因反对内战而奉献自己生命的女英雄。

其中更值得注意的是，赞美珂黛的图像既凸显她的年轻美丽还有谦逊这些传统的女性品质，与此同时，也一反寻常去表现她在这一事件中表现出来的惊人的镇定与勇敢无畏。而后一类品质与行为，向来不被主流社会视为是女性应当具备的品格。所以，这些颂扬图像背后的意图是值得深究的。其真正原因在于，政治上的温和派在与雅各宾派对抗的过程中，他们要以一个与和平、谦逊相联系的女性形象去对抗马拉及其支持者所代表的暴力、冲突以及血腥，所以，颂扬珂黛身上的女性美德的落脚点并不在于性别的维度，而是政治维度。这也是研究大革命时期女性图像最须慎重之处，即看似是性别的问题，但其背后的真正锚点却是政治。同理，大量采用女神形象作为革命理念的宣传载体，并非出于对女性的重视，亦与革命者对于现实中女性地位的考量没有任何实际关联，而是因为革命者需要一整套与旧制度惯常使用的男性神圣形象（上帝、国王与圣徒）相区别的新的象征系统，所以他们转而从传统古典文化中"借取"古希腊古罗马的女神形象。

此外，关于大革命时期表现普通人日常生活的图像尤显珍贵。原因很简单，革命的洪流裹挟了所有人，上到王公贵族、下至贩夫走卒的生活都在此期间发生了天翻地覆的变化，但是文字材料往往只记录下前者的经历与感受。对于普罗大众，他们的情感与态度，后世知之甚少，因为他们既不在绝大部分记录者关心的视野之内，自己也没有能力去撰写属于他们的历史。绝大多数人从未有机会将他们的喜怒哀乐化作任何史书上短短的一行字。但是，这种普通人在历史中"被消失的境况"，或许在下述情况下会出现变化，那就是后世研究者开始认真审视并且整理分析那个时代蔚为大观的大众图像，把它们当作与文字材料一样有价值的史料的时候。巴黎卡尔纳瓦莱博物馆所藏的勒叙埃尔创作的系列水粉画是近年来才获得重视的宝贵资料。从这一系列的水粉图中，我们既可以看到当时民众对于革命的积极投入，也可以看到革命政府实施的一系列的军事、经济政策对民众生活的巨大影响，甚至可以看到巴黎街头的儿童在各个革命场景中的小小身影。生活在大革命时期普通街区的勒叙埃尔以及和他一样将目光投向普通人的画家为后世提供了一幅生动细腻的大革命时期日常生活的长卷图。

除了大量宣传革命、支持革命的图像以外，本研究也涉及了至今仍未获得足够关注的反革命图像。通过整理与分析发现，法国境内的反革命图像所具有的特点主要表现在下述几个方面。首先，它们更倾向于抨击与嘲讽原属于贵族阵营中的自由派贵族；其次，由于它们所面向的消费群体，相较于革命图像的受众，其范围更狭窄，或许后者也具有不同的知识储备，所以反革命图像往往会采用非常隐晦的表现手法以及需要更多知识背景的象征寓意。而以当时英国著名漫画家吉尔雷为代表的反对法国大革命的漫画走的又是另外一条路径。英国针对法国的漫画从来都不是无的放矢，往往与国内的政治局势或政治人物的行径紧密相连。作者的目的并不是简单嘲讽法国的事态，更重要的是用以警告国内的民众。此外，不论是法国国内的还是英国的漫画，都可以看出以讽刺为主要功能的政治漫画，它的主要目的在于消解神圣性。也就是说，用一种滑稽与夸张的手法，破坏那些通常是非常正面的甚至是高大权威的政治人物的形象。朗格卢瓦在论及爱国漫画的时候曾具体谈到，漫画主要有两个功能：首先是把正在发生的社会关系以及政治地位的剧烈变动用图像的方式可视性地呈现出来。由于这种变动往往是深层的、结构性的，它的变化是不可逆转的，而漫画就成为这种不可逆的"可视形象"(la figure visible de l'irréversible)。其次，漫画另一个重要的功能就是作为"去神圣化或者去合法性的工具"（un instrument de désacralisation ou de délégitimation），它通过不断地丑化或嘲笑当政人物的身体形象来完成这一任务。① 从本书分析的反革命政治漫画可以看到，这些讽刺漫画的作者把这一功能运用得非常广泛且娴熟。这些图像不仅消解了对立阵营竭力创造出来的各种神圣性且颠倒了其具体使用到的符号所承载的意义，反而将其据为己有。

贡布里希谈论图像中的符号（symbol）时曾说过，人类的回忆能力是很不完善的，而对符号的使用是用以克服这种不完善的手段。因为"尽管我们所谓的现实太丰富多彩，以至于无法被我们随意复现，但是符号却能习得，并能在惊人的程度上被回忆起来"。② 在艺术史传统中，画家们往往在作品中使用已有的符号系统用以唤起观者的关注。但在大革命时期，图像作品的制作者们显然并不满足止步于唤起关注，他们还希望通过图像激起情感、传递态度与立场。我们既看到许多原有图像

---

① Claude Langlois, *La caricature contre-révolutionnaire*, Paris: CNRS, 1988, p.23.
② ［英］E. H. 贡布里希：《图像与眼睛：图画再现心理学的再研究》，范景中、杨思梁、徐一维、劳诚烈译，广西美术出版社 2013 年版，第 15 页。

符号的运用，譬如"好国王"的形象，自由帽与天平，长着动物身体的大臣与邪恶王后，等等。与此同时，又有许多新的符号被创造与使用，譬如巴士底狱成为自由胜利的象征，马拉化身为祖国牺牲的圣徒。而且，在创建新的图像符号体系的过程中，旧的体系不断被打破或被改造，"好国王"随同君主制的神圣性一起消亡，取而代之的是酗酒的"蠢猪"形象；代表正义的天平逐渐演化为象征平等的三角水平仪。并且，正如前文所言，大革命时期的各类政治图像符号还可以被不同立场的作者颠倒使用，用来表达讽刺与抨击。所有这些变化与运用既是当时政治局势与政治斗争的现实需要，也是正在形成中的新政治文化的体现，包含着新象征体系的图像作品的生产与传播是其中重要的环节。所以，需要再一次重申的是，关于图像所传达的信息，与文字材料一样，绝不能轻易被当成是现实的客观反映。正如路易·特纳（Louis Trenard）在研究大革命时期的政治图像时曾说，（图像中呈现出来的）信息从来都不是中立的，人们选择那些被认为应当保留在集体记忆中的事物，并把它们修饰得让人信服。①

最后，在本书收集与分析大革命时代图像资料的过程中，也暴露出图像生产传播过程信息缺失及受众不明等诸多问题，这些问题如果不加以克服，势必成为图像研究中的主要障碍。目前，大革命图像史家尝试通过打破学科壁垒、连接图像史与传统政治史或社会史，以及线上资源共享等方式来解决图像史发展中的问题。笔者相信，这些尝试方案，将是图像研究领域今后发展的重要方向。

---

① Louis Trenard, "Imagerie revolutionnaire et contre-révilution à Lyon", *Les images de la révolution française* études réunies et présentées par Michel Vovelle, Paris: Publication de la Sorbonne, 1988, pp.98–107.

主要参考资料

史料档案：

Archives parlementaires de 1787 à 1860: recueil complet des débats législatifs et politiques des chambres françaises, premier Serie（1789–1799），82 tomes, Paris, 1968–1913.

F.-A. Aulard ed., *La Société des Jacobins: recueil de documents pour l'histoire du club des Jacobins de Paris*, 6 tomes, Paris: Librairie Jouaust, 1889–1897.

F.-A. Aulard ed., *Recueil des Actes du Comité de Salut Public, avec la correspondance officielle des représentants en mission et le registre des représentants en mission et le registre du Conseil executif provisoire*, 28 tomes, Paris: Imprimerie nationale, 1889–1996.

Boyer de Nîmes, *Histoire des caricatures de la révolte des Français*, 2 tomes, Paris: Imprimerie Journal du Peuple, 1792.

Cesare Ripa, *Iconologia*, Seconde partie, Rome, 1593; Cesare Ripa, Lconologie, Paris: M. Guillemot, 1644.

Charles-Louis Rousseau, *Essai sur l'éducation et l'existence civile et politique des femmes, dans la Constitution française*, Paris: Impr. de Girouard, 1790.

Coste d'Arnobat, Charles-Pierre, *Anecdotes curieuses et peu connues sur différens personnages qui ont joué un rôle dans la révolution*, Genève et Paris: chez Michel, 1794–1795.

Dulaurent, Citoyen, *La bonne mère, discours prononcé dans la section des Tuileries, à la fête de la raison, le 20 frimaire, l'an 2e de la république une & indivisible*（[Reprod.]），Paris: de l'Impr, nationale exécutive du Louvre, 1793.

J.-B. Duvergier ed., *Collection complète des lois, décrets, ordonnances, règlemens avis du Conseil d'état*, 30 tomes, Paris: A. Guyot et Scribe, 1834–38.

Evénements de Paris et de Versailles, par une des Dames qui a eu l'honneur d'être de la Députaion à l'Assemblée générale, Paris: Après les journées des 5 et 6 octobre 1789.

Georges Duplessis ed., *Inventaire de la collection d'estampes relatives à l'histoire de France léguée à la Bibliothèque nationale par M. Michel Hennin*, 5 tomes, Paris: H. Menu, 1877–1884.

L. Prudhomme, *Les crimes des reines de France, depuis le commencement de la monarchie jusqu'à Marie-Antoinette*, Paris : Au bureau des Révolutions de Paris, 1791.

Olympe de Gouges, *Déclaration des Droits de la Femme et de la Citoyenne*, 1789.

P.-J.-B. Buchez, P.-C. Roux eds., *Histoire parlementaire de la révolution française*, 40 tomes, Paris: Paulin, 1834–1838.

Réimpression de l'ancien Moniteur, 32 tomes, Paris: Henri Plon, 1858–1863.

西文参考书目：

Alain Rey, *Révolution: histoire d'un mot*, Paris: Gallimard, 1989.

Alan Forrest, *The Revolution in Provincial France: Aquitaine, 1789–1799*, Oxford: Clarendon Press, New York: Oxford University Press, 1996.

Albert Soboul, "Égalité du pouvoir et dangers des mots", *Annales historiques de la Révolution française*, 46e Année, No. 217（Juillet-Septembre 1974）.

Albert Soboul, *Les sans-culottes parisiens en l'an II, Mouvement populaire et gouvernement révolutionnaire (1793–1794)*, Paris: Seuil, 1968.

Alfred Cobban, *A History of Modern France*, 3 vols, London: Penguin Books, 1963–65.

Annie Duprat, "Crucifierunt eum inter duos latrones: Passion et mort de Louis XVI", *Historical Reflections / Réflexions Historiques*, Vol. 39, No. 1, Special Issue: *Claude Langlois's Vision of France: Regional Identity, Royal Imaginary, and Holy Women*（Spring 2013）.

Annie Duprat, "Le commerce de la librairie Wébert à Paris sous la Révolution", *Dix-huitième Siècle*, N°33, 2001, L'Atlantique, sous la direction de Marcel Dorigny.

Annie Duprat, "Le regard d'un royaliste sur la Révolution : Jacques-Marie Boyer de Nîmes", *Annales historiques de la Révolution française*, No. 337（Juillet/Septembre 2004）.

Annie Duprat, "provinces-paris, ou paris-provinces?: iconographie et révolution française", *Annales historiques de la Révolution française*, Octobre/décembre 2002, No. 330, Provinces-Paris（Octobre/décembre 2002）.

Annie Duprat, "Un réseau de libraires royalistes à Paris sous la Terreur", *Annales historiques de la Révolution française*, No. 321（Juillet/septembre 2000）, [En ligne]，321, juillet-septembre 2000, mis en ligne le 21 février 2006, URL : http://journals.openedition.org/ahrf/180 ; DOI : 10.4000/ahrf.180，查询日期 2019 年 5 月 3 日。

Annie Jourdan, "L'allégorie révolutionnaire. De la Liberté à la République", *Dix-huitième Siècle*, N° 37, 1995.

Annie Jourdan, "Libertés du XVIIIe siècle, concepts et images", in Roland Mortier（dir.）, *Visualisation*, Berlin: Verlag Arno Spitz, 1999.

Antoine de Baecque, "Le Discours Anti-Noble（1787–1792）aux origins d'un slogan: Le Peuple contre les Gros", *Revue d'histoire moderne et contemporaine*, Vol. XXXVI（janv.-mars 1989）.

Antoine De Baecque, "The Allegorical Image of France, 1750–1800: A Political Crisis of Representation", *Representations*, No. 47, Special Issue: *National Cultures before Nationalism*（Summer, 1994）.

Antoine de Baecque, *La caricature révolutionnaire*, Paris: CNRS, 1988.

Antoine de Baecque, Olivier Mongin and Alexandra Pizoird, "Ce qu'on fait dire aux images. L'historien, le cinéphile et les querelles du visuel", *Esprit*, No. 293（3/4）（Mars-avril 2003）.

Bianchi Serge, "L'image des sans-culottes. Construction et déconstruction", In *Images militantes, images de propagande*, Actes du 132e Congrès national des sociétés historiques et scientifiques, "*Images et imagerie*", Arles, 2007, Paris: CTHS, 2010.

Bronislaw Baczko, Politiques de la Révolution française, Paris: Folio-Histoire, 2008.

C. Bayly, *The Birth of the Modern World, 1780–1914: Global Connections and Comparisons*, Oxford: Blackwell, 2004.

Carl de Vinck de Deux-Orp, *Collection De Vinck: inventaire analytique,* Tome Ier, *Ancien Régime*, rédigé par François-Louis Bruel, préface du baron Carl de Vinck de Deux-Orp, Paris: Bibliothèque nationale（France）. Département des estampes et de la photographie, 1909.

Carla Hesse, *Publishing and Cultural Politics in Revolutionary Paris, 1789–1810*, Berkeley, CA: University of California Press, 1991.

Catherine Marand-Fouquet, "Destins de femmes et révolution", in Évelyne Morin-Rotureau, *1789–1799 combats de femmes: les révolutionnaires excluent les citoyennes*, Paris: Autremen, 2003.

Cécile Dauphin, Arlette Farge and Geneviève Fraisse, "Culture et pouvoir des femmes: essai d'historiographie", *Annales. Histoire, Sciences Sociales*, 41e Année, No. 2（Mar. - Apr., 1986）.

Chantal Thomas, "Heroism in the feminine: The Examples of Charlotte Corday and Madame Roland", *The Eighteenth Century*, Vol. 30, No. 2, *The French Revolution 1789—1989: Two Hundered Years of Rethinking*（1989）.

Chantal Thomas, *La reine scélérate, Marie-Antoinette dans les pamphlets*, Paris: Seuil, 1989.

Christian-Marc Bosséno, "Je me vis dans l'Histoire: Bonaparte de Lodi à Arcole, généalogie d'une image de légende", *Annales historiques de la Révolution française*, N° 313, 1998.

Christine Fauré, "Doléances, déclarations et pétitions, trois formes de la parole publique des femmes sous la Révolution", *Annales historiques de la Révolution française*, No. 344（avril-juin 2006）, pp. 2–25 [En ligne], 344 | avril-juin 2006, mis en ligne le 01 juin 2009.

Claude Langlois, "Les dérives vendéennes de l'imaginaire révolutionnaire", *Annales. Économies, Sociétés, Civilisations*, 43ᵉ année, N. 3, 1988.

Claude Langlois, "Révolution en famille ou révolution de la famille? Le témoignage des gouaches de Lesueur", *Annales de démographie historique* (1987).

Claude Langlois, *La Caricature contre-révolutionnaire*, Paris: CNRS, 1988.

Daniel Arasse, *La guillotine et l'imaginaire de la Terreur*, Paris: Flammarion, 1988

David Andress ed., *The Oxford Handbook of the French Revolution*, Oxford: Oxford University Press, 2015.

David Andress, *The French Revolution and the People*, London: Hambledon and London, 2004.

David Armitage, Sanjay Subrahmanyam eds., *The Age of Revolutions in Global Context, 1760–1840*, Basingstoke and New York: Palgrave Macmillan, 2010.

David Belle, *The Cult of the Nation in France: Inventing Nationalism, 1680–1800*, Cambridge, MA: Harvard University Press, 2001.

David Bindman, *The French Revolution* (version anglaise), Musée de la Révolution française de Vizille, Vizille, France: Le Musée, 1990.

David Wisner, "Les portraits de femmes de J.-L. David pendant la Révolution française", in Brive Marie-France ed., *Les femmes et la révolution française*, Tome 2, Toulouse: Presse universitaire du Mirail, 1989–1991.

Dominique Godineau, "Femmes et violence dans l'espace politique révolutionnaire", *Historical Reflections / Réflexions Historiques*, Fall 2003, Vol. 29, No. 3, Violence and the French Revolution (Fall 2003).

Dominique Godineau, "La 'Tricoteuse': formation d'un mythe contre-révolutionnaire", *Mots, Révolution Française.net*, mis en ligne le 1er avril 2008, http://revolution-francaise.net/2008/04/01/223-tricoteuse-formation-mythe-contre-revolutionnaire, sur *revolution-francaise.net*.

Dominique Godineau, Lynn Hunt, Jean-Clément Martin, Anne Verjus et Martine Lapied, "Femmes, genre, révolution", *Annales historiques de la Révolution française*, No 358 (Octobre/Décembre 2009).

Dominique Godineau, *The Women of Paris and Their French Revolution*, Berkeley, Los Angeles, London: University of California Press, 1998.

Dominique Julia, *Les trois couleurs du tableau noir: La Révolution*, Paris: Belin, 1981.

Dominique Poulot, *Musée, nation, patrimoine (1789–1815)*, Paris: Gallimard, 1997.

Donald Sutherland, "Introduction: Claude Langlois's Vision of France: Regional Identity, Royal Imaginary, and Holy Women", *Historical Reflections/ Réflexions Historiques*, Vol. 39, No. 1 (Spring 2013), Special Issue: *Claude Langlois's Vision of France: Regional Identity, Royal Imaginary, and Holy Women* (Spring 2013).

Dorinda Outram, *The Body and the French Revolution: Sex, Class, and Political Culture*, New Haven: Yale University Press, 1989.

E. L. Higgins, *The French Revolution as told by Contemporaries*, New York: Cooper Square Publishers, INC, 1975.

Édouard Pommier, *L'art de la liberté, doctrines et débats de la Révolution française*, Paris: Gallimard, 1991.

Élisabeth Badinter, *Paroles d'hommes (1790–1793): Condorcet, Prudhomme, Guyomar*, Paris: POL, 1989.

Élisabeth Rumi, "Le scandale des femmes en politique sous la Révolution française", in Markos Zafiropoulos, *La question féminine en débat*, Paris: Presses Universitaires de France, 2013.

Elizabeth Kindleberger, "Charlotte Corday in Text and Image: A Case Study in the French Revolution and Women's History", *French Historical Studies*, Vol. 18, No. 4 (Autumn, 1994).

Émile Montégut & Jules Gourdaut, "Essais et notices, Trois femmes de la Révolution", *Revue des Deux Mondes (1829–1971)*, Seconde périod, Vol. 57, No. 4 (15 Juin1865).

Emma MacLeod, "La question du citoyen actif : les conservateurs britanniques face à la Révolution française", *Annales historiques de la Révolution française*, No 342 (octobre-décembre 2005).

Emmet Kennedy, *A Cultural History of the French Revolution*, New Haven, Lenders: Yale University Press, 1989.

Éric WAuters, *Une presse de province pendant la Révolution française, journaux et journalistes normands (1785–1800)*, Paris: CTHS, 1993.

Ernest Henderson, *Symbol and Satire in the French Revolution*, New York, London: G.P. Putnam's Sons, 1912.

Eva Bellot, "Marianne sur les planches: les héroïnes anonymes du théâtre de la Révolution française (1793–1798)", *Annales historiques de la Révolution française*, No. 367, (Janvier/Mars 2012).

Florin Aftalion, *L'économie de la révolution française*, Paris: Hachette, 1987.

François Furet, Mona Ozouf eds., *Critical Dictionary of the French Revolution*, translated by Arthur Goldhammer, Cambridge: The Belknap Press of Harvard University Press, 1989.

François Furet, *The French Revolution, 1770–1814*, translated by Antonia Nevill, Oxford, UK; Cambridge, Mass., USA: Blackwell, 1996.

Françoise Fortunet, "La Révolution, la déférence et l'égalité", in *Communications*, No. 69, 2000, *La déférence*, sous la direction de Claudine Haroche. Paris: Seuil.

Georges Lefebvre, *Quatre-vingt-neuf*, Paris: Maison du livre français, 1939.

Gérard Beaur, *Histoire agraire de la France au XVIIIe siècle: inerties et changements dans les campagnes françaises entre 1715 et 1815*, Paris: SEDES, 2000.

Guillaume Mazeau, "Charlotte Corday et l'attentat contre Marat : événements, individus et écriture de l'histoire (1793–2007)", *Annales historiques de la Révolution française*, No. 354 (Octobre/

Décembre 2008）.

Guillaume Mazeau, "La Révolution, les fêtes et leurs images", *Images Revues* [En ligne], Hors-série 6 | 2018, mis en ligne le 20 juillet 2018, consulté le 22 mai 2021. URL: http://journals.openedition.org/imagesrevues/4390; DOI: https://doi.org/10.4000/imagesrevues.4390.

Guillaume Mazeau, "Le procès Corday: retour aux sources", *Annales historiques de la Révolution française*, No. 343（Janvier/Mars 2006）.

Guy Chaussinand-Nogaret, *1789. La Bastille est prise*, Bruxelles: Complexe, 1988

Guy Lemarchand, *L'économie en France de 1770 à 1830, de la crise de l'Ancien Régime à la révolution industrielle*, Paris: A. Colin, 2008.

Hans-Jürgen Lüsebrink, Rolf Reichardt, *The Bastille: A History of a Symbol of Despotism and Freedom*, translated by Norbert Schurer, Durham and London: Duke University Press, 1997.

Hélène Dupuy-Brègant, "Le roi dans la patrie", *Annales historiques de la Révolution française*, No. 284（Avril-Juin 1991）.

Héloïse Bocher, *Démolir la Bastille. L'édification d'un lieu de mémoire*, Paris: Vendémiaire, 2012.

Isabelle Bour, "French Liberty/British Slavery: Figures de la liberté en Angleterre pendant la Révolution française", in Sylvia Ullmo ed., Liberté / Libertés, Liberty /Liberties, Tours: Presses universitaires François-Rabelais, 2005, pp. 65–77.

Jack Censer, Lynn Hunt, "Imaging the French Revolution: Depictions of the French Revolutionary Crowd", *The American Historical Review*, Vol. 110, No. 1（February 2005）, pp. 38–45.

Jack Censer, Lynn Hunt, "Picturing Violence: Limitations of the Medium and the Makers", http://chnm.gmu.edu/revolution/imaging/essays/censerhunt.pdf.

Jacques Godechot, *La prise de la Bastille, 14 juillet 1789*, Paris: Gallimard, 1965

James Leith, *Space and Revolution. Projects for Monuments, Squares and Public Buildings in France 1789–1799*, Montreal: McGill-Queen's University Press, 1991.

James Lindsey, "Les trois ordres ou l'imaginaire du féodalisme by Georges Duby", *Revue française de sociologie*, Vol. 21, No. 3（Jul. – Sep., 1980）.

James M. Anderson, *Daily Life During the French Révolution*, Londres: Greenwood Press, 2007.

Jean Boutier, Philipe Boutry et Serge Bogin, *Altlas de la Révolution française*, tome 6, les sociétés politiques, Paris: EHESS, 1992.

Jean Ehrard et Paul Viallaneix ed., *Les fêtes de la Révolution*, Paris: Société des études robespierristes, 1977.

Jean-Charles Benzaken, "La symbolique de trois ordres réunis dans la médaille révolutionnaire", *Annales historiques de la Révolution française*, No. 267（Janvier-Mars 1987）.

Jean-Clément Martin ed., *Religion et Révolution*, actes du colloque de Saint-Florent-le-Vieil 1993,

Paris: Anthropos, 1994.

Jean-François Heim, Claire Béraud et Philippe Heim, *Les salons de peinture de la Révolution française (1789–1799)*, Paris: C.A.C. Éd., 1989.

Jean-Paul Bertaud, *La Révolution culturelle de l'an II*, Paris: Aubier, 1982.

Jean-Paul Bertaud, *La Vie quotidienne en France au temps de la Révolution (1789–1795)*, Paris: Hachette, 1983.

Jean-Paul Rothiot, "La Révolution française vue par les images d'Épinal : entre patriotisme et propagande républicaine", in *Images militantes, images de propagande*, actes du 132e Congrès national des sociétés historiques et scientifiques, « Images et imagerie », Arles, 2007. Paris: CTHS, 2010.

Jeremy Popkin, "Pictures in a Revolution: Recent Publications on Graphic Art in France, 1789–1799", *Eighteenth-Century Studies*, Vol. 24, No. 2, (Winter, 1990–1991).

Joan Landes, *Visualizing the Nation: Gender, Representation, and Revolution in Eighteenth-Century France*, Ithaca, N.Y.: Cornell University Press, 2004.

Joan Landes, *Women in the Public Sphere in the Age of the French Revoultion*, Ithaca: Cornell University Press, 1988.

John Brewer, "Un monde tragi-comiaue et monstryeux: les réactions britanniques à la Révolution française", in David Bindman, *The French Revolution* (version anglaise), Musée de la Révolution française de Vizille, Vizille, France: Le Musée, 1990.

Joseph Clarke, *Commemorating the Dead in Revolutionary France: Revolution and Remembrance, 1789–1799*, Cambridge and New York: Cambridge University Press, 2007.

Jules Michelet, *Histoire de la Révolution, édition définitive*, Tome I, Paris, Flammarion, 1890.

Karen Offen, "The New Sexual Politics of French Revolutionary Historiography", *French Historical Studies*, Vol. 16, No. 4 (Autumn, 1990).

Keith Baker, *Inventing the French Revolution: Essays on French Political Culture in the eighteenth century*, Cambridge: Cambridge University Press, 1990.

Les Architectes de la Liberté, 1789–1799, Paris: École Nationale des Beaux-Arts, 1989.

Les Femmes dans la Révolution Française, 2 tomes, Paris: EDHIS, 1982.

Linda Nochlin, "Zuka's French Revolution: A Woman's Place Is Public Space", *Feminist Studies*, Vol. 15, No. 3 (Autumn, 1989).

Lynn Hunt, "Hercules and the Radical Image in the French Revolution", *Representations*, No. 2 (Spring 2013).

Lynn Hunt, *Eroticism and the Body Politic*, Baltimore: The Johns Hopkins University Press, 1990.

Lynn Hunt, *Politics, Culture, and Class in the French Revolution*, Berkeley and Los Angeles : University of California Press, 1984.

Malcolm Crook, *Elections in the French Revolution: An Apprenticeship in Democracy, 1789–1799*, Cambridge and New York: Cambridge University Press, 1996.

Maria Janion, "Pourquoi la révolution est-elle une femme?", *Revue européenne des sciences sociales*, T. 27, No. 85, *Lumières, utopies, revolutions: Espérance de la Démocratie, A Bronislaw Baczko* (1989).

Marie Cerati, *Le Club des Citoyennes Républicaines Révolutionnaires*, Paris: Editions Sociales, 1966.

Mark Darlow, *Staging the French Revolution: Cultural Politics and the Paris Opera, 1789–1794*, New York: Oxford University Press, 2012.

Martine Lapied, "La visibilité des femmes dans la Révolution française", Martine Lapied et Christine Peyrard eds., *La Révolution française au carrefour des recherches*, Aix-en-Provence: Presses universitaires de Provence, 2003.

Maurice Agulhon, *Marianne into Battle: Republican Imagery and Symbolism in France, 1789–1880*, translated by Janet Lloyd, New York: Cambridge University Press or Éditions de la Maison des Sciences de l'Homme, Paris. 1981.

Maurice Agulhon, Pierre Bonte, *Marianne, les visages de la République*, Paris: Gallimard 1992.

Max Nelson, Lynn Hunt & Suzanne Desan eds., *The French Revolution in Global Perspective*, Ithaca & London: Cornell University Press, 2013.

Micah Alpaugh, *Non-Violence and the French Revolution: Political Demonstrations in Paris, 1787–1795*, Cambridge: Cambridge University Press, 2014.

Michael Davis, "Le radicalisme anglais et la Révolution française", *Annales historiques de la Révolution française*, No. 342 (octobre-décembre 2005).

Michael Walzer, *Regicide and Revolution, Speeches at the Trial of Louis XVI*, London, New York: Columbia University Press, 1993.

Michel Biard, Hervé Leuwers eds., *Visages de la Terreur: l'Exception politique de l'an II*, Paris: Armand Colin, 2014.

Michel Biard, Pascal Dupuy, *La Révolution française: Dynamiques, influences, débats 1787–1804*, Paris: A. Colin, 2004.

Michel Biard, *Enfers fantasmés et Révolution française*, Paris: Vendémiaire, 2017

Michel Biard, *La souffrance et la gloire: Le culte du martyre, de la Révolution à Verdun*, Paris: Vendémiaire, 2018.

Michel Biard, Philippe Bourdin, Silvia Marzagalli, *Révolution, Consulat, Empire 1789–1815*, Paris: Belin, 2013.

Michel de Certeau, Dominique Julia, Jacques Revel, *Une politique de la langue: la Révolution, française et les patois. L'enquête de Grégoire*, Paris: Gallimard, 1975.

Michel Vovelle ed., *Images et récits de la Révolution française*, 5 tomes, Paris: Messidor, 1984–1989.

Michel Vovelle ed., *Les Images de la Révolution française*, actes du Colloque des 25–27 Octobre 1985, Paris: Publications de la Sorbonne, 1988.

Michel Vovelle, *1789: l'héritage de la mémoire*, Paris: PriYat, 2007.

Michel Vovelle, La découverte de la politique, Géopolitique de la Révolution française, Paris: Éd. La Découverte, 1992.

Michel Vovelle, *La mentalité révolutionnaire*, Paris: Messidor-Éditions sociales, 1985.

Mona Ozouf, *La fête révolutionnaire 1789–1799*, Paris: Gallimard, 1976.

Monique Cottret, *Culture et politique dans la France des Lumières*（*1715–1792*）, Paris: A. Colin, 2002.

Natalie Scholz, Christina Schroer eds., *Représentation et pouvoir: La politique symbolique en France (1789–1830)*, Rennes: Presses universitaires de Rennes Presses, 2007.

Nicole Pellegrin, *Les vêtements de la liberté. Abécédaire des pratiques vestimentaires française de 1780–1800*, Aix-en-Provence: Alinea, 1989.

Nina Gelbart, "The Blonding of Charlotte Corday", *Eighteenth-Century Studies*, Vol. 38, No. 1 （Fall, 2004）.

Olivier Ihl, "Hiérarchiser des égaux: Les distinctions honorifiques sous la Révolution française", *Revue Française d'Histoire des Idées Politiques*, No 23（1er semestre 2006）.

Olwen Hufton, *Women and the Limits of Citizenship in the French Revolution*, Toronto; Buffalo: University of Toronto Press, 1992.

Ouzi Elyada, "La représentation populaire de l'image royale avant Varennes", *Annales historiques de la Révolution française*, No. 297（Juillet-Septembre 1994）.

Paola Perazzolo, "La dramatisation de la prise de la bastille pendant la Révolution: Représentations et révisions", *Annales historiques de la Révolution française*, Janvier/Mars 2012, No. 367, Théâtre et Révolutions（Janvier/Mars 2012）.

Pascal Dupuy, "Iconographie, gravure satirique et Révolution française", Jean-Clément Martin ed., *La Révolution à l'œuvre, Perspectives actuelles dans l'histoire de la Révolution française*, Rennes: Presses Universitaires de Rennes, 2005.

Pascal Dupuy, "Réflexions anglaises sur la Révolution de France", *Annales historiques de la Révolution, française*, No. 317,（Juillet-septembre 1999）.

Patrick Brasart, *Paroles de la Révolution: Les Assemblées parlementaires, 1789–1794*, Paris: Minerve, 1988.

Paul Friedland, *Political Actors: Representatives Bodies and Theatricality in the Age oI the French Revolution*, Ithaca: Cornell University Press, 2002.

Philibert Secretan, "Réflexions sur l'égalité", *Autres Temps. Les cahiers du christianisme social*, Année 1992, No. 35.

Philippe Bourdin et Gérard Loubinoux ed., *Les Arts de la scène et la Révolution française*, Clermont-Ferrand-Vizille: Presses Universitaires Blaise-Pascal, Musée de la Révolution française, 2004.

Philippe Bourdin, *Le Noir et le Rouge, Itinéraire social, culturel et politique d'un prêtre patriote, (1736–1799)*, Clermont-Ferrand: Presses universitaires Blaise-Pascal, 2000.

Philippe de Carbonnières, "Le sans-culotte prieur", *Annales historiques de la Révolution française*, No. 358, (Octobre/Décembre 2009).

Philippe de Carbonnières, "Nouvelles gouaches révolutionnaires de Jean-Baptiste Lesueur. Entrées au musée Carnavalet (2005–2011)", *Annales historiques de la Révolution française*, Avril-Juin 2014, No. 376 (Avril-Juin 2014).

Philippe Joutard ed., *L'espace et le temps reconstruits. La Révolution française, une révolution des mentalités et des cultures?*, Aix-en-Provence: Publications de l'Université de Provence, 1990.

Philippe Sagnac, Jean Robiquet, *La Révolution de 1789, des origines au 30 septembre 1791*, 2 tomes, Paris: Les Éditions Nationales. 1934.

Pierre Goubert et Michel Denis, *1789, les Français ont la parole: Cahiers de doléances des États généraux*, Paris: Julliard, 1970.

Pierre-Yves Beaurepaire, *La France des lumières 1715–1789*, Paris: Belin, 2011.

René Tarin, *Le Théâtre de la Constituante ou l'école du peuple*, Paris: H. Champion, 1998.

Richard Wrigley, *The Politics of Appearances: Representations of Dress in Revolutionary France*, Oxford and New York: Berg Publishers, 2002.

Roger Chartier, *Les origines culturelles de la Révolution française*, Paris: Seuil, 1990.

Serge Bianchi ed., *Héros et héroïnes de la Révolution française*, Paris: CTHS, 2012.

Sicard Germain., "La Révolution Française et le divorce", in *Mélanges Germain Sicard*, Tome 1, Toulouse: Université des sciences sociales de Toulouse, 2000.

Simone Bernard-Griffiths, Marie-Claude Chemin and Jean Ehrard eds., *Révolution française et 'vandalisme révolutionnaire'*, Paris: Universitas, 1992.

Sophie Wahnich, *L'impossible citoyen: L'étranger dans le discours de la Révolution française*, Paris: Albin Michel, 1997.

Sophie Wahnich, *La liberté ou la mort, essai sur la Terreur et le terrorisme*, Paris: La fabrique, 2003.

Sophie Wahnich, *La longue patience du peuple: 1792, naissance de la République*, Paris: Payot,

2008.

Stanley Idzerda, "Iconoclasm during the French Revolution", *The American Historical Review*, Vol. 60, No. 1 (Oct., 1954).

Sudhir Hazareesingh, "L'histoire politique face à l'histoire culturelle: état des lieux et perspectives", *Revue Historique*, T. 309, Fasc. 2 (642) (Avril 2007).

Sylvie Chaperon, "L'image de la femme dans les tableaux d'histoire de David, jusau' a 1789", in Brive Marie-France ed., *Les femmes et la révolution française*, Vol. 2, Toulouse: Presse universitaire du Mirail, 1989–1991.

Tadami Chizuka, "L'idée de deux corps du Roi dans le procès de Louis XVI", *Annales historiques de la Révolution française*, No. 310 (Octobre-décembre 1997).

Timothy Tackett, "The Work of Claude Langlois: An Overview", *Historical Reflections / Réflexions Historiques*, Vol. 39, No. 1, Special Issue: *ClaudeLanglois's Vision of France: Regional Identity, Royal Imaginary, and Holy Women* (Spring 2013).

Victor Cousin, "Des principes de la Révolution française et du gouvernement réprésentatif", *Revue des Deux Mondes* (1829–1971), 1er Avril 1851, Nouvelle période, Vol. 10, No. 1.

Vivian P. Cameron, "Reflections on Violence and the Crowd in the Images of the French Revolution", http://www.chnm.gmu.edu/revolution/imaging/essays/cameron.pdf.

Vivian R. Gruder, "The Question of Marie-Antoinette: The Queen and Public Opinion before the Revolution", *French History*, Vol. 16, No. 3 (2002).

William Doyle, *The Oxford History of French Revolution*, Oxford: Oxford University Press, 2002.

中文参考书目:

1.[加] 巴巴拉·阿内尔:《政治学与女性主义》,郭夏娟译,东方出版社 2005 年版。

2.[德] 恩内斯特·康托洛维茨:《国王的两个身体》,徐震宇译,华东师范大学出版社 2018 年版。

3.[德] 汉斯-乌尔里希·塔默:《法国大革命》,经轶、吕馥含译,上海三联书店 2019 年版。

4.[法]乔治·勒费弗尔:《1789 年大恐慌:法国大革命前夜的谣言、恐慌和反叛》,周思成译,山西人民出版社 2019 年版。

5.[法] 乔治·勒费弗尔:《法国革命史》,顾良、孟湄、张慧君译,商务印书馆 2010 年版。

6.[法] 卢梭:《卢梭论戏剧》,王子野译,生活·读书·新知三联书店 2007 年版。

7.[澳] 彼得·麦克菲:《自由与毁灭:法国大革命(1789—1799)》,杨磊译,中信出版社 2019 年版。

8.[美]林·亨特:《法国大革命时期的家庭罗曼史》,郑明萱、陈瑛译,商务印书馆 2008 年版。

9.[美] 谭旋:《路易十六出逃记》,赵雯婧译,北京师范大学出版集团 2018 年版。

10.[英] E. H. 贡布里希:《贡布里希文集:象征的图像》,杨思梁、范景中译,广西美术出版社 2015 年版。

11.[英] E. H. 贡布里希:《图像与眼睛——图画再现心理学的再研究》,范景中、杨思梁、徐一维、劳诚烈译,广西美术出版社 2013 年版。

12.[英] 威廉·多伊尔:《牛津法国大革命史》,张弛等译,北京师范大学出版社 2015 年版。

13.[英] 彼得·伯克:《以图像证史》,杨豫译,北京大学出版社 2008 年版。

14.[英] 露丝·里斯特:《公民身份:女性主义的视角》,夏宏译,吉林出版集团有限责任公司 2010 年版。

在线资源:

Dictionnaire de l'Académie française, 4th Edition（1762）http://artflx.uchicago.edu/cgi-bin/dicos/pubdico1look.pl?strippedhw=patrie&headword=&docyear=ALL&dicoid=ALL.

Jean Nicot: *Le Thresor de la langue francoyse*（1606）http://artflx.uchicago.edu/cgi-bin/dicos/pubdico1look.pl?strippedhw=patrie&headword=&docyear=ALL&dicoid=ALL.

跋

在《革命与霓裳》出版之后，我便打算对法国大革命时期的图像做一个比较系统的整理工作，并在此基础上对大革命留存的图像资料加以深入分析研究。原计划在三年之内完成的这项工作，不曾想竟然进行了七年之久。期间发生了很多事。最让人猝不及防的是巴黎卡尔纳瓦莱博物馆（le Musée Carnavalet）从 2017 年起开始闭馆装修三年，导致此前尚未收集整理完善的许多实物资料无从得见。更令人束手无策的是，随之而来整整三年时间，国际旅行中断。缺乏众多博物馆所藏的重要物品史料，是本书的一大遗憾，希望来日再版之际，可以弥补这一缺憾。

不过，在写作此书的过程中，我得到了许多帮助。它们足以帮助我克服遇到的各种困难。浙江大学世界史所的同仁与学生多次听我讲述书中的各个章节片段，他们对书稿提出了宝贵的修改意见。人民出版社的詹夺编辑尽心尽责，不厌其烦帮我解决了诸多细节问题。我的家人，尤其是我的孩子，在我潜心工作的时候，总是给予我很多的理解、信任与支持，这是我完成这项并不容易的任务的最大动力。在此，请允许我向你们表示深深的谢意。

最后，我想感谢我的母亲。这篇小小的跋写到此处，最让我难以释怀的，并不是这项研究工作的诸多欠缺，而是我的母亲未曾见到这本小书的面世便已离开我。她给了我最好的爱与温暖。虽然我母亲并不了解我的具体研究领域，只知道这些年我一直在写一本书，久久不能完工，她一直让我慢慢来，不要着急。现在，我把它写完了，我很想把这本书献给她，告诉她，我很想念她。谨以此书纪念我的母亲，钱敏。

汤晓燕

2023 年春　杭州

责任编辑：詹　夺
封面设计：林芝玉
版式设计：严淑芬
责任校对：吕　飞

图书在版编目（CIP）数据

革命与图像：法国大革命时代的图像与政治文化／汤晓燕　著 . — 北京：
　人民出版社，2023.5
ISBN 978 – 7 – 01 – 025412 – 8

I. ①革… 　 II. ①汤… 　 III. ①法国大革命 – 研究 　 IV. ① K565.41

中国国家版本馆 CIP 数据核字（2023）第 022548 号

革命与图像

GEMING YU TUXIANG

——法国大革命时代的图像与政治文化

汤晓燕　著

人民出版社 出版发行

（100706　北京市东城区隆福寺街 99 号）

北京盛通印刷股份有限公司印刷　新华书店经销

2023 年 5 月第 1 版　2023 年 5 月北京第 1 次印刷
开本：787 毫米 × 1092 毫米 1/16　印张：25.75
字数：428 千字

ISBN 978 – 7 – 01 – 025412 – 8　定价：168.00 元

邮购地址 100706　北京市东城区隆福寺街 99 号
人民东方图书销售中心　电话（010）65250042　65289539